新世纪高职高专实用规划教材 公共基础系列

大学生就业与创业指导
(高职高专版)
(第2版)

王 晋 主 编
陈平祥 夏 伟 副主编

清华大学出版社
北 京

内 容 简 介

本书着眼于当前高职高专院校毕业生就业与创业环境、就业与创业形势，结合高职高专院校毕业生就业与创业实际，比较全面地阐述了高职高专院校毕业生在求职择业及创业过程中的各个步骤、环节和应注意的问题。书中具体内容包括就业形势、职业生涯设计、择业心理准备及适应、求职材料的编写、面试技巧、就业程序、就业政策法规、就业途径、创业机会、创业计划等内容。

本书既有理论概括，又有案例引导、思考实作，融理论、知识、趣味和思维创新于一体，为高等专科学校大学生顺利就业及适应社会发展的要求提供必要的指导。

本书的读者对象为高职高专院校大学生及大学生就业与创业指导课程教师、辅导员，大学生就业指导工作人员等。

图书在版编目(CIP)数据

大学生就业与创业指导(高职高专版)/王晋主编；夏伟，陈平祥副主编. —2 版. —北京：清华大学出版社，2010.3(2021.8 重印)
(新世纪高职高专实用规划教材 公共基础系列)
ISBN 978-7-302-22000-8

Ⅰ. ①大… Ⅱ. ①王… ②夏… ③陈… Ⅲ. ①大学生—职业选择—高等学校：技术学校—教材 Ⅳ. ①G647.38

中国版本图书馆 CIP 数据核字(2010)第 010169 号

责任编辑：闫光龙 葛小莉
封面设计：山鹰工作室
版式设计：杨玉兰
责任校对：王 晖
责任印制：沈 露
出版发行：清华大学出版社
网 址：http://www.tup.com.cn, http://www.wqbook.com
地 址：北京清华大学学研大厦 A 座 **邮 编：**100084
社 总 机：010-62770175 **邮 购：**010-62786544
投稿与读者服务：010-62776969, c-service@tup.tsinghua.edu.cn
质量反馈：010-62772015, zhiliang@tup.tsinghua.edu.cn
课件下载：http://www.tup.com.cn, 010-62791865
印 装 者：三河市龙大印装有限公司
经 销：全国新华书店
开 本：185mm×260mm **印 张：**21.5 **字 数：**468 千字
版 次：2010 年 3 月第 2 版 **印 次：**2021 年 8 月第 19 次印刷
定 价：65.00 元

产品编号：036031-04

前　言

本书着眼于当前高职高专毕业生的就业环境、就业形势，结合高职高专毕业生就业实际，较为全面地阐述了高职高专毕业生求职择业过程中的各个步骤、环节和应注意的问题。书中具体包括就业形势、职业生涯设计、择业心理准备及适应、求职材料的编写、面试技巧、就业程序、就业政策法规、就业途径等内容。本书适宜的读者群为高职高专学生及大学生就业指导课程教师、辅导员等。

本书从宜教宜学的目的出发，立足于增长大学生职业发展知识和技能，旨在提高大学生的成才能力、求职能力、职业适应能力、自我提升能力、创业能力等职业发展能力；既有理论概括，又有案例引导、思考实作，融理论、知识、趣味和思维创新于一体，为高职高专大学生顺利就业及适应社会提供必要的就业指导。

本书主要内容：绪论中介绍了如何认识和看待高职高专毕业生的就业问题、大学生就业与创业指导的意义和作用，以及大学生就业与创业指导的学习方法；第 1 章结合就业制度、政策与程序、劳动力市场及毕业生情况详细分析了高职高专毕业生的就业形势，由夏伟、张锡成同志负责修订；第 2 章以个性倾向、心理特征、人格等几个方面为依据探讨了高职高专毕业生就业前的职业生涯设计，由陈平祥同志负责修订；第 3 章从如何认识自我、处理好理想与现实的关系、明确自己的求职定位和需求及走出求职心理误区、工作初期的适应等角度阐述了高职高专毕业生就业前应做好的心理准备，由陈玉梅同志负责修订；第 4 章研究了高职高专毕业生就业前在知识及能力方面应做的准备，由赖燕飞同志负责修订；第 5 章阐述了毕业信息的收集和分析、如何寻找正确的就业途径，以及求职信、个人简历、推荐表的写作方法及注意事项，由邓彦同志负责修订；第 6 章从面试着装、礼仪礼貌、回答问题注意事项等方面介绍了高职高专毕业生就业的面试技巧，由唐加跃同志负责修订；第 7 章从毕业生就业协议及其法律意义、毕业生就业权益、新劳动合同法的相关规定等方面详细分析了高职高专毕业生就业应具备的法律知识，由赖燕飞同志负责修订；第 8 章介绍了高职高专大学生创业的相关知识和理论，由杨安同志执笔。

本书由四川托普信息技术职业学院王晋老师制定、编写大纲并主编；四川托普信息技术职业学院夏伟、陈平祥老师副主编。本书在编写过程中，得到四川托普信息技术职业学院领导和同事的大力支持和帮助，部分学生也参与了资料整理工作，在此向他们表示衷心的感谢！

本书第 1 版于 2006 年 8 月面世，在使用过程中得到了相关教师和学生的肯定与好评，收到了很多积极、中肯的建议与意见。这次第 2 版，我们做了大量的修订、改编工作：主要对第 1 章、第 7 章做了修订，合并了第 1 版第 3 章和第 8 章的内容，增加了高职高专毕业生创业指导的内容。

在本书的编写与修订过程中，参阅了大量的文献资料，借鉴了许多著作的精华，并结合我们的理解，力求为高职高专大学生献上一本好书。由于编者理论修养和实践经验的局限，书中难免有疏漏之处，敬请同行专家和广大读者批评指正。

编　者

目　录

绪　论

一、如何认识和看待高职院校毕业生的就业问题

1. 从高职院校的培养目标看毕业生的就业定位

1996 年颁布的《中华人民共和国职业教育法》提出“职业学校教育分为初等、中等、高等职业学校教育”，“高等职业教育根据需要和条件由高等职业学校实施，或者由普通高等学校实施”；1998 年《中华人民共和国高等教育法》又规定“高等学校是指大学、独立设置的学院和高等专科学校，其中包括高等职业学校和成人高等学校”。由此，高等职业教育作为一种特定的教育类型，在我国法律上得到了确认，奠定了发展高职教育的法律基础。

高等职业教育是我国高等教育的一个重要组成部分，是兼有高等教育和职业教育双重属性的一种新的高等教育类型。它以培养高等技术应用型人才为根本任务，以满足社会生产、管理、服务第一线对中高级应用型技术人才需要为目标，以技术应用能力培养为主线，力争使学生成为既具有一定的基础理论和专门知识，又能重点掌握本专业领域基本技能，并具有良好职业道德的专门人才。

在西方，“职业教育”(Vocational Education)是指培养一般熟练工人或半熟练工人的教育和培训；高一层次的“职业教育”，通常称为“技术教育”(Technical Education)，以培养一般的技术人员为主要目标；再高层次的“职业教育”，是以培养高级工程师或高级专业技术人员为目标的“专业教育”(Professional Education)。这三个不同的培养层次，分别与我国的“工人”、“技术员”与“工程师”相对应，与日本、中国台湾等地职业领域中的“工”、“士”、“师”相对应。因此，我们所谈的高职教育，是高等教育的一个重要类型，是一种高等专业技术教育，是和“以学术目的为主”的普通高等教育并存于专科、本科和研究生各层次教育中，培养“士”、“师”级高级职业人才的教育与培训。高职教育应与中职教育衔接，和普通教育相互沟通，培养适应生产、建设、管理、服务第一线需要的，德智体美全面发展的高等技术应用型人才。

1998 年，教育部要求“高等职业教育必须面向地区经济建设和社会发展，适应就业市场的实际需要，培养生产、服务、管理第一线需要的实用人才，真正办出特色”。2000 年初，《教育部关于加强高职高专教育人才培养工作的意见》又明确指出高职教育要培养“基础理论知识适度、技术应用能力强、知识面较宽、素质高”的毕业生。2002 年以来，教育

部进一步加强了对高职教育教学改革及人才培养模式的调控。2004 年教育部发布《关于以就业为导向，深化高等职业教育改革的若干意见》，指出"高等职业教育应以服务为宗旨，以就业为导向，走产学研结合的发展道路。高等职业院校要主动适应经济和社会发展需要，以就业为导向确定办学目标，找准学校在区域经济和行业发展中的位置，加大人才培养模式的改革力度，坚持培养面向生产、建设、管理、服务第一线需要的'下得去、留得住、用得上'，实践能力强、具有良好职业道德的高技能人才"。

近年来，国家在高职院校推进人才培养模式改革方面的力度不断加大。2005 年，《国务院关于大力发展职业教育的决定》明确要求大力推行工学结合、校企合作培养模式，并规定高等职业院校学生实习实训时间不少于半年。2006 年 11 月，周济部长在国家示范性高职院校建设计划视频会议上提出，"今后一段时期，我国高等职业教育的主要任务是加强内涵建设，提高教育质量"，"教育部即将下发《关于全面提高高等职业教育教学质量的若干意见》，这个意见总结了 10 年来关于高等职业教育教学改革的一系列经验和教训，特别是针对当前进一步提高质量的关键问题进行了深入的研究，并广泛征求了高等职业教育战线许多同志的意见。这个文件将要指导 1000 多所高等职业院校的教育教学改革，切实把工作重点放到提高教学质量上来"。这是教育部贯彻落实党中央、国务院关于"高等教育发展要全面贯彻科学发展观，切实把重点放在提高质量上"的战略部署，对进一步提高教育教学质量提出了明确的要求，将成为今后高职教育健康有序发展的重要保障。

温家宝总理在 2007 年《政府工作报告》中指出，"要把发展职业教育放在更加突出的位置，使教育真正成为面向全社会的教育，这是一项重大变革和历史任务"。

2008 年我国高等职业教育招生 299 万人，比 1998 年增长了 6 倍以上，在校生达到 860 万人。作为我国高等教育发展过程中的一种新类型，2007 年独立设置的高职院校达到 1168 所，占普通高等学校总数的 60%以上。

人才培养模式是为培养目标服务的。不同的培养目标有不同的人才培养模式，其价值取向是不一样的。

对于高等职业教育而言，时代对它提出的要求是：培养一大批生产、服务与管理第一线的高素质的实用型技术人才。高职的培养目标，一是强调"一线"，二是强调"应用"，三是培养高级技术人才，其人才培养的价值取向就是就业。高职培养目标的现实性，要求高职的教学必须强调岗位的针对性，强调技术教育，强调应用能力的培养。理论成分应以"必需"和"够用"为原则。而目前大部分高职院校受普通高校学科型教学的影响，偏重于"学"的熏陶，淡薄于"术"的传授，"应然"要求与"实然"状态难以和谐一致。有关研究人员提供了一个"令人奇怪"的数字，中国 IT 人才缺口大，但 2003 年 IT 人才的供需比是 18∶1，一个 IT 位置有 18 个毕业生等着，但是企业却要不到满意的 IT 人才。在日本也有这种现象，大学认为自己培养的 IT 人才是顶呱呱的，而企业却认为大学培养的学生还要从零开始学。其原因就在于，大学的教学体系与大学的培养目标是相悖的。

显然，按照普通高校传统的学科型教学体系组织教学，是不能顺利实现高职的培养目标的。不能顺利实现培养目标，就不能顺利实现就业。不能让学生顺利就业的教育是不成功的教育。要使高职教育走向成功，就必须建立一种与传统普通高等教育不同的、有其自身特点的、符合高职教育发展规律的、以就业为价值取向的人才培养模式。培养目标决定了学校的培养层次和性质。高等职业技术教育培养目标定位应是高等技术应用型人才。“高等”说的是层次，强调的是具备适度理论基础，“应用型”强调的是实践技能。学科型人才是出点子的，要有创造性和创新性的思维；高职人才则要进行创造性的技术设计和方案制订。

2. 培养和提高就业能力是学校和学生无法回避的问题

小资料：2008—2009 年中国社会形势分析与预测总报告

2008 年 1—8 月，全国城镇新增就业人员 848 万人，下岗失业人员实现再就业 370 万人，就业困难人员实现就业 104 万人。上半年，全国城镇登记失业人员 835 万人，城镇登记失业率为 4%。全国城市劳动力市场供求基本平衡。根据中国劳动力市场信息网监测中心对全国部分城市劳动力市场的调查，第一季度和第二季度的总体求人倍率均为 0.98。

劳动关系调节成效显著。2008 年年初以来，新《劳动合同法》、《劳动争议调解仲裁法》、《劳动合同法实施条例》、《企业职工带薪年休假实施办法》等法律法规先后颁布、生效和实施，增强了对劳动者合法权益的保护。2008 年 1 月 1 日，新《劳动合同法》生效；9 月，国务院颁布《劳动合同法实施条例》。经过 8 个多月的贯彻实施，中国多数企业更加重视劳动合同的签订工作。据 26 个省(区、市)调查统计，上半年企业劳动合同签订率达到 90%～96%，比 2007 年底上升 3～8 个百分点。合同签订率的提高，有助于保护劳动者的合法权益，也有利于用人单位的依法管理。

从 2008 年全年来看，就业面临五个方面的压力：一是以高校毕业生为主体的需要就业的青年达到历史新高；二是自然灾害(雪灾、震灾、水灾)造成一批企业停产、停业和个体工商户歇业；三是一批出口导向的中小企业因经营困难倒闭；四是为节能减排关闭一些高能耗、高污染的企业；五是 2008 年是国有企业政策性破产的最后一年。

受国际金融危机的影响，中国东南沿海地区一批出口导向的中小企业出现经营困难和破产倒闭，农民工歇业、失业和返乡现象比较突出。根据对广东部分企业的调查，企业减员一般达到了 20%。另据中国社会科学院社会学研究所 2008 年 5—7 月份的全国社会状况综合调查，城镇调查失业率达到 9.6%。

2008 年高校毕业生达到 559 万人，比 2007 年增加 64 万人。到 8 月份，全国大学毕业生实际实现就业率为 70%，到 2008 年底，毕业大学生未能如期就业人数达到 150 万，整个就业市场的大学毕业生需求岗位的总体状况相对趋紧。

2009 年大学毕业生在 2008 年的 599 万人基础上增加 50 万人左右，大学毕业生就业难的问题更加突出。

(资料来源：中国网，http://www.china.com.cn，李培林、陈光金)

从以上资料我们不难看出，“就业难”仍然是社会的难题。如果高职院校的学生不具备相当的就业能力，“毕业就失业”就绝不是传说，生存的困难将使学生个人和高等职业教育的发展都举步维艰。

小资料：高职高专院校毕业生就业状况调查

根据教育部高教司的委托，中国高等职业技术教育研究会于2003年12月10日至2004年1月10日对全国28个省、市、自治区的570所高等职业技术学院、高等专科学校以及少量的普通本科院校的高职学院、成人高校，进行了2003年高职高专毕业生就业状况的调查。截至2004年1月10日，共收到28个省、市、自治区347所高职高专院校(近19.4万名高职高专毕业生)毕业生就业状况调查反馈。

调查的主要内容包括：毕业生就业率(6月底一次派遣就业率和12月底的实际就业率)、未就业率和不就业率三个项目。各校毕业生的主要就业岗位、未来三年社会需求量大的专业就业情况预测，也作为这次调查的内容。

调查结果表明，2003年高职高专毕业生就业既有国企、三资企业、事业单位，又有民营、股份、个体等企业，而后者愈来愈多。毕业生就业的主要方向是在基层，在生产、建设、管理与服务一线；就业岗位主要是一线的技术、工艺、技能方面的管理与操作人员。

根据347所高职高专院校的有效数据统计，截至2003年12月底高职高专毕业生就业率平均为87.6%，未就业率平均为11.7%，不就业率平均为0.7%。其中，“就业率”项目中5个具体栏目所占的比例分别为：签约率平均为56.8%，待签约率平均为18.4%，上岗率平均为7.7%，升学出国率平均为11.2%，自主创业率平均为5.9%。

此次调查还反映出，2003年6月底的毕业生一次派遣就业率平均为60.9%，未就业率平均为37.9%，不就业率平均为1.2%。可以明显地看到，2003年12月底较6月底毕业生就业统计数据大幅攀升。

调查表明，高职高专院校毕业生就业中主要存在如下问题。

(1) 学校办学不适应社会需求。一些学校与专业之所以存在着毕业生就业难的问题，其主要原因是与市场需求脱离，无论是办学指导思想，还是人才培养模式，都沿袭了普通高校的传统办学思路，其根本点是没有面向市场需求，没有把就业作为导向。

(2) 地域经济发展的状况影响就业率。调查表明，经济发达地区对高职高专毕业生的需求是大的，前提是毕业生具备实际工作能力；反之，经济发展速度较慢的地区，本身对人才吸纳的能力有限，高职高专毕业生的就业也因此更加困难。依据对2003年12月底高职高专院校毕业生就业率的统计，新疆为60.8%，四川为64.6%，安徽为61.64%，而北京则为84.5%，广东为88.9%。

(3) 突发情况延缓了毕业生的就业。2003年是我国1999年本科扩大招生后的首届毕业生就业年，本科毕业生人数的激增，对高职高专毕业生的就业产生了冲击，影响了就业率。

(4) 社会不认同高职高专学历。调查反映出，社会对高职高专的认识还是存在着很多偏差。在许多地区的招聘会上，一些用人单位声明“高职高专毕业生免谈”。这种情况既有高职高专不适应需求的一面，也有现行的人事管理体制、用工制度、毕业生待遇等因素的影响。而现实的情况是：各个行业(基层)急需大量的具有实际技能的新生劳动者，而大批高职高专毕业生却找不到适合自己发挥作用的岗位。

由此我们看到，培养和提高就业能力是高职教育学校和学生都无法回避的问题。那么，怎样解决这个问题？

要让学生顺利地实现就业，就要着力培养学生的职业能力。职业能力分为专业能力、方法能力和社会能力。我们认为，专业能力是职业能力中的核心能力。

“专业能力是在特定方法引导下有目的地、合理地利用专业知识和技能独立解决专业问题的能力(包括工作方式方法、劳动生产工具的认识和使用等)，它与大学的学科性知识并没有一一对应的关系。”专业能力是学生就业必须具备的关键能力。所以，构建以就业为价值取向的高职人才培养模式，必须以专业能力的培养为主干。当然，在开放的、发展的、终身学习的社会里，方法能力和社会能力的培养也不可忽视。

3. 就业是高职院校毕业生职业发展的前提

高职教育培养的学生是服务于生产第一线的，因此高职人才毕业去向具有很强的基层性。例如，工科类高职的毕业生主要去企业生产第一线从事施工、制造、运行、检测与维护等工作；艺术类高职的毕业生主要到文化部门从事艺术工作；经济类高职的毕业生主要去财经部门或企业部门从事财经管理工作等。高职毕业生去向的基层性是高职教育的生命力之所在，因此，就业是高职院校毕业生职业发展的前提。也就是说，如果高职院校的学生毕业时无法找到工作，学生个人的职业生涯不可能有任何发展。每一位高职院校的学生必须非常清醒地认识到这一点，从入校学习的第一天起就为就业做好充分的准备。

高职院校学生的培养目标是成为社会各系统、各行业生产第一线急需的应用型、技能型、复合型人才。调查表明，部分高职学校、专业之所以能保持较高的毕业生就业率，最重要的一个因素就是：办学有特色，就业受欢迎。特色，就是区别于其他普通高校的一种以社会需求为目标、以就业为导向的办学定位，人才培养模式是全新的形态，教学体系改革的目标是能力本位的方向，专业设置要适应市场要求，专业设置瞄准经济与产业结构调整的走向。传统的基础课、专业基础课、专业课的课程结构安排正在越来越多的学校内进行调整，取而代之的是“2+1”的模式(即两年在校学习、一年在企业实训)、企业介入的方式(即根据企业需要，调整专业基础课或专业课)、课程整合的方法(即调整部分基础与专业基础课程，增加技术基础课，安排技术含量高的实训课程)等。

因此，学生一进校就要分系、分专业，学习的基本内容必须服从本专业的培养目标。学习阶段也必然围绕专业学习来展开。在高职院校的课程体系中，实践占有很大的比例。实践学习的形式有实验课、实习课程、设计课以及其他操作训练。高职院校学生必须非常重视实验、实践课程的学习，利用一切机会提高自己的实际动手能力，以增强自己的就业适应能力。要积极参加各种技术竞赛、科研训练等活动，通过参加比赛，参与竞争，提高技术应用能力；同时，积极参加由教师承担的科研与科技服务等活动，促进和提高自身的实际技能。

当前，我国职业教育实行双证书制度，即职业院校的毕业生应取得学历和技术等级或职业资格两种证书。毕业生要充分认识到两种证书在求职过程中的作用和价值，顺应社会要求，毕业前做好必要的准备。

高职院校毕业生还要积极适应毕业设计、岗位训练和就业安置相结合的新情况。从高等职业教育的发展趋势来看，以往简单的毕业设计正逐渐被毕业设计、岗前训练和就业安置相结合的"三合一"方式取代。毕业设计环节大都放到企业中去进行，同时进行上岗前的训练，企业通过这一环节，了解毕业生并作为企业接收的考察过程。主动适应这一变化的毕业生就能找准就业方向，较快地进入到工作岗位，走上工作岗位后很快能进入职业环境，适应技术要求，安心岗位工作。

学习上，高职院校学生尤其要处理好"专"与"通"、"精"与"博"的关系。

所谓"专才"是指专业面相对较窄而专门知识和技能的要求较高的人才；而"通才"是指基础理论扎实、知识面宽、适应性强的人才。从知识结构上说，专才偏"精"、偏"深"，通才偏"博"、偏"广"。对于高职院校的大学生来说，社会发展正确的定位是"应用型人才"，我们还是应该顺应这一要求，使自己具备扎实的基础理论知识，在此基础上广泛地学习和掌握相关的知识，增强自己的社会适应能力。因此，努力使自己成长为一名"通才"应该是高职院校大学生的学习目标。

高职院校的大学生还应该顺应时代发展的要求，自觉树立终身学习的观念，把学习扩展到自己一生的方方面面，在大学阶段打下终身学习的基础。

二、《大学生就业与创业指导》的意义和作用

就业指导，也可称为职业指导，有狭义和广义之分。狭义的就业指导就是充当寻求就业的劳动者与具体职业的"中介人"的角色帮助劳动者求职择业。广义的劳动就业指导就是为劳动者选择职业、准备就业以及在职业中求发展、求进步并提供知识、经验和技能。这就是说就业指导的过程是一个帮助求职者选择职业的过程，为就业做准备的过程，在任职中求发展的过程。也就是就业前、就业中、就业后的完整的指导。我国台湾地区有学者认为，职业指导不仅使受指导者知业并适于何业，且需设法为之预备、助其入业，使安于其业，乐于其业。万一入业后不适宜，更当设法使之迁业，务得安居乐业之所。

就业指导是伴随人类的职业分工而产生的。但是作为一种专门的社会服务工作这样现代意义上的就业指导从20世纪才开始得到发展。由于现代社会的迅速发展，社会分工越来越细，新的职业不断涌现，可供人们选择的职业种类和数量越来越多。求职者凭经验来选择合适的职业越来越困难，就业指导工作也就应运而生了。一些国家的学校，为了使自己

的毕业生适应劳动市场的需要，开始对学生进行就业指导。

20 世纪以后，就业指导工作在美国、德国、英国、法国等西方国家的一些学校相继开展并逐步普及。1910 年，美国第一次全国职业指导大会召开。随后，美国职业指导协会成立，并开始出版有关的定期刊物《职业》。1911 年哈佛大学首先在大学生中开设了就业指导讲座，以后推广到其他学校。美国高校成立了就业指导机构，帮助学生参与竞争，寻找理想的职业。德国的大学毕业生是自谋职业，但德国联邦劳动局与学校合作指导大学生就业，学校的任务是培养学生正确的职业观，德国联邦劳动局直接参与学生的咨询工作，帮助学生进行职业定向，实施职业规划，做出就业决策。在这些国家的带动下，就业指导在全世界范围内逐步开展。20 世纪 50 年代，“国际职业指导协会”(后更名为“国际教育与职业指导协会”)正式成立，开展职业指导的国家和地区更为广泛。在我国，教育部门首先提倡就业指导。自 1916 年起清华学校即开展了各种形式的就业指导活动，并成立了相关的机构。

新中国成立后，国家对劳动力就业采取计划安排的办法，所以就业指导一度被思想教育所取代。改革开放以后，就业指导逐步推开。1979 年我国出现了一种新的社会劳动组织形式——劳动服务公司。它拥有组织、培训、输送、调节社会劳动力等职能。20 世纪 80 年代初，各地开始设立人事交流中心，为指导社会再就业人员谋求职业提供服务。20 世纪 80 年代中期，北京、上海一些职业中学开始试行职业指导。当时劳动人事部有关部门还编写了《就业指导》的培训教材。随着高校毕业生就业制度改革的深入，高校毕业生就业指导也应运而生。1988 年国家教委高校学生司出版了《大学生求职择业指导》。20 世纪 90 年代，原国家教委成立了全国高等学校毕业生就业指导中心，并要求各地和各学校也要逐步建立起就业指导机构并开展工作。原国家教委高校学生司和全国高校毕业生就业指导中心还定期发行《毕业生就业指导》；许多省市和高校纷纷建立毕业生就业指导中心，出版了一批诸如《大学生求职择业指导》、《大学生求职择业手册》之类的书籍和《大学生就业指导教程》等教材，并为毕业生开设了就业指导讲座。

大学生的就业指导是广义上的就业指导，是为了帮助大学生根据自身特点和社会职业需要，选择并确定有利于发挥个人才能和实现个人理想的职业；帮助大学毕业生按照国家就业政策的导向及时落实用人单位或自行创业；并为就业后发展成才、创立事业提供帮助和指导，使其正确地实现自己的人生价值和社会价值。从根本上说，就业指导的目的，就是要帮助大学生树立正确的世界观、人生观、价值观，增强毕业生适应经济建设和社会发展的能力。

1993 年，中共中央、国务院颁发的《中国教育改革与发展纲要》提出高校毕业生就业制度改革的重大举措，高校毕业生由计划经济条件下的统包统分，包当干部的就业制度，转为少数毕业生由国家安排就业，多数毕业生自主择业的就业制度。同年 11 月，中国共产党十四届三中全会通过的《中共中央关于建立社会主义市场经济体制若干问题的决定》中明确提出“改革劳动制度，逐步形成劳动力市场”，“发展多种就业形式，运用经济手段调节就业结构，形成用人单位和劳动者双向选择、合理流动的机制”，“发展市场中介组织”。毕业生就业工作开始成为社会和高校关注的热点。1994 年起，全国高校毕业生就业指导中心举办毕业生就业指导人员和助理教师培训班。1995 年，国家教委办公厅发出了《关于在高等学校开放就业指导选修课的通知》，1997 年，全国高校毕业生就业指导中心制订了《大学生就业指导教学大纲》。

大学生学习“大学生就业与创业指导”这样一门课程就是为了增强自己的社会适应能力，特别是提升自己在人才市场上的竞争力。通过这门课程的学习，至少要了解这样几个问题：①“什么是大学生就业？”②“大学生怎样就业？”因此，这门课程是为了适应社会主义市场经济和毕业生就业制度改革而设立的一门必修课程。与这门课程相适应的《大学生就业与创业指导》就是在课程目标和要求的指导下编写的具有较强针对性、实践性和应用性的教材，该教材具有如下意义和作用。

1. 帮助毕业生认识和了解职业世界

首先，职业是我们生活的前提和基础。我们每个人在世界上立足，生存是前提。职业就是现代社会人们个人从事的、作为主要生活来源的工作；对绝大多数人来说，没有职业也就没有解决基本生活来源问题的条件。作为一名即将走上社会的大学生，职业是我们展示自己的学识、才华和能力的平台，是我们谋求自身发展的必要途径，也是我们实现经济独立的手段。难以想象一个寻找不到适当职业的应届大学毕业生会有怎样的发展。

其次，职业为我们提升和实现自己的价值提供了平台。现代社会，职业价值是社会衡量个人价值的重要标准。一般来说，一个人的价值只有通过社会认可的途径和形式表现出来，才会被社会接纳和肯定。个人也只有在获得社会的接纳和肯定之后才能有机会获取更多的社会资源，促使自己在更高更广的层面上获得发展。职业正是这样的渠道和空间，让我们学习和熟悉社会价值规则，让社会接纳和认可我们。

就业是大学生毕业走向社会的转折点，但就业所反映的，不仅是如何找到用人单位，而且涉及大学生本身的素质准备。因为大学生本身的素质如何，直接关联到事业的成功与否，因此，就业观念要解决的基本问题是，如何成为适应社会发展的高素质人才，也就是说，职业设计应该成为大学生从进入高校时就开始的关注点。就业的理论指导和大学生的学习目的教育应该融为一体，贯穿于学习阶段的全过程。

就业信息是求职择业的基础。获得的就业信息越广泛，求职的视野越开阔，就业的信息运用得越好，求职成功率就越高。因此，对大学生进行信息指导是就业指导不可缺少的内容。信息是我们这个时代的重要特征，收集的有效信息越多，选择的余地越大，越能够得到满意的就业选择。

国家宏观的就业形势关系到劳动力市场的供需关系，和毕业生能否充分就业有关。某一类专业人才市场的供需情况，又直接影响该类专业毕业生的就业。帮助大学生了解就业的大形势，有利于毕业生做出合理的就业定位，使其主观期望符合社会的实际，能够及时、顺利地就业。

2. 解读与高职院校毕业生求职就业相关的政策法规

在普通高校毕业生就业制度改革逐步走向市场化、法制化的今天，作为改革的直接承受者和参与主体，高职院校毕业生在其整个择业求职过程中也应增强法律意识，自觉遵守市场规则，并运用法律武器保护自己的合法权益。因此，必须认真学习和了解《中华人民共和国高等教育法》、《中华人民共和国合同法》、《中华人民共和国劳动法》、《国家公务员暂行条例》等相关的法律、法规。《大学生就业与创业指导》顺应了广大毕业生的要求，从实际、实用的角度介绍了与高职院校毕业生求职就业密切相关的政策法规，帮助大家学习、掌握和运用这部分知识。

政策指导是就业指导的前提。大学生就业政策是国家制定的高层次人力资源配置准则的体现，是调控、约束、导向毕业生择业行为的基本依据。任何人都可以在就业政策允许的范围内自由择业。

通过就业指导，可以了解国家制定的全国性的对毕业生就业工作的方针、就业改革，有关部门和省市制定的行业性和区域性就业政策以及所在学校制定的具体实施意见，从而按有关规定就业。

3. 介绍相关的求职就业知识和技巧

歌德曾经说："决定一个人的一生，以及整个命运的，只是一瞬间。"大学毕业时的选择就是这么一个关键性的选择。这个关键选择该怎样面对？我们怎样为它做一些必要的知识和技巧准备？这门课程正是要在帮助大学生培养良好的人际沟通能力，通过就业过程各个环节的技巧指导与训练，让大学生掌握正确的求职技巧与方法等。

"凡事预则立，不预则废"，求职就业是一项实践性非常强的活动，只有在一定相关知识的基础上积极参与实践，不断总结经验教训，才能尽可能地少走弯路，《大学生就业与创业指导》在这方面提供了一些有一定实际参考价值的案例与资料，便于大家学习掌握。

在"公平竞争，择优录用"的原则指导下，用人单位主要通过自荐、面试、笔试等方式来招聘录用人才，因此，指导大学生掌握求职的方法与技巧对保证求职的成功具有重要的意义，可以帮助毕业生提前做好充分的准备。

在招聘过程中，自荐是首要的环节。指导自荐技巧是帮助大学生与用人单位进行有效的沟通，使大学生能真实地介绍自己，使用人单位所欣赏的某些特长能充分地展示，使用人单位在自荐的过程中感觉到我们的能力和潜力。一般情况下，面试是招聘录用中必过的环节。在面试过程中，掌握一定的技巧，是成功面试的策略，也是作为求职者应有的训练。作为求职的大学毕业生，需要面试技巧的指导，才能在面试时有充分的准备，有针对性地辩答和应对。指导大学生面试技巧，不仅对帮助大学生就业有利，而且能使大学生学到更多的人际交往的知识。

三、《大学生就业与创业指导》的学习方法

1. 课程的性质和任务

《大学生就业与创业指导》是为适应国家毕业生就业制度改革后高职院校毕业生就业新形势的需要而开设的一门课程，有较强的针对性和实践性。

本课程的目的是帮助高职院校毕业生认清就业形势，拓展视野，树立正确的择业观念，学会职业生涯设计，做好就业前的心理、知识、能力、材料等准备，学习一定的求职技巧，掌握必要的政策法律知识，增强就业竞争能力，成功地走向社会。

2. 学习方法和原则

学习本书应掌握如下方法和原则。

第一，理论联系实际。高职院校大学生就业是一项实践性非常强的工作。因此在《大学生就业与创业指导》课程的教学中就应当尽量避免一些空洞的理论说教或者对某个理论知识点的生搬硬套；应该紧密联系地区、行业、学校及专业的高职院校毕业生的就业特点，灵活地掌握相关理论知识。

第二，知行并重，行知统一。在学习过程中必须重视通过一定理论知识的学习，形成自己的实际就业能力。广大的高职院校毕业生在就业问题上一定不能有依赖思想，就业指导的教学也不能仅仅局限在课堂上，而应通过典型案例分析、模拟人才市场等方式拓展到社会实践、报告会、座谈会中，真正使就业能力的训练和提高落到实处。

第三，坚持有针对性地学习和训练。高职院校毕业生学习本课程应该针对自身就业的实际情况，有效地拓展自己的求职就业知识，增强自己的职业意识，不断提高自己的就业心理素质。因此，在学习本课程时要不断地问自己："我究竟想从事什么职业？如何实现这个职业理想？"只有这样才能了解自己的职业需求，看到现实社会的实际需求，不断调整自己适应社会的需要，实现自己的目标。

面对求职就业，很多高职院校的毕业生都会产生担心、害怕、徘徊、犹豫。甚至可能有还没迈步便打算放弃的迷茫。这个时候，我们需要告诉自己：成功大都是在尝试中取得的，我们常说"摸着石头走过河"，前方是未知的，只有不断地摸索尝试，踏出第一步，我们才有成功的机会。只有勇于尝试，坚持不懈，才可能有成功的一天。

看看下面这则小故事：

无论小事还是大事，都离不开尝试。我有个哥哥，他以前也是个不肯尝试着做事的人，直到有一次，他在修自行车的时候，因为一个螺母非常难拧，他试遍了他能想到的所有方法。我劝他用锤子，他说不行，于是我不理他走开了。我离开不久就听到锤子敲打的声音。不一会儿，他高兴地跑过来跟我说："三弟，你说的没错，换个方法真的可以。开始我还

犹豫，但后来我想通了。嘿！这招真灵！”当时我认为：扭开这个螺母是件微不足道的事，但回过头来想，他学会了用尝试去获得成功，这真是可喜可贺啊！

大多数的人都害怕去尝试，还有的人认为尝试只是浪费时间。如果中国人不尝试制造原子弹，原子弹就不可能在中国试爆成功；如果中国不尝试去申请奥运，2008 年的奥运会就不可能在北京举行；如果中国人不尝试去发展航天事业，中国人就无法到达太空……中华上下五千年，人类发展的历史车轮滚滚向前，未知的困难时刻威胁着人类的生存与发展，正是因为有了在冒险中尝试的精神，才有了社会如今的繁荣。

人的一生尝试是不可避免的，尝试的结果有成功也有失败。失败了不要紧，重要的是从失败中总结出经验教训。求职就业也一样，一定要“有一个想法就去做”，用自己的行动去推动理想实现，这样就一定会为自己的职业生涯探索出成功之路。

第 1 章　高职高专毕业生的就业形势

当前我国的高等教育正在由“精英教育”向“大众教育”转变，大学生就业面对着新的形势，进入了一个新的阶段，这是不以我们的意志为转移的客观现实。大学生就业除了需要政府政策、社会经济发展和文化理念的支持外，还需要大学生主动认清形势，正视自己，把握时机，在社会中找准自己的位置。只有这样，大学生才能在激烈的竞争中不丧失主动权，从而确立自己发展的轨迹。大学生是我国社会主义经济建设和社会发展的重要后备力量，他们能否顺利就业，是既关系到大学生的自身成才、发展和人生价值的实现，也关系到我国社会主义建设的顺利进行和社会的稳定，还关系到教育目标的最终实现的大问题。面对近年来竞争越来越激烈的就业环境，高职高专毕业生在就业时应该怎样认清就业形势呢？这是本章要着重探讨的问题。

1.1　当前毕业生就业制度与就业程序

与经济体制改革相适应，我国的大学生就业制度经历了国家的统包统分、过渡性的改革后，到当前的双向选择、自主择业几个阶段。

1.1.1　从“统包统分”到“双向选择”

1. 统包统分的弊端

统包统分制度是指由国家统一招生，统包学生所有费用，统一分配工作的毕业生分配制度，是随着我国计划经济体制的形成而逐步建立起来的，这样的以“统”和“包”为特征的分配制度必然有其历史的暂时性，在新中国成立初期发挥了一定的积极作用，但随着历史的发展，其弊端日益显现。

(1) 人力资源的不合理配置。大学毕业生的决策分配权集中于政府，而大学毕业生与用人单位作为劳动力供求双方的主体却无权决策。供需双方全凭组织安排，互不见面，互不了解，毕业分配定终身，极大地限制了个人意愿的发挥，束缚了企业的用人机制，难以做到人才的合理配置。

(2) 缺乏竞争机制。包得过多，统得过死，影响用人单位、学校、学生本人三方面的积极性的发挥。学生端上了“铁饭碗”，减弱了竞争意识和观念；高校只管培养不问“销路”，自我封闭，墨守成规，缺乏主动去适应经济发展和社会发展的动力和活力；用人单位用人全凭“等、靠、要”，养成了依赖性，失去了主动性，以致需用脱节，所学非所用，人才浪费现象比比皆是。

(3) 与我国经济、政治体制改革不相适应。改革开放以来，国内经济结构发生了重大变化，非国有制企业如雨后春笋般应运而生，并发展壮大，这些企业急需大学毕业生去就业与创业。而由国家统包统分的就业制度，难以满足它们的需要。政治体制改革必然要涉及劳动人事制度的改革。按《企业法》规定，企业成为自负盈亏的生产者和经营者，在用人方面也应有较大的自主权，可以挑选和聘用自己需要的人才，或拒绝接收自己不需要的人。显然，传统的毕业生分配制度与之已不相适应。

2. 大学生就业制度改革势在必行

国家对大学毕业生就业制度进行了有步骤、有层次、逐步推行的改革。

1985 年，中共中央颁布《关于教育体制改革的决定》，指出对国家招生计划内的学生，其“毕业生分配，实行在国家计划指导下，由本人选报志愿，学生推荐，用人单位择优录用的制度”。这项决策为毕业生就业制度的改革奠定了基础。随后，全国高校毕业生分配逐步形成了“双向选择”的初级模式。其改革的主要内容有：一是改革过去完全由政府部门编制分配计划的办法，采取由主管部门和高等学校自下而上、上下结合的方法编制分配计划，扩大学校参与毕业生分配工作的权限。二是实行“供需见面”试点，逐步改变单一的由政府分配的办法。即国家给高校部分切块计划自主权，在少数学校试行小范围的“供需见面”，促进学校与用人单位之间的信息交流和联系，根据需求落实分配计划，使分配计划尽可能科学、合理、符合实际。三是进行“双向选择”试点，在扩大学校分配权限的同时，使用人单位有选择毕业生的权限，毕业生有在一定范围内选择用人单位的机会。

1989 年，国务院发布国发[1989]19 号文件，批准原国家教委提出的《高等学校毕业生分配制度改革方案》。这是一个过渡性的改革方案，也叫做“中期改革方案”，改革的目标是在国家就业方针、政策指导下，逐步实行毕业生自主择业、用人单位择优录用的“双向选择”制度。将竞争机制引入高校，增强其动力与活力，使毕业生的就业走向市场化。这是新中国成立以后毕业生分配制度上的一个重大转折。

中期改革方案的主要内容有：一是按国家招生计划招收的学生培养费由国家承担，学生应交学杂费。毕业生就业实行“双向选择”制度，国家在必要时可以制定部分指导性就业计划，毕业生经学校推荐与用人单位“双向选择”，就业未被录用者，介绍回家庭所在地，由地方人事部门再进行二次推荐或本人自谋职业。二是为解决一些边远地区、艰苦行业及重点单位的需要，在国家招生计划中安排一定比例实行定向招生，定向就业。三是毕业生的就业范围根据现行的办学体制，除特殊情况外，一般按学校的隶属关系在本行业、本地区选择就业。社会调节性计划招生的定向生毕业分配按合同就业。自费生毕业后自主择业。四是国家对学校的招生规模和毕业生就业进行宏观调控，通过做好人才需求预测，采用政策法规、计划指导、经济吸引、思想教育等机制和手段调控，以适应各方面的实际需要。

3. 自主择业的毕业生就业制度

1993 年 2 月 13 日，中共中央、国务院颁布了《中国教育改革和发展纲要》，再次明确了毕业生就业制度改革的目标：改革高等学校毕业生“统包统分”和“包当干部”的就业制度，实行少数毕业生由国家安排，多数毕业生由学生“自主择业”的就业制度。即除少数享受国家奖学金、专项奖学金等单位奖学金的学生，实行在一定范围内就业外，大部分的毕业生都在国家有关就业方针政策指导下，通过毕业生就业市场“自主择业”。

1994 年，教育部发出《关于进一步改革普通高等学校招生和毕业生就业制度的试点意见》，提出“从招生开始通过建立收费制度，改变学生上学由国家包下来，毕业时国家安排职业的做法”，引导学生毕业后参与劳动力市场上的竞争，以奖学金制度和社会就业需求信息来引导毕业生自主择业。这样，就逐步建立起学生上学自己缴纳部分费用，毕业后多数人自主择业的机制。

这种就业体制的实现特点是：大部分毕业生将按照个人的能力、条件进入市场参与竞争，而不再依靠行政手段由国家保证就业；用人单位也只能以工作条件和优厚的待遇吸引毕业生，不能等待国家用行政命令的办法分配毕业生。高等学校作为就业工作的中介，主要为“自主择业”的毕业生提供服务。

根据以上指导精神，国家从 1994 年开始实行招生“并轨”、缴费上学和“自主择业”的改革试点。从 1998 年起全国高等学校全面按照新体制进行运作，在 2000 年基本实现毕业生就业制度的新旧体制转轨。这种“自主择业”的毕业生制度是与社会主义市场经济体制相适应的。

1.1.2　高职高专毕业生的毕业就业程序

高职高专毕业生的毕业就业程序，主要包括了解有关就业政策，收集处理需求信息，做好个人自荐、面试的材料和心理的准备工作，参加“供需见面，双向选择”活动，签订就业协议书等环节。

1. 了解就业政策

高职高专毕业生是国家近几年来培养的应用型人才，为适应经济建设和社会发展的需要，国家制定了相关的就业政策，地方政府为了优化配置人才资源，也推出各种鼓励就业的优惠政策配套措施。因此，高职高专毕业生在面向社会求职择业时，需要向学校及有关部门了解当年国家在高职高专毕业生就业过程中的具体政策规定，还需要知道自己所在的学校、学校所在的地区及自己将要去就业的地区、单位的就业政策规定，唯有如此，才能从容地选择职业。

小资料：成都(四川)高职高专毕业生的相关就业政策(节选)

(1) 鼓励高职高专毕业生到基层和艰苦地区工作。

(2) 鼓励各类企事业单位特别是中小企业和民营企事业单位聘用高职高专毕业生。

(3) 党政机关录用公务员和国有企事业单位新增专业技术人员和管理人员，应该主要面向高职高专毕业生，公开招考或招聘，择优录用。

(4) 取消户口限制。凡大专(含高职大专)及以上的毕业生只要是在成都市就业的都准予落户。

(5) 鼓励高职高专毕业生自主创业和灵活就业，并给予税费的减免优惠。凡从事属于鼓励发展的项目，缺乏创业资金的，政府还为高职高专毕业生提供创业部分贷款和担保的支持。

(6) 为高职高专毕业生办理户口和人事档案提供便利。

2. 供需见面，双向选择

高职高专毕业生在了解相关就业政策、了解就业信息，做好材料准备和心理准备的基础上，就进入下一关键程序，即“供需见面，双向选择”。

供需见面会多种多样，有地方双选、学校双选、集中双选、分散双选等类型。高职高专毕业生应积极参加学校的双选和地方人事部门举办的地方双选，这对广大高职高专毕业生来说是信息量较大、就业机会较多的两种最主要的双选会。

大规模的应届毕业生“供需见面，双向选择”活动，主要由学校发起组织，即由学校出面组织，发邀请函，在一定时间内将用人单位和毕业生相邀到一定的场所(一般是校内)，进行面对面的选择。

各地区的劳动人事部门也会在一段时间内举行大型的招聘会(一般在 11—12 月份、2—3 月份、4—5 月份)。

针对应届大中专毕业生的供需见面会具有如下特点。

(1) 时间性。一般集中在毕业生毕业前的最后几个月，根据用人单位的多少，可举办若干次供需见面会，但每一次供需见面会一般在一到两天内就结束。

(2) 直接性。用人单位与应届毕业生面对面进行洽谈接触，互相咨询考查，互相展示有关资料和信息，用人单位甚至可以对毕业生进行各种现场的目测、口试和笔试等。

(3) 明确性。用人单位需求的职位、人数专业及基本条件比较明确，一般在洽谈前都会张榜公示，并准备相关资料以备索取；毕业生在洽谈中也可以向用人单位询问其他相关具体情况和自己个人的要求。

(4) 高效性。供需洽谈后一般情况下用人单位要宣布录用结果，特别是在学校举办的双选会上选用本校的应届毕业生的比例较高，毕业生也会根据录用情况决定自己的取舍，认同双方签约后择业程序结束。

在“供需见面，双向选择”这一程序中，主办方、用人单位、毕业生各自充当不同的角色，承担着不同的职责。

主办方即供需见面会的组织者，不仅要保障供求双方的利益，而且要努力创造良好的供需双方相互选择的环境，在会议程序、场地安排、信息宣传、安全保卫、咨询服务等各方面尽可能地提供周到的服务，并使整个供需见面会在有组织、有纪律、有秩序的状态下进行。

用人单位是需求的一方，要在供求见面会上向学校和毕业生提供详细、准确、真实的单位状况、地域特征、工作条件、生活待遇和需求信息。对洽谈中出现的问题要及时与学校取得联系。

毕业生是供方角色，要认真分析用人单位提供的需求信息，在洽谈见面过程中，要尽可能向用人单位提供准确、真实的个人资料和去向意愿，不明白的地方要问清楚，自己的特殊要求和看法要当即提出，在整个洽谈中，要有礼貌，勤思考，善判断。

3. 签订就业协议书

通过供需见面会，毕业生与用人单位针对录(聘)用毕业生达成一致意见后，即进入用人单位、毕业生及培养毕业生的学校签订就业协议书的程序。有关就业协议书的签订及注意事项后续章节另有详细的说明。

最后，也是非常重要的是，一旦遇到问题而犹豫不决时应怎么办？一般来说，毕业生对就业单位、职位、待遇、工作条件等方面存有疑问，应及时向学校主管就业的老师或身边有丰富经验的亲友咨询，征求他们的意见，经过深思熟虑后方可签约。

就业协议书一经签订，学校将以此为根据统一汇总纳入学校的就业方案，用人单位也将以此为依据做好相应的人事接收及入职安排。

4. 就业途径

现代社会就业途径多种多样，了解并利用好有效途径，是成功推销自己、找到理想职业的重要保障。

1) 学校推荐

高职高专经过多年的探索和实践，已经逐步形成了比较完备的毕业生就业体系。高职高专的优势在于无可比拟的人才培养模式，通过“走出去，请进来”等方式，不间断地进行毕业生与用人单位的供需见面双向选择洽谈工作。同时学校推荐的用人单位可信度也比较高。

2) 人才招聘会

人才招聘会是最直接、最为常见的形式。人才招聘会具有招聘单位多、专业广、相对集中的特点，但由于人太多，不便于双方进行更深入的了解，故成功率相对较低，效果一般，它的主要功能是为供求双方提供一个信息交流的机会。

3) 网络求职

随着我国高等学校毕业生就业市场的不断发展与完善，网络求职、网上供需见面会正在发挥越来越大的作用。通过计算机网络提供服务，人才交流正从有形市场向无形市场延伸。网上求职的优势是不言而喻的。一方面，操作方便快速，一劳永逸，填写“求职登记表”，输入自己的个人简历和申请信，通过网络发布的个人资料有可能吸引成千上万招聘用户来访问，有时寻找一份工作可能只需几分钟时间。另一方面，网上信息更新快，分类检索便捷，适应了现代人的生活与工作节奏，毕业生可以通过网上了解有关公司的情况，做到有的放矢。

网上求职具有如下缺点。

(1) 网上招聘信息的真实程度较招聘会低。目前招聘网站提供的职位较单一(IT类居多)，对网上招聘单位又缺乏审核。求职者经常将简历发出后，从此就石沉大海，杳无音讯。有不甘心的求职者按照公司的电话打过去询问，才知道这些职位早在很长时间前就招满了。

(2) 信息反馈时间长，回收率低。求职者往往将简历发出后很长时间才能接到面试通知。这是因为企业的人力资源主管每天都会收到大量的个人简历，而且还要从中筛选，再经过反复斟酌，最终才挑出几个人通知面试。

目前，通过网上招聘和求职尚需进一步普及与规范，但网上人才交流毕竟代表着人才市场的未来走向。作为谋职者，上网求职只是时间问题，将来势在必行。

4) 实习过程中的求职

实习是高职高专毕业生走向工作岗位的重要阶段，是实习学生与用人单位相互了解的过程，也是毕业生谋职的最有效途径之一。毕业生在实习阶段的实践工作，既可以让用人单位了解毕业生，毕业生也可以较详细地了解用人单位的生产、经营、管理和福利待遇等状况。通过一段时间的相互了解，建立联系，为以后的求职就业打下良好的基础。因此，毕业生在选择实习岗位时，注意要以自己谋求职业为标准，并利用实习加深自己所学的知识与技能，即使实习后不能被录用，如果履历表上添上了实习这段历史，在毕业后谋职的竞争中也能处于有工作经验优势的地位。

5) 他人推荐求职

扩大职业选择余地，最为直接的办法是求助于亲戚、朋友、同学以及其他密切可靠的关系人。如一些专业课教授、骨干教师与用人单位的领导或业务骨干有较为密切的联系，相关的推荐，容易引起用人单位领导的重视。父母、亲友的推荐也可以帮助毕业生扩大自荐的范围，为自己的成功求职助一臂之力。

请人推荐，最好准备一份履历表，便于别人从中介绍，使用人单位对你的情况有一个全面的了解。

小资料：某信息技术职业学院2009届毕业生就业流程

(1) 毕业生应充分了解就业形势、政策，作好就业心理准备。

(2) 作好就业技能、技巧的储备。

(3) 准备自荐、推荐材料。

① 自荐书由本人自己完成。

② 推荐表先由本人填写好个人基本信息和在校期间的奖惩情况；再由各自辅导员老师填写本人在校期间表现，然后到学生处盖章；最后到学院毕业生就业指导中心签署推荐意见和盖章。

③ 在辅导员老师处领取由教务处盖章的各科成绩表。

(4) 通过就业网、就业信息发布栏、媒体等渠道收集用人单位信息，与单位接洽、沟通，向单位递交自荐书、推荐表以及各科成绩表等材料(复印件)。

(5) 面试：由毕业生、用人单位双方供需见面，互相介绍基本情况，实现双向选择。

签署就业协议书：

① 毕业生与用人单位双方签订就业协议书，填写应聘、录用意见。对于经双方协商，达成一致意见的约定(协议书的现有条款中未能包含)须在备注栏中写明，由毕业生和用人单位同时在备注栏签字、盖章。

② 毕业生(或用人单位)将双方签订好的就业协议书送到学生处(系)初审，并由学生处(系)负责人审查签章、登记备案后，送交学院毕业生就业指导中心审核、盖章。

③ 凡填写不符合要求和规定的，返还毕业生(用人单位)修正后，学院毕业生就业指导中心再予以审核和盖章登记。

④ 审核后的协议书一式三份，用人单位、毕业生、学院毕业生就业指导中心各执一份。

(6) 学院根据毕业生与用人单位签署的就业协议书编制当年就业计划，报送省教育厅审批。

(7) 学院根据省教育厅审批后的就业计划为毕业生办理就业报到证，对毕业生进行派遣。

(8) 毕业生到学院领取就业报到证后到单位报到。

(9) 部分符合改派条件的毕业生可办理改派手续。

(10) 毕业生就业工作结束。

1.2 当前高职高专毕业生的就业形势

1.2.1 当前我国劳动力市场的基本结构

当前我国大学生面临的就业形势十分严峻。从中央到地方、从社会到家庭、从学校到学生，一个呼声：就业、就业、再就业！

1. 劳动力严重过剩导致失业率逐年上升

目前，我国劳动力供大于求的矛盾十分突出，我国正处于劳动力过剩的新高峰，城镇失业职工和向城镇转移的农村劳动力大量增加，每年自然增长的劳动力就有 2000 万人，三方面的因素叠加，我国劳动力总量出现绝对的严重过剩。

我国是世界上劳动力最富余的国家，目前适龄的劳动力就高达 4.7 亿人的规模，并且每年还要新增劳动力约 2000 万人，吸纳劳动力的产业分布与目前我国生产力的发展水平密切相关。据统计，在第一产业中我国现在有 3.3 亿人的农业劳动力，其中仅富余的劳动力就有 1.37 亿人之多，是我国劳动力市场中最庞大的就业需求大军，常年处于流动状态的农民工约 9000 万人。在第二产业中，我国现有产业工人约 1.2 亿人的规模，这一规模相当于世界发达国家产业工人的总和，但目前处于下岗失业状态的有 3000 万人左右，是城市中需开拓再就业渠道，政府急需重视，并需要给予帮助的就业群体。目前我国的第三产业的从业人员有 2000 万人左右，这一就业领域工作极不稳定，但对劳动力需求变化又极大。我国这种第一、二、三产业的吸纳劳动力就业分布状况，与我国正处于经济高速发展初期需要用信息化提升工业化，进而实现现代化对劳动力的需求不相适应。

我国低端的劳动力严重过剩，对多数农民工和大龄城市失业下岗人员来说，他们一般缺少技能，只能从事脏、累、苦、差、险的工作。而目前我国在高端的劳动力市场又呈现缺口，社会急需高级管理人员、适用型的技师以及职业经理人，各种复合型的应用型人才需求旺盛，近年来已有海外劳动力这类高端劳动者进入国内就业的趋势。

目前我国在第二、三产业中对具有实用技能的应用型人才需求激增，在我国沿海地区已出现需求缺口上百万个就业岗位。我国劳动力市场这种基本结构在短期内不会根本改变，这就要求我国的大学毕业生需积极主动去应对就业挑战。

2. 新增就业岗位远远不能满足就业的需要

目前我国的国有企业由于调整产业结构，转变经营机制，推行劳动合同制后企业的用人需求大为减少，一些国企还实施关、停、并、转、卖的产权改革，导致失业职工大量增加，因此我国的国有企业已不是就业主渠道，已不可能为大学生提供大量的就业岗位。

目前党政机关、事业单位也在转变职能，转变工作方式，精简人员，每年能吸收的大学毕业生也非常有限。如中央省市一级国家机关 2009 年提供约 1 万个工作岗位，就吸引全国 37 万多名大学毕业生报名应聘，创下了报名数与职位数比例之最。

3. 毕业生就业连续多年积累的未就业人数激增

自 1997 年起我国实行高校毕业生就业体制根本性改革以来，加上我国高校又连续扩招，每年毕业生年均增长约 50 万人，早已形成供大于求的就业形势。高校毕业生就业率逐年下降，特别是地方高校一次性就业率只有60%左右，历年累积未就业的大学生从2001年起估计就已达250万人左右，这一人数与2005年毕业的大学生人数基本相等，大学生毕业就失业已成为不争的社会现实。

4. 高职专科毕业生就业率有待提高

从2008年大学毕业生的就业情况来看，专业需求有冷有热，供需仍不平衡，不同院校不同培养目标不同层次的就业率差别也较大。一般看来，本科生就业率明显高于专科生的就业率，由于高学历从低就业自降身价，已出现高学历的研究生也加入与本、专科生竞争同一职位的情况。在专科层次上虽然高职专科的就业率高于普通专科，但因高职专科是近几年新的办学模式，所以在就业市场中高职专科毕业生就业仍需得到社会的检验与认同。

2009年，全国本、专科毕业生达到650万人之多，加上在这之前毕业还未就业的学生，将超过1000万人。因此高职高专毕业生要想顺利就业，只有彻底转变就业择业观念，适应市场经济变化和要求，与时俱进，准确定位；要从基层做起，从一线做起，从艰苦的地方做起，当一名普通工人，只有这样才能解决“就业难”的问题。

2008年11月19—20日在成都市举办的四川省2009届大学毕业生首次招聘会上出现了7万多人竞聘约1万个职位的场面，由此可见竞争的白热化程度。当前，大学毕业生就业已从过去的“天之骄子”成为现在的普通求职竞聘者，而大专生更是就业的“弱势群体”。首先，有许多面向大专生的职位，但却有很多本科生来参与竞争，相比之下大专生的优势很少；而对于从事一线工作，不少中专生受过专业技术培训，定位准确，因而不愁“嫁”不出去；而对于大专生，用人单位担心从事一线工作不安心，流动性较大，容易跳槽，所以宁愿选择稳定性更强的中专生。

由此可见，大专生处于“高不成，低不就”的尴尬局面。

面对现实，毕业生一定要调整好自己的心态：首先，应该考虑的是解决“生存问题”，然后再考虑实现自己的理想，树立“先就业，后择业，再创业”的就业择业观，不能定位过高，眼高手低。

小资料：

案例1：适合自己的选择就是最务实的选择

23岁的李某是我市某食品公司的生产部经理，几年前毕业于四川农业大学食品工程专业。毕业前，她参加了学校组织的双选会，她嫌来招聘的企业多在偏远的地区，不愿去，她说，自己所学的专业虽然好找工作，可又嫌工资太低。

小李有两个梦想：当个自由撰稿人，或者当个化妆师。因为文化功底弱，她放弃了第一个梦想。为了实现第二个梦想，毕业后她去上海找工作。她每天穿梭于各个职业介绍所，为了节约开支，她甚至舍不得坐地铁，宁愿走几个小时的路。后来她终于在上海一家高级影楼当上了化妆师助理，每月收入也才1000元左右。丢掉自己的专业不说，每天工作时间之长难以想象，每天天不亮就出门，乘车赶两个小时的路程去上班，一直工作到晚十点才下班，乘车赶回住处时已十二点了。这样工作了半年，小李觉得实在不划算，又重新找工作。后来她又先后从事了几个不同的工作，但都干得不长。今年她回到四川参加某个外资食品公司的招聘，终于因专业对口，谋得一份月薪 2000 元的工作，但是工作压力很大。小李到上海就业的这段经历告诉我们，就业不能迷信留恋大城市，只有适合自己的才是最实用的就业选择。

案例 2：自恃心高，错失良机

小李的堂弟去年从成都一所重点大学的计算机系本科毕业，按理，找一个对口专业的工作岗位应该很容易了，可就是在求职应聘中四处碰壁，这是为什么？原来他自恃热门专业加上重点院校的牌子，应聘中抬高身价，自定月工资要达到 3000 元才考虑。可是用人单位对其综合考核后，认为其动手解决实际问题的能力明显不足，用人单位只能给予月工资 2000 元的待遇。这位大学毕业生就高不成低不就地拖延至年底，错过了去年上半年的双向选择就业的最佳时期，只好等待明年双选会时再努力推销自己了。

1.2.2　“就业难”与“招聘难”

1. 大学生就业难到底难在哪儿

大学生就业难有以下几个原因。

1) 高等教育大众化，毕业生逐年增多

教育部有关统计数字显示，2003 年全国大学毕业生超过 212 万人，2004 年达到 280 万人，2005 年达到 340 万人，2006 年达到 410 万人，2009 年达到 650 万人。现在，我国适龄青年的大学生入学率约 20%，这意味着我国提前进入高等教育大众化时代了。

2008 年，四川省级机关有 23 个单位和地税、工商、药监、质监四个系统共面向社会公招 559 名公务员，报考者竟高达 11568 人。报考与录用比超过 100∶1 的职位达 18 个之多。

有关专家认为，虽然当前我国大学毕业生就业难情况比较严重，但这并不意味着大学毕业生总量已经过剩。在美国，接受过高等教育的人数占全国人口数量的 35%，日本是 23%，而目前中国只有 5%，如此低的比例，为什么我国每年仅几百万的大学毕业生就会出现“就业难”呢？是应该反思我国的高等教育的培养模式的时候了。

2) 专业和市场脱钩，“毕业就失业”

从 2002 年开始，电子信息、生物工程等传统的“热门”专业就业率大幅下降，以往非常“吃香”的外贸、金融、法律、会计等专业也趋于饱和，毕业生找工作困难较多，如果不及时考虑“改行”，很容易“毕业就失业”。

毕业生的专业构成与市场需求错位，是制约毕业生就业的第一因素。现在高校在专业设置上有一定的盲从性和随意性，一味开设所谓“热门专业”，致使专业趋同现象十分严重，供给大大超过需求。

3) 用人单位唯学历、唯牌子现象十分突出

现在的用人单位对人才评价多不完善。国际化公司有自己的用人评价体系，强调能力，强调业绩，虽然也考虑人才的学历和职称，但更看重学生的综合能力和专业水平。而我国很多用人单位还在按研究生、本科生、专科生的标准来看待学生，即使使用国际评价体系，也是很看重学生的面试成绩，不重视学生自身的综合能力。

此外，用人单位在人才使用上存在“高消费”现象，一些高校也遇到过招聘单位选学校的牌子，非重点名牌高校不予考虑的歧视政策，但实践证明普通院校虽然不如其他重点高校，但很多专科生的动手能力不亚于其他学校的本科生，应用型的高职高专毕业生的综合能力也具有明显的用得上、留得住的优势。

2. 有业不就，大学生就业期望值普遍偏高

在2005年11月26日四川师范大学双选会上，竟出现这样的情形：因超女张靓颖曾经驻唱而出名的成都“音乐房子”，尽管招聘职位主要是吧员，却吸引了大批的高校毕业生。而省内有不少市县提供的教师、医生等职位却鲜有人问津，致使西部地区一些市县招聘人才往往无获而返。由此可见现在部分大学生择业的盲目性。

对于这种现象，一些大学生对我们分析说，现在一个大学生要完成学业付出的教育成本要几万元，学生本人和学生家长的就业希望值哪能不高呢！对于家庭经济宽裕的学生而言，找不到好的就业岗位还可以在挑选中等待，甚至走考研之路推迟就业。可是对于经济条件较差的家庭而言，供养子女上大学可是一个沉重的经济负担，怎么不想找份好工作以图回报呢！另有一些大学生认为，响应中央号召到西部地区服务，以此种方式就业是否可行有待考虑，因为国家的各项补贴和优惠政策是否能落实与配套措施能否跟上都说不准，两三年后服务期满从西部地区回来能不能安排工作也不甚清楚。一些想深造考研的学生也担心到条件差的地方去，会导致个人学习方面倒退，形成素质下降而无法继续发展提升。

据四川大学有关部门的估计，这样每年有业不就形成待业的大学毕业生大概占毕业生人数的5%～6%。这类有业不就，宁愿待业的大学生一般都有家庭的经济支撑，他们一门心思要找理想的工作岗位，近几年已有等待三年以上还未就业的大学生群体出现。

中国科学院心理研究所的研究员分析认为，由于我国的高等教育长久以来延续着“精英教育”的模式，在大学生当中普遍存在着“精英就业”的观念，大家都想到大城市或者沿海发达地区去就业，都不甘落后，要找热门的、高薪的、体面的、受人尊敬的工作岗位，从而导致求职应聘就业过于集中的激烈竞争，以致形成大学生就业难的“假象”。实际上从全国范围来看，各地区、各行业的人才缺口客观存在，有的企业急需的应用型、技能型人才就是招不进、留不住。我国广大的农村地区、边远地区、西部地区对大学生的需求量非常之大，可供大学生施展个人才能的空间也很广阔，可是很多大学生就是不愿意去那些地方就业。

3. 对症下药，多方用力改变大学生就业难现状

目前我国大学毕业生就业期望值较高，这也很正常，但从长远利益来考虑，应该是先就业再择业，最终目标是有自己的事业。

1) 政府的责任是：多方拓宽大学毕业生的就业渠道

国务院总理温家宝 2009 年 1 月 7 日主持召开国务院常务会议，部署做好高校毕业生就业工作。

会议指出，高校毕业生是我国宝贵的人力资源。面对当前国际金融危机蔓延、我国就业形势十分严峻的情况，必须把高校毕业生就业摆在就业工作的首位。

会议研究确定了加强高校毕业生就业工作的 7 项措施。

(1) 鼓励和引导毕业生到城乡基层就业。要大力开发基层管理和服务岗位，对到农村基层和城市社区工作的毕业生，给予薪酬或生活补贴，并按规定参加社会保险；对到中西部和艰苦边远地区县以下农村基层就业，并履行一定服务期限的毕业生，实施相应学费和助学贷款代偿；对应征入伍服义务兵役的高校毕业生实行学费补偿和助学贷款代偿。扩大中央有关部门实施的面向基层就业项目规模。

(2) 鼓励毕业生到中小企业和非公有制企业就业。对企业招用非本地户籍普通高校专科以上毕业生，直辖市以外的各地城市要取消落户限制。企业吸纳登记失业高校毕业生，可享受相关就业扶持政策。

(3) 鼓励骨干企业和科研项目吸纳和稳定高校毕业生就业。鼓励国有大中型企业特别是创新型企业更多吸纳高校毕业生，支持困难企业保留大学生技术骨干。承担国家和地方重大科研项目的单位要积极聘用优秀毕业生，高校的科研专项可吸收毕业生参与研究，其劳务性费用和有关社会保险费从项目经费中列支。

(4) 鼓励和支持毕业生自主创业。高校要积极开展创业教育和实践活动，建设完善一批大学生创业园和创业孵化基地，为高校毕业生创业提供“一条龙”服务。对高校毕业生从事个体经营符合条件的，免收行政事业性收费，落实税收优惠、小额担保贷款及贴息等扶持政策。

(5) 强化毕业生就业服务。高校及教育、人力资源社会保障部门要采取多种方式为毕业生提供免费就业信息和各类就业服务。

(6) 提升毕业生就业能力。所有高校都要确保毕业生在离校前都能参加学习实践活动。完善离校未就业毕业生见习制度，从 2009 年起，用三年时间组织 100 万未就业高校毕业生开展见习。在高等职业院校实施毕业证书和职业资格证书“双证书”制度。

(7) 建立和完善困难毕业生援助制度。积极为离校后未就业回原籍的高校毕业生提供就业服务，将登记失业的高校毕业生纳入当地失业人员扶持政策体系，对就业困难和困难家庭毕业生给予重点帮扶。

会议要求，各地区、各有关部门要加强对高校毕业生就业工作的组织领导，强化协调

配合，共同推动工作。要做好宣传教育工作，引导大学生树立正确的就业观和成才观。要深化高等教育改革，调整人才培养结构，改进教学方法和课程设置，切实解决学科专业结构设置与就业市场需求脱节的问题，着力提高学生的创新意识和实践能力，提高毕业生就业能力，使高等教育进一步适应国民经济和社会发展需要。

小资料：国家促进普通高校毕业生就业政策

一、鼓励和引导高校毕业生到城乡基层就业

国家鼓励毕业生到基层就业的主要优惠政策包括:

对到农村基层和城市社区从事社会管理和公共服务工作的高校毕业生，符合公益性岗位就业条件并在公益性岗位就业的，按照国家现行促进就业政策的规定，给予社会保险补贴和公益性岗位补贴。

对到农村基层和城市社区其他社会管理和公共服务岗位就业的，给予薪酬或生活补贴，同时按规定参加有关社会保险。

对到中西部地区和艰苦边远地区县以下农村基层单位就业，并履行一定服务期限的高校毕业生，以及应征入伍服义务兵役的高校毕业生，按规定实施相应的学费补偿和国家助学贷款代偿。

对具有基层工作经历的高校毕业生，在研究生招录和事业单位选聘时实行优先，在地市级以上党政机关考录公务员时也要进一步扩大招考录用的比例。

国家对到中西部地区和艰苦边远地区基层单位就业，并履行一定服务期限的中央部门所属高校毕业生，按规定实施相应的学费补偿和助学贷款代偿。

每生每学年补偿学费和代偿国家助学贷款的金额最高不超过6000元。在校学习期间每年实际缴纳的学费或获得的国家助学贷款低于6000元的，按照实际缴纳的学费或获得的国家助学贷款金额实行补偿或代偿。每年实际缴纳的学费高于6000元的，按照每年6000元的金额实行补偿或者代偿。每年代偿学费或国家助学贷款总额的三分之一，三年代偿完毕。

对到西部县以下基层单位和艰苦边远地区就业的高校毕业生，实行来去自由的政策，户口可留在原籍或根据本人意愿迁往就业地区；人事档案原则上统一转至服务单位所在地的县级政府人事部门，由政府主管部门所属的人才交流机构提供免费人事代理服务；党团组织关系转至服务单位，对服务期间积极要求入党的，由乡镇一级党组织按规定程序办理。

近年来，中央各有关部门主要组织实施了4个引导高校毕业生到基层就业的专门项目，包括：团中央、教育部等四部门从2003年起组织实施的“大学生志愿服务西部计划”；中组部、原人事部、教育部等八部门从2006年开始组织实施的“三支一扶”(支教、支农、支医和扶贫)计划；教育部等四部门从2006年开始组织实施的“农村义务教育阶段学校教师特设岗位计划”；中组部、教育部等四部门从2008年起组织实施的“选聘高校毕业生到村任职工作”。

2008年，中组部、教育部、财政部、人力资源和社会保障部出台了《关于印发<关于选

聘高校毕业生到村任职工作的意见(试行)>的通知》，用 5 年时间选聘 10 万名高校毕业生到农村担任村委会主任助理、村党支部书记助理或团支部书记、副书记等职务。选聘的高校毕业生在村工作期限一般为 2～3 年。2006 年，中组部、人事部等八部门下发《关于组织开展高校毕业生到农村基层从事支教、支农、支医和扶贫工作的通知》，以公开招募、自愿报名、组织选拔、统一派遣的方式，从 2006 年开始连续 5 年，每年招募 2 万名高校毕业生，主要安排到乡镇从事支教、支农、支医和扶贫工作。服务期限一般为 2～3 年。招募对象主要为全国普通高校应届毕业生。

大学生志愿服务西部计划由共青团中央牵头，教育部、财政部、人力资源和社会保障部共同组织实施。从 2003 年开始，每年招募一定数量的普通高等学校应届毕业生，到西部贫困县的乡镇从事为期 1～3 年的教育、卫生、农技、扶贫以及青年中心建设和管理等方面的志愿服务工作。

参与“选聘高校毕业生到村任职”、“三支一扶”、“大学生志愿服务西部计划”、“农村义务教育阶段学校教师特设岗位计划”等项目服务期满的毕业生，享受以下优惠政策。

(1) 公务员招录优惠：地(市)级以上党政机关录用公务员，要明确录用具有 2 年以上基层工作经历的人员比例；县及乡镇机关要拿出一定职位，专门招考到村任职等基层就业项目的大学生。

(2) 事业单位招聘优惠：鼓励在项目结束后留在当地就业，参加各基层就业项目相对应的自然减员空岗，全部聘用服务期满的高校毕业生。从 2009 年起，到乡镇事业单位服务的高校毕业生服务满 1 年后，在现岗位空缺情况下，经考核合格，即可与所在单位签订不少于 3 年的聘用合同。同时，各省(区、市)县及县以上相关的事业单位公开招聘工作人员，应拿出不低于 40%的比例聘用各基层就业项目服务期满考核合格的毕业生。

(3) 考学升学优惠：服务期满后 3 年内报考硕士研究生初试总分加 10 分；同等条件下优先录取；高职(高专)学生可免试入读成人本科。

(4) 国家补偿学费和代偿助学贷款政策：参加各基层就业项目的毕业生，符合规定条件的，可享受相应的学费补偿和助学贷款代偿政策。

(5) 服务期满自主创业的，可享受行政事业性收费减免、小额贷款担保和贴息等有关政策。

(6) 其他：各基层就业项目服务年限计算工龄。服务期满到企业就业的，按照规定转接社会保险关系。

二、鼓励高校毕业生应征入伍，报效祖国

征兵政治审查的内容包括：应征公民的年龄、户籍、职业、政治面貌、宗教信仰、文化程度、现实表现以及家庭主要成员和主要社会关系成员的政治情况等。征集服现役的公民必须热爱中国共产党，热爱社会主义祖国，热爱人民军队，遵纪守法，品德优良，决心为抵抗侵略、保卫祖国、保卫人民的和平劳动而英勇奋斗。

应征入伍的公民要身心健康、体魄强健。其中，有几项基本条件。

身高：男性，162cm 以上；女性，160cm 以上。

体重：男性，不超过标准体重的+20%、-10%；女性，不超过标准体重的±15%。

标准体重=(身高-110)kg

个别体格条件较为优秀的应征男青年，体重可放宽至不超过标准体重的 25%，不低于标准体重的 15%。

视力：路勤岗位视力标准，大学专科以上文化程度的青年入伍，右眼裸眼视力放宽至 4.6，左眼裸眼视力放宽至 4.5。

内科：乙型肝炎表面抗原呈阴性。

高职(专科)毕业生当年为 18～23 岁，本科以上学历的可以放宽到当年 24 岁。

全国征兵工作在每年冬季进行。从 2009 年起，对普通高等学校应届高校毕业生实行预征制度，5—6 月份，高校所在地兵役机关会同有关部门进入高校，开展预征工作。

高校毕业生应征入伍服义务兵役，除享有优先报名应征、优先体检政审、优先审批定兵及其他优待安置政策外，还享受优先选拔使用、考学升学优惠、补偿学费或代偿国家助学贷款等优惠政策。

同等条件下，高校毕业生士兵在选取士官、考军校、安排到技术岗位等方面优先；具有普通高等学校本科以上学历并取得相应学位的士兵，表现优秀，符合总政治部有关规定的可以直接选拔为军官。

(1) 参加政法院校为基层公检法定向岗位招生时，优先录取。

(2) 退役后三年内参加硕士研究生考试初试总分加 10 分。

(3) 立二等功及以上的，退役后免试推荐入读硕士研究生。

(4) 具有高职(高专)学历的，退役后免试入读成人本科或经过一定考核入读普通本科。

三、积极聘用高校毕业生参与国家和地方重大科研项目

由高校、科研机构和企业承担的科技重大专项、973 计划、863 计划、科技支撑计划项目以及国家自然科学基金会的重大重点项目等，可以聘用高校毕业生作为研究助理或辅助人员参与研究工作，此外的其他项目，承担研究的单位也可聘用。

聘用对象主要以优秀的应届毕业生为主，包括高校以及有学位授予权的科研机构培养的博士研究生、硕士研究生和本科生。

服务协议期限最多可签订三年，三年以下的服务协议期限已满而项目执行期未满的，根据工作需要可以协商续签至三年。三年期满后，毕业生有意继续在项目单位工作，项目承担单位同意接收的，则须按正式聘用手续办理。

服务协议履行期间，毕业生可以提出解除服务协议，但应提前 15 日书面通知项目承担单位。

项目承担单位提出解除服务协议的，应当提前 30 日书面通知毕业生本人。研究助理被解除服务协议或协议期满终止后，符合条件的毕业生可按规定享受失业保险待遇。

由项目承担单位向毕业生支付劳务性费用，具体数额由双方协商确定。被聘为研究助理时间计算为工龄。项目承担单位应当为毕业生办理社会保险，具体包括基本养老保险、基本医疗保险、失业保险、工伤保险、生育保险，并按时足额缴费。参保、缴费、待遇支付等具体办法参照各项社会保险有关规定执行。

毕业生参与项目研究期间，根据当地情况，其户口、档案可存放在项目承担单位所在地或入学前家庭所在地人才交流中心。项目承担单位所在地人才交流中心或入学前家庭所在地人才交流中心应当免费为其提供户口、档案托管服务。

协议期满，如果项目承担单位无意续聘，则毕业生到其他岗位就业。同时，国家鼓励项目承担单位正式聘用(招用)人员时，优先聘用担任过研究助理的人员。项目承担单位或其他用人单位正式聘用(招用)担任过研究助理的人员，应当分别依据《劳动合同法》、《国务院办公厅转发人事部关于在事业单位试行人员聘用制度意见的通知》(国办发[2002]35 号)等规定执行。

担任过研究助理的人员被正式聘用(招用)后，按照《国务院办公厅转发教育部等部门关于进一步深化普通高等学校毕业生就业制度改革有关问题意见的通知》(国办发[2002]19 号)有关规定，凭用人单位录(聘)用手续、劳动合同和《普通高等学校毕业证书》办理落户手续；工龄与参与项目研究期间的工作时间合并计算，社会保险缴费年限合并计算。

四、鼓励和支持高校毕业生到中小企业、服务外包企业就业和自主创业

各级政府要进一步清理影响高校毕业生就业的制度性障碍和限制，为到中小企业就业的高校毕业生提供户籍与档案管理、人事代理、社会保险办理和接续、职称评定以及权益保障等方面的服务。

对各类企业招用非本地户籍的普通高校专科以上毕业生，各地城市应取消落户限制(直辖市按各自有关规定执行)。

服务外包是指企业将其非核心的业务外包出去，利用外部最优秀的专业化团队来承接该业务，从而使其专注核心业务，达到降低成本、提高效率、增强企业核心竞争力和对环境应变能力的一种管理模式。

服务外包企业是指其与服务外包发包商签订中长期服务合同，承接服务外包业务的企业。服务外包产业主要涉及软件研发、产品技术研发、工业设计、信息技术研发、信息技术外包服务、技术性业务流程外包等领域。我国目前有服务外包示范城市 20 个，分别是北京、天津、上海、重庆、大连、深圳、广州、武汉、哈尔滨、成都、南京、西安、济南、杭州、合肥、南昌、长沙、大庆、苏州、无锡。

为了鼓励服务外包企业吸纳高校毕业生，对符合条件的技术先进型服务外包企业，每新录用 1 名大专以上毕业生从事服务外包工作并签订 1 年以上劳动合同的，中央财政给予企业每人 4500 元的经费支持。

有意愿自主创业的大学生，可以参加创业培训和实践，接受创业教育，以系统学习创办企业的知识，完善创业计划，提高企业盈利能力，降低风险，促进创业成功。

目前，许多高校已经开设了创业培训方面的课程和创业实践活动，在校大学生可以选择参加；另外，各地人力资源和社会保障部门也开办了创业培训班，离校未就业的高校毕业生可向当地人力资源和社会保障部门申请，参加有补贴的培训。如 GYB(产生你的企业想法)、SYB(创办你的企业)、IYB(改善你的企业)。

1. 小额担保贷款和贴息支持

登记失业的高校毕业生自主创业，自筹资金不足的，可向当地指定银行申请不超过 5 万元的小额担保贷款；对从事微利项目的，还可获得贴息支持。自愿到西部地区及县以下的基层创业的高校毕业生，自筹资金不足时，也可向当地经办银行申请小额担保贷款；对从事微利项目的，可获得 50%的贴息支持。

2. 免收有关行政事业性收费

高校毕业生从事个体经营，且在工商部门注册登记日期在其毕业后 2 年内的，自其在工商部门首次注册登记之日起 3 年内免收管理类、登记类和证照类行政事业性收费。

3. 享受培训补贴

离校后登记失业的毕业生，参加人力资源和社会保障部门举办的创业培训，可享受职业培训补贴。

4. 免费创业服务

有创业意愿的高校毕业生，可免费获得公共就业服务部门提供的创业指导服务，包括项目开发、方案设计、风险评估、开业指导、融资服务、跟踪扶持等内容。

小额担保贷款是指通过政府出资设立担保基金，委托担保机构提供贷款担保，由经办商业银行发放，以解决符合一定条件的待就业人员从事个体经营自筹资金不足的一项贷款业务。

小额担保贷款主要用做自谋职业、自主创业或合伙经营和组织起来创业的开办经费和流动资金。

国家规定个人申请额度最高不超过 5 万元，各地区对申请小额担保贷款额度有不同规定，许多地区额度高于 5 万元。合伙经营贷款额度更大。

小额担保贷款的期限一般不超过 2 年，可展期 1 年。

小额担保贷款按照自愿申请、社区推荐、人力资源和社会保障部门审查、贷款担保机构审核并承诺担保、商业银行核贷的程序，办理贷款手续。

各国有商业银行、股份制商业银行、城市商业银行和城乡信用社都可以开办小额担保贷款业务，各地区根据实际情况确定具体经办银行。在指定的具体经办银行可以办理小额担保贷款。

对于从事微利项目的，贷款利息由财政承担 50%(中央财政和地方财政各承担 25%，展期不贴息)。

五、就业指导服务与就业援助

高校毕业生在校期间，可以到学校就业指导中心等部门获得就业咨询、用人单位招聘及实习实训信息、求职技巧及实用技能培训、职业生涯辅导、毕业生推荐、实习实践能力培训和就业手续办理等多项就业指导和服务。目前，高校已普遍建立了毕业生就业指导机构。

1. 学校就业主管部门

学校就业主管部门作为从事学校毕业生就业工作的核心部门，是毕业生获取就业信息、顺利实现就业的主渠道。

2. 公共就业服务机构

公共就业服务机构包括省(区、市)毕业生就业指导中心、市(区、县、镇、街道)人才交流服务中心、职业介绍服务中心或人力资源市场、街道社区劳动服务站(所)等。

3. 市场经营性服务机构

市场经营性服务机构主要包括从事人力资源服务的经营性企业或机构，如国有企业、民营企业、中外合资企业和原人事、劳动系统所属服务机构自办或以股份形式合办的企业等。

就业指导与服务内容包括：就业政策法规咨询、职业岗位供求信息、市场工资指导价位信息、职业培训信息、职业指导和职业介绍、办理求职登记、办理失业登记等。

未就业的高校毕业生可以在户籍所在地县及县以上公共就业服务机构办理求职登记和失业登记，具体办理办法可咨询当地公共就业服务机构。

在就业服务方面，可免费享受职业介绍、职业指导、就业政策法规咨询；参加职业培训的，可以按规定申请职业培训补贴；通过职业技能鉴定的还可以按规定申请职业鉴定补贴。

在创业扶持方面，可以获得小额担保贷款和贴息支持，免收有关行政事业性收费，可以享受培训补贴和免费的创业服务。符合条件的还可以享受社会保险补贴政策和公益性岗位补贴政策。

社会保险补贴政策是指，为鼓励就业困难人员灵活就业，减轻其以个人身份缴纳社会保险费用的压力，或为降低企业的用人成本，鼓励其吸纳就业困难人员就业，对上述个人或单位在缴纳社会保险费用后实行先缴后补，给予一定的费用补贴。属于就业困难人员的高校毕业生，在灵活就业后申报就业并以个人身份缴纳社会保险费的，可以享受一定数额的社会保险补贴，补贴数额原则上不超过其实际缴费的2/3。具体补贴标准由省级财政、人力资源和社会保障部门确定。

就业困难人员实现灵活就业后，要向街道(社区)申报就业。灵活就业人员应按规定按时足额缴纳社会保险费。每季度终了后，按规定向当地人力资源和社会保障部门申请对上季度已缴纳的社会保险费给予补贴。

高校毕业生个人可向职业技能鉴定所(站)自主申请职业技能鉴定。职业技能鉴定要参加知识考试和操作技能考核。经鉴定合格者，由人力资源和社会保障部门核发相应的职业资格证书。

就业见习是指由各级政府有关部门组织对离校后未就业毕业生到企事业单位实践训练的就业扶持措施。

为促进高校毕业生就业，人力资源和社会保障部、教育部、工业和信息化部、国资委、工商总局、全国工商联和共青团中央联合下发《关于印发三年百万高校毕业生就业见习计划的通知》(人社部发[2009]38 号)，决定自 2009 年至 2011 年，拓展和规范一批用人单位作为高校毕业生的见习基地，用 3 年的时间组织 100 万离校未就业高校毕业生参加就业见习。2009 年，全国将组织 30 万离校未就业高校毕业生参加就业见习。当地人力资源和社会保障部门是就业见习的组织单位，未就业高校毕业生如参加就业见习可向当地人力资源和社会保障部门咨询。

人力资源和社会保障部门通过媒体以及公共就业服务机构、人才服务机构以及电视、网络、报纸等多种渠道，发布就业见习信息，公布见习单位名单、岗位数量、期限、人员要求等有关内容，或者组织开展见习单位和高校毕业生的双向选择活动，帮助离校未就业高校毕业生和见习单位对接。离校后未就业回到原籍的高校毕业生可与原籍所在地人力资源和社会保障部门联系，主动参加就业见习。

高校毕业生就业见习期限一般为六个月，最长不超过一年。

高校毕业生就业见习活动结束后，见习单位对高校毕业生进行考核鉴定，出具见习证明，作为用人单位招聘和选用见习高校毕业生的依据之一。在见习期间被见习单位正式录(聘)用的，在该单位的见习期可以作为工龄计算。

见习期间所在见习单位为毕业生提供下列服务。

(1) 获得基本生活补助。

(2) 免费办理人事代理。

(3) 办理人身意外伤害保险。

(4) 见习期满未被录用可继续享受就业指导与服务。

公共就业服务机构为离校后未就业回到原籍的毕业生免费提供下列服务。

(1) 就业政策法规咨询。

(2) 职业岗位供求信息。

(3) 市场工资指导价位信息。

(4) 职业培训信息。

(5) 职业指导和职业介绍。

(6) 对就业困难人员实施就业援助。

(7) 办理就业登记、失业登记。

(8) 其他公共就业服务。

小资料：四川工青妇启动大学生就业援助行动

为充分发挥组织优势，积极整合社会资源，切实帮助大学生就业创业，2006 年 6 月 29 日，四川省工、青、妇组织联合开展了“爱心圆梦”——服务大学生创业暨家庭困难大学生就业援助行动新闻发布会暨现场专场招聘会，全面启动了家庭困难大学生就业援助行动。

年内四川省各级妇联组织要为家庭困难女大学生提供就业岗位 4000 个，提供就业创业见习岗位 4000 个，提供创业项目扶持 200 个。围绕实现这一目标，将做好六个方面工作。

(1) 为女大学生就业创业提供政策服务。采取多种形式，广泛宣传男女平等基本国策，宣传《劳动就业促进法》、《妇女权益保障法》、《女职工劳动保护规定》等法律法规。通过举办培训班、开展专题讲座、召开座谈会、举行报告会等形式，让更多女大学生及家长知晓女性就业创业的政策法规，指导和帮助女大学生用足、用好各项政策，实现就业创业梦想。

(2) 为女大学生就业创业搭建有利平台。在与省“双学双比”、“巾帼建功”领导小组成员单位联合开展的为期 3 年的“巾帼创业就业促进行动”中，重点实施好“女大学生创业行动”，提出有效方案，整合社会资源，努力为女大学生，特别是家庭困难女大学生就业创业提供服务，帮扶和带动 30 000 名女大学生就业创业，为女大学生尤其是家庭困难女大学生的就业创业搭建平台。

(3) 为女大学生创业就业提供培训服务。一是实施项目开展培训。省妇联利用玫琳凯妇女创业培训计划项目资金 600 万元，三年分期分批实施女性创业就业项目培训，培训妇女 12 000 名，其中女大学生 3000 名。二是建立基地开展培训。3 年内建立各级巾帼创业就业示范基地 600 个，选择 100 个企业建立一批省、市、县级女大学生创业实践基地，实现女企业家带动女大学生创业就业的倍增效应。三是争取支援开展培训。各级妇联组织积极协调好农业、人事、科技、扶贫等部门的“职业技能”、“阳光工程”、“劳务扶贫”、“温暖工程”等资金的支持，完成 10 000 名“川妹子”、“雅女”、“巧惠”、“苏小妹”、“酒都妹子”等一批知名家政服务品牌就业培训，其中女大学生 2000 名。适时打造“川妹子”高端(女大学生)家政服务品牌，多形式开辟女大学生就业的新途径。

(4) 为女大学生创业就业提供职业指导。与省女企业家协会等单位共同实施“女大学生创业导师行动”和“大学生职业飞翔计划”等。通过组建女大学生创业导师队伍，建立女大学生创业实践基地，推进企业与高校牵手结对等方式，选拔 100 名成功企业家、专家、教授担任女大学生创业导师；选择 100 家企业作为女大学生创业实践基地；力争为 3000～5000 名女大学生提供见习岗位、创业指导和职业规划。

(5) 为女大学生创业就业提供信贷支持。在成都、德阳、绵阳等市 10 个灾区县实施玫琳凯等小额无息信贷项目，在帮扶 450 名、带动 1500 名灾区妇女实现就业创业的基础上，进一步争取全国妇联、财政部以及金融部门的支持，在全省范围内开展财政适当贴息的妇女小额信贷工作，为符合条件的女大学生创业就业提供小额信贷支持，积极推广城乡妇女居家灵活就业新模式，为未就业的家庭困难女大学生提供创业就业的机会和平台。

(6) 为女大学生创业就业提供维权服务。通过各级维权部门、妇女法律援助中心、12338妇女维权热线等阵地和载体，加大对妇女特别是女大学生就业人才流动权益的维护力度。同时，对就业受挫的女大学生提供心理帮助。积极推动相关部门对女性就业歧视问题的查处力度，预防和减少女大学生就业受歧视的现象发生，为女大学生平等就业提供必要的法律援助。

2) 学校的责任是：为学生做好职业规划

美国高校一般都设有毕业生就业指导中心，包括职业服务指导和就业服务两个方面。我国目前大学生就业面临两个难题：一方面是“就业难，无业可就”；另一方面是“有业不就”。造成这些问题的原因是学生对自己的职业没有进行很好的规划。

我国已经有高校认识到这一点，正通过就业指导培训课程积极指导学生选择适合自己个性、兴趣、能力和理想的发展目标，并提供具体的有效方法；还有的学校每年都要组织开展大学生职业生涯规划大比赛，通过比赛，大学生在选择职业时，理想化的成分减少了，能够朝现实方向进一步靠拢了。

小资料：四川某高职学院着力推进学生就业指导工作的具体措施

一、积极采取措施全力以赴做好毕业生就业工作

1. 深刻分析形势，提高认识，进一步加强毕业生就业工作

学院重视毕业生就业工作，将其纳入议事日程，学院领导亲临每月的就业工作例会，还经常针对就业工作中出现的新形势、新问题及时组织召开就业工作专题会议，分析形势，研究对策。

根据国务院“2009年全国普通高校毕业生就业工作电视电话会议”的精神，学院立即作出反应，召开了学院毕业生就业工作领导小组扩大会议，要求：一是把提高毕业生就业率作为学院学习实践科学发展观的重要工作和重要成果进行考核。二是抓紧时间，千方百计促进待就业毕业生充分就业。三是抓住机遇，利用国家就业政策为毕业生就业提供服务，确保圆满完成省教育厅下达的就业工作目标任务。四是加强引导，搞好服务。切实加强对毕业生就业观念的引导，多措并举为毕业生提供政务信息服务、岗位信息服务、业务培训服务和个性化服务。五是协调配合，全员介入。学院各部门要积极行动起来，密切配合，形成全员参与的就业工作联动机制，共同为毕业生提供全方位的就业服务。六是严肃纪律，确保稳定。七是要积极研究、利用好国家现行就业政策，为毕业生就业提供政策咨询服务，加强就业指导课程建设。八是要创新思路，提升毕业生就业能力。九是要加强对毕业生个体就业能力的培养，提高就业质量。

2. 深化全程化就业指导工作，不断提升学院就业指导服务水平

学院在2009年进一步加强了大学生全程化就业指导工作的力度。

首先是学院根据教育部下发的《大学生职业发展与就业指导课程教学要求》文件精神，

进一步加强了对课程的建设和指导，使课程安排、教学大纲制定、教材选用、师资队伍建设等方面逐渐系统、规范。

其次是学院 2009 年年初下发了《关于开展 2009 年冬季“就业指导服务月”活动的通知》，学院按照要求和专业特点，制定了学院“就业指导服务月”活动计划，积极开展具有专业特点而又形式多样的“就业指导服务月”活动。本年度学院 3100 余名学生参加了“职业规划与专业概况”课程学习，3200 余名学生参加了“大学生就业教育与指导”课程学习；本年度还邀请政府相关部门领导、著名学者、企业领导、优秀毕业生代表为学生开展就业指导讲座；举办了“大学生就业创业演讲比赛”。

3. 加强区域性、专业化的就业市场开拓，积极构建毕业生就业市场网络

根据学院确立的“立足四川，面向西南(以成渝两地为主)，辐射珠江三角洲、长江三角洲和京津塘地区”的市场开拓原则，学院根据学科专业特点，通过与各地区人才服务机构、行业协会和各用人单位建立的密切合作，积极开展建立适应各学科专业的稳定的区域性、专业化毕业生实习就业基地。

4. 加强与用人单位合作，积极开展双选活动，为毕业生提供更多的择业机会

学院积极举办毕业生冬季“双选月”和毕业生春季 “双选会”活动，邀请用人单位到校举办各类双选会和专场招聘会。

5. 加强就业工作信息化建设，不断提升就业信息服务水平

为提升学院毕业生就业服务的整体水平，学院加强了就业工作信息化建设，制定了“学院毕业生就业信息网络建设方案”，初步建成了学院“毕业生就业信息服务平台”，升级了学院就业信息网站的服务功能，并与“全国大学生就业公共服务立体化平台”接轨，增强了学院“就业信息网”的后台管理功能，使之集就业指导、信息发布、网络招聘、网上签约、毕业生数据库管理、用人单位数据库管理、数据统计分析、毕业生数据上报系统、手机短信群发、毕业生档案查询等功能为一体，为毕业生、用人单位和学校之间建立了更加有效的交流平台。

二、工作效果

截至目前，学院为 2009 届毕业生举办大中型双选会 18 场，专场招聘会 147 场，接待用人单位 325 家，提供就业岗位 5900 余个，走访用人单位 236 家，建设就业基地 123 个，为 2009 届毕业生开设职业生涯规划及就业指导课，邀请政府部门、成功人士、优秀毕业生、用人单位及校内专家为学生开设 77 场讲座，开展团体咨询 38 场，为 700 余名毕业生提供个体咨询，为 136 名困难学生提供了各种帮扶，目前学院超过 95%以上的学生落实了就业岗位。

3) 学生的责任是：积极转变就业观念

学生期望值高，这也很正常，但从长远利益来考虑，应该是先就业再择业，最终目标是有自己的事业。在当前的就业形势下，大学生需要给自己切合实际地定位，应该改变对职业有高低贵贱之分的观念。大学生害怕一辈子在基层埋没自己，这种观点是错误的，应

该学学“农村包围城市”的经验，从基层一步步往上走。在选择就业岗位时，不能轻易放弃自己的专业。当专业所限不能马上进入热门行业时，最好量身择业。有专家认为，“政府管失业，市场管就业”将成为必然趋势。针对具有年龄和知识优势的大学毕业生，必将更多地鼓励自主就业，乃至开拓创业。

小资料：转变观念，接受挑战

2005 年 3 月，西华大学计算机专业本科应届毕业的一位女大学生，到成都一高科技公司去应聘一管理职务。初试、复试均顺利过关。到最后面试时，公司总经理对她说，你的各方面条件都很优秀，我们公司很想留用你，可是现在公司管理职务不缺，我们也不能因人设事，不过下周公司行政部门正好有一勤杂工因故辞职，不知你能否接受这一职位安排？该女同学一听此言，脸一下红起来，不知如何回答，如果拒绝这一职位，那就意味着与该公司无缘，自己想留在成都发展的初衷将无从实现，应该怎么办呢？只见该女生稍加犹豫后，果断地对总经理说：“感谢公司对我的好评，我愿意在这一岗位上试用三个月，接受公司的全面考查，先做好清洁工，再当好员工。”后来的情况是该女大学生在公司的后勤服务中，把公司的清洁工作做得很好，彻底地改变了公司脏、乱、差的面貌，人人都对她称赞有加，公司的员工都说这位清洁工不一样。当有人知道她的大学生身份时，都对她肃然起敬。正当她工作三个月期满时，公司总经理对其职位作了重要的安排，这位女大学生终于如愿以偿地干上了专业技术的管理工作。

小资料：接受挑战，勇于创业

四川托普信息技术职业学院 2000 级计算机专业的本科毕业生顾××同学，在校学习期间，不仅认真学习专业知识，还对政治、经济、人文社会科学知识感兴趣。他认为，当代大学生知识结构应该是全方位的，如果只懂技术，就只适合从事技术工作岗位，要能从事管理与领导岗位就应该提高自己的综合素质。他是这样想，也是这样去实践的。在 2004 年毕业时，面对用人单位对计算机专业技术职位的需求，他不为所动，他愿意接受挑战，勇于创业。他与另两个大学生一起共同创业，在成都市高新区成立了一家提供计算机应用技术服务的综合商贸公司，短短的几个月时间，公司就从当初的三个人，发展到五十几个人，并且几乎都是大学毕业生，甚至还有一位同班同学也在为其公司打工。当学校的老师应邀去考察时，已是总经理的顾某深为感触地说：“感谢学校的培养，特别是在校期间能从提高综合素质入手，要能接受社会的挑战，其实在校学习时就应该做好应对的心理准备。”

1.3 当前高职高专毕业生的就业定位

自 2000 年以来，随着各地高校规模的不断扩大，我国的高等教育也逐渐从“精英型”向“大众型”转变。大学毕业生人数的增加，使得大学毕业生的就业压力也随之逐年增加。

据统计，截至 2008 年 9 月，全国普通高校应届毕业生就业率为 68%。这种较低的高校毕业生就业率，已引起全社会对我国高等教育发展规模是否过快的质疑，高等教育扩招式“大跃进”的后果已渐显现，怎么办？教育部纷纷制定年度的就业目标任务，不低于上一年的同期水平。国家甚至不惜采取行政手段，广泛开拓就业渠道，但是实际效果并未使大学生就业形势从根本上好转。

目前，为了适应我国社会发展的需要，高等教育的规模还会继续得到发展，而发展重点则是高职专科院校。这就意味着，大学毕业生的就业压力还会在某种程度上继续增长，这一趋势短期内是不会改变的。可见大学生的就业压力不会减轻，只能加大。高职专科的毕业生又处于高校毕业学历层次的末端，占大学生总人数的 50%左右。如果说几年前还存在“研究生俏，本科生要，对专科生不问”的怪圈，那么，现在是研究生也要努力推销自己的情况了，高职专科生的就业定位与途径就更是就业的难点所在。

1.3.1　高职高专毕业生在就业大军中所处的位置

我国目前的高校有 2000 多所，高职高专已超过 1000 所，高职高专毕业生已占高校毕业生的 50%左右，这是我国高等教育结构调整所致，培养社会急需的应用型、技能型、职业型人才，是高职高专的培养目标，高职高专毕业生在就业中也有其自身不同于普通高校本科生的优势与特点。

1. 高职专科生的综合素质的优势

我国的高职高专与本科院校相比，具有一定的综合素质优势。因为高等教育体系在人才培养上有显著的区别：我国的经济建设与社会发展需要大量的应用型人才，但长期以来本科院校培养的是研究型人才，注重理论的系统化，而忽视知识的实际应用，所以本科层次的学生往往是“眼高手低”的人比较多。而目前我国的工厂企业中，缺乏的是既懂理论知识，更能动手的应用型、技能型人才，这样的人才是企业生产第一线的技术骨干。

企业需要技能型的技师与能工巧匠，而这样的人才我国高等教育长期忽视培养，以至于这类应用型人才长期短缺。目前我国高职高专人才培育模式就是适应社会的急需，培养的是“理论知识够用，有比较强的实际操作能力”的应用型、技能型人才。通过实施“三站四段式”培养模式(“三站”即学院建立了供实习实训的工作站、用于课堂教学的学习站、用于科研的研发站；“四段”即是把职业教育实施分阶段的基础教育、专业教育、实习实训、创业孵化四个阶段式的人才培养模式)，着重培训其职业技能与动手的能力，培训过程是零距离上岗，在毕业就业时就达到职业上岗要求的综合素质要求，这就是我国目前高职高专毕业生就业的综合素质优势。

高职专科生为什么受用人单位欢迎

一汽公司人力资源部的王经理对用工信息进行介绍时告诉我们，一汽公司在汽车生产的第一线，生产工作中的骨干主要就是高职专科毕业生。高职专科生与其他层次的大学毕业生相比较，公司认为他们有明显的优势，就是：高职专科生的动手能力强，他们有专业技能，能解决生产第一线出现的生产技术难题。他们的知识对于其工作岗位的要求来看是够用的，他们对工作热爱，留得住，跳槽的现象几乎没有。他们对工资待遇等方面的满意度也较高。王经理还告诉我们：一汽公司每年都要吸收不少的大学生，但是从最近几年来看，我们最青睐的还是高职专科生。

2. 高职专科生的知识结构优势

长期以来，我国高等教育体制的弊端，造成大学生的知识结构不甚合理，精英教育培养的是领导者与管理者，这与人才成长规律是相违背的。

本科院校开设的专业设置与社会需求脱节，教学大纲与专业设置更是力求理论的体系化、系统化，重理论教学知识传授、轻实践环节的解决问题能力的培养，丢弃职业技能的培训，培养的大学生只能动嘴说，不会动手干。眼高手低的管理者与领导者，企业不缺，社会也不需要。

前几年许多用人单位还存在人才高消费的盲目性，为了吸引人才提升企业的整体文化素质，招收了许多本科、硕士毕业生。但是在企业的实际运用中，根本就难以消化所招收的高学历的人才，研究型培养模式的大学生成了企业的“花架子”。用人单位盲目地吸收大学生，使得前几年储备的人才过剩，所以在近几年里许多单位的人才消化、吸收能力大大降低，导致许多企业为新毕业的大学生创造的就业岗位逐渐减少。

而高职高专院校培养学生是按人才成长规律设置专业，与社会的需求紧密结合；社会需要什么专业就开设什么专业，对课程设置教学大纲的要求与本科层次有所区别，从用人单位职业岗位的知识与能力要求开设课程，知识结构中把基本技能与应用能力的培养培训摆在突出重要的位置。毕业生在就业上岗时用得上，留得住，知识少而精，全面更新，彻底改变了传统的高等教育模式中知识老化、系统化、多数又无用化的现象。高职专科这样的职业教育模式就是就业教育，这样的毕业生受到各用人单位的欢迎。

高职专科毕业生为什么用人单位用得上，留得住

在某高职高专院校，我们见到了该校两年前毕业的高职专科毕业生林彬同学，他是该校电子工程专业毕业的学生，目前在某台商企业从事生产管理工作。

问到他的工作就业经历，林彬同学十分感慨地告诉我们：两年前毕业之际，面对省内外众多的企业用人需求，小林本可就近在成都就业，但他的目光瞄准了远在福建厦门台商开发区的一家台资电子公司。他认为该公司对新进员工的培训模式对自己的长远发展有利，于是毅然前往厦门应聘成功。林彬同学先在该公司下属工厂的生产线上工作了半年，后来被公司选送到新加坡公司总部定向专业培训了三个月，回来后就升任为生产领班，一年后又升任为生产部经理助理。作为公司的中层管理人员，现在其领导下的还有研究生、本科生等高学历的毕业生，对此林彬深有感触地说：相比内地而言，台资企业的用人机制灵活，唯才用人，不求资历，注重能力，在这样的企业，我们高职专科毕业生大有用武之地。

3. 高职专科生的心理预期和社会实践的优势

大学生“就业难”既有外部环境影响，在很大程度上，也是由于大学生自身存在一系列问题，特别是过高的就业职业选择期望所致。心理预期定位高，形成高不成低不就，宁愿等待也不降低“身价”的两难境地。

近年来，大学毕业生迅速增加，大学生早就不是稀有人才了。劳动力价格由市场形成，人才密集必然导致人才市场中用人单位占主导地位，也就是由企业确定劳动力价格，导致劳动力价格偏低。绝大部分的在校大学生并不了解市场的实际情况，而且从经济学的角度看，由于机会成本(大学期间放弃就业机会而有可能获得的收入加上在校期间付出的所有花费)的存在，使得大学生在求职时期对月薪的期望值偏高。而目前大学生的劳动力价格与劳动力的实际市场价格的差异正在日益加大，这正是造成大学生就业困难，甚至有业不就的原因之一。

近两年来，不同学历的大学生的初期就业工资水平早已打破了研究生3000元、本科生2000元、专科生1500元左右的水平；已出现研究生2000元、本科生1500元、专科生1000元左右，甚至更低的市场工资水平。

高职教育就是就业教育，这个层面的学生很清楚市场的定位，他们一般比较务实，心理预期接近市场，很少有好高骛远的想法，能就业、能基本专业对口，就心满意足。所以在就业大军中，高职高专的大学生一般愿意三个面向：面向西部、面向基层、面向中小私营企业。而目前我国就业的主渠道已转变为中小民营企业为主要的吸收大学生的地方，对此当本科大学毕业生还处于犹豫状态时，高职专科的毕业生早已确立了就业的定位就在中小企业、私营企业，所以这就更显出了他(她)们的优势所在。

中小企业宁愿要高职专科生，也不愿用本科生或研究生的原因何在

在成都高新区创业园，我们走访了众多的中小型高新企业，征询其对大学生就业的人才需求意向。我们列出了从研究生博士、硕士、本科、专科、高职专科、中专几个层次的选项。我们发现企业对人才的需求是多层次的，但需求集中度却从几年前的本科层次最高转变为高职专科层次最高，原因何在？

我们听取了高新区某企业的总经理刘博士的看法。刘博士说：在我们这里创业的公司，大都是高学历的人士，有的还是从国外学成归来的海外博士，所以公司高层次、高素质的人才结构优势客观存在。在科技型的产业开发中，我们既是老板，又是研发人员，我们亲自参与课题研发与项目攻关。我们公司招聘员工就是为我们配助手，公司需要的就是技能型的实用人才，这样的人才梯度结构才能产生合力与团队精神。

过去我们在用人中也曾聘用过高学历的研究生或本科生，但在使用中我们发现国内的研究生大都想争当课题项目负责人，只想当主角，不愿做配角，与我们的合作配合往往不太愉快。而本科生也大都两眼向上，在短期内还可以动手实干，但长期当助手也有怨言，大都有大材小用、委屈埋没的感觉，所以本科生大都一二年后就要离职跳槽。

近几年我们转变了用人思路，招聘了高职专科的毕业生，使用中我们甚为满意。这些高职专科学生在我们身边当助手感到荣幸，他们求知欲很强，叫干啥就干啥，甘当配角，敬业精神好。他们的工作希望值能充分满足，他们对工资报酬也心满意足，能安心工作不想跳槽，希望能长期在公司工作。我们正处于创业阶段，各方面条件尚不尽如人意，最希望员工能一起艰苦创业，公司中的员工心态往往各异，最使我们感动的是高职专科生却说出心里话——“盼望公司发展我成长，公司兴旺我就有希望”。有这样心态的员工，我们公司就十分器重高职专科生，让他们在实践中成长，大都已成为公司的骨干。所以在今后公司做大做强需要吸引人才时，我们要优先聘用高职专科毕业生。

4. 用人单位对高职专科生的需求优势

不同类型的企业对人才的需求是有差异的。用人单位有的是劳动密集型，有的是技术密集型，还有的是资金密集型；不同的性质决定了他们对录用高职高专毕业生都有所侧重。

所以目前企业除需要少数高级专门人才外，绝大多数是需要普通岗位的技术应用人才，正如企业所希望的是用得上、用得起、留得住，所以同一职位不同学历层次竞争上岗时，往往高学历还首先淘汰，企业往往在低学历的高职专科生中选优。任何单位或部门，都有各种岗位，不同岗位需要不同层次的人才。单位要找的是最合适的人才，而不一定是学历最高、最优秀的人才。适合高职高专毕业生的岗位，对没有接受过规范的职业技能教育的高学历者未必适合。正处在经济腾飞发展时期的我国，许多单位缺少的正是熟练的高级技术人员，高职高专的培养目标定位在培养高级技术应用型人才的社会需要上。这也就是社会用人单位对高职专科生的需求优势。

高职专科生——职场上一道亮丽的风景

高职高专毕业生居然比名牌大学本科毕业生还抢手，你信不信？有事实为证：在2008年4月的几场大学生就业专场招聘会上，高职专科生的就业协议签订率高达85%，而某些本科院校的毕业生就业率还不到60%。有的企业对高职专科毕业生情有独钟，指定要具有技能技术的应用型大学生。这就改变了过去招聘中唯学历、看名气的风气，所以高职专科毕业生也就成为抢手货。

这是我国产业结构和劳动力结构正在发生的深刻变化，对生产与服务的第一线劳动者的需求都提出了新的要求所致，今后我国高职专科生的就业竞争中会出现更加亮丽的风景。

现代社会的各类职业要求从业者的知识“程度高，内容新，实用性强”。“程度高”

指知识量大、知识面宽；“内容新”指从业者的知识结构应以反映当今科学技术发展状况的新知识、新信息、新技术为主；“实用性强”指从业者的知识要在生产、工作中有很强的实用价值和针对性，能解决实践环节中的技术应用问题。目前用人单位普遍要求求职者应聘就可上岗，具有职业资格证书等。而这正是高职专科毕业生的优势所在。高职专科生的就业定位瞄准市场需求，接近市场状况，有业就干，先就业再择业，东西南北中，不分地域与条件，新观念就业天地宽，所以一些高职高专的毕业生就业率还高于本科院校的毕业生就业率。

高职专科毕业生的就业劣势也客观存在。目前总体上大学毕业生就业竞争愈来愈激烈，已出现研究生向下挤本科生的岗位，本科生只好继续向下挤专科生的岗位的倾向，高职专科生中一些技术含量不高的专业已逐渐靠向普通的打工族的岗位，这些专业又呈现毕业生人数俱增，其工资水平已降至几百元的水平。社会上对高职专科生也存在偏见，有人认为高职专科是教育大跃进的产物，学生的整体素质下滑，都是一些“钱”学生，等等。虽然这些都是肤浅片面的不实之词，但它们对高职高专毕业生就业的影响是客观存在的。有的用人单位还以文凭学历选人，造成高职高专毕业生在与其他层次的大学生就业竞争中明显处于劣势。

1.3.2 高职高专毕业生应对“就业难”的策略

为应对“就业难”的现状，高职高专毕业生应采取以下策略。

1. 树立自信是关键，不盲目攀比学历，注意实际能力的提升

自信不是骄傲。在职场上，善于表现而自信的人，往往比谦逊者更受欢迎，自信的学生往往比缺乏自信的学生容易求职成功，这是为什么？

某外资企业向应聘的大学生出了一道面试题：“你最崇拜的人是谁？你最痛恨的人是谁？分别列出 10 位古今中外的知名人物。”绝大多数同学没有理解此题的真正意图，但有一位男生这样回答：“我最崇拜的人是我自己，因为创造的欲望将永远激励我前进，天生我才必有用！我最痛恨的人也是我自己，因为我的缺陷是消灭一个又滋生一个，我要不断战胜自我！”由于该同学客观地评价自我，并且充满自信，故被该企业录用。

就像自己有了热情能感染别人产生热情一样，在充满自信的状态下行动，就会受别人的信任。如果你要别人喜欢自己，就要让对方知道，你是一个会成功并且有了强烈成功的意图和行动的人，所以请抬起你的头，看着对方的眼睛，让对方清楚你的目的在何处，知道你已经起步，并充满自信地向这目标迈去。

如果你没有良好的让别人能够接受你的方式，并且还自己看不起自己，别人就会完全把你看成懦夫，是无用之辈；但如果你像一个伟大而又有成就的人那样去行动，作为一个进取者，社会也会如此看待你的形象和价值，认可并接纳你。“自信，则人信之。”自信，

是成功的一半。

高职高专的大学生应该把树立自信作为面向社会的关键，不要认为是专科二段的高职学生，就比本科段的学生低一等，矮一截。因为不同批次的学校培养目标是不一样的，我们应该看到高职专科的优势在于最贴近社会需求的专业设置和特殊人才培养模式。学历固然重要，但学历拔高未见得都是好事，社会需要应用型、技能型、适用型的人才，一些高学历的毕业生学历优势还有可能转变成劣势。所以高职专科的毕业生应树立信心，增强自信，不去盲目与人攀比学历，应注重能力的培养培训与提升，在就业的选择中充分发挥自身的优势。

2. 遵循成才规律，立志从小事、平凡事做起

成才立业是所有大学生的美好追求。但成才不仅仅是知识和技能的掌握，更重要的是学会如何做“人”。在面对就业的竞争中，更应该务实求真，遵循成才规律，立志先从小事、平凡事做起。

当前，许多用人单位强调具有工作实践经验与工作经历，因为实践能增强人的动手能力和提高分析解决问题的能力，更重要的是启发想象力，培养创造力。一些大学生想在短时间内完善自我，一开始就做的是老板梦，压根就没有先当好打工仔的思想准备。这种种想法固然起点高，但却是不现实的。必须从实际出发，首先客观分析自我，然后制订科学的计划，集中精力，分阶段、分层次逐步完善自我，提高自身的综合素质。锻炼能力、提高素质要从身边小事做起，要充分利用身边的条件。每位大学生都要有“基层意识”，从平凡事干起，树立先当打工仔、从基层干起的决心，积累经验与资金，创造条件寻机遇，只有这样，未来的老板梦想才有实现的一天。

要有先从基层干起的思想准备

在某单位组织的一次面试中，主考官先后向两位应聘者提出同样的问题：“我们公司对新录用的大学生都要到基层生产部门顶岗锻炼，今后再量才选用到技术与管理岗位，基层生产条件很艰苦，请问你们是否有思想准备？”毕业生王××说，艰苦对我来说不成问题，我很乐意到基层艰苦的岗位上锻炼，只有在基层摸爬滚打才能积累丰富的工作经验，才能为今后发展打下基础。毕业生李××则回答，到基层去锻炼我认为很有必要，我会尽一切努力克服困难，好好工作。但作为大学生希望有向上发展的机会，不知贵公司安排我们下去锻炼的时间多长？还有可能上来吗？结果前一位学生王××被录取了，后一位学生李××被淘汰。

立志成才者，必须首先全面认识自己，找准自己的社会位置。大学生面临就业竞争时，给自己设计社会定位不能好高骛远，应该及时调整到社会最基层，立志先从小事、平凡事开始，是金子总会发光的，当自己得到实践锻炼的经历后，这种经历也就成为你人生的财富。

3. 先就业，再择业，寄予未来谋长远

目前，不同学历层次(研究生、本科和专科)之间的毕业生在就业形势上表现出非常大的差异和不平衡。2000 年，研究生的就业形势最好，初次就业率达到 98%，本科生的初次就业率也达到 81.99%，而专科生的初次就业率只有 44.3%。与其他就业的行业和领域比较，以前国有企业是专科生就业的主要领域，在国企就业的专科生占毕业生人数的 23%，与本科毕业生就业于国企的 24.5%相近，可以认为专科毕业生就业的主要渠道在企业。

近年来，我国非国有经济迅速崛起，非国有企业接收毕业生的比例也在上升。非公有制经济已成为毕业生就业的重要渠道。

树立正确的择业观，先就业再择业不失为最佳选择。

大学生必须对自己的兴趣、心理、能力、价值观念等进行调整，把自己从“我想干什么”的一厢情愿转变到“我能干什么”的现实定位中。

在择业中，勇敢地“推销”自己，以自信、冷静的态度，扬长避短地比较，主动出击，突出介绍自己的“闪光点”和自己与众不同的地方，以赢得择业的最后胜利。

经济在发展，需求在变化，当专业不对口，择业受挫时不妨调整思路，另辟捷径，可在相似、相近专业甚至不同的专业领域考虑，达到先就业为上策。在就业的过程中再谋长远的发展。人的一生中要面对多种挑战，寻找工作是一件既难得又易求的事情。人们的择业观念正在发生变化，个人的发展和前途已成为许多择业者关注的焦点。选择工作时，薪水不再是首要考虑的因素，取而代之的是寄予未来谋长远的打算，比如，优先考虑的是个人的发展平台以及公司的发展前景与预期等。

总之，目前高职专科毕业生应该按照“专才基础上的通才，通才背景下的专才”的目标来不断完善自己，使自己能适应社会需求灵活多变的就业趋势，最终在就业市场竞争中找到适合自己的就业岗位。

4. 转变就业观念，适应市场需求

近年来，面临日益严峻的就业形势，大学生的就业观念必须适应市场对劳动力的需求。现在我们越来越清醒地认识到就业市场的竞争压力，大学生们的期望值都在适时地做调整，比如对收入的预期也越来越现实，不再奢望高薪、高福利了，也不计较单位是何种性质了。很多大学生每逢招聘会都去参加，每次参加招聘会，都会切合实际地调整就业目标和心理预期。他们都应该适应形势，改变就业观念，以后的路还很长，树立先就业、后择业的心态，抱定“可以到任何地方工作”的信念，求职道路就会越来越通畅，自己也就会主动去适应就业市场的需求。思路带来出路，“先就业、再择业”是当代大学生就业观念转变后出现的一个新趋势。在人才流动加快的今天，个人在就业时选择的余地也很大，对于急需就业的毕业生来说，把这个选择的时机留给将来是比较现实的。

5. 看重经济待遇，更要看重发展前途

随着时代和社会的进步，目前大学生的自主意识逐渐加强。过去只是把工资薪水等经济待遇作为首选，现在更注重自我价值的实现，关注企业的发展前途，把企业发展与自我提升结合考虑，这是有较强的事业心的表现，是可喜的。

在选择职业时同样也是这个道理，你无须考虑这个职业能给你带来多少钱、能不能使你成名，而应该选择最能使你全力以赴干事业的职业，或最能使你的兴趣、爱好、品格和长处与优势得到充分发挥的职业。

大学生的择业观、就业观，制约着他们对职业的选择和对地域的选择。由于大学生就业观念和择业价值取向的多样性，导致了大学生选择职业的多元化趋向已形成。

6. 树立良好的就业择业心态，克服不良的就业心理

毕业生就业的成功与否与是否具有良好的心理状态有着密切关系。如今，我们面对严峻的就业形势、众多的竞争对手，如果没有良好的就业择业心态，没有正确的择业技巧和方法是难以成功的。因此，毕业生在就业择业前，一定要有足够的思想准备，树立良好的就业择业心态，克服不良的心理障碍，排除不利的心理干扰。

不良的择业心理主要表现在以下几方面。

1) 盲目攀比，追热门，随大流

一些大学生在选择就业岗位时，不是实事求是地根据自身实际情况来选择，而是喜欢往热门行业、热点岗位上挤，有的甚至盲目攀比。其实对于初涉职场者来说，重要的是能调整好心态，从一个最佳起点步入职场，而不是一味地眼睛向上，甚至互相攀比去选择自己能力所不及的职位。正确的做法是，从眼前做起。"面子"不能当饭吃，生存才是第一位的。

2) 唯利是图，福利待遇第一

一些大学毕业生自恃各方面的条件都不错，在薪酬问题上很难有合理的定位，因此做出了有失偏颇之举，如在工资、福利、住房等方面要求过高等，这实际上是人为地在自己和用人单位之间设置了难以跨越的鸿沟。作为初涉职场者，应该更多地看到自身的弱势，理性地看待薪酬标准，不能唯利是图，没必要因为薪酬问题与适合自己的职位失之交臂。

3) 好高骛远，择业期望值过高

择业期望值是指大学生对职业在多大程度上能满足个人愿望的评估。适中的期望值是大学生正确择业的关键条件。但是，近年来，由于受多种因素的干扰与影响，大学生择业的期望值居高不下。当代大学生择业期望值过高是很普遍的心态，这种心态来自毕业生对于自身在社会中的定位没有正确的认识和分析。一些大学毕业生，只单向考虑自己的就业理想，对自身缺乏正确定位，抱着好高骛远的心态进入职场，总以为一脚就应该踏进世界"五百强"，一下子就应该进入高层管理岗位。

大学生在进行社会定位时，必须认真考虑自身的知识和能力水平、专业的社会适应性、

自身的个性特征等因素，经过综合，才能形成自己对择业去向的大致结论。其实在市场经济的大环境下，人才作为一种特殊的商品，首先是要适应社会，以自身条件为前提，合理地选择相应的对方。如果对自己的估计过高，最终的结果只能是因为择业的盲目性而被职场淘汰。

4) 心理失衡，满腹牢骚

对于大多数大学毕业生来说，无论是在求职过程中，还是在步入职业岗位后，都会或多或少地遭遇一些挫折。遇到这种情况，一定要保持良好心态，切不可产生不平衡的心理，更不能一味地怨天尤人，满腹牢骚，甚至做出对人对己对事都不利的行为，那样只会使事情越来越糟。

5) 目光短视，只顾眼前利益

只看现状，而对单位发展和个人发展的前景等至关重要的因素考虑甚少，这可能会使你得到一些眼前的利益，但从长远发展来看并非明智的选择。这正如一位职业咨询顾问所说的，如果仅仅是为了得到当前的“饭碗”而丢弃未来的“饭碗”，忽视了对自我价值的尊重，必然会出现职业困惑。

6) 骑驴找马，身在曹营心在汉

对于许多初涉职场者来说，因为找工作难再加之日常生活的种种压力，会令一些人产生“骑驴找马”的想法，即先随便找一家公司干着混口饭吃，等熟悉环境后再在短时间内跳槽。抱着这种心态的人不仅无法安心于本职工作，一旦离开还会对单位造成损失。这种心态对初涉职场者而言是很危险的。作为基础，第一份工作的好坏往往决定着你今后职业发展的方向和高度。

7) 贪享受，图轻松，缺乏事业心

一些大学生在开始求职时存在这样一个心理误区：他们认为经过十几年的寒窗苦读终于学业有成，接下来就该是享受的时候了；一些毕业生在择业时避苦就易，目光总是盯着工作轻松、稳定、竞争不激烈的单位。在职业选择上有些学生虽然意识到基层艰苦行业需要人才，最能锻炼自己，却又怕基层条件差，埋没了自己的才能。这样的心理定位是非常错误的。大学生在明确自己的职业发展目标和方向的前提下，最重要的是积累对自己有效的工作经验，学会从一个“学校人”变成“职业人”，逐步提炼自己的职业含金量和竞争优势，只有这样，才能保证职业顺利发展。

8) 这山望着那山高，见异思迁

初涉职场后，面临的是全新的工作和压力，在工作中遇到困难是正常的，但有的大学毕业生不是多从自身寻找原因，积极适应，而是怨天尤人。有的虽然拥有了比较适合自身的工作，但总觉得怀才不遇，不满足和珍惜现有的工作，频繁跳槽的现象时有发生。有的人刚工作一两年，却已经换了七八个单位。当今社会虽然不鼓励那种“从一而终”的就业心态，不过谁都知道一个频频跳槽的人会让用人单位非常担心。

9) 过分强调单位的地理优势

一部分学生面对就业认为，要去就去沿海地区或大城市。在他们看来，沿海地区可以挣到大钱，到大城市一定会有更多的发展机会。他们宁肯到沿海或大城市改行，也不愿在当地或边远地区就业，“宁要大城市一张床，不要边远地区一套房”。他们选择的目标不是深(圳)、珠(海)、广(州)、海(口)，就是天(津)、南(京)、(上)海、北(京)。他们很少考虑自己事业的发展和能力的发挥，更少考虑国家的需要。而沿海地区或大城市往往人才相对集中，大学生很难在短时间内面对激烈的人才竞争而脱颖而出。

10) 过分依赖学院，不主动寻求单位

许多大学生到现在还存在“毕业分配”的思想，想等着学校给他们找工作。曾经有一位毕业生，已经过了派遣时间还打电话到学校，质问就业指导中心的老师为什么不给他安排工作，他的观念还停留在当初的“统招统分”上，十分依赖学校，不主动寻找工作单位。

就业择业是大多数毕业生踏入社会的第一步，是新生活的开始，怎样走好第一步，选择一份既符合自己实际又称心如意的职业，对毕业生今后的发展有着十分重要的意义。毕业生要使自己在择业竞争中处于良好的“竞技状态”，要想充分发挥自己的主观能动性，正确地处理好择业中遇到的各种问题，就必须认真做好择业前的心理准备，树立正确的择业观念。

小资料：50 种大学生基层就业岗位可享受国家补贴

为鼓励和引导高校毕业生到基层就业，人力资源和社会保障部 2009 年 5 月 5 日向社会公布 50 种享受国家补贴政策的大学生就业岗位目录。

据悉，公布的第一批基层社会管理和公共服务岗位目录分为基层人力资源和社会保障管理、基层农业服务、基层医疗卫生、基层文化科技服务、基层法律服务、基层民政(托老托幼)助残服务、基层市政管理、基层公共环境与设施管理维护 9 类领域，包括在街道(乡镇)、社区(村)等基层单位从事公共事业服务、社会保障、劳动关系协调、劳动监察、农业、扶贫开发、医疗、卫生、保健、防疫、文化、科技、体育、普法宣传、民事调解、托老、养老、托幼、助残、公共设施设备管理养护等相关事务管理服务工作的 50 种岗位。

练 习 题

1. 实践操作题

选择 3～5 名你们学校所在地区与你专业相同或者相近的往届毕业生，对当地大学生就业的社会形势进行以下的调查和分析，以帮助自己建立一个本专业学生就业的感性认识。

我的基本情况:

调查时间:

被调查人姓名：
被调查人所学专业：
被调查人毕业时间：
被调查人现工作单位：
被调查人首薪：
被调查人现薪：
被调查人单位员工的大致学历状况：
被调查人对我就业的建议：
我的感受与思考：

2. 分析思考题

(1) 在我国目前的大学生就业形势下，高职专科生应该怎样正确对待就业难？
(2) 转变就业观念对高职高专毕业生有何启示？
(3) 高职专科生就业时如何扬长避短？分析一下自己有何优势与劣势。

第 2 章　高职高专毕业生就业前的职业生涯设计

一个合格的大学生，应当在大学期间就进行就业前的职业生涯设计。一般来说，在进行职业生涯设计时，大学生要首先通过学习和测试，大致了解一下自己的兴趣、性格和气质。在此基础上，做一个科学而准确的职业生涯设计。目前，大学生面对严峻的就业形势，更有必要按照职业生涯规划理论加强对自身的认识与了解，找出自己感兴趣的领域，确定自己能干的工作，明白自己的优势，其中最重要的是要明确人生目标，明确“自己能干什么?”“社会可以提供给我什么机会?”“我选择干什么?”“我怎么干？”等问题，使实现理想的步骤具体化、科学化，为踏入社会奠定良好的基础。

2.1　职业生涯设计的理论依据

职业生涯即事业生涯，是指一个人一生连续担负的工作职业和工作职务的发展道路。一个职业目标与生活目标相一致的人是幸福的，职业生涯设计实质上是追求最佳职业生涯的过程。职业生涯设计要求根据自身的特点，将自己定位在一个最能发挥自己长处的位置，以最大限度地实现自我价值。大千世界，芸芸众生，在个性生理特征和个性心理特征上各具特色。因此，根据自身特点来规划、选择职业显得尤为重要。大量事例表明，规划、选择职业正确，人生可能事业有成；反之则充满坎坷。一般来说，我们主要根据个人的兴趣、性格、气质来设计自己的职业生涯。

2.1.1　兴趣与职业

许多研究指出，在选择职业生涯时，不仅需要知道自己有能力从事什么样的工作，也需要知道自己对哪类工作感兴趣。只有将职业和兴趣结合起来考虑，才更有可能取得职业生涯的成功。获得诺贝尔物理奖的华人丁肇中说过：“兴趣比天才重要。”一个人如果能根据自己的兴趣去选择职业生涯，他的主观能动性将会得到充分发挥。即使十分疲倦和辛劳，也总是兴致勃勃，心情愉快；即使困难重重也绝不灰心丧气，而是想尽办法，百折不挠地去克服它，直到成功。

1. 什么是兴趣

兴趣是个体力求认识、掌握某种事物，并经常参与该种活动的心理倾向；或者说，兴趣是个体积极探究某种事物的认识倾向。它表现为人们对某件事、某项活动的选择性态度和积极的情绪反应。当我们对某种事物感兴趣时，就会对该种事物表现出肯定的态度，并积极思考、探索和追求。兴趣是成功的一个重要推动力，它能将你的潜能最大限度地调动起来，使你长期专注于某一方向，做出艰苦的努力，取得令人瞩目的成绩。美国曾对两千多位著名的科学家进行调查，发现很少有人是由于谋生的目的而工作，他们大多是出于个人对某一领域问题的强烈兴趣而孜孜以求，不计名利报酬，忘我地工作，他们的成功是与他们的兴趣相联系的。当兴趣直接指向与职业有关的活动时，就称之为职业兴趣。

2. 兴趣对职业生涯规划的影响

兴趣对职业生涯规划的影响主要表现在以下三个方面。

1) 兴趣是职业生涯选择的重要依据

兴趣是最好的老师，是一种强大的精神力量。兴趣可以使人集中精力去获得所喜欢的职业知识，启迪智慧并创造性地开展工作。当一个人对某种职业发生兴趣时，他就能发挥整个身心的积极性；就能积极地感知和关注该职业的知识和动态，并且积极思考，大胆探索；就能情绪高涨、想象丰富；就能增强记忆效果，增强克服困难的意志。正像你在日常生活中喜欢从事自己感兴趣的活动一样，具有一定兴趣类型的你更倾向于寻找与此有关的职业，特别是在外界环境限制较小时，你更倾向于选择自己感兴趣的职业。

2) 兴趣可以使你提高工作效率，充分发挥才能

个人对某一方面的工作有兴趣时，枯燥的工作会变得丰富多彩、趣味无穷。兴趣使工作不再是一种负担，而是一种享受。因为兴趣可以调动人的全部精力，使之以敏锐的观察力、高度的注意力、深刻的思维和丰富的想象力投入工作。

3) 兴趣是保证职业稳定、职场成功的重要因素

对某一职业有浓厚的兴趣是智力开发的“孵化器”。兴趣是工作动力的主要源泉之一。对于一个人来说，对工作感兴趣，就愿意钻研，就会出成就，这正是兴趣的作用所在。一般来说，兴趣是个体职业生涯适应的一个基本方面，可以为职业生涯的选择提供有效的信息。

工作满意是职业生涯适应的一大标志。在其他条件相似的情况下，从事自己感兴趣的职业不但让你感到满意，而且能够让你的工作单位感到满意，并由此导致工作的长期性和稳定性。此外，多方面的兴趣可以使人善于应付多变的环境。如需变换工作，只要自己感兴趣，就能够很快地适应新的工作。因此，兴趣是职场成功的一个重要因素，它能将你的潜能最大限度地调动起来，使你长期专注于某一方向。

一个人如果能根据自己的爱好去选择职业，他的主动性将会得到充分发挥。即使十分疲倦和辛劳，也总是兴致勃勃，心情愉快；即使困难重重也绝不灰心丧气。因此，在选择长期、稳定的职业生涯时，不仅需要知道自己有能力从事什么样的工作，更重要的是需要知道自己对哪类工作感兴趣。只有将能力和兴趣结合起来考虑，才更有可能规划好职业生涯并取得职业生涯的成功。

3. 如何了解自己的职业兴趣

近日，一项有关“中国城市青年价值观念及生活形态”的调查显示，当代城市青年生活价值取向有了较大改变，生活追求时尚，价值观趋向理性，而“兴趣”则成为青年职业价值的最大砝码，“有兴趣”这一高级心理需求已成为青年择业时的最重要动因。

职业和兴趣关系到底是否如此密切，专家给了我们一些理性的分析。

有的人对天文、地理、古今中外无所不晓，对各行各业都怀有兴趣；有的人除了与自己工作、学习有关的活动外，对其他事物视而不见，听而不闻。你如果具有广泛的兴趣，眼界就会比较开阔，解决问题时就可以从多方面受到启发，并有助于确定与你能力倾向相一致的职业生涯方向，在职业生涯选择上有较大的余地；你如果只在已习惯的、狭小的活动范围内探寻新的活动方式，是不容易取得成功的，在职业生涯选择面前会显得束手无策。

必须在正确的指导下确立中心兴趣，这样才能使你获得深邃的知识，使活动具有创造性；如果你只有广泛性而无中心职业兴趣，往往知识肤浅，没有确定的职业生涯方向，在选择职业生涯时就会犹豫不定，不利于自己的发展和成才。

有的人兴趣一经形成就稳定不变，尽管以后兴趣面不断拓宽，但始终保持着原来的职业兴趣；有的人则职业兴趣多变，缺乏稳定性和持久性，对某一职业很容易发生兴趣，但很快又被另一种职业兴趣所代替。在选择职业生涯时，这种朝三暮四的态度很难适应职业生涯要求。只有稳定的职业兴趣才能推动你深入理解问题，从而获得系统和深刻的知识。

小资料：霍兰德职业性向测验量表

本测验是由美国著名职业教育专家霍兰德(Holland)以其长期的实践研究并结合现有职业分类大典而开创性地提出的六型职业兴趣理论为基础而编制的，本测验是当前所有的职业兴趣类测验的起源，风靡全世界。

霍兰德职业理论的核心假设是人可以分为六大类，即现实型、研究型、社会型、常规型、企业型、艺术型，职业环境也可以分成相应的同样名称的六大类，人格与职业环境的匹配是形成职业满意度、成就感的基础。

本测验量表将帮助你发现和确定自己的职业兴趣和能力特长，从而更好地做出求职择业的决策。如果你已经考虑好或选择了自己的职业，本测验将使你的这种考虑或选择具有理论基础，或向你展示其他合适的职业；如果你至今尚未确定职业方向，本测验将帮助你根据自己的情况选择一个恰当的职业目标。

本测验共有七个部分，每部分测验都没有时间限制，但请你尽快按要求完成。请将所有答案填写在答题卷部分，以方便你的统计。

第一部分　你心目中的理想职业(专业)

对于未来的职业(或升学进修的专业)你也许早有考虑，它可能很抽象、很朦胧，也可能很具体、很清晰。不管是哪种情况，现在都请你把你最想干的 3 种工作或最想读的 3 种专业，按顺序写下来。

1.

2.

3.

好，第一部分已完成。现在请继续做第二部分。

第二部分　你所感兴趣的活动

下面列举了一些十分具体的活动。这些活动无所谓好坏，如果你喜欢去参加(包括过去、现在或将来)，就请在答题卷的相应题号上的“是”一栏的方框内画“√”，如果不喜欢就请在“否”一栏的方框内画“√”。注意，这一部分测验主要想确定你的职业兴趣，而不是让你选择工作，你喜欢某种活动并不意味着你一定要从事这种活动。答题时不必考虑过去是否干过和是否擅长这种活动，只要根据你的兴趣直接判断即可。请务必做完每一题目。

一、R 型(现实型活动)

你喜欢做下列事情吗?

1. 装配修理电器。
2. 修理自行车。
3. 装修机器或机器零件。
4. 做木工活。
5. 驾驶卡车或拖拉机。
6. 开机床。
7. 开摩托车。
8. 上金属工艺课。
9. 上机械制图课。
10. 上木工手艺课。
11. 上电气自动化技术课。

二、I 型(调查型活动)

你喜欢做下列事情吗?

1. 阅读科技书刊。
2. 在实验室工作。

3. 研究某个科研项目。
4. 制作飞机、汽车模型。
5. 做化学实验。
6. 阅读专业性论文。
7. 解一道数学或棋艺难题。
8. 上物理课。
9. 上化学课。
10. 上几何课。
11. 上生物课。

三、A 型(艺术型活动)

你喜欢做下列事情吗?
1. 素描、制图或绘画。
2. 表演戏剧、小品或相声节目。
3. 设计家具或房屋。
4. 在舞台上演唱或跳舞。
5. 演奏一种乐器。
6. 阅读流行小说。
7. 听音乐会。
8. 从事摄影创作。
9. 阅读电影、电视剧本。
10. 读诗写诗。
11. 上书法美术课。

四、S 型(社会型活动)

你喜欢做下列事情吗?
1. 给朋友们写信。
2. 参加学校、单位组织的正式活动。
3. 加入某个社会团体或俱乐部。
4. 帮助别人解决困难。
5. 照看小孩。
6. 参加宴会、茶话会或联欢晚会。
7. 跳交谊舞。
8. 参加讨论会或辩论会。
9. 观看运动会或体育比赛。
10. 寻亲访友。
11. 阅读与人际交往有关的书刊。

五、E 型(企/事业型活动)

你喜欢做下列事情吗?

1. 对他人做劝说工作。
2. 买东西与人讨价还价。
3. 讨论政治问题。
4. 从事个体或独立的经营活动。
5. 出席正式会议。
6. 做演讲。
7. 在社会团体中做一名理事。
8. 检查与评价别人的工作。
9. 结识名流。
10. 带领一群人去完成某项任务。
11. 参与政治活动。

六、C 型(常规型(传统型)活动)

你喜欢做下列事情吗?

1. 保持桌子和房间整洁。
2. 抄写文章或信件。
3. 开发票、写收据或打回条。
4. 打算盘或用计算机计算。
5. 记流水账或备忘录。
6. 上打字课或学速记法。
7. 上会计课。
8. 上商业统计课。
9. 将文件、报告、记录分类与归档。
10. 为领导写公务信函与报告。
11. 检查个人收支情况。

好，第二部分已完成。现在请继续做第三部分。

第三部分　你所擅长或能胜任的活动

下面从 6 个方面分别列举一些十分具体的活动，以确定你具备哪一方面的工作特长。回答时，只需考虑你过去或现在对所列活动是否擅长、胜任，不必考虑你是否喜欢这种活动。如果你认为你擅长从事某一活动，就请在答题卷的相应题号上的“是”一栏的方框内画“√”；如果不擅长，就请在“否”一栏的方框内画“√”。注意，你如果从未从事过某一活动，那就请考虑你将来是否会擅长从事该项活动。请你务必做完每一个题目。

一、R 型(现实型能力)

你擅长做或胜任下列事情吗?

1. 使用锯子、钳子、车床、砂轮等工具。
2. 使用万能电表。
3. 给自行车或机器加油使它们正常运转。
4. 使用钻床、研磨机、缝纫机等。
5. 修整木器家具表面。
6. 看机械、建筑设计图纸。
7. 修理结构简单的家用电器。
8. 制作简单的家具。
9. 绘制机械设计图纸。
10. 修理收录机的简单部件。
11. 疏通、修理自来水管或下水道。

二、I 型(调研型能力)

你擅长做或胜任下列事情吗?

1. 了解真空管的工作原理。
2. 知道三种以上蛋白质含量高的食物。
3. 知道一种放射性元素的“半衰期”。
4. 使用对数表。
5. 使用计算器或计算尺。
6. 使用显微镜。
7. 辨认 3 个星座。
8. 说明白血球的功能。
9. 解释简单的化学分子式。
10. 理解人造卫星不会落地的道理。
11. 参加科技竞赛或科研成果交流会。

三、A 型(艺术型能力)

你擅长做或胜任下列事情吗?

1. 演奏一种乐器。
2. 参加二重唱或四重唱表演。
3. 独奏或独唱。
4. 扮演剧中角色。
5. 说书或讲故事。
6. 表演现代舞或芭蕾舞。

7. 人物素描。
8. 油画或雕塑。
9. 制造陶器、捏泥塑或剪纸。
10. 设计服装、海报或家具。
11. 写得一手好文章。

四、S 型(社会型能力)

你擅长做或胜任下列事情吗?

1. 善于向别人解释问题。
2. 参加慰问或救济活动。
3. 善于与人合作，配合默契。
4. 殷勤待客。
5. 能深入浅出地教育儿童。
6. 为一次宴会安排娱乐活动。
7. 帮助他人解决困难。
8. 帮助护理病人或伤员。
9. 安排学校或社团组织的各种集体事务。
10. 善于体察人心或善于判断人的性格。
11. 善于与年长者相处。

五、E 型(企业型能力)

你擅长做或胜任下列事情吗?

1. 在学校里当过班干部并且干得不错。
2. 善于督促他人工作。
3. 善于使他人按你的习惯做事。
4. 做事具有超常的经历和热情。
5. 能做一个称职的推销员。
6. 代表某个团体向有关部门提出建议或反映意见。
7. 担任某种领导职务期间获过奖或受过表扬。
8. 说服别人加入你所在的团体(俱乐部、运动队、工作或研究组等)。
9. 创办一家商店或企业。
10. 知道如何做一位成功的领导人。
11. 有很好的口才。

六、C 型(常规型能力)

你擅长做或胜任下列事情吗?

1. 一天能誊抄近一万字。
2. 能熟练地使用算盘或计算器。

3. 能熟练地使用中文打字机。
4. 善于将书信、文件迅速归档。
5. 做过办公室职员工作且干得不错。
6. 核对数据或文章时既快又准确。
7. 会使用外文打字机或复印机。
8. 善于在短时间内分类和处理大量文件。
9. 记账或开发票时既快又准确。
10. 善于为自己或集体作财务预算(表)。
11. 能迅速誊清贷方和借方的账目。

好，第三部分已完成。现在请继续做第四部分。

第四部分　你所喜欢的职业

下面列举了许多职业，对这些职业的基本情况你或多或少都有所了解，并在此基础上形成了自己的评价态度。如果你对某项职业喜欢的话，请在答题卷的相应题号上的“是”一栏中画“√”；如果不喜欢则请在“否”一栏中画“√”。这一部分测验也要求每题必做。

一、R型(现实型职业)

你喜欢下列职业吗?

1. 飞行机械技术人员。
2. 鱼类和野生动物专家。
3. 自动化工程技术人员。
4. 木工。
5. 机床安装工或钳工。
6. 电工。
7. 无线电报务员。
8. 长途汽车司机。
9. 火车司机。
10. 机械师。
11. 测绘、水文技术人员。

二、I型(调研型职业)

你喜欢下列职业吗?

1. 气象研究人员。
2. 生物学研究人员。
3. 天文学研究人员。
4. 药剂师。

5. 人类学研究人员。
6. 化学研究人员。
7. 科学杂志编辑。
8. 植物学研究人员。
9. 物理学研究人员。
10. 科普工作者。
11. 地质学研究人员。

三、A 型(艺术型职业)

你喜欢下列职业吗?

1. 诗人。
2. 文学艺术评论家。
3. 作家。
4. 记者。
5. 歌唱家或歌手。
6. 作曲家。
7. 剧本写作人员。
8. 画家。
9. 相声演员。
10. 乐团指挥。
11. 电影演员。

四、S 型(社会型职业)

你喜欢下列职业吗?

1. 街道、工会或妇联负责人。
2. 中学教师。
3. 青少年犯罪问题专家。
4. 中学校长。
5. 心理咨询人员。
6. 精神病医生。
7. 职业介绍所工作人员。
8. 导游。
9. 青年团负责人。
10. 福利机构负责人。
11. 婚姻介绍所工作人员。

五、E 型(企业型职业)

你喜欢下列职业吗?

1. 供销科长。
2. 推销员。
3. 旅馆经理。
4. 商店管理人员。
5. 厂长。
6. 律师或法官。
7. 电视剧制作人。
8. 饭店或饮食店经理。
9. 人民代表。
10. 服装批发商。
11. 企业管理咨询人员。

六、C 型(常规型职业)

你喜欢下列职业吗?

1. 簿记员。
2. 会计师。
3. 银行出纳员。
4. 法庭书记员。
5. 人口普查登记员。
6. 成本核算员。
7. 税务工作者。
8. 校对员。
9. 打字员。
10. 办公室秘书。
11. 质量检查员。

好，第四部分已完成。现在请继续做第五部分。

霍兰德职业性向测验答题卷

姓名　　　　　　性别　　　　　　年龄　　　　　　测试日期

第一部分　你心目中的理想职业(专业)

1

2

3

第二部分　你所感兴趣的活动

R 型

题号	是	否
1	□	□
2	□	□
3	□	□
4	□	□
5	□	□
6	□	□
7	□	□
8	□	□
9	□	□
10	□	□
11	□	□

“是”的总数:

I 型

题号	是	否
1	□	□
2	□	□
3	□	□
4	□	□
5	□	□
6	□	□
7	□	□
8	□	□
9	□	□
10	□	□
11	□	□

“是”的总数:

A 型

题号	是	否
1	□	□
2	□	□
3	□	□
4	□	□
5	□	□
6	□	□
7	□	□
8	□	□
9	□	□
10	□	□
11	□	□

“是”的总数:

S 型

题号	是	否
1	□	□
2	□	□
3	□	□
4	□	□
5	□	□
6	□	□
7	□	□
8	□	□
9	□	□
10	□	□
11	□	□

“是”的总数:

E 型

题号	是	否
1	□	□
2	□	□
3	□	□
4	□	□
5	□	□
6	□	□
7	□	□
8	□	□
9	□	□
10	□	□
11	□	□

“是”的总数:

C 型

题号	是	否
1	□	□
2	□	□
3	□	□
4	□	□
5	□	□
6	□	□
7	□	□
8	□	□
9	□	□
10	□	□
11	□	□

“是”的总数:

第三部分　你所擅长或能胜任的活动

R 型

题号	是	否
1	□	□
2	□	□
3	□	□
4	□	□
5	□	□
6	□	□
7	□	□
8	□	□
9	□	□
10	□	□
11	□	□

“是”的总数:

I 型

题号	是	否
1	□	□
2	□	□
3	□	□
4	□	□
5	□	□
6	□	□
7	□	□
8	□	□
9	□	□
10	□	□
11	□	□

“是”的总数:

A 型

题号	是	否
1	□	□
2	□	□
3	□	□
4	□	□
5	□	□
6	□	□
7	□	□
8	□	□
9	□	□
10	□	□
11	□	□

“是”的总数:

S 型

题号	是	否
1	□	□
2	□	□
3	□	□
4	□	□
5	□	□
6	□	□
7	□	□
8	□	□
9	□	□
10	□	□
11	□	□

“是”的总数:

E 型

题号	是	否
1	□	□
2	□	□
3	□	□
4	□	□
5	□	□
6	□	□
7	□	□
8	□	□
9	□	□
10	□	□
11	□	□

“是”的总数:

C 型

题号	是	否
1	□	□
2	□	□
3	□	□
4	□	□
5	□	□
6	□	□
7	□	□
8	□	□
9	□	□
10	□	□
11	□	□

“是”的总数:

第四部分　你所喜欢的职业

R 型

题号	是	否
1	□	□
2	□	□

I 型

题号	是	否
1	□	□
2	□	□

A 型

题号	是	否
1	□	□
2	□	□

题号	是	否
3	□	□
4	□	□
5	□	□
6	□	□
7	□	□
8	□	□
9	□	□
10	□	□
11	□	□

“是”的总数：

题号	是	否
3	□	□
4	□	□
5	□	□
6	□	□
7	□	□
8	□	□
9	□	□
10	□	□
11	□	□

“是”的总数：

题号	是	否
3	□	□
4	□	□
5	□	□
6	□	□
7	□	□
8	□	□
9	□	□
10	□	□
11	□	□

“是”的总数：

S 型

题号	是	否
1	□	□
2	□	□
3	□	□
4	□	□
5	□	□
6	□	□
7	□	□
8	□	□
9	□	□
10	□	□
11	□	□

“是”的总数：

E 型

题号	是	否
1	□	□
2	□	□
3	□	□
4	□	□
5	□	□
6	□	□
7	□	□
8	□	□
9	□	□
10	□	□
11	□	□

“是”的总数：

C 型

题号	是	否
1	□	□
2	□	□
3	□	□
4	□	□
5	□	□
6	□	□
7	□	□
8	□	□
9	□	□
10	□	□
11	□	□

“是”的总数：

第五部分　你的能力类型简评

下面两张表是你在 6 个职业能力方面的自我评分表。你可以先与同龄人比较一下自己在每一方面的能力，然后对自己的能力作一评价。评分时请在表中适当的数字上画圈。数字越大表示你的能力越强。

注意，请勿全部圈画同样的数字，因为人的每项能力不可能完全一样。

表 A

	R 型	I 型	A 型	S 型	E 型	C 型
	机械操作能力	科学研究能力	艺术创造能力	解释表达能力	商业洽谈能力	事务执行能力
高	7	7	7	7	7	7
	6	6	6	6	6	6
中	5	5	5	5	5	5
	4	4	4	4	4	4
低	3	3	3	3	3	3
	2	2	2	2	2	2
	1	1	1	1	1	1

表 B

	R 型	I 型	A 型	S 型	E 型	C 型
	体力技能	数学技能	音乐技能	交际技能	领导技能	办公技能
	7	7	7	7	7	7
高	6	6	6	6	6	6
	5	5	5	5	5	5
中	4	4	4	4	4	4
	3	3	3	3	3	3
低	2	2	2	2	2	2
	1	1	1	1	1	1

好，第五部分已完成。请继续做第六部分。

第六部分 统计和确定你的职业倾向

请将第二部分至第五部分的全部测验分数按前面已统计好的 6 种职业倾向(R 型、I 型、A 型、S 型、E 型和 C 型)得分填入下表，并作纵向累加。

测　验	R 型	I 型	A 型	S 型	E 型	C 型
第二部分						
第三部分						
第四部分						
第五部分(A)						
第六部分(B)						
总分						

请将上表中的6种职业倾向的总分按大小顺序依次从左到右重新排列：

______型、______型、______型、______型、______型、______型

最高分←— ________你的职业倾向性得分________—→最低分

得分最高的职业类型意味着最适合你。比方说，假如你在I型上得分最高，说明你适合做自然科学方面的研究工作，如气象研究、生物学研究、天文学研究等，或科学杂志编辑。其余类推。

如果最适合你的工作和你在第一部分所写的理想工作之间不太一致，或者在各种类型的职业上你的能力和兴趣不相匹配，那么请你参照第六部分——你的职业价值观来作出最佳选择。比方说，假如第二部分你在I型上得分最高，但第三部分你在A型上得分高，那么请参考你最看重的因素：假如你最看重能充分发挥自己的能力特长或工作环境舒适，那么A型工作最适合你；假如你最看重能从事自己感兴趣的工作或工作稳定有保障，那么I型工作最适合你；假如你最看重的是其他因素，那么请向A型职业方面的专家咨询，选择和你的职业价值观最接近的工作。

第七部分　你所看重的东西——职业价值观

这一部分测验列出了人们在选择工作时通常会考虑的9要素(见所附工作价值标准)。现在请你在其中选出对你最重要的两项因素，以及最不重要的两项因素，并将其序号填入下边相应空格上。

最 重 要：________________________

最不重要：________________________

次 重 要：________________________

次不重要：________________________

附：工作价值标准

1. 工资高、福利好。
2. 工作环境(物质方面)舒适。
3. 人际关系良好。
4. 工作稳定有保障。
5. 能提供较好的受教育的机会。
6. 有较高的社会地位。
7. 工作不太紧张，外部压力少。
8. 能充分发挥自己的能力特长。
9. 社会需要与社会贡献较大。
10. 能从事自己感兴趣的工作。

测验完毕。

现在，将你测验得分居第一位的职业类型找出来，对照下表，判断一下自己适合的职业类型。

职业索引——职业兴趣代号与其相应的职业对照表

R(现实型)：木匠、农民、操作X光的技师、工程师、飞机机械师、鱼类和野生动物专家、自动化技师、机械工(车工、钳工等)、电工、无线电报务员、火车司机、长途公共汽车司机、机械制图员、修理机器、电器师。

I(调查型)：气象学者、生物学者、天文学家、药剂师、动物学者、化学家、科学报刊编辑、地质学者、植物学者、物理学者、数学家、实验员、科研人员、科技作者。

A(艺术型)：室内装饰专家、图书管理专家、摄影师、音乐教师、作家、演员、记者、诗人、作曲家、编剧、雕刻家、漫画家。

S(社会型)：社会学者、导游、福利机构工作者、咨询人员、社会工作者、社会科学教师、学校领导、精神病工作者、公共保健护士。

E(企业型)：推销员、进货员、商品批发员、旅馆经理、饭店经理、广告宣传员、调度员、律师、政治家、零售商。

C(常规型)：记账员、会计、银行出纳、法庭速记员、成本估算员、税务员、核算员、打字员、办公室职员、统计员、计算机操作员、秘书。

下面介绍与你3个代号的职业兴趣类型一致的职业表，对照的方法如下：首先根据你的职业兴趣代号，在下表中找出相应的职业，例如你的职业兴趣代号是RIA，那么牙科技术人员、陶工等是适合你兴趣的职业。然后寻找与你的职业兴趣代号相近的职业，如你的职业兴趣代号是RIA，那么，其他由这三个字母组合成的编号(如IRA、IAR、ARI等)对应的职业，也较适合你的兴趣。

RIA：牙科技术员、陶工、建筑设计员、模型工、细木工、制作链条人员。

RIS：厨师、林务员、跳水员、潜水员、染色员、电器修理、眼镜制作、电工、纺织机器装配工、服务员、装玻璃工人、发电厂工人、焊接工。

RIE：建筑和桥梁工程、环境工程、航空工程、公路工程、电力工程、信号工程、电话工程、一般机械工程、自动工程、矿业工程、海洋工程、交通工程技术人员、制图员、家政经济人员、计量员、农民、农场工人、农业机器操作、清洁工、无线电修理、汽车修理、手表修理、管子工、线路装配工、工具仓库管理员。

RIC：船上工作人员、接待员、杂志保管员、牙医助手、制帽工、磨坊工、石匠、机器制造、机车(火车头)制造、农业机器装配、汽车装配工、缝纫机装配工、钟表装配和检验、电动器具装配、鞋匠、锁匠、货物检验员、电梯机修工、托儿所所长、钢琴调音员、装配工、印刷工、建筑钢铁工人、卡车司机。

RAI：手工雕刻、玻璃雕刻、制作模型人员、家具木工、制作皮革品、手工绣花、手工钩针编织、排字工人、印刷工人、图画雕刻、装订工。

RSE：消防员、交通巡警、警察、门卫、理发师、房间清洁工、屠夫、锻工、开凿工人、管道安装工、出租汽车驾驶员、货物搬运工、送报员、勘探员、娱乐场所的服务员、起卸机操作工、灭害虫者、电梯操作工、厨房助手。

RSI：纺织工、编织工、农业学校教师、某些职业课程教师(诸如艺术、商业、技术、工艺课程)、雨衣上胶工。

REC：抄水表员、保姆、实验室动物饲养员、动物管理员。

REI：轮船船长、航海领航员、大副、试管实验员。

RES：旅馆服务员、家畜饲养员、渔民、渔网修补工、水手长、收割机操作工、搬运行李工人、公园服务员、救生员、登山导游、火车工程技术员、建筑工人、铺轨工人。

RCI：测量员、勘测员、仪表操作者、农业工程技师、化学工程技师、民用工程技师、石油工程技师、资料室管理员、探矿工、煅烧工、烧窑工、矿工、保养工、磨床工、取样工、样品检验员、纺纱工、炮手、漂洗工、电焊工、锯木工、刨床工、制帽工、手工缝纫工、油漆工、染色工、按摩工、木匠、农民建筑工人、电影放映员、勘测员助手。

RCS：公共汽车驾驶员、一等水手、游泳池服务员、裁缝、建筑工人、石匠、烟囱修建工、混凝土工、电话修理工、爆破手、邮递员、矿工、裱糊工人、纺纱工。

RCE：打井工、吊车驾驶员、农场工人、邮件分类员、铲车司机、拖拉机司机。

IAS：普通经济学家、农场经济学家、财政经济学家、国际贸易经济学家、实验心理学家、工程心理学家、心理学家、哲学家、内科医生、数学家。

IAR：人类学家、天文学家、化学家、物理学家、医学病理学家、动物标本剥制者、化石修复者、艺术品管理员。

ISE：营养学家、饮食顾问、火灾检查员、邮政服务检查员。

ISC：侦察员、电视播音室修理员、电视修理服务员、验尸室人员、编目录者、医学实验室技师、调查研究者。

ISR：水生生物学者、昆虫学者、微生物学家、配镜师、矫正视力者、细菌学家、牙科医生、骨科医生。

ISA：实验心理学家、普通心理学家、发展心理学家、教育心理学家、社会心理学家、临床心理学家、目录学家、皮肤病学家、精神病学家、妇产科医生、眼科医生、五官科医生、医学实验室技术专家、民航医务人员、护士。

lES：细菌学家、生理学家、化学专家、地质专家、地理物理学专家、纺织技术专家、医院药剂师、工业药剂师、药房营业员。

IEC：档案保管员、保险统计员。

ICR：质量检验技术员、地质学技师、工程师、法官、图书馆技术辅导员、计算机操作员、医院听诊员、家禽检查员。

IRA：地理学家、地质学家、水文学家、矿物学家、古生物学家、石油学家、地震学家、声学物理学家、原子和分子物理学家、电学和磁学物理学家、气象学家、设计审核员、人口统计学家、数学统计学家、外科医生、城市规划家、气象员。

IRS：流体物理学家、物理海洋学家、等离子体物理学家、农业科学家、动物学家、食品科学家、园艺学家、植物学家、细菌学家、解剖学家、动物病理学家、农作物病理学家、药物学家、生物化学家、生物物理学家、细胞生物学家、临床化学家、遗传学家、分子生物学家、质量控制工程师、地理学家、兽医、放射治疗技师。

IRE：化验员、化学工程师、纺织工程师、食品技师、渔业技术专家、材料和测试工程师、电气工程师、土木工程师、航空工程师、行政官员、冶金专家、原子核工程师、陶瓷工程师、地质工程师、电力工程师、口腔科医生、牙科医生。

IRC：飞机领航员、飞行员、物理实验室技师、文献检查员、农业技术专家、动植物技术专家、生物技师、油管检查员、工商业规划者、矿藏安全检查员、纺织品检验员、照相机修理者、工程技术员、编计算机程序者、工具设计者、仪器维修工。

CRI：簿记员、会计、记时员、铸造机操作工、打字员、按键操作工、复印机操作工。

CRS：仓库保管员、档案管理员、缝纫工、讲述员、收银员。

CRE：标价员、实验室工作者、广告管理员、自动打字机操作员、电动机装配工、缝纫机操作工。

CIS：记账员、顾客服务员、报刊发行员、土地测量员、保险公司职员、会计师、估价员、邮政检查员、外贸检查员。

CIE：打字员、统计员、支票记录员、订货员、校对员、办公室工作人员。

CIR：校对员、工程职员、海底电报员、检修计划员、发报员。

CSE：接待员、通讯员、电话接线员、卖票员、旅馆服务员、私人职员、商学教师、旅游办事员。

CSR：运货代理商、铁路职员、交通检查员、办公室通信员、簿记员、出纳员、银行财务职员。

CSA：秘书、图书管理员、办公室办事员。

CER：邮递员、数据处理员、航空邮件检查员。

CEI：推销员、经济分析家。

CES：银行会计、记账员、法人秘书、速记员、法院报告人。

ECl：银行行长、审计员、信用管理员、地产管理员、商业管理员。

ECS：信用办事员、保险人员、各类进货员、海关服务经理、售货员、购买员、会计。

ERI：建筑物管理员、工业工程师、农场管理员、护士长、农业经营管理人员。

ERS：仓库管理员、房屋管理员、货栈监督管理员。

ERC：邮政局长、渔船船长、机械操作领班、木工领班、瓦工领班、驾驶员领班。

EIR：科学、技术和有关周期出版物的管理员。

EIC：专利代理人、鉴定人、运输服务检查员、安全检查员、废品收购人员。

EIS：警官、侦察员、交通检验员、安全咨询员、合同管理者、商人。

EAS：法官、律师、公证人。

FAR：展览室管理员、舞台管理员、播音员、驯兽员。

ESC：理发师、裁判员、政府行政管理员、财政管理员、工程管理员、职业病防治、售货员、商业经理、办公室主任、人事负责人、调度员。

ESR：家具售货员、书店售货员、公共汽车的驾驶员、日用品售货员、护士长、自然科学和工程的行政领导。

ESI：博物馆管理员、图书馆管理员、古迹管理员、饮食业经理、地区安全服务管理员、技术服务咨询者、超级市场管理员、零售商品店店员、批发商、出租汽车服务站调度。

ESA：博物馆馆长、报刊管理员、音乐器材售货员、广告商、售画营业员、导游、轮船或班机上的事务长、飞机上的服务员、船员、法官、律师。

ASE：戏剧导演、舞蹈教师、广告撰稿人、报刊专栏作者、记者、演员、英语翻译。

ASI：音乐教师、乐器教师、美术教师、管弦乐指挥、合唱队指挥、歌星、演奏家、哲学家、作家、广告经理、时装模特。

AER：新闻摄影师、电视摄像师、艺术指导、录音指导、丑角演员、魔术师、木偶戏演员、骑士、跳水员。

AEI：音乐指挥、舞台指导、电影导演。

AES：流行歌手、舞蹈演员、电影导演、广播节目主持人、舞蹈教师、口技表演者、喜剧演员、模特。

AIS：画家、剧作家、编辑、评论家、时装艺术大师、新闻摄影师、男演员、文学作者。

AIE：花匠、皮衣设计师、工业产品设计师、剪影艺术家、复制雕刻品大师。

AIR：建筑师、画家、摄影师、绘图员、环境美化工、雕刻家、包装设计师、陶器设计师、绣花工、漫画工。

SEC：社会活动家、退伍军人服务官员、工商会事务代表、教育咨询者、宿舍管理员、旅馆经理、饮食服务管理员。

SER：体育教练、游泳指导。

SEI：大学校长、学院院长、医院行政管理员、历史学家、家政经济学家、职业学校教师、资料员。

SEA：娱乐活动管理员、国外服务办事员、社会服务助理、一般咨询者、宗教教育工作者。

SCE：部长助理、福利机构职员、生产协调人、环境卫生管理人员、戏院经理、餐馆经理、售票员。

SRI：外科医师助手、医院服务员。

SRE：体育教师、职业病治疗者、体育教练、专业运动员、房管员、儿童家庭教师、警察、引座员、传达员、保姆。

SRC：护理员、护理助理、医院勤杂工、理发师、学校儿童服务人员。

SIA：社会学家，心理咨询者，学校心理学家，政治科学家，大学或学院的系主任，大学或学院的教育学教师，大学农业教师，大学工程和建筑课程的教师，大学法律教师，大学数学、医学、物理、社会科学和生命科学的教师、研究生助教，成人教育教师。

SIE：营养学家、饮食学家、海关检查员、安全检查员、税务稽查员、校长。

SIC：描图员、兽医助手、诊所助理、体检检查员、监督缓刑犯的工作者、娱乐指导者、咨询人员、社会科学教师。

SIR：理疗员、救护队工作人员、手足病医生、职业病治疗助手。

SAC：理发师、指甲修剪师、包装艺术家、美容师、整容专家、发式设计师。

SAE：听觉病治疗者、演讲矫正者。

SAE：图书馆管理员、小学教师、幼儿园教师、学前儿童教师、中学教师、师范学院教师、盲人教师、智力障碍人的教师、聋哑人的教师、学校护士、牙科助理、飞行指导员。

(资料来源：厦门心理咨询网，http://www.xmxlzx.com)

2.1.2 性格与职业

性格与职业生涯设计也有很重要的关系，性格若能与工作相匹配，工作可以得心应手、轻松愉快、富有成就；反之则会不适应、困难重重，给个人的发展造成影响。一般来说，从事与自己性格相符的工作，人生比较快乐，事业比较成功；反之，人生缺少快乐，事业成功也比较困难。

1. 什么是性格

性格是个人对现实的稳定态度和习惯化的行为方式。性格是个人在社会实践活动中通过个体和环境的相互作用而逐步形成的，一经形成，就具有一定的稳定性。

性格中对劳动、对工作态度的成分，直接影响到职业的选择和职业的成就。有的人以劳动为荣，把劳动当做自己的需要；有的人则以劳动为耻，把劳动和工作看成自己的负担。有的人积极、主动、肯干；有的人消极、怠慢。有的人对工作认真负责，一丝不苟；有的人则马虎大意，敷衍塞责。

性格中反映对他人、对自己和对集体态度的成分，也往往影响到职业的选择和成就。自私、傲慢、孤僻、暴躁，对公益事业漠不关心，轻视社会行为规范的人，就不适于从事与人打交道的职业，如教师、服务员、公关人员、外交人员、机关干部等。

性格中的意志成分也同职业的选择与成就有密切关系。缺乏坚韧性的人不适宜从事诸如外科医生、科学研究人员、资料管理人员、运动员等要求耐力很强的工作；怯懦、散漫的人，不适宜选择诸如思想政治工作、服务员、教师等职业。

同样，一个内倾型的人想要成为一名汽车推销员或者一个外倾型的人想要成为一名会计，都是很难办到的。感觉型的人可以成为一名很好的警察、消防员，然而却只能成为一名拙劣的教师。直觉型的人可以成为很好的修理工、故障检修员，却不能成为固定生产线上反复做同一种工作的工人。情感型的人应该避免从事要求具备抽象思维能力的工作，思维型的人则应该避免从事需要丰富情感的职业。

因此，性格类型与职业类型的匹配度决定了事业的成功与否。

2. 根据性格的类型择业

关于性格和职业的关系存在多种理论和流派，现介绍三种影响较大的理论。

美国著名人力资源专家罗杰・安德生(Rorger Ander Sen)把人的性格分为 12 种。

(1) 刚毅型：具有刚毅性格的人，大都锋芒毕露，喜欢独自决断，他们意志坚定，行为果断，敢于冒险，善于在逆境中顽强拼搏。他们办事效率高，处理问题有主见，不依赖他人，不迷信权威，喜欢独立思考，独立工作。他们适合从事开拓性和决策性的职业，不适合从事机械性、服务性的工作，也不适合从事要求细致的工作。

(2) 温顺型：温顺性格的人性情温和，慈祥善良，亲切和蔼，处事平和稳重，待人仁爱宽容。更重要的是，这种人有丰富的内心世界和敏锐的观察力。他们适合从事文学艺术、幼儿教育、财务和护理、办公室职员、社会工作者、咨询人员等多项职业，不适合从事要求做出迅速、灵活反应的工作。

(3) 固执型：固执性格的人擅长独立和负有职责的工作，他们擅长于理性思考，办事踏实稳重，兴趣持久而专注，他们立场坚定，敢于直言，做事踏实，兴趣持久而专注，善于忍耐，有较强的自我克制的能力。他们特别适合从事科研、技术、财务等工作，不适合从事需与人打交道、变化多端的工作。

(4) 韬略型：韬略性格的人机智多谋而又深藏不露，思维缜密，善于权变，反应也快，能够自律，临阵不乱。这种人适合从事挑战性的工作，或者从事具有关键作用和推动作用的工作，如政府官员、企业领导、行政管理等，不适合从事细致单调、环境过于安静的工作。

(5) 开朗型：开朗性格的人交际广阔，待人热情，生性活泼好动，出手阔绰大方，处世圆滑，能赢得各方朋友的好感和信任。他们比较适宜从事商业贸易、文体、新闻、服务等职业，不适宜做与物打交道的技术性或操作性的工作。

(6) 勇敢型：具有勇敢性格的人敢作敢当，富于冒险精神，意气风发，勇敢果断，临危不惧，对自己佩服的人能言听计从，忠心耿耿。他们适合从事警察、企业家、领导者、军人、检察官、消防员、救生员等工作，不适宜从事服务、科研、财务等工作。

(7) 谨慎型：谨慎性格的人思维缜密，考虑问题全面而又深入，他们办事精细，讲究章法，做起事来一丝不苟，井井有条，为人小心谨慎、谦虚，处事低调。这种人十分适宜从事高级管理、会计、银行职员、出纳、统计、秘书、参谋、科研等职业，不适合从事大刀阔斧、雷厉风行的职业。

(8) 急躁型：这种性格的人精力旺盛，性格开朗，反应敏捷，乐观大方，他们的神经活动具有很强的兴奋性，能以极大的热情去工作，主动克服工作中的困难，富于创新精神，不轻言失败，成功欲望强烈，永远希望自己走在成功者的前列。他们适合做刺激性而又富于挑战性的工作。这种人典型的职业有记者、推销员、采购员、消防员、导游、节目主持人、演员、模特等。他们不适合整天坐在办公室里或不走动的工作。

(9) 狂放型：这种性格的人行为狂放，桀骜不驯，自负自傲，为人豪爽，不拘小节，不阿谀奉承，常常凭借本性办事，做事冲动，好跟着感觉走。他们想象力强、易冲动，易情绪化、理想化，有创意，但不重视实际。他们最适合从事需要运用感情和想象力的工作，如音乐、文学和艺术，最不适合他们的工作是从政和经商。

(10) 沉静型：这种性格的人内心沉稳，办事不声不响，工作作风细致深入，认真勤奋，有锲而不舍的钻研精神。这种人适合从事一些相对稳定的职业，如医生、工程师、教师、会计、出纳等，不适合从事富于挑战和变化的职业。

(11) 耿直型；这种性格的人胸怀坦荡，性情质朴敦厚，没有心机，情感反应比较强烈和丰富，行为方式带有浓厚的情绪色彩。他们富有冒险精神，反应灵敏，做事大大咧咧，风风火火，为人处世坦白真诚，城府不深。他们适合从事具有冒险性、探索性或独立性的职业，如演员、运动员、航海、航天、科学考察、野外勘测、文学艺术等，不适宜从事政治、军事等原则性强、保密性强的工作。

(12) 善辩型：这种性格的人善于独立思考，知识面广，脑子灵活，点子多，喜欢出谋划策，他们能言善辩，说话富有鼓动性、煽动性，与人交谈或演讲时往往旁征博引，滔滔不绝，常让人大开眼界。他们在为人处世上有较强的社交能力，适合于从事公关、营销、广告、经纪人、律师、调解员等职业，不适合从事科研、财务等要求严谨细致的工作。

瑞士精神分析学家荣格将人的性格划分为内倾型和外倾型两种。荣格认为，在人的生命中存在着一种心理能量——里比多，它是人的一切行为变化的基础，由于“里比多”的倾向不同，可以把人分为两种基本类型：里比多面向客体(外)，将兴趣、关心面向他人或他事倾向者为外倾型；里比多面向主体(内)，将兴趣、关心面向自己倾向者为内倾型。属于外倾型的人对外界事物表现出关心和兴趣，善于表露自己的情感和行为，并乐于与人交往；而属于内倾型的人对外界事物缺少关心和兴趣，不善于表露自己的情感和行为，而且不乐于与人交往。

一般来说，外倾型性格类型的人，更适合从事能充分发挥自己行动能力积极性，并与外界有着广泛接触的职业；内倾型性格类型的人，比较适合从事有计划的、稳定的、不需要与人过多交往的职业。适合外倾性格人的典型职业有管理人员、律师、政治家、教师、推销员、警察、售货员、记者、人力资源工作者等。适合内倾性格人的典型职业有自然科学家、技术人员、艺术家、会计师、一般事务性工作的人员、速记员、打字员、程序设计员等。

无论是内倾型的人还是外倾型的人，都有许多非常具体和丰富的性格特征，而且纯粹属于内倾型或外倾型的人不多，大部分都属于混合型，只是存在着程度的差别。因此，上面关于性格的分析，只能提供一个大致的匹配方向。在实际的匹配过程中，还应根据人的性格特征与职业生涯要求的具体情况采取有针对性的方法。

美国心理学家和职业指导专家霍兰德经过十几年的跨国研究，提出了职业人格理论。他认为人的性格大致可以划分为六种类型，这六种类型分别与六类职业相对应，如果一个人具有某一种性格类型，便易于对这一类职业发生兴趣，从而也适合于从事这种职业。这六种性格分别如下。

(1) 现实型：现实型的人喜欢有规则的具体劳动和需要基本技能的工作。这类职业一般是指熟练的手工业行业和技术工作，通常要运用手工工具或机器进行劳动。这类人往往缺乏社交能力。现实型的人适合做工匠、农民、技师、工程师、机械师、鱼类和野生动物专家、车工、钳工、电工、报务员、火车司机、机械制图员、电器师、机器修理工、长途公共汽车司机。

(2) 调查型：调查型的人喜欢智力的、抽象的、分析的、推理的、独立的任务。这类职业主要指科学研究和实验方面的工作。这类人往往缺乏领导能力。

(3) 艺术型：艺术型的人喜欢通过艺术作品来达到自我表现，爱想象，感情丰富，不顺从，有创造性，能反省。 艺术型的人缺乏办事员的能力，适于作室内装饰专家、摄影家、作家、音乐教师、演员、记者、作曲家、诗人、编剧、雕刻家、漫画家。

(4) 社会型：社会型的人喜欢社会交往，常出席社交场所，关心社会问题，愿意为别人服务，对教育活动感兴趣。这类人往往缺乏机械能力。社会型的人适于作导游、福利机构工作者、社会学者、咨询人员、社会工作者、学校教师、精神卫生工作者、公共保健护士。

(5) 企业型：企业型的人性格外倾，爱冒险活动，喜欢担任领导角色，具有支配、劝说和言语技能。这类人往往缺乏科学研究能力。企业型的人适于作推销员、商品批发员、进货员、福利机构工作者、旅馆经理、广告宣传员、律师、政治家、零售商等。

(6) 常规型：常规型的人喜欢系统的、有条理的工作任务，具有实际、自控、友善、保守的特点。这类人往往缺乏艺术能力。常规型的人适于作记账员、银行出纳、成本估算员、核对员、打字员、办公室职员、统计员、计算机操作员、秘书、法庭速记员等。

小资料：性格测试题

(下面的性格测试题，也许能帮助你了解自己的性格、心理、能力)

诺基亚公司性格测试题

前言：本测试题是由中国现代心理研究所以著名的美国兰德公司(战略研究所)拟制的一套经典心理测试题为蓝本，根据中国人的心理特点加以适当改造后形成的测试题，目前已被一些著名大公司，如联想、长虹、海尔等公司作为对员工心理、性格测试的重要辅助试题。

注意：每题只能选择一个答案，应为你第一印象的答案，把相应答案的分值加在一起即为你的得分。

1. 你更喜欢吃哪种水果？

A. 草莓 2 分 B. 苹果 3 分 C. 西瓜 5 分 D. 菠萝 10 分 E. 橘子 15 分

2. 你平时休闲经常去的地方是哪里？

A. 郊外 2 分 B. 电影院 3 分 C. 公园 5 分

D. 商场 10 分 E. 酒吧 15 分 F. 练歌房 20 分

3. 你认为容易吸引你的人是什么样的人？

A. 有才气的人 2 分 B. 依赖你的人 3 分 C. 优雅的人 5 分

D. 善良的人 10 分 E. 性情豪放的人 15 分

4. 如果你可以成为一种动物，你希望自己是哪种？

A. 猫 2 分 B. 马 3 分 C. 大象 5 分 D. 猴子 10 分 E. 狗 15 分 F. 狮子 20 分

5. 天气很热，你更愿意选择以什么方式解暑？

A. 游泳 5 分 B. 喝冷饮 10 分 C. 开空调 15 分

6. 如果必须与一个你讨厌的动物或昆虫在一起生活，你能容忍哪一个？

A. 蛇 2 分 B. 猪 5 分 C. 老鼠 10 分 D. 苍蝇 15 分

7. 你喜欢看哪类电影、电视剧？

A. 悬疑推理类 2 分 B. 童话神话类 3 分 C. 自然科学类 5 分

D. 伦理道德类 10 分 E. 战争枪战类 15 分

8. 以下哪个是你身边必带的物品？

A. 打火机 2 分 B. 口红 2 分 C. 记事本 3 分 D. 纸巾 5 分 E. 手机 10 分

9. 你出行时喜欢坐什么交通工具？

A. 火车 2 分 B. 自行车 3 分 C. 汽车 5 分 D. 飞机 10 分 E. 步行 15 分

10. 以下颜色你更喜欢哪种？

A. 紫 2 分 B. 黑 3 分 C. 蓝 5 分 D. 白 8 分 E. 黄 12 分 F. 红 15 分

11. 在下列运动中挑选一个你最喜欢的(不一定擅长)。

A. 瑜伽 2 分 B. 自行车 3 分 C. 乒乓球 5 分

D. 拳击 8 分 E.足球 10 分 F. 蹦极 15 分

12. 如果你拥有一座别墅，你认为它应当建在哪里？

A. 湖边 2 分 B. 草原 3 分 C. 海边 5 分 D. 森林 10 分 E. 城中区 15 分

13. 你更喜欢以下哪种天气现象？

A. 雪 2 分 B. 风 3 分 C. 雨 5 分 D. 雾 10 分 E. 雷电 15 分

14. 你希望自己的窗口在一座 30 层大楼的第几层？

A. 七层 2 分 B. 一层 3 分 C. 二十三层 5 分 D. 十八层 10 分 E. 三十层 15 分

15. 你认为自己更喜欢在以下哪一个城市中生活？

A. 丽江 1 分 B. 拉萨 3 分 C. 昆明 5 分

D. 西安 8 分 E. 杭州 10 分 F. 北京 15 分

答案：

180 分以上：意志力强，头脑冷静，有较强的领导欲，事业心强，不达目的不罢休。外表和善，内心自傲，对有利于自己的人际关系比较看重，有时显得性格急躁，咄咄逼人，得理不饶人，不利于自己时顽强抗争，不轻易认输。思维理性，对爱情和婚姻的看法很现实，对金钱的欲望一般。

140 分～179 分：聪明，性格活泼，人缘好，善于交朋友，心机较深。事业心强，渴望成功。思维较理性，崇尚爱情，但当爱情与婚姻发生冲突时会选择有利于自己的婚姻。金钱欲望强烈。

100 分～139 分：爱幻想，思维较感性，以是否与自己投缘为标准来选择朋友。性格显得较孤傲，有时较急躁，有时优柔寡断。事业心较强，喜欢有创造性的工作，不喜欢按常规办事。性格倔强，言语犀利，不善于妥协。崇尚浪漫的爱情，但想法往往不切合实际。金钱欲望一般。

70 分～99 分：好奇心强，喜欢冒险，人缘较好。事业心一般，对待工作，随遇而安，善于妥协。善于发现有趣的事情，但耐心较差，敢于冒险，但有时较胆小。渴望浪漫的爱情，但对婚姻的要求比较现实。不善于理财。

40 分～69 分：性情温良，重友谊，性格踏实稳重，但有时也比较狡黠。事业心一般，对本职工作能认真对待，但对自己专业以外的事物没有太大兴趣，喜欢有规律的工作和生活，不喜欢冒险，家庭观念强，比较善于理财。

40 分以下：散漫，爱玩，富于幻想。聪明机灵，待人热情，爱交朋友，但对朋友没有严格的选择标准。事业心较差，更善于享受生活，意志力和耐心都较差，我行我素。有较好的异性缘，但对爱情不够坚持认真，容易妥协。没有财产观念。

小资料：性格决定命运

当前特别流行一句话：“思想决定行为，行为决定习惯，习惯决定性格，性格决定命运。”这句话被很多人奉为经典。

比如，著名企业联邦快递对求职者的要求如下。

第一条，就是看求职者是否是一个善良、正直的人。“只有善良、正直的人，我们才能相信他会不遗余力地为客户提供良好的服务，我们才放心赋予他们权力。”

第二条，要有开阔的世界观，了解国际惯例。“要和国外的客户、同事交流。要有很强的服务意识。”

第三条，要有乐观、积极的性格。“因为我们的工作每天都会遇到不同的情况，比如有时候天气非常不好、飞机故障不能准时起飞或到达等，如果没有乐观的性格，如何去沉着面对这些突发情况并采取及时的应对措施呢？”

第四条，要有团队合作精神。“我们的工作一环扣一环，一个人是无法完成的，我们需要实现一加一大于二的团队合作效果。”

所以，联邦快递非常看重员工的性格，因此在对外招聘过程中，第一关不看学历，也不看专业知识，而是测试求职者的性格合适不合适。尤其是一线员工，公司会通过一些手段，考察对方是否有吃苦精神，能否接受不同的挑战等。公司领导说："有的人面试回答得很好，学历也很高，但是测试下来性格不合适，我们也会忍痛割爱。"

2.1.3 气质与职业

职业生涯设计也要考虑人的气质。在气质方面，人与人之间同样存在种种个体差异。因此，深入了解和准确识别气质方面的个体差异是正确进行职业生涯设计的前提条件之一。

1. 什么叫气质

心理学家认为，气质是一个人生来就具有的心理活动的动力特征，存在着神经生理学的基础，因而具有较强的稳定性。终其一生，气质能使我们每个人的全部心理活动都染上个人独特的色彩。具有某种气质类型的人，常常会在内容很不相同的活动中都显示出同样性质的动力特点。例如，一个人具有安静迟缓的气质特征，这种气质特征会在学习、工作、当众演说、体育比赛等各种活动中表现出来。可见，人的气质特点不以活动内容为转移，它表现出一个人与生俱来的自然特性。气质没有好坏善恶之分。关于人类气质的研究可以上溯到古希腊医学之父——希波克拉底(Hippocrates)，之后，俄国心理学家、生理学家巴甫洛夫，英国心理学家艾森克(Eysenck)都对气质理论的完善做出了很大的贡献。

2. 气质类型与职业

古希腊医生希波克拉底认为，人的气质是由人体体液的不同分配比例决定的。他设想人体内有血液、粘液、黄胆汁、黑胆汁四种基本体液。肌体的状态取决于四种体液混合的比例。罗马哲学家卡伦(Karen)继承并发展了这一学说，之后，以某种体液占优势为根据，概括为四种气质类型，血液——多血质、粘液——粘液质、黄胆汁——胆汁质、黑胆汁——抑郁质。

俄国生理学家和心理学家巴甫洛夫根据自己的动物实验提出了著名的高级神经活动类型学说，从神经系统的强度、平衡性、灵活性三个维度将动物的高级神经活动划分为四种类型，即不可遏制型、活泼型、安静型、抑制型。

经过医学界多年的不断研究，希波克拉底关于人的气质类型的成因设想虽然没有被现代医学证明，但结合有关神经系统活动特征的研究成果，将人的气质划分为以上四个类型的说法却一直沿用至今。下面简要地谈谈各种不同的气质类型与职业之间的联系。

1) 胆汁质

胆汁质又称不可遏制型，属于战斗类型。这种气质的特点是情绪兴奋性高，带有爆发的性质，如暴风骤雨。情绪体验强烈，外部表现明显，但爆发之后又很快平静下来。胆汁质的人感情与动作迅速，直爽热情，精力充沛，脾气暴躁，但不灵活。胆汁质的人精力旺盛，容易激动，神经活动具有很高的兴奋性。他们能以极大的热情去工作，主动克服工作中的困难；但如果对工作失去信心，情绪就会马上低沉下来。这类人适合从事外贸、信息、管理、导游、营销、节目主持人等工作。

2) 多血质

多血质又称活泼型，属于敏捷好动的类型。这种气质的特点是热情、开朗，无忧无虑、活泼好动，对外界事物感受迅速、强烈，但不深入，不能持久；兴趣广泛但注意力易分散，感情易变化。多血质的人感受性低而耐受性高，具有较大的可塑性和外倾性。他们反应迅速而灵活，工作能力较强，情绪丰富易兴奋，并且表现明显。他们极易适应环境，但注意力不稳定，兴趣易转移。他们不适宜从事单调机械的工作和要求细致的工作，管理、导游、外交、公安、军官等职业更适合他们。

3) 粘液质

粘液质又称安静型，属于缄默而沉静的类型。这种气质的特点是情绪不易激动，内向冷漠，动作稳妥，不善交往但善于忍耐，有较强的自制力。这种气质的人的特点是感情不易外露，深沉含蓄，不大容易发脾气，对人平和，动作缓慢，但具有坚韧精神。粘液质的人具有较强的自我克制能力，能埋头苦干，态度持重不易分心，由于灵活性相对较差，他们可能有因循守旧的倾向。粘液质的人适宜的工作有会计、法官、调解人员、管理人员、外科医生等。

4) 抑郁质

抑郁质又称抑制型，属于呆板而羞涩型，这种气质的特点是情绪兴奋性高，敏感，体验深刻，各种心理活动的外部表现都是缓慢而柔弱的。抑郁质的人感受性高而耐受性低，不随意反应性低，严重内倾，情绪兴奋性高，而且体验深刻，反应速度慢，相对刻板而不灵活。他们情感细腻，做事谨慎小心，观察力敏锐，善于觉察别人不易察觉的细小事物，但工作的耐受性差，容易感到疲劳，并且容易惊慌失措。他们适宜承担的工作与胆汁质的人正好相反，诸如打字员、校对员、检查员、化验员、数据登记人员、文字排版人员、机要秘书等适合他们。

3. 选择与自己职业气质相匹配的职业

气质是人们的个性中最稳定的因素，在选择职业时，一定要注意自己的气质类型。 尽管气质没有好坏之分，但气质却能影响一个人的工作效率。特别是在一些需要经受高度身心紧张的职业中，气质不仅关系到工作的效率，还关系到事业的成败。特别是在一些特殊的职业中，例如政府机要人员、公关人员、飞行员等，气质类型也是录用员工的重要标准之一。

每种行业、每个职位对从业者都有素质要求，特别是个性气质的契合度问题尤其重要。如果没有进入到真正适合自己、真正能激发自己持续工作激情的工作领域，一个人也许可以兢兢业业一辈子，但是所创造的价值肯定是十分有限的。例如，对流水线作业工人的研究表明，一些看管多台机床的工人属于粘液质，他们的注意力稳定，工作中很少分心，这在及时发现和处理故障等方面是一种积极的特征，但他们从一台机床到另一台机床转移注意力时则可能较为缓慢，即工时较长但准确性高；另一些工人属于活泼型，他们的注意力易于从一台机床转向另一台机床，但与此同时，由于他们的注意力容易分散，在及时发现和处理故障等方面可能不如粘液质的工人，即工时较短但准确性较低。

小资料：气质类型测试

(下面有 4 组气质类型测试题，请认真做一下，也许能帮助你了解自己的气质类型)

请认真分组阅读下列各题，对于每一题，你认为非常符合自己情况的记+2，比较符合的记+1，拿不准的记 0，比较不符合的记−1，完全不符合的记−2。

A：胆汁质型测试

一、题目和得分

1. 遇到可气的事就怒不可遏，想把心里话全说出来才痛快(　　)
2. 和别人争吵时总是先发制人，喜欢挑衅别人(　　)
3. 是那种善于克制自己感情的人(　　)
4. 做事总是有旺盛的精力(　　)
5. 情绪高昂时，觉着干什么都有趣；情绪低落时，又觉得干什么都没意思(　　)
6. 对学习、工作怀有很高的热情(　　)
7. 喜欢参加热闹的活动(　　)
8. 愿意侃侃而谈，不愿窃窃私语(　　)
9. 认准一个目标，就希望尽快实现，不达目的誓不罢休(　　)
10. 做事有些莽撞，不考虑后果(　　)
11. 喜欢运动量大的剧烈体育活动，或者参加文艺活动(　　)
12. 爱看情节起伏跌宕、激动人心的小说(　　)
13. 和周围人的关系总是相处不好(　　)
14. 别人说我“出语伤人”，可我并不觉得这样(　　)
15. 兴奋的事常使我失眠(　　)

二、分析

1. 得分超过 20，则为典型的该气质。
2. 如果得分在 20 分以下，10 分以上，则为该项一般气质。

B：多血质型测试

一、题目和得分

1. 到一个新环境很快就能适应(　　)

2. 善于和别人交往(　　)
3. 在多数情况下，情绪是乐观的(　　)
4. 在人群中从不觉得过分拘束(　　)
5. 理解问题总比别人快(　　)
6. 符合兴趣的事情，干起来劲头十足；否则，就不想干(　　)
7. 讨厌那种需要耐心细致的工作(　　)
8. 工作学习时间长了，常感到厌倦(　　)
9. 疲倦时只要短暂休息就能精神抖擞，重新投入工作(　　)
10. 能够很快忘记那些不愉快的事情(　　)
11. 接受一个任务后，就希望把它迅速解决(　　)
12. 能够同时注意几件事物(　　)
13. 喜欢做变化大、花样多的工作(　　)
14. 反应敏捷，头脑机智(　　)
15. 假如工作枯燥，马上就会情绪低落(　　)

二、分析

1. 得分超过 20，则为典型的该气质。
2. 如果得分在 20 分以下，10 分以上，则为该项一般气质。

C：粘液质型测试

一、题目和得分

1. 做事力求稳妥，一般不做无把握的事(　　)
2. 喜欢安静的环境(　　)
3. 生活有规律，很少违反作息制度(　　)
4. 遇到令人气愤的事时，能很好地自我克制(　　)
5. 当注意力集中于某一事物时，别的事很难使我分心(　　)
6. 能够长时间做枯燥单调的工作(　　)
7. 与人交往不卑不亢(　　)
8. 不喜欢长时间谈论一个问题(　　)
9. 老师或他人讲授新知识、新技术时总希望他讲得慢些，多重复几遍(　　)
10. 不能很快地把注意力从一件事情上转移到另一件事情上去(　　)
11. 认为墨守成规比冒险强些(　　)
12. 对工作认真严谨(　　)
13. 在体育活动中常因反应慢而落后(　　)
14. 喜欢有条理而不甚麻烦的工作(　　)
15. 老师讲新概念，常常听不懂，但弄懂以后就很难忘记(　　)

二、分析

1. 得分超过 20，则为典型的该气质。

2. 如果得分在 20 分以下，10 分以上，则为该项一般气质。

D: 抑郁质型测试

一、题目和得分

1. 宁可一个人干事，不愿很多人在一起(　　)
2. 厌恶那些强烈的刺激，如尖叫、噪音、危险镜头等(　　)
3. 碰到陌生人觉着很拘束(　　)
4. 遇到事情总是举棋不定，优柔寡断(　　)
5. 碰到问题总有一种极度恐怖感(　　)
6. 一点小事就能引起情绪波动(　　)
7. 爱看感情细腻、描写人物内心活动的文艺作品(　　)
8. 别人总是说我闷闷不乐(　　)
9. 理解问题常比别人慢些(　　)
10. 心理有话，宁愿自己想，也不愿说出来(　　)
11. 学习或工作同样一段时间后，常比别人更疲倦(　　)
12. 做作业或完成一项工作总比别人花时间多(　　)
13. 当我烦恼时，别人很难使我高兴起来(　　)
14. 喜欢复习学过的知识，重复做熟练的工作(　　)
15. 小时候会背的诗歌，我似乎比别人记得清楚(　　)

二、分析

1. 得分超过 20，则为典型的该气质。

2. 如果得分在 20 分以下，10 分以上，则为该项一般气质。

说明：若 A、B、C、D 四项得分均在 10 分以下，但某项得分较其余几项为高(相差 5 分以上)，则为略倾向于该气质。一般来说，分值越高，表明该气质越明显；反之，分值越低，表明越不具备该项气质特征。

2.2　职业生涯设计的方法

现代社会，每个人都处在一定的社会环境之中。设计职业生涯，既要考虑个人生理和心理特征，也要考虑客观环境因素。客观环境因素主要包括社会环境因素、行业环境因素、企业环境因素。设计职业生涯，还要了解职业生涯阶段的特征和任务，了解规划职业生涯的基本步骤。这样才能基本掌握职业生涯设计的方法，制定出一份既符合个人实际情况又符合客观实际情况的职业生涯设计书，为即将到来的择业、为将来的成功打下良好的基础。

2.2.1　影响职业生涯的客观环境因素

客观环境因素比较复杂，且处在不断发展变化之中。在进行职业生涯设计时，主要应考虑社会环境因素、行业环境因素和企业环境因素。

1. 社会环境因素

首先应考虑社会经济发展水平。经济发展水平对职业的选择影响很大。一般来说，社会经济发展状况好的地区，企业数量多，优秀企业也多，人才需求量大，个人选择职业的机会就多，有利于个人职业的发展；反之，在经济发展状况差的地区，企业数量少，优秀企业也少，人才需求量小，个人选择职业的机会就少，不利于个人职业的发展。

其次是社会文化环境。选择职业也要考虑社会文化环境。因为，良好的社会文化环境能使人得到好的教育和影响，从而，个人的知识水平和职业技能会有大的增长和提高，这就增加了个人在激烈竞中获取成功、用知识改变命运的几率。同时，社会文化环境在很大程度上影响着人们的思想和行为，在好的社会文化环境影响下，人们的思想和行为往往会向好的方向发展，最终走向成功。所以，选择好的社会文化环境将为今后的职业发展打下良好的基础。

2. 行业环境因素

行业环境因素对选择职业影响很大。所以，选择职业前应对行业环境因素进行分析，做到心中有数。要对行业发展现状进行分析：这是什么行业？是能源产业，还是新兴服务行业？是高科技产业，还是传统制造业？这个行业的发展趋势如何？是朝阳产业，还是夕阳产业？目前这个行业存在什么问题？还要对行业的发展前景作分析：这个行业的优势是什么，劣势是什么？它对技术、资金、人才的吸引力怎么样？国家、政府的政策、法规对该行业的影响怎样？特别要注意国家对一些行业实施鼓励和扶持的政策，对另一些行业实行限制和排斥的政策。

3. 企业环境因素

进行职业规划，还要对企业环境因素进行分析。要分析企业的实力，比如企业的投资规模、资金、人才、在同行业中的地位、企业的历史等。要分析企业的制度，比如企业的培训制度、晋升制度、绩效考评制度、奖惩制度、薪酬福利制度等。其中，培训制度很重要，从这里可以判断出企业领导人的眼光和胸怀。要分析企业的规划和发展目标。要了解企业的阶段性目标和企业追求的长远目标，并且尽可能地搜集、了解和分析企业当前实现目标的措施和实现目标的可能性。要了解企业领导者的素质。比如领导人的年龄、学历、能力、法治观念，能否依法经营、照章纳税、善待劳动者、热心公益事业等。要了解企业的文化。企业文化的本质是人，即企业内部职工的管理问题。比如企业的奖惩制度、薪酬福利制度是否合理，企业能否为职工提供学习培训、参与管理、正常晋升的机会，怎样处理经济效益和社会效益的关系等。

小资料：大学生要善于充分利用各种有利的环境因素

所谓积极的环境因素，就是有利于自身就业的各种“利好消息”，包括以下内容。

(1) 各种鼓励毕业生就业的最新政策。比如《关于实施大学生志愿服务西部计划的通知》中列出了众多支持政策，这些支持政策对大学生来说，具有相当的吸引力，有了这些支持政策，服务西部就可能更有成效；还比如2002年，国家出台了未就业毕业生可将其户口和档案保留在原就读学校或省级毕业生就业指导服务机构的政策，这在一定程度上解除了毕业生的后顾之忧，使他们在找工作过程中有更平和的心态。

(2) 用人单位用人观念的转变。近年来，用人单位在招聘用人时，已经逐渐走出“重学历”的误区，更加注重考核人才的能力与素质，这使每个有真才实学的大学生，有更多机会充分展示自己的才华。另一方面，需求信息的公开、透明，促进了招聘用人的公平、公正，“任人唯亲”的现象在今天的人才市场已经十分少见。

(3) 大学生严峻的就业形势已经引起各方的关注。严峻的就业形势是我们所不愿看到的，但是我们也从人们对这一形势的态度中看到了未来与希望。从政府到学校再到社会各界，已经对大学生就业形势进行了深入的剖析，并采取相应的对策，仅就学校而言，就推出了改革教育模式、加强实践环节、重视就业指导、拓宽就业渠道等旨在提高学生素质与能力，并让学生更好地走向社会的措施。

大学生利用积极的环境因素，要把握以下两个原则。

(1) 积极配合原则。积极配合是利用环境因素的前提，如果对环境的变化无动于衷，也就谈不上利用有利的环境因素，相反还会受制于环境的变化。比如，服务西部、到农村基层工作、报考公务员等，可以说是十分值得大学生考虑的就业渠道，可有的大学生一心只关注传统的到大城市、大企业的“就业模式”，于是这些机会就在他们的“毫不关注”中溜走了。另一方面，还有的学生用高学历吃香、关系吃香的陈旧就业思维，去面对全新的就业环境，挫折也就在所难免了。

(2) 合理利用原则。积极配合环境是一种态度，是成才观念、就业观念跟上时代变化的表现，而怎样利用环境，关系到最终的实效。在实践中，有的大学毕业生利用“过了头”，一味想着可能的好处，想着自己可以获得什么优惠，而对可能的不利、自己应该履行的职责和义务很少考虑，最终影响了就业的顺利进行，也影响了职业生涯的发展。比如，国家出台了未就业毕业生可将其户口和档案保留在原就读学校或省级毕业生就业指导服务机构的政策，这一政策是为缓解一些有就业困难学生的压力而制订的，可有的已经找到工作，打算签约的大学毕业生则打起小算盘，准备利用“缓冲”时间另谋高就，寻找更好的就业机会。有些毕业生认为，既然政策允许两年内就业，就慢慢找，一年、两年，一定要找一个完全满意的工作岗位。其实这种想法是不对的，现在找工作，是与同期的几百万毕业生，或者说与几百万中相同层次的毕业生竞争工作岗位。往后拖一年，又将与新毕业的几百万人竞争，竞争将更加激烈。此时若与同期毕业并已经就业但想“跳槽”的人相比较，又存在着无实践经验的差异，更是处于劣势地位。所以，合理利用环境因素必须适度。

2.2.2 职业生涯阶段及其特征与任务

职业生涯阶段是指个人职业生涯中具有不同特征与任务的不同时期。在现实社会中，每个人的职业生涯都要经历不同的发展阶段。了解职业生涯阶段及其特征与任务，能使我们更好地进行职业生涯现状分析，了解自己所处的位置，为明确自己的职业方向提供更多的信息与更好的参考。

1. 职业生涯的阶段

职业生涯就是一个人从事职业的经历。我们把职业生涯周期分为四个阶段：职业生涯早期、职业生涯中前期、职业生涯中后期和职业生涯后期。

从 20 多岁到 30 岁这个阶段，属于职业生涯早期，又称为职业生涯第一青春期，这个阶段是学习、了解、锻炼的阶段；30～40 岁这个阶段属于职业生涯中前期，即职业生涯成长期，这个阶段是争取职务轮换、增长才干的机会，寻找最佳贡献区的阶段；40～55 岁是职业生涯的中后期，称做成熟期，又称为职业生涯的第二青春期，这个阶段是创新发展、贡献辉煌的阶段；55～70 岁是职业生涯的后期，这个阶段是领导、决策或总结教训，传授经验的阶段。

对于高职高专毕业生来说，正准备步入职业生涯早期。这个时候，机会往往会垂青于有准备的人。

小资料：用人单位欢迎这样的人

小李同学就读于某高职高专，学习的是饭店管理专业。他上学时主动按照自己的选择，认真地作了职业生涯规划。在暑假里，小李花了大量的时间观察、体验和研究各种各样的酒店。

毕业时，他去应聘某著名酒店，参加了小组面试。面试人只问了一个问题：“你为这个职业做了什么样的准备？”要求小组的每个应聘者依次回答。小李同学清楚地陈述了自己的职业规划，还指出了自己观察过的各个酒店的特色和不足之处。

面试官当场拍板录用了他。面试官说，一个做事情这么有规划、专业精神这么好的人是用人单位最欢迎的。

2. 职业生涯阶段的特征与任务

职业生涯的每个不同阶段，具有不同的特点和任务。

20～30 岁，走好第一步。这一阶段的主要特征，是从学校走上工作岗位，是人生事业发展的起点。如何起步，直接关系到今后的成败。这一阶段的主要任务之一，就是选择职业。在充分做好自我分析和内外环境分析的基础上，选择适合自己的职业，设定人生目标，制订人生计划。再一个任务，就是要树立自己良好的形象。年轻人步入职业世界，表现如何，对未来的发展影响极大。有些年轻人，特别是刚毕业的大学生，总认为自己有知识，有文化，到单位工作后不屑于做零星小事，不能给同事们留下良好的印象，这对一个年轻人的发展而言，可以说是一个危机。还有一个重要任务，就是要坚持学习。根据科学家研究发现，人一生工作所需的知识，90%是工作后学习的。这个数据足以说明参加工作后学习的重要性。

小资料：职业规划对就业的促进作用

一般来说，职业规划对就业具有如下促进作用。

(1) 求职速度加快。当你有明确的求职目标时，就会有更多的理由去说服用人单位，告诉企业负责人，你就是最合适的人选，对企业来说，他们也都希望能在最短的时间内找到最合适的人选。当你有了明确的求职目标并把你最有利于这份工作的优势充分地表达出来时，你离应聘成功就已经非常近了。

(2) 求职成本降低。因为你有非常明确的职业目标，所以你根本不用去漫天撒网，在各个你认为可能的工作机会前都投上你的简历，因为那将极大地花费你的时间成本。单凭这一点我们的求职成本就会降低很多，再加上第一条所说的我们的求职速度将大大地增加，所以掌握了职业规划的方法再找工作，时间将大幅缩短。

(3) 工作持久性增强。很多人频繁跳槽多是因为对工作本身的不认同，这种不认同很可能是无意识的，但如果是有意识的，将势必更加快你的离职速度。比如跟老板或同事稍有矛盾，或是经济收入未达预期，而这时外面稍有诱惑，你就极易选择离职，寻求表面上看起来"更好的发展"。而有了明确的职业规划以及目标时，你就会清楚地知道自己得到这份工作的意义，是为积累经验还是为提升技能，抑或是为了历练自己，而此时哪怕有再大的挑战和诱惑，你对工作的选择必定会更加的慎重，因为你知道这份工作带给你的究竟是什么。

(4) 工作满意度更高。因为对工作和职业的高度认同，所以你会更加投入地工作，工作主动性也会大大增强。你会每天很渴望工作时间的到来，你有总也用不尽的动力和能量，你不再把工作当成纯粹的工作，而是生活中密不可分的一部分，你可以享受工作带来的无穷乐趣，因为从工作中你可以获得莫大的成就感和幸福感。

(5) 充分提升核心竞争力。当你明确自己的职业规划和选择时，就很自然地知晓了自己需要提升和锻炼什么，自己的核心竞争能力在哪里等一系列问题。这样，在工作中你可以轻松地获得更好的发展，你的人生价值和社会价值也都可以顺利地体现出来，这时哪怕你想跳槽，你也无须向人求助，因为当你在某个领域有足够资质时，好工作自然会主动来找你。

(6) 获得更高的回报。当你对工作更加专注和投入时，你的职业竞争力也将一并得到提升，这时你也必然能给企业和社会创造更多的价值及财富，而你随之而来的回报也必定是丰厚的，名誉、物质、精神等方面的回报都会主动、迅速地聚集到你的身边。

试想一下，每位就业者如果都掌握了职业规划的知识和求职就业的技能，或是得到了权威职业规划机构的专业人士的帮助，就能快速进行自我职业定位，并确定清晰的职业目标，有计划地实施，找工作还会如此之难吗？

(资料来源：新华网)

30～40 岁，不可忽视修订目标。这个时期是一个人风华正茂之时，是充分展现自己才能、获得晋升、事业得到迅速发展之时。此时的任务，除发奋努力、展示才能、拓展事业以外，对很多人来说，还有一个调整职业、修订目标的任务。人到 30 多岁，应当对自己、对环境有更清楚的了解。看一看自己选择的职业、所选择的生涯路线、所确定的人生目标是否符合现实，如有出入，应尽快调整。

40～55 岁，及时充电。这一阶段，是人生的收获季节，也是事业上获得成功的人大显身手的时期。对于到了这个年龄仍一无所得、事业无成的人应深刻反省一下原因何在。对环境因素要做客观分析，但重点在于从自己身上找原因，切勿将一切原因都归咎于外界因素。只有正确认识自己，找出客观原因，才能解决问题，把握今后的努力方向。此阶段的另一个任务是继续“充电”。很多人在此阶段都会遇到知识更新问题，特别是近年来科学技术高速发展，知识更新的周期日趋缩短，如不及时充电，将难以满足工作需要，甚至影响事业的发展。

55～70 岁，做好晚年职业生涯规划。此阶段是人生的转折期，无论是在事业上继续发展，还是准备退休，都面临转折问题。由于医学的进步，生活水平的提高，很多人此时乃至以后的十几年，都能身体健康，照样工作，所以做好晚年职业生涯规划十分重要。主要内容应包括以下几个方面：一是确定退休后的一二十年内，你准备干点什么事情，然后根据目标，制定行动方案；二是学习退休后的工作技能，最好是在退休前三年开始着手学习；三是了解退休后再就业的有关政策；四是寻找工作机会。目前我国已有离退休人员的人才职业介绍所，可提前与这些部门联系，取得他们的帮助。

3. 开发职业工作能力

在职业生涯的每一阶段尤其是早、中期阶段，必须坚持职业工作能力的开发。

1) 增强实力

学习当然是根本措施。首先，要尽可能提高自己的学历。参加工作之后，千万不要停止对学历的追求，尤其是低等或较低文化水平者更是如此。学历标志着一个人的知识水平，追求学历，是扩大知识面、增加新知识，甚至是学习和掌握专业知识的过程，这是任何一项职业工作所需要的。要根据个人情况，订出可行的学习计划，一步一层楼脚踏实地地向上走。其次，采取多种形式，不断自觉地加强专业知识和职业技能的学习。在现代科学技术的信息时代，停止学习，意味着原有专业知识和职业技能的丧失，必须积极、主动、自觉地参加各种形式的职业教育、职业技能培训。最后，丰富工作经验。不要拒绝一切提高自己、丰富发展自己实力的机会，特别是不要拒绝一些复杂工作任务或委以的重任。

2) 获取新能力

首先，在关键性的事业变动时，获得新能力特别重要。人的职业生涯中有以下主要的转折点：①中学至大学；②大学生至工作；③工作至精通专业；④精通专业至获得一定管理职权；⑤获得一定管理职权至最高限度；⑥最高限度至退休。每一个转折点都代表个人发展的一次挑战，不可忽视或回避。抓住机遇，拓展新能力，迎接挑战，才有前途。其次，变更职业工作，获得新能力。变换工作岗位，会因能获取新能力而令人惊喜。

3) 适应职业需要发展个人能力，争做表现杰出的人物

个人能力的开发，无论是深化原有能力，还是获得新能力，都不是盲目的。必须适应职业需要，有意识、有目的地进行能力开发。首先，必须清楚和找准现职业所必需的能力，并且力争表现出自己非凡的能力。其次，根据变更了的职业所需要的能力，有针对性、有选择性地学习和发展自己的能力。每个人的职业生涯都会有事业转折点和发生职业的变更。因此，获取新能力尤为必要。学习或获取新能力应当根据自己所追求或者以变更的职业需要而定。在现实中，不同的职业有着不同的职业能力需要，就是同一领域或系统的工作，职位不同，所需能力也有差别。

2.2.3 规划职业生涯的基本方法

1. 明确职业生涯设计的内容

专家认为，一份完整的职业生涯规划应包括六个方面的内容：题目、职业方向、社会环境分析、行业和企业分析、自身条件分析、成功标准。

下面以题目和职业方向为例作简单介绍。

1) 题目

在职业生涯规划题目的项目中，需要表达四个方面的内容：规划者姓名、规划年限、起止日期、年龄跨度。写明规划者的姓名，目的是强调规划者的主宰心态。市场经济社会使我们最有可能成为自己人力资本的主宰，每个人都应该掌握自己的职业生涯命运，因此要在这里写上自己的姓名，也是给自己的一份心理合同。写明规划年限，目的是要分清是阶段性还是终生性职业生涯规划，比如五年、十年或终生职业生涯规划。需要强调的是，

终生性是指职业生涯的终点，而不是人生的终点。在这里还要写明开始日期和截止日期，开始日期要详细到年、月、日，截止日期到年就可以了。第一次写职业生涯规划的人，并不需要做长期的规划，特别是处于职业生涯初期的年轻人，可以从两年或三年的职业生涯规划开始。需要注意的是，写职业生涯规划的最短时间段是一年。一年以内的事情，可以在职业生涯现状分析中解决。最后，要写明在本规划周期内，你的年龄跨度是多少，比如从 27 岁到 31 岁。目的是提醒自己，人生的生命周期是单向性的、不可逆转的，强调时间的紧迫性。

2) 职业方向

职业方向指的是对职业的选择，比如做销售管理人员、企业管理人员、律师、教授、医生等。职业方向的选择反映了规划者的职业生涯动机或主观愿望。

为什么一定要选择职业方向呢？因为新生活是从选定方向开始的。

在非洲西撒哈拉沙漠里，有一个名叫比塞尔的小村庄。多年前，这里是一个不为人知、与世隔绝的小村落。当地的人很少走出村庄，外面的人也很少来到这个村庄。后来，有一个叫肯莱文的欧洲青年，来到了比塞尔，建议他们走出沙漠。当地一个叫阿古特尔的青年，年富力强，上进好学，在肯莱文的建议下，他费尽周折，历尽磨难，最后一次终于用三天就走出了沙漠。在此之前，比塞尔人曾多次试图走出沙漠，但每一次都又绕回原地。原来，比塞尔人没有使用任何导航工具，由于人两侧肌肉发达程度有差异，会在不知不觉中走出一个朝左拐的弧形，而且拐的幅度会越来越小、越来越小，最后就走成一个像卷尺的螺旋状，回到起点。阿古特尔把外面的人带进来，又把里面的人带出去。多年以后，比塞尔成了一个远近闻名的旅游胜地。比塞尔人在村子中央的小广场上，设立了一个阿古特尔的铜像，铜像的基座上镌刻着一句话：新生活从选定方向开始。

无数事实证明：真正有意义的人生往往是在确定职业方向、确定自己目标那一天才开始的。

小资料：没有职业方向的烦恼

生物学专业毕业的大学生小林是一个有三年多工作经验的女生，先后在某外企和某餐饮企业负责客户服务工作，然而现在的她满脸疲惫和郁闷。她说：“我已经失业 4 个月了，真烦人。4 年前，也就是 2000 年，我大学毕业，学的是生物专业。但我不喜欢，更不想以此为职业。”她说：“我的英语很好，在学校里多年的社团工作经验让我具备了很强的沟通、交际能力。毕业后，顺利通过三轮面试，成为一家外企的总经理助理，工资水平属于同学中的佼佼者。大家都很羡慕我，但只有我自己知道我的工作无聊。每天都有处理不完的琐碎事情，感觉自己根本不会有什么出路，更不会学到什么东西。”于是，在一年合同期满的时候，小林毅然离开了那里。不久，小林在报纸上看到一家刚刚进入中国的跨国餐饮集团在招聘人员，觉得很新鲜，就去试试，结果被安排在门市部工作，直接接触客户。这个工作小林一干就是两年多。

可是，小林逐渐发现，由于接触的客人大多层次不高，让人觉得自己的档次也下降了不少；况且，这个企业人际关系复杂，一点都不正规，自己没有背景，要想升职几乎是不可能的。辞职，再一次摆在她的面前。在仔细考虑了一段时间以后，小林认为自己绝对能找到更好的机会。于是，她又一次坚决地辞职，并给自己放了三个月的长假，调整好了心态和身体，准备寻找新的工作。

然而，4 个月过去了，她邮寄的简历超过了 70 份，也在各大网站上发了许多求职信，甚至不提工资，不问待遇。让她意想不到的是，她只得到了几个回复，并在简单的一轮、两轮面试之后，没有了下文。

小林现在很苦恼，她说："我也知道自己没有什么显赫的学历和职业背景，我也不希望自己马上成为高薪一族，但我就是不明白，以我现在的情况，以我这几年还算丰富的工作经验，我怎么就找不到一个普通的工作呢？"

小林的问题到底出在哪里呢？有关专家认为，小林的问题在于没有职业方向，职业定位不清。小林的第一份工作是文秘。的确，文秘工作枯燥、烦琐，小林觉得没意思，她选择了放弃。其实，这份工作，在积累足够经验的条件下，是可以向行政或人力资源管理方向进一步发展的。可是，小林却耐不住寂寞，只作了浅显的积累便离开了这一领域。小林的第二份工作是餐饮管理，这份工作与文秘毫不相关，她做了一段时间又不想做下去了。其实，她继续在餐饮行业做下去，也是可以向餐饮连锁业综合管理方向发展的。但很可惜，刚入行了解了一点相关知识和经验，小林又离开了。由于没有职业方向，职业定位不清，小林后来找工作，在投递简历时内容没有针对性，使她几个月也没有找到工作。因为，如果连你自己都不知道自己想做什么，用人单位又如何选择你呢？

2. 掌握职业生涯设计的基本步骤

成功的人生需要正确规划，你今天站在哪里并不重要，但是你的下一步往哪里迈却很重要。

1) 了解你自己

一个有效的职业生涯设计，必须是在充分且正确地认识自身条件的基础上进行的。对自我的了解越透彻，越能做好职业生涯设计。因为职业生涯设计的目的不只是协助你达到和实现个人目标，更重要的是帮助你真正了解自己。你需要审视自己、认识自己、了解自己，并做出自我评估。自我评估包括自己的兴趣、特长、性格、学识、技能、智商、情商、思维方式、思维方法、道德水准等内容。通过对自己以往的经历及经验的分析，找出自己的专业特长与兴趣点，这是职业设计的第一步。值得注意的是，很多人往往认为选择最热门的职业就意味着对自己最有前途，专家提醒，选择职业最重要的是能正确地分析自己，找到最适合自己做的专业，然后努力成为本行业的佼佼者。

2) 明确目标

如果你不知道你要到哪儿去，通常你哪儿也去不了。每个人眼前都有一个目标。这个目标至少在你本人看来是伟大的。没有切实可行的目标作驱动力，人们是很容易对现状妥协的。有一份内容十分广泛的“人生历程调查问卷”，访问了 6 万多个各行各业的人士，发现那些最成功和对自己生活最满意的人有一个共同的特点：他们都致力于实现一个比较长远的目标。他们的生活有意义，而且比那些没有长远目标驱使其向前的人更会享受生活。制定自己的职业目标并没有想象的那么难，只要考虑一下你希望在多少年之内达到什么目标，然后一步一步往回算就可以了。目标的设定要以自己的最佳才能、最优性格、最大兴趣、最有利的环境等信息为依据。通常目标分短期目标、中期目标、长期目标和人生目标。

确立目标是制定职业生涯规划的关键，有效的生涯设计需要切实可行的目标，以便排除不必要的犹豫和干扰，全心致力于目标的实现。

3) 制订行动方案

有效的生涯设计需要有能够切实执行的行动方案，具体的且可行性较强的行动方案会帮助你一步一步地走向成功，实现目标。通常职业生涯方向的选择需要考虑以下三个问题：我想往哪方面发展？我能往哪方面发展？我现在可以做什么？假如你想成为一个理财规划师，那么，你应该问自己下列几个问题：我需要哪些特别的培训和学习才能使我够资格做一名理财规划师？为使自己的发展道路顺畅坦荡，需要排除的障碍有哪些？我目前的专业在这方面能给我帮助吗？我周围的人在这方面能给我帮助吗？作为理财规划师这个职位的学历、经验水平和年龄层次是怎样的？我怎样往这方面努力？然后，根据分析制订行动方案。

4) 停止梦想，开始行动

行动，是所有生涯设计中最艰难的一个步骤，因为行动就意味着你要停止梦想而切实地开始行动。如果动机不转换成行动，动机终归是动机，目标也只能停留在梦想阶段。职业规划成功的案例都是在有明确的职业目标后，在求职过程中不断向那个目标看齐，这一点对职业发展起着至关重要的作用。立即行动，无论你是大学毕业刚刚踏上职业路途的年轻人，还是 40 岁左右并且正陷在一份你不喜欢的工作之中的中年人，现在都是你进行职业规划的好时机。只要你还没有到安享晚年的地步，任何时候开始你的职业规划都不算晚。

职场不顺的人常常选择重归象牙塔，或者考研或者出国。这是他们的理智选择还是一种逃避？深造有没有和以前的工作经验形成对接？能不能给以后的职业发展带来益处？花费几年的时间成本走出职场走进学堂是否一定必要？面临深造或是跳槽的白领们，需要对这些问题进行理智的分析和思考。

小资料：5W 法职业生涯规划方法

5W 法通过问自己 5 个问题来解决自己的职业生涯规划与设计。由于每个问题的前面都有一个英文字母 W，所以叫 5W 法。这五个问题是：

(1) Who am I?(我是谁?)

(2) What will I do?(我想做什么?)

(3) What can I do?(我会做什么?)

(4) What dose the situation allow me to do?(环境支持我做什么?)

(5) What is the plan of my career and life?(我的职业与生活规划是什么?)

回答第一个问题，我是谁？静心地去想自己是个什么样的人，有什么性格特点。

回答第二个问题，我的人生理想是什么？我最期望做什么？有的人期望成为大歌星，有的人期望成为名作家，有的人期望成为一个职业经理人，那么你呢？除了这些事业上的期望，对生活有什么期望？希望旅行全世界，还是周游全国，还是期望平淡？对自己期望做的事情排个优先顺序，有的人可能把家庭放在第一位，有的人可能把事业放在第一位。所以排序是必不可少的一个工作。

回答第三个问题，我会做什么？你期望成为歌星，可是你不会唱歌。所以要把自己会的、擅长的项目进行一下罗列，比如你会唱歌，你会写作，你会人力资源管理，你会会计，把你会的按照最擅长的进行排序。

回答第四个问题，环境支持我做什么？你想成为歌星，可是你只是企业的一名文员，整天跟电脑、文字打交道，这样的环境根本支撑不了自己成为歌星的梦想。那么你仔细想一想，你现在所处的环境能支持你做什么呢？假如你是一名人力资源经理，老板支持你进行一些人力资源变革，那么就把这个记下来。再回顾一下是否记全了。

回答第五个问题，我的职业与生活规划是什么？有了上面的四个问题，下面就好做职业规划了，那就是把前面的四个问题的交集进行汇总合并，然后再给自己一个设想，十年后，我将成为什么样子，那么五年后的我该做什么，三年后的我该干什么，一年后的我该干什么，明天的我该做什么？这样一想，你的职业生涯规划就设计出来了。

(资料来源：新华网)

3. 自己动手规划职业生涯

知道了个人的生理和心理特征，了解了社会的环境因素，懂得了职业生涯阶段的特征与任务，掌握了职业生涯设计的基本方法，就可以动手制定一份职业生涯规划。

小资料：职业生涯规划自己做

如果你想自己进行职业生涯规划，建议按下面的程序进行。

(1) 认识自己。一般而言，个人取得成功的85%是由人的个性决定，15%是由个人所受的教育决定的。所以首要的事情就是要认识自己，包括个性、价值观、兴趣、技术、个人愿景、管理能力、团队合作等，这样才能够更加清楚地知道自己应该向哪个方向发展，选择怎样的职业，做出什么样的规划。

(2) 职业调查。先要根据自己的个性确定职业方向，然后针对自己最感兴趣的三个职业进行市场状况全面调查，然后才可以确定自己将来要从事的职业。

(3) 阶段性计划。对于每个阶段都有一个大致的目标，可以清楚地知道自己要做什么，才会有方向感，才可能获得更大的成功。

(4) 包装和推销自己。包装和推销自己对于就业十分重要，特别是在激烈的就业竞争中，怎样加深用人方对自己的印象，更好地推销自己，是能否成功的一个重要方面。

(5) 反思和调整。不断地反思自己的成功和过失，同时要根据具体情况的变化，比如说社会环境、经济环境、人们思想的变化等方面不断调整自己，以此来适应不断发展变化的世界，求得个人的发展。

在规划职业生涯时，还可以求助于职业顾问。

阿基米德曾经豪情万丈地说过："给我一个支点，我可以撑起整个地球。"其实职场中的我们又何尝不是始终在寻寻觅觅这样的一个支点，可以撑起自己的整个职业生涯。就好像力和力矩的概念，同样的力却可以产生不一样的力矩，找准我们职业生涯的支点，发展的路上会事半功倍。那怎样才能找准这个支点呢？

第一步当然是结合自己的各项特质，最好是能在职业顾问的辅导下做一套完整的测评，然后确立自己的职业发展目标，制定一份切实可行的职业规划方案，最后踏踏实实地按照自己的规划向着目标攀登。

常见的职业测评的类型主要有五类。

A. 职业兴趣测验——了解个人对职业的兴趣，即"你喜欢做什么"。

B. 职业价值观及动机测验——了解个人在职业发展中所重视的价值观以及驱动力，即"你要什么"。

C. 职业能力测验——考查个人的基本或特殊的能力素质，如你的逻辑推理能力，口头表达能力，即"你擅长什么"。

D. 个性测验——考查个人与职业相关的个性特点，即"你是怎样的一个人"。

E. 职业发展评估测验——主要是评估你的求职技巧、职业发展阶段等。

有职业咨询需求的大学生，大部分存在着定位和规划的困惑，其实职业测评是一个客观、科学并且有效的工具。当你为自己"适合做什么"、"如何做规划"这些问题所困扰时，应该及时到专业的职业顾问机构，为自己把脉开方。

小资料：职业测评助你职业规划

案例：

小张在 4 年的软件编程生涯中可谓是得心应手，这个聪明勤奋的小伙子很被上司看好，但最近他却辞了职，重新走进象牙塔。一直以来，小张在工作期间经常利用业余时间学习软件编程最新的知识和相关技术，所以很漂亮地完成了上级交给他的一系列项目，也参与过多个企业解决方案的制作，受到了公司领导的赏识和好评。

但是这些成绩并不能满足小张的成就感，早在求学阶段就相当活跃的小张觉得自己的潜能没有得到发挥，长此以往，自己会变成一个只会与数字和键盘打交道的"编程工具"，所能做的工作只会停留在技术员的层面上，那对于他的管理才干无疑是一个浪费。于是他选择了辞职，希望寻找更大的发挥空间，但在求职过程中，他又发现，学历成了他进一步向上的阻碍。最终，小张想回到疏远已久的学校，但花这么多时间考一张文凭值不值？自己到底想要什么？在职业的十字路口，打不开这个结，小张走进了职业顾问工作室，求助于职业顾问师。

经过一番测评和互动，职业顾问师指出：根据小张的各项测试结果来看，小张的性格特质比较外向，思维活跃，有冲劲，敢冒险，特别是小张的学习能力很强，对于新知识有很好的吸收能力。以这些特质作为依据，再结合小张的工作经历，小张还是很适合 IT 工程师的工作的。

但是最近求职过程的不顺，使小张产生了深深的焦虑感。一方面，他想通过深造来缓解目前的压力和焦虑。另一方面，他看到身边不少没有专业知识和文化水平的人做电脑生意也发了财，一度使小张陷入了继续打工，或者做小买卖的犹豫中。

小张的问题在职场新人当中很典型。比如，不少应届毕业生在求职遇挫之后干脆就去考研了，但这真的是他们所想要的吗？其实大部分只是缺乏一个往高处去的平台，觉得自己被卡在了某个地方。他们不知道何处是出路。

职业规划:

小张考虑过继续打工，考虑过做生意，考虑过深造，想过学技术还是学管理。他认为自己的兴趣目前在管理方面，不想再与冰冷的机器打交道。但是依据小张的测评结果以及他个人的教育背景和工作经验，职业顾问并不赞同他现在就向管理方向转向，原因有三。第一，小张的性格特质适合做技术工作，他现在觉得做技术乏味的原因无外乎是由于学历所限，导致升迁无望，以及工作多年后产生的一点厌倦情绪。这种情绪是正常的，完全可以通过其他途径排解。第二，在人力资源或者行政管理方面小张没有任何优势可言，并且放弃了自己之前辛苦积累的 4 年经验并不值得。第三，仅仅因为看过几本管理方面的书籍，就判定自己的兴趣在此，是非常盲目的。要知道现实情况和书中的描述常常会有巨大的落差。

因此，职业顾问建议，小张应该继续扩大自己在软件开发方面的优势，并且改善自己的硬件条件，比如提升自己的学历。这样，小张距离升职并不遥远。接着可以考虑再接受管理方面的培训或教育，并最终将自己定位于一个技术 + 管理人才。这样一条道路较之盲目的转型更具可行性，成功的几率也大得多。

练 习 题

1. 什么是兴趣？兴趣对职业的影响是什么？
2. 什么是性格？怎样根据性格来选择职业？
3. 什么是气质？各种气质与职业有什么关系？

4. 影响职业生涯的客观环境因素有哪些？

5. 职业生涯各阶段的特征与任务是什么？

6. 案例分析题。

夏日炎炎，职场人士大多蛰伏在写字楼的中央空调下，等待着秋高气爽的下半年——又一个黄金跳槽时节的来临。综观跳槽的因素，根据调查显示，因为性格与职业错位造成职业生涯的一再延误而频繁跳槽或转职的人很多，职业顾问认为，跳槽不是冲动的选择，而应理性分析，精心准备，从而能使自己的职业生涯按照阶梯式的发展稳步上扬。

职业案例一

小李是个劳碌的销售人员，做过保险、证券、快速消费品，还有广告行业。大学毕业后他换了很多工作，有的因为公司重组，有的因为产品没有前途，他跳了很多次槽。如今在一家公司好不容易做得有点起色了，却因人际关系上的问题，不得不再次准备跳槽。小李不禁自嘲，自己是跳槽黄金时节的"常客"，工作来得容易也丢得快，他困惑为什么每个公司都做不长久。

职业分析:

职业顾问指出，销售是个准入门槛较低的职位，但是并不意味着人人都可以去做销售。而小李的几次跳槽看似因为或是重组、或是产品抑或人际关系等外部因素，其实在频频跳槽之余，小李也是摸不着头脑。但是，经过职业顾问和小李的深入沟通，并根据他的情况进行相应的测评后，职业顾问发现，勉强自己的性格去适应并不适合的工作性质，才是导致小李频繁跳槽的真正根源。

小李并没有很强的说服能力，虽然以他平易近人的个性很容易与人沟通，但是在深入的交谈中，小李很容易为他人的想法所左右，最终忘记了自己的立场，而导致客户拜访屡屡失利，因此在做销售时业绩并不好，从而使得他在公司重组时被拉下了马。不适合做销售的小李，却长期在这个领域到处转圈。这样的一个职业发展方式，明显有太多盲目的地方。职业顾问认为，跳槽必须是以增加自己的职业含金量为主导的，像小李这样兜兜转转，其实一直在磨损自己的职业含金量。

经过专业的测评和职业顾问的分析，认为小李在市场分析、市场规划方面会有比较好的切合点。职业顾问由此给出方案，来帮助小李从市场助理做起，稳定在一个企业中做上一段时间，小李的潜在能力就会显示出来，从而建立并积累自己职业核心竞争力。目前，小李正在为即将到来的"跳槽旺季"积极准备，相信得到职业顾问具体的建议之后的小李一定能找到合适的公司去一展所长。

职业案例二

小王在一个香港广告公司任业务专员，工作责任心强的她工作半年就小有成效，深得上级赏识。在年初的跳槽时节，小王应聘了一个知名广告公司策划文案的职位，虽然级别低，但大公司听着名气响，并且待遇也不菲，于是她便打点行装踏上了新的征程。如今工作已将半年，却发现自己不喜欢成天埋头写东西，这个没有挑战，缺少交际的工作，已然成为她最大的烦恼。是去还是留？这个她从来没有考虑过的问题成了她人生全新的遭遇。

职业分析：

公司的名气和职位价值本来就不一定是正比关系，何况还要考虑是否符合自己的职业特质。职业测评显示，小王个性独立，善于沟通，喜欢迎接挑战并能从中获得职业满足感。这一性格特质与她目前的工作内容并不太吻合，策划文案的工作需要相对具有艺术气质、创作灵感，同时具备良好的文字功底和市场敏感的人。

职业顾问指出，千万不要为了贪慕响亮的名头和诱人的薪水，而去从事对你而言并不合适的职位！

小王年初的跳槽行动是为名而去，本来才工作半年，跳去大公司也符合职场法则，但职位内容不相符合，这注定她要花不少努力来适应新的职位，同时因为现在的工作内容与她的职业特质不符，因此她现在很困惑，在工作上也未得到太大发展。

基于此，职业顾问为小王设计了进一步的行动方案：一种是留心公司内的机会，争取内部转职，最理想的是争取派去其他城市的分公司，这样可能得到一个全新的环境和实践的平台，也是全新的锻炼机会；另一种是借助大公司的牌子跳槽，但一定要注意职位和自己的适应度。

在得到具体的建议和可操作性的报告之后，小王已经有了充分的信心去应对。

案例思考题

(1) 职业顾问为小李设计的职业方向是什么？为什么？

(2) 职业顾问为小王设计行动方案的依据是什么？为什么？

7. 试分析自己的兴趣或性格，看看自己适合从事什么职业。
8. 为自己写一份职业生涯设计书。

第 3 章　毕业生就业前的心理准备

机遇总是垂青有准备的人，高职高专毕业生为使自己成功踏入职场，应该做怎样的求职心理准备呢？

十多年来已习惯于听课、看书、完成作业、参加考试，与同学、老师朝夕相处生活的我们，将要结束熟悉的生活，开始一种新鲜的、陌生的、令人向往的生活，兴奋、好奇、期待，却又担心、害怕、焦虑。这些不是没有原因的，因为新的里程从踏入职场开始。然而，顺利踏入职场需要周密策划，从心理、资料、信息、笔试、面试等方面进行精心准备，这是确保成功踏入职场的基础性工作。

求职择业的过程伴随着心理不断发展变化，特别是对自信心、承受力、意志力、适应力、耐挫力等心理素质考验的过程，所以求职择业也是心理素质的竞争。在求职择业前，毕业生要做好以下心理准备。

(1) 自己对自己要充满信心，找到自己的优势竞争力。毕业生通过对自己的全面认识，对职业的详细了解，相信自己是有能力、有实力、有魅力、有吸引力的，一定能够找到适合自己的职业和工作，鼓励自己，肯定自己。

(2) 了解用人单位的核心需要。每一种职业和工作对从业人员都有核心能力的要求，所以用人单位开始从全方位考查人才，单纯的学历已经不足以吸引企业的目光。企业对毕业生的“综合素质”提出了更高的要求。如，企业开始注重应聘者的人品，希望自己未来的员工踏实肯干；有较好的自理能力，还能对周围环境有较强的适应性；不仅可以独立完成工作，还能擅长和团队一起完成各种工作等。

(3) 确立合适的就业期望值。就业期望值是毕业生对职业薪水、环境、晋升、福利、发展、条件、待遇等方面数量化的估计值，包括最佳值和最低极限值。比如说，月薪 2000～5000 元，2000 元是底线值，5000 元是最佳值。毕业生在估计就业期望值时，有时候会过高或过低估计，最好根据自身需要确定适合自己的最佳值和最低极限值。

(4) 主动出击，敢于竞争。找工作是一个主动的过程，包括主动收集信息、寻找机会等；找工作也是一个竞争的过程，有一个需求职位，可能会有几倍甚至几十倍的求职者应聘，需要毕业生们敢于争取机会，面对挑战。

(5) 愿意尝试，善用资源。求职是一个不停地尝试和探索的过程，除了自己事先设定的目标外，尝试与自己目标相关的职业或单位，有时候也会有意外的收获。求职也需要毕业生调动自己所有可以利用的资源，比如说可以请所有亲朋好友帮助自己搜寻需求信息，也可以请他们推荐。

(6) 准备迎接拒绝，坦然面对曲折。面对有限的机会，众多应聘者必然有竞争，但用人单位最终只能选择适合的毕业生，肯定会有被拒绝的时候。即使各方面都很优秀的毕业生，也可能遭遇拒绝。毕业生最好树立一种通达乐观的得失观，用积极的态度准备每一次应聘，要意识到，如果面试失败，也许只是塞翁失马，意味着另一种新生活即将开始，但要善于总结经验，扬长避短。

3.1 直面现实，树立求职的信心

信心，是人类最宝贵的财富。每个人的人生都希望获得成功，包括学业、事业、家庭等各个方面。而自信是人生的底气，自信心的树立是获得成功的根本。

以前有个世界重量级职业拳王乔佛雷沙，每一次比赛前都要在天花板上贴张大纸，上面写着：Yes, I can!(噢，我一定能赢!)后来这位拳王追忆道："在坚信自己绝对能胜后，即使比赛时受到对方的重击，只要脑海里浮现出这几个字，就会爆发出不可思议的力量，帮助我击倒对方。"正是因为乔佛雷沙的自信，所以他成了世界重量级职业拳王，这说明自信具有巨大的力量。

1951 年，英国有个叫弗兰克林的人，在自己拍的 X 光照片上发现了 DNA 的螺旋结构。之后，他就这一发现做了一次演讲。然而由于他生性自卑，又怀疑自己的假说是错误的，于是他放弃了这一假说。1953 年，弗兰克林之后，科学家沃森和克里里克，也从照片上发现了 DNA 的分子结构，提出了 DNA 的双螺旋结构的假说。这标志着生物分子时代来临的发现，使二人获得了 1962 年的诺贝尔医学奖。试想，如果弗兰克林不是自卑，而是坚信自己的假说，进行更深一步的研究，这个伟大的发现就会以他的名字载入史册。弗兰克林由于自卑，使他失去了成功的机会。弗兰克林不是智力、能力或者其他什么不行，完全是由于他的不自信，导致自己与成功失之交臂。

有人说，对于某件事，做不做是态度问题，能不能做好是技术问题，态度好，技术差也会成功，态度不好技术再好也是白搭。这就说明我们要敢为，自己相信自己。

面临毕业，毕业生对自己的就业是否充满信心？

有些同学早就想就业，到大企业、大公司干一番事业，发挥自己的所学，并力争早日辉煌，买车、购房；还有的想创业，实现日思夜梦的宏伟理想。应该说心中有一股激情，是很值得赞赏的。能够顺利就业是对家人、对老师、对朋友的宽慰。而有相当一部分同学，面临毕业，面临目前巨大的就业竞争，心里总有几分不安：我感觉大学好像什么都没学到，我能找到工作吗？会有单位接受我吗？我的专业不好，我不知如何面对应聘人员。面对这些问题，一方面要学会正确面对；另一方面也要确立自己的信心。是金子总会发光，受人关注；但泥土在特定环境内也有稀缺性，它的价值有时也许会超过金子。在企业里，衡量人才的标准不是仅仅看学历文凭高低，而是看其对企业的价值和贡献。所以，高职高专的毕业生应当大胆地去谋职，开辟自己的职业生涯，寻找自己的职业发展平台。如果一些企业不接受你，只能表明他们暂时不需要你，并不能否认你对其他企业或行业的价值。每个人总有自己的特长或兴趣，那就是你的闪光点。

有个特别的事实是：有一部分同学在学校学习成绩似乎并不拔尖，但是他们常常比较快地找到比较理想的工作；而另一部分同学学习成绩很好，但找工作却不太顺利。为什么会这样？其实，这和人的实际操作能力有关，有些人善于理论学习，而有些善于实际操作。在企业中，善于实际操作的人一般能迅速地为企业创效益，所以更受用人单位的欢迎。

专业没有好坏之分，成事在人。有些专业在特定的时间或环境内需求不旺，毕业生应该客观分析，正确对待。据相关数据分析：目前我国就业人员专业对口的比率不到 50%。一位学档案管理的同学，作为储备干部进入一家汽车公司，他也可以干得很好。面对就业，毕业生们不能仅仅看自己有什么，还要看到企业需要什么。企业要满足市场需求，作为员工要满足企业需求，这是链接的正方向，不能反过来。有市场的产品就是好产品；没有市场需求的产品如同废品。专业与成绩是作为人才产品的包装，而我们的可开发性与价值在于自己。

毕业在即，不必再为没有学到什么、专业不好而发愁苦恼，目前毕业生的任务是如何在短期内把自己武装成一位职业人。所谓“武装”，不是换个新手机，用上千元买套新装，几百元买个包来装备自己。职业生涯是漫长的，毕业生要做长期打算，需要武装的是心态、习惯及企业对新员工的素质要求，要和社会的需求接轨。

3.1.1　正确认识自我

自信不是盲目地自满，“敢为”也不是不加分析地去“为”。自信和敢为必须建立在自我认识的基础之上。剖析自我、认识自我、超越自我是达到目的的必然之路。我们只有充分了解了自我，才能更好地选择未来。

你能够做什么？你的目标是什么？你向往的工作是什么？你最大的优点是什么？最大的缺点是什么？

这些问题我们是否思考？是否找出了答案？

认识自我是一个很难的过程。俗话说，知人难，知己更难。但是，只有真正认识自我，才能更准确地评价自己，为自己确定适合的就业目标，选择合适的就业单位。

在认识自己的过程中，不要过高地估计自己，认为专业热门，成绩优秀，能力很强，荣誉证书一大堆就把自己的就业标准订得过高，非“大”(大企业、大城市)不去，非高工资不去。要知道天外有天，人外有人，不要自以为是。有些大学生在选择单位时期望值太高，导致求职失败。

上海复旦大学信息工程系的王志伟在近千人的竞争中，被中国移动公司录用，有人问他取胜的关键是什么，他说："我从来没有把在复旦就读时的经历当做以后生存的资本……那只能证明我在那里学习过。"

当然，过犹不及，也不必过于低估自己。有些学生自信心不足，因为自己的成绩或是某一方面不太好，便过于自卑，认为自己什么都不如别人，就业时畏首畏尾，不敢应聘好的工作单位。因此，只有正确地客观地认识自己，才会为找到理想的工作奠定基础。

案例：乐乐是安徽师范大学某专业学生，性格内向，不自信，平时做事怕被别人取笑。毕业时，当全班同学都在为找工作而四处参加招聘会，忙着投简历时，他却连简历都没有制作。父母为他着急，室友也劝他到招聘会去试一试。他却说："我要成绩没成绩，要能力没能力，什么都不突出，有哪个单位会要我呢？"其实，他并不是像他自己所说的那样一无是处，英语四、六级都顺利一次通过了，计算机也过了国家二级，成绩虽然不算突出但也属于中上等的层次，而做事情也极为仔细认真。他之所以不去找工作，其实是一种自卑的表现，没有看到自己的优点，对自己没有信心，害怕在招聘会上碰壁，怕遭受打击，从而选择了逃避的方式。

分析：乐乐本身的性格似乎对他产生了很大的影响，他没有充分了解自己，没有看到自己的长处。每个人都有突出的地方和不足的地方，关键是自己是否意识到。在求职场上更应该全面了解自己，给自己准确的定位。只有这样，才能在竞争中凸显自身的优势。

择业前要对自己的知识结构、能力、薪资期望、心理承受力等进行全面分析，做出比较准确的定位。不可悲观，把自己定位过低；更不要高估自己，导致期望值过高。不要过分在意公司的名气、薪资的高低，只要这家公司、这项专业岗位适合你，是你所向往和追求的，就应该去试一试，争取被录用。确立从基层做起，逐步积累经验、循序渐进、谋求发展的思想理念，可能对你的一生都会有好处。

3.1.2 处理好理想与现实的关系

"世界上只有一个适合我的工作，如果我找不到十全十美的工作，我就不高兴"；"别人可以替我找到合适的工作"；"我一定要在我的工作中成为专家，并出人头地"；"只要努力，一定成功"；"不合适我天赋的工作，我肯定做不好"；"找到好的工作可以解决所有个人问题"；"一生只需择业一次……"你有以上的择业观念吗？

许多大学生在找工作时都会发现现实与理想之间的差距实在是太大了。这种差距归纳起来一般表现在以下两个方面。

(1) 物质方面。一份调查显示，许多大学生都渴望高薪的职位，50%以上的大学毕业生认为自己的月薪应该在 2000～4000 元，而 67%的用人单位则认为应该在 1000～2000 元，甚至 26%的用人单位认为应该在 1000 元以下；大学生心中的求职期望值与社会对大学生的实际定位之间是存在一定差距的。大学生只有正确认识这种理想和现实的差距，针对自己的情况处理好这种差距，才能更好地适应社会。

(2) 理想追求。大学生拥有着珍贵的青春年华，往往对未来充满着美好的设想，在学校里接受的思想也往往比较新；创新、反叛和前卫的意识也非常浓。因此，刚刚从象牙塔走出来的大学毕业生们对未来的职业设计充满了超越现实的幻想。但是，这种单纯而又锋芒毕露的理想和追求往往被现实的残酷所粉碎。因为毕业生们忽略了用人单位注重的是“能为我所用的”、“能出效益的”、“与单位目标相同的”人才，而不是那些单纯追求实现自己理想的人。

大学毕业生在接受第一份职业时，首先要考虑的是长远的发展机会、企业方向与管理水平等前瞻性因素或隐性的非金钱物质性的福利待遇。不要过分追求高薪水，要“向前看”，在发展中提高自身的价值。现在某些大学生太缺乏艰苦创业的精神，只求工作安逸，有经济保障。他们期望的工作是，只需少的努力就可得到最大的回报。这种观念应及早摒弃。能做大事的人，不应该一开始就浮在上面，而应先沉下去。这个道理大家都懂，可一旦遇到实际问题则有欠冷静的思考。所以，大学生们应注重培养艰苦创业的精神，尽量克服坐享其成的惰性。对个人发展而言，如果没有艰苦的拼搏，想取得大的成绩几乎是不可能的。现在很多人只看到表层而忽视了成功背后所必须付出的巨大代价。因此，树立正确的职业理想对大学生顺利就业以及在职业实践中把职业理想化为现实和人格的完善有着重要意义。“先就业，再择业”是在当前就业形势严峻情况下的最好选择。

人们在选择职业时，多数人追求多重满足，既希望为社会多作贡献，又希望能发展个性，还希望能获得较高的劳动报酬。然而不同思想境界的人，对这三种需求摆的位置各有区别。有的人把收入的高低看得很重，为了得到高收入宁可牺牲自己的个性发展。也有人为了能让自己有一个适合个性发展的岗位，心甘情愿地从事收入较少的职业。更有人把为社会做出应有贡献作为从事职业活动的首要因素。其实，在当今社会中，一个具有高层次职业需求的人，在他努力为社会主义现代化建设工作的同时，必然会得到相应的收入，并使自己的个性在职业活动中得到发展。

大学生应树立高层次的职业需求。人的需求有高级、低级之分，只有高层次的需求才具有稳定而持久的激励作用，才能形成严格要求自己、不断努力上进的动力。

马克思在中学毕业考试论文中写道：“在选择职业时，我们应当遵循的主要方针是人类的幸福和我们自身的完美。”人类的幸福，就是他的理想。毛泽东在青少年时代，胸怀改造中国与世界的宏伟理想，立志实现孙中山先生所说的“耕者有其田”。年青的周恩来东渡扶桑，写下了“面壁十年图破壁，难酬蹈海亦英雄”的豪迈诗句。鲁迅先生弃医从文，是从拯救人的肌体转向拯救人的灵魂，进而拯救国家、民族。“从文”便成为他的职业理想。明末清初爱国主义学者顾炎武的“国家兴亡，匹夫有责”的名言正是要求每一个人，应该把时代理想与个人职业理想统一起来。

职业实践是职业理想的必然途径。人们只有通过反复实践，才能对职业加深了解和认识，不断修正职业理想的偏差，完善和升华职业理想。

由于有些大学生从事职业活动之前缺乏职业实践经验或者不能正确、客观地评价自己，因而使自己的职业理想出现偏差。据调查，目前在大学毕业生中，职业理想与现实职业基本符合的占 60%，很符合的不到 10%，而不符合的却高达 25%。要改变这一状况就需要毕业生做出合理的调适，使自己追求的目标建立在现实需要、长远发展及可能实现的基础上，找到自己与职业匹配的最佳结合点。美国著名社会心理学家斯坦利详细查阅了 1300 位成功人士的家庭和个人背景，结果发现他们在中小学的平均成绩一般，不足以入读一流大学，而在大学的表现亦平平无奇，多数更被视为天赋不足、难以成功。那么，百万富翁成功的“诀窍”是什么呢？斯坦利说，他们依赖的不是天赋，而是选择了最适合自己能力的事业。他们不一定特别聪明，但胜在务实和创新，认准一个目标锲而不舍，尽一己之力但绝不冒无谓之险。他们所付出的努力，往往不是旁人所及的。

理想是社会和时代的产物，这就决定了它不是永恒不变的，而是随着人们认识的深化和主体因素的变化而不断发展变化的。大学生在职业实践中应通过自身体验，不断加深对社会的认识和理解，不断过滤职业理想的幻想成分，正确处理理想与现实的关系、个人与社会的关系、人与人的关系，通过自己的职业实践为社会、为人民服务，为人类造福。

3.1.3 明确自己的求职定位和需求

当今的现实是求职难，求职的过程就像是“推销”。推销自己，就要找准自己的“卖点”。其实，每个人的长处就是他的“卖点”，这些长处可能是能力上的，也可能是人格上的。每个人的长处就是自己的价值。自己的价值不但要有，还要自发发现出来，并让招聘单位明白。公司在招聘一个人的时候，往往是从 100 个中挑选几个人面试，而最后这几个人可能还找不到一个适合的，原因就是没有一个人能让招聘单位相信：“其在某某方面是最好的”。

如果在求职过程中将自己的“卖点”预期过高，结果“卖”不出去，最后只好忍痛“低抛”；将自己的“卖点”预期过低，结果“贱卖”了，到头来悔之晚矣。最糟糕的情况是根本没有“卖点”，只想“卖” 好价钱，却不知道自己有什么好“卖”。

许多求职者实际上自己都不知道自己擅长的方面在哪里。许多求职信上都写着：我了解 Windows……但现在了解这些软件的人太多了，公司需要的是高手，你如果不告诉招聘单位你在哪些方面是最好的，或是 Windows 高手，或是网页高手，或是反黑客高手，仅凭一些普通的技能，别人怎么可能录用你。

很多人都知道比萨斜塔，那也只不过是一个普普通通的铁塔，但它为什么能世界知名呢，就是在于它的“斜”这一个特点。所以，我们每个人一定要善于发掘属于自己的成功之处。

有两个大学生到一家电脑公司应聘，一个是某名牌大学学生，她对招聘人员说的是她在校时学习成绩很好，拿过很多奖学金；另一个是某职业学院学生，他说“我的学习成绩并不好，但我对 ASP 十分爱好”，并给招聘人员看了他为一些公司做的 ASP 开发产品。结果很显然，大专生被聘用了，名牌大学的本科生落选了。因为这个大专学生有他自己的价值，并能在电脑公司中很快地发挥他的这一价值，有自己的“卖点”，故成为求职竞争中的成功者。

真正的好工作，是最适合你的工作；所以择业定位的关键就在于看它是否真的适合自己，以及它对于自己的成功概率到底有多大。毕业生处在择业洪流中，期望水平会受到其他人的期望水平的影响。很多毕业生在选择职业时，并不是从自己的实际条件出发，而是在满足父母、老师的期望，或是在与周围的同学盲目攀比，好像不到一个比别人更好的单位就不能实现自身价值。工作要靠自己去干，而不是拿来作一个摆设，为了取悦于他人，过分追求单位的“牌子硬不硬，名气大不大”，到头来，只求得一时的心理平衡，却不利于自身价值的实现与长远发展。对于一个想干一番事业的人来说，不能再老用别人的眼光衡量自己要找什么样的工作。对别人适合的岗位对你未必是适合的。即使有幸被选中，由于那里人才济济，你坐“冷板凳”的可能性也会比较大。而那些看上去不那么热门的岗位，属于你的机会就会比较多、比较大。这对于一个珍惜自己的生命，不愿按部就班“排队”的人来说，是非常值得考虑的。

确定选择职业的方向和标准，应该从以下几个方面考虑。

1. 根据自己的性格特点来考虑

有句富有哲理的话这样说：请注意你的习惯，习惯影响你的性格；请注意你的性格，性格影响命运。我们很难想象一个不善言辞的人去选择做谈判代表，让一个活泼好动的人选择办公室的工作。虽然不是不可以，但对于他自己而言可能会工作得比较痛苦，与岗位的磨合期可能会比较长。一般说来，外向型的人选择富有挑战的工作更适合自己的性格，而内向型的人选择比较稳定的更合适。

2. 根据自己的特长来判断

事实上，从事自己喜欢的职业，会达到事半功倍的效果，否则可能会是事倍功半。

3. 适应就业市场的需求

大学生择业是一个双向选择的过程，因此要想找到一份满意的工作，仅仅从自身去考虑是不够的，必须从市场需求和自身的方面来考虑。虽说现在就业市场从总体上来说是供大于求，但是具体到各个专业，情况还是不同的。

可以说，在就业竞争激烈的情况下，优秀者也不一定能找到很好的工作；而在就业竞争不那么激烈的情况下，一般者也可能找到好工作。因此，求职时必须考虑就业形势，特定地区、特定专业、特定学校的就业趋势无时不在影响着我们的就业状况。

2004年的九大热门专业(计算机及其应用、市场营销、机械设计与制造、建筑、财会、外语、医药卫生、师范类、电子信息工程技术)的就业机会就多一些。因此，从网上查一下你所学专业的总体情况，对于你搞清就业市场需求还是非常重要的。

不同的专业情况是不同的，即使是同一专业，不同的学校就业情况也不会相同，所以，到院校的就业指导部门弄清楚你所学专业以前的就业情况也是非常必要的，这样有助于你确定一个切合实际的就业标准，避免就业的盲目性。

只有充分考虑好上述几个方面的问题，并结合自我认识的结果，才能为自己规划出可以实现、切合实际的就业目标。

1972年，美国当代营销大师阿尔·里斯与杰克·特劳特在美国《广告时代》杂志上撰写的文章《定位新纪元》，首次提到了“定位”这个概念。而在今天，“定位”两字已是营销学者和营销人员在做营销战略和规划时的专业词汇。定位法则带给营销者们的是一次观念上的革新，如果结合职业生涯，同样也会给我们带来许多启示。

(1) 资源法则。资源是成功的基础条件。在生活中，大部分资源以物质形态出现，如金钱以及其他所有能看得见的财产；一些资源以非物质形态出现，如知识、技能、思想、精神、理念以及自身的素质等；还有的资源介于两者之间，如人际关系、父母的传承或特殊的机遇等。假如月收入是一百块，那就表明你所拥有的资源在一百块的水平上；假如月薪是一万块，那就表明你所拥有的资源处在一万块的水平，包括能力、朋友圈子以及知识等。此外，时间是一种需要特别珍惜的资源。合理地利用时间，做该做的事，就会离成功越来越近。

(2) 领先法则。做得更好不如成为第一优越。首创品牌通常可以保持领先地位，原因是它们往往就是该类产品的代名词。在市场经济中，每个人也同样是商品，因此必须遵守这个法则。可在现实生活中，许多人不想当第一，或者不知如何当第一。他们往往这样想：公司也不是我的，何必干得那么卖力。还有一种想法：工资又少，待遇又低，等找到待遇好的公司再“玩命”干。第一种人，不管干什么工作都不可能是最好的，因为他们没有积极主动地工作；第二种人，他们也许很有才能，但不想发挥，时间一长，很可能养成不好的工作态度，影响以后的职业发展。因此，一定要明确知道自己喜欢干哪类工作，选准方向后，就可以在该行业不断地积累资源，最终走向成功。

(3) 长效法则。不要只注重“杀鸡取卵”的短期效果。一个企业有短期的销售目标，也会有长期的发展计划。职场中的人也一样，不但要有近期目标，也要有长远打算。许多人之所以不能成功、不能实现自己的梦想，往往并不是缺少能力，而是缺少正确的方向和明确的目标。成功者与平庸者的区别就在于：成功者始终有一个明确的目标、清晰的方向和十足的信心；平庸者却终日浑浑噩噩、优柔寡断，迈不出决定性的第一步。

(4) 牺牲法则。人的欲望往往是无限的，如果不能合理地利用自己的欲望，就会变成欲望的奴隶。人生如果想要成功，就应该学会放弃。

(5) 坦诚法则。承认不足并将缺点转化成优点。做事先做人，把自己培养成一个道德高尚的人，不管事业成功与否，最起码人生是成功的。不断地改进自己的短处，才能不断地走向完美。需要注意的是：坦诚法则要灵活运用，否则会弄巧成拙。

(6) 成功法则。用“成功”博取成功。对于刚刚开始奋斗的创业者来说，营造成功者的形象尤其重要。对于形象来说，衣物的质量远比数量更为重要。检查一下衣橱经常会发现，有很多衣服只穿过几次，如果付两倍的价钱买一半的数量时，会发现很合算，并始终觉得自己处于一种最佳状态。

(7) 失败法则。失败需要正确面对，在很多情况下，失败并不是什么坏事。从另一方面看，有创造力的思考者会了解失败的潜在价值，会把失败当做垫脚石，来产生新的创意。在现实生活中，如果非常害怕失败，会使孕育创新的机会大为减少。如果一个人很少失败，也许只能表示该人不是很有创造力。

(8) 炒作法则。在生活中，不但要学会在成功法则中展示自己，也要学会如何宣传自己。简单地说，宣传就是为自己营造一个光环，让人们对你产生更好的印象。人的认识活动有一种“润泽性”，比如一个人的某一品质被认为是好的，他就被一种积极的光环所笼罩；反之，该人就被赋予其他不好的品质，这就是“光环效应”。

3.2　走出求职心理误区

一个人的心理决定一个人的行为，行为从本质上讲都是人的心理的反映。当我们的心理处于消极状态时，更有可能发生消极行为，反之亦然。因此，可以说求职过程中的心理误区是导致我们求职受挫的决定性主观因素。所谓求职心理误区就是个体在求职过程中对自我、求职目标的期望、评价等方面存在不客观或与现实存在较大差异的一种影响求职的心理倾向。高职院校的学生虽然身心都有了进一步的发展，但是由于一直处于学校生活之中，社会职业经验不足，对自我的评价较高，因此在求职过程中容易出现心理误区，从而导致他们在求职中的一些不良行为的发生。心理误区在广大的毕业生中普遍存在，如何认识自己，走出心理误区，在求职过程中找到适合自己的工作，是我们将要讨论的问题。

3.2.1　常见的求职心理误区

1. 求高心理

不少大学生自认为学识渊博，从政、经商、做学问不费吹灰之力，伸手就可以出成果。

因此，他们在择业时极容易出现“高不成，低不就”的现象，自然择业困难。

陕西某高校毕业生陈某到深圳多年了，他本来在一家合资企业找到一份人事文员的工作，但是他认为这是一个高中生就能胜任的位置，如果让他屈驾于此岂不是“浪费人才”？于是，一个星期不到就主动拜拜了。后来几经辗转，他凭着“丰富的理论知识”在一家台资厂找到一份做行政主管的“美差”，但由于他没有外资企业的实际管理经验，不能顺利开展工作，试用期一到就被老板炒“鱿鱼”了。

请看下面新疆某记者的报道。

第三届高校毕业生就业服务周新疆现场招聘会提供的 1600 个岗位共吸引了 3000 多名大学生前来求职。

宏景集团、北京北大维信生物科技有限公司等 80 家企业参加了本次招聘会，岗位涉及 40 多种类别。从现场情况看，企业所招聘的岗位与大学生们的期望值似乎产生某种错位——企业认为大学生们经验不足，起薪要求太高；而大学生们则认为企业所提供的岗位有限，大多还要求经验，条件太“苛刻”。

记者发现，应届毕业生普遍对薪金有着极高的期望值。他们对薪金的最低要求大多在 1000～1500 元，高的甚至达到 3000 元以上。一位新疆大学数学专业的毕业生起薪要求为 3000 元；新农大土木工程系的一位毕业生要求薪水必须在 2000 元以上……这样的起薪要求在招聘会上并不少见。

“不可能一来就给很高的工资，刚开始实习也就是五六百元，等可以胜任本职工作了，工资肯定会有所提升。”一位企业负责人表示。

不少求职者在薪金要求一栏里还填着：底薪加提成、加三金等。此外，在“求职地区”一栏，填写的大多是乌鲁木齐市及周边地区，几乎没有愿意“下放”到地州的。

记者注意到，外地驻乌企业来参展的不在少数，但招聘结果却不尽如人意。在新疆佳雨工贸(集团)有限公司的展位前，一位男生在被记者问到“应聘的具体岗位”时，竟然表示“没有具体岗位的要求，公司看着给安排吧”，这样的要求让负责招聘的工作人员感到很为难。

记者发现一些大学生对未来的职业方向很迷茫，而另外一些大学生对自己的职业方向过于明确。例如，一些学经济学的学生刚毕业就要求到管理岗位上，一些法学的毕业生则想当法律顾问。

中国新疆人才市场市场部部长王宏霞表示，一些大学生不是对自身的期望值过高，就是没有明确的职业方向感，这些不良心态对今后的就业会造成十分不利的影响。

从人才市场求职登记表上，常常可以发现一个有意思的现象：应届生所提的薪金要求普遍比相对有一定工作经验的历届毕业生高；往往工作时间越长，求职人员对薪金的期望值越接近市场的实际水平。事实证明：清楚地认识自己，先低再高，这是一种适用于多数应届毕业生的非常务实的求职方法。

2. 追求享受心理

部分应届大学生求职时过多考虑物质条件，不但要求月薪高、生活好，还讲究住房、奖金等林林总总的物质享受，如果用人单位稍不满足他们的要求，他们便潇洒地“移情别恋”。一位企业老总说：“企业竞争也是人才竞争，我们公司急需几个具有经济管理才能的大学生。可是他们太傲，动辄讲待遇，眼光这么高，我还敢用他们吗？”

小芬是某职业学院热门专业的毕业生，相貌出众，谈吐不错。她在会场转了几圈，才看中一家信息产业有限公司的公关经理一职。应聘时，小芬各方面与企业谈得比较好。但她问待遇时，却与企业谈崩了。小芬认为企业开出的薪水过低，没有住房补助，电话补贴也太少。

对于毕业生而言，谁都愿意到一家待遇好、工作好并且有前景的企业，不过由于职业院校毕业生的特殊性，并且由于当前我国大学毕业生供大于求，大学生就业存在很大的困难，因此在目前各方面条件的影响下，要找到很好的工作存在困难。我们不要过多考虑当前的物质条件，只要应聘的岗位对自己的长远有利，先工作再说。

3. 求“大”心理

有相当一部分大学生认为，只有到大型企业去干，才能充分发挥出聪明才智。他们的理由咄咄逼人：大型企业具备了实现人生价值的物质和精神条件，机遇好、福利好、工作稳定，而小企业只有那么几十或几百号人，资金不雄厚，更谈不上什么发展前途了。其实，有些大型企业里面人才济济，竞争十分激烈，而一般的小企业，对人才的需求如饥似渴。事实上近年来，大企业里的大学生“大材小用”，而小企业却多“小材大用”。其实，不管在大企业里还是在小企业里，只要有真才实学，脚踏实地，同样能干出一番事业来。

小林自恃自己是某职业学院热门专业的毕业生，一定要找一家与自己“身份”相符的企业工作。他先应聘 TCL 电器销售有限公司的高级程序员，无奈应聘者太多，他觉得自己的机会很小，便连求职表都没递。他又应聘清华同方人工环境有限公司的技术工程师，可人家不招应届毕业生。如此在会场转了 3 个多小时，小林到 8 家大型企业面试过，可不是小林觉得企业不好，就是企业认为他条件不够。走出会场，他仍不死心，说不搞定一家大型企业绝不罢休。

大企业、机关、事业单位在国人的眼光中还是有很大的吸引力。但是，由于当前就业形势的严峻，竞争的日益激烈，大企业、机关、事业单位自然成了竞争的热门。这样从统计学的角度上讲，成功率就小了。而且，现今社会的流动性之大是前所未有的，第一份工作并不是终身工作，因此对于应届毕业生而言，不管在大企业里，还是在小企业里，只要有真才实学，脚踏实地，同样能干出一番事业来。

4. 从众心理

行政、人事、财会是大学生追求的热门，可毕竟僧多粥少，人才济济，用人单位只好“百里挑一”。而一些冷门职业尽管急需大批人才，但问津者寥寥无几。这样，在人才市场就出现了“热门难进，冷门更冷”的怪现象。其实，大学毕业生此时应该多一点“大丈夫能屈能伸的豁达”，不要过分计较一时的顺逆，坚信“天生我才必有用”，从“零”做起，从基层做起，最终才能在社会上找到自己的位置。

小张一直认为行政工作是一个很体面的工作，因此上大学时学的是行政管理专业。到人才交流会上时，他应聘一家储运有限公司的行政助理一职，可该企业半小时内竟收到应聘行政助理岗位的求职表12份。小张看机会渺茫，便又应聘一家经贸发展有限公司的人事助理岗位。这个岗位同样应聘者如云。小张确立的目标是非行政、人事工作不做。可不是岗位太少，就是应聘这些岗位的人太多。最后，小张只好沮丧地离开会场。

不管什么时代，人们所从事的行业都有热门和冷门之分，在当前高等教育与社会需求尚未完全接轨的前提下，一味追求热门行业，追求专业对口，无疑会自己给自己就业增加了屏障。因此，在当前大学生就业形势严峻的情况下，在热门职业就业已趋于饱和的情况下，不妨去应聘那些冷门的、适合自己的职业。

5. 依赖心理

现代社会关系网络复杂，很多同学就以此作为逃避就业的方式，转而要求父母、亲朋甚至恋人通过各方人际关系为自己找工作，过分地依靠自己的亲朋，而不是自己去市场推销自己。这种学生往往走上工作岗位感觉自己有依赖对象，不思进取，给用人单位带来不好印象，从而给自己的成长发展带来负面影响。

据有关部门统计，2005年我国高校毕业生人数高达338万人。在日益严峻的就业压力下，托关系、走后门、找路子等不良之风逐渐抬头，许多毕业生为了“抢”到一份满意的工作，父母亲友齐上阵，挖空心思找“门路”，靠讨好老师、请领导吃饭、送钱送礼等手段“就业”。的确，部分同学依靠亲朋的关系找到了比较满意的工作，但是，这些同学是否能在岗位上发挥自己的才能呢？是否能适应岗位的需求呢？这值得深思。部分同学自恃有亲朋的“关系”，怀着“坐”、“等”、“靠”的心理，不积极参与到学校、社会组织的就业活动中去，白白失去一些适合自己的岗位。

王某是某职业学院计算机专业的毕业生，来自干部家庭，自恃家庭背景关系，不主动参与到学校组织的就业活动中去，认为家长会给自己安排一个合适的工作，肯定比其他同学好。后来，其家人通过各方面关系将其安排在某县客运中心，一年后，客运中心改制，王某被迫下岗。

关系是一个很时兴的但又古老的现象。任何人都不可能脱离关系而独立生存，但是在现今竞争的社会中，关系带来的负面影响日益突出。像王某，既是关系的受益者，又是受害者。

与此类似的心理误区还包括：以为“学而优则仕”，削尖脑袋往政府机关钻，往往由于竞争激烈而败下阵来；缺乏独立意识，自己找工作不着急，总希望父母或亲戚帮忙解决；没有竞争意识，保守心理严重，不敢迎接挑战，或过分谦虚，不敢亮出自己的特长；羞怯心理严重，在求职现场丢下自荐书就跑，面对招聘者结结巴巴、面红耳赤；低就自卑心理，总觉得自己技不如人，不敢自我“明码标价”，只求找个单位草草签约了事，给日后工作带来隐患。

3.2.2　调整求职心态

有研究表明，心理健康是个体获得成功的重要因素之一，求职是影响个体心理健康的重要应激事件，持续时间之长，影响程度之深，与其他重要应激事件，如升学、婚姻等，在某种程度上的影响力是一样的。因此，在求职竞争过程中保持心理健康在某种程度上影响了我们就业的成功。

1. 如何在竞争中保持心理健康

为了在竞争中保持心理健康，应注意以下几点。

首先，应该对竞争有一个正确的认识。有竞争，就会有成功者和失败者。关键是正确对待失败，要有不甘落后的进取精神。

其次，对自己要有一个客观的恰如其分的评估，努力缩小理想我和现实我的差距。在制定目标时，既不好高骛远，又不妄自菲薄，要把长远目标与近期目标有机地统一起来，脚踏实地一步一个脚印地做起，这样才有助于理想我的最终实现。

最后，在竞争中要能审时度势，扬长避短。一个人的需求、兴趣和才能是多方面的，如果在实战中注意挖掘，那么，很可能会出现柳暗花明又一村的新局面。这样不仅能增加成功的机会，减少挫折，而且会为进一步发展和取胜打下好基础。

当然，成功了固然可喜，失败了也问心无愧，如果从中悟出了一番道理，或者在竞争中学到了知识，增长了才干，那么这种失败或许更有价值，谁能说今天的失败不是明天成功的起始呢？

山东某重点大学机械专业的一名年仅 22 岁、来自西部农村贫困家庭的应届毕业生，因在求职中遇到挫折，未找到比较理想的工作岗位，心理压力过大，趁晚上同学们到教室里上课之际，在宿舍的暖气管线上自缢身亡，结束了自己年轻的生命，令人惋惜不已。2003 年四五月间，浙江大学一名毕业生在考公务员时，虽通过了笔试和面试，但因身体受限，最终没有被录取，他心里极不平衡，恼羞成怒，从商店买来一把水果刀，把招聘的工作人员刺死刺伤各一人。

学习、成才、求职是在校大学生面临的三大人生课题，而求职就业不仅是对他们能力和综合素质的考查，也是对大学生心理素质的一大考验。学校要采取积极措施，强化求职的心理承受能力，化解求职的心理压力，无论对大学毕业生本人的身心健康，还是对于其人生价值的实现，都具有十分重要的现实意义。

2. 求职过程中的心理准备策略

为增强求职过程中的心理承受能力，应采取以下心理准备策略。

1) 要正确对待求职中遇到的困难和暂时失利

在求职竞争日趋激烈，有些领域的专业人才相对过剩，就业形势不容乐观的今天，在求职中遇到挫折和困难是正常现象，但暂时的挫折并不是人生的“滑铁卢”，更不是人生的败笔。现实的招聘求职是一种双向选择，就像青年男女的恋爱，谁也没有把握一炮打响，经过一次“恋爱”就大功告成，找到一个理想的“婆家”。因此，对于求职的暂时困难，应该正确对待，不要耿耿于怀，更不要感到心理压抑或者不平衡。

2) 要适时地调整自己求职的期望值

对于求职者来说，求职的期望值越高，如果不成功，其失落感就会越强烈，心理上承受的压力就越大。要处理好就业理想与就业现实的关系，以务实的态度对待职业的选择。因此，大学毕业生要认清就业的形势，正确合理地评价自己的才能，不要孤芳自赏，定位过高，这样在求职时就不会好高骛远，就能在社会上找到自己的立足点，就不会面临求职的巨大压力。

3) 不要盲目与人攀比

俗话说得好，人比人该死，货比货该扔。在求职中，人与人之间，由于许多复杂的主客观因素的存在，有许多东西是不可比也无法去比的，比来比去，除了增加个人的烦恼，对求职没什么帮助，也没有任何实际意义。

4) 善于化解求职的心理压力，化解就业焦虑

为了化解求职的心理压力，要注意以下几点。一是要对求职有正确的认识。初次求职的暂时不顺利只是一次失机，而不是人生的失败。二是要善于调整自己的求职心态。求职就业是人生的一件大事，但又是一件十分平常的具有多种选择的事情，要以积极的心态去面对，不要把它看得举足轻重，好像过了这个村就没有那个店，或者只许成功不许失败。对求职择业要有一颗平常心，找到满意的工作不要沾沾自喜，暂时找不到工作，也不要悲观失望、怨天尤人，要运用智慧积极寻求，并且要学会耐心等待，总之对求职抱有信心、耐心和恒心。三是要注意自我减压。求职特别是对于初次求职的大学生，遇到“红灯”，被自己看好的用人单位拒聘，个人的情绪可能会受到影响，产生失落感，对此要用积极的心态和积极的思考，分析求职失利的原因，找出自己存在的不足之处，总结经验教训，改变求职的策略，为下次求职的成功奠定基础。

5) 积极参与学校加强毕业生就业心理指导的活动

就业是学生走向社会、实现人生价值的重要关口，由于就业竞争的加剧和求职难度的加大，那些涉世未深的学子必然会出现心理的波动和失落情绪。为了确保毕业学生的身心健康，学校的教育管理部门、就业指导部门和干部教师、心理咨询部门，要重视毕业生就业的心理咨询和指导，通过各种方式，引导和帮助他们树立正确的就业观念，对其就业中的暂时不顺利，要给予疏导点拨，使他们克服失落情绪，以积极的心态面对现实。对求职遇到挫折、情绪不够稳定、心理出现异常的毕业生，学校要以对国家、对学生、对家长高度负责的精神，采取有效措施，由专人进行开导，做好深入细致的疏导工作，帮助学生克服心理危机，化解和减轻心理负担，以防止意外事故的发生。

在求职过程中存在的竞争可以克服惰性，促进社会的进步和发展；竞争让人们满怀希望，朝气蓬勃。竞争也容易使人在长期的紧张生活中产生焦虑，出现心理失衡、情绪紊乱、身心疲劳等问题；尤其对于失败者，由于主观愿望与客观满足之间出现巨大差距，加上有的人心理素质本来就存在不稳定因素，竞争会引起他们消沉、精神变态，甚至出现犯罪或自杀。

3. 求职过程中的心理准备

从现在起，我们必须做多种心理准备。

如果学汽车运行与维修专业的学生不愿从事汽车维修工作；学机电技术应用的学生只想搞管理，不想在机房搞维修；学服装设计与工艺的学生只想画设计图，不想跑市场搞调研……就容易造成“有岗无人”和“有业不就”的现象，就说明我们对就业的心理准备还不充分。

多种准备还包括专业未对口、专长却对口的职业。例如商务英语和国际贸易专业期望到涉外贸易公司、企业工作是正常的。但是，如果没有专业对口的单位，却有需要一定外语基础的岗位，就属于专长对口的岗位，也应该予以考虑。

我们可以这样问自己：

如果没有理想的地区怎么办？边远地区、农村、街道社区需要我们，能去吗？

如果没有理想的单位怎么办？单位不理想，专业对口去吗？

如果进了理想的单位，却没有理想的岗位或工种能接受吗？

有没有勇气自主创业？

其实，求职之前，先做一些心理测试，听听专家的高见，减少选择失误，的确很有必要。比如，看似简单的求职信、简历，却大有“学问”。写得好的求职信、简历，是一块很重要的敲门砖，可以在你和用人单位未谋面时，给对方一个清晰的印象，让你事半功倍。职业指导专家会告诉你，求职信除了简洁、明了、完整以外，还得根据不同单位、不同职业特点，有针对性地设计，以便突出个人特长。例如，你要是应聘文员，就要突出自己的写作能力强、细心、耐心等；如果要应聘的是翻译，还要强调你的听说能力和交际能力等。

这样即使不能百发百中，也不至于满盘皆输。

许多单位虽然对学历的要求比较严格，但是它们更重视毕业生的能力和实际操作经验。如果求职者理想主义色彩浓厚，一味地强调自己的高学历，不切实际，不考虑自身的条件与社会环境，片面要求高待遇，一心向往大城市，这无形之中就构成了一个“怪圈”：企业招不到想要的人，毕业生找不到想找的岗位。从心理学角度看，这就是毕业生就业心态出了问题，对自己的发展定位不准、方向不明。

实际上，只要简单地与心理咨询师、职业指导师交谈几句，做个测试，明白自身条件，求职就主动多了。职业指导专家蒋欣认为，求职者的专业知识与技能的掌握程度、实际操作能力、心理素质和应变能力、敬业与奉献精神、团队合作精神等，都是企业所关心的。不同性质的企业对毕业生的要求也是不同的。例如，“三资”企业偏重于强调团队精神、协调能力和诚信；民营企业重实干、敬业、忠诚、奉献。另外，企业对不同层次、不同职位员工的要求也有所侧重。比如，日本某公司招聘普通员工很重视工作能力，但对管理人员和高层人员还要求有工作经验、创造能力、忠诚与敬业等。

当然，现实或许并不像讲起来那么简单。大学毕业生可能会抱怨，刚刚走出校门，哪里有什么工作经验呢？企业或许有自己的看法，现在人才市场供需反差很大，企业有足够的选择余地，当然就会提高对人才的要求，选择有经验的员工可以减少企业的用人成本。然而，正是因为如此，求职时先来一番心理咨询更显得必要。

具有良好的就业心态是成功择业、就业的前提和保障。刚开始，我们也许可能憧憬着自己的未来是多么的美好，自己的职业是多么的令自己满意。但是，现实往往事与愿违，令我们心理承受压力。因此，具有良好的心理素质，对待求职怀着良好的心态就显得异常重要。正如就业指导专家们指出的，心态问题已成为毕业生就业的第一障碍。

1) 早就业早获经验，胜于空等

小洪 2002 年 7 月毕业后，由于没找到理想工作，便向学校申请了暂缓就业，虽然就业指导部门老师劝他尽快就业，但他决心已定。8、9 月份，他到全国各地旅游了一圈，说是为了散散心。10 月份起报读了个英语班，考了一个商务英语的资格证书。现在新一轮招聘会开始，他到现场却发现并不太受欢迎，招聘单位常常会问他为什么才就业。

广东省就业指导中心负责人王创指出，对于大学生而言，应该尽快就业上岗，早上岗早获经验，哪怕是与专业无关的工作，起码积累了社会经验。先上岗再调整心态，先上岗再继续充电。工作经验与几张证书相比，是更好的筹码。

2) 脚踏实地，降低过高的期望值

学电子的阿峰对自己的求职目标倒是挺明确的，工作地点：广州或深圳，工作单位：跨国企业或知名大型企业，薪水：3000 元以上。他自己条件不算太好，能否达到这样的求职目标自己也没有完全的把握。

华南师范大学就业指导中心王政忠老师说，其实这几年的就业形势发生了很大的变化，几年前大学生还供不应求，现在供需基本平衡，某些专业还有较大的就业压力。一个毕业生有自信有勇气是好的，但也要根据自己的实际情况给自己准确定位，一味地高标准定位，盲目性太强了，把自己框死在狭窄的就业范围中也容易高不成低不就，在求职过程中屡屡碰壁。因此脚踏实地，把过高的期望值降下来十分重要。

3) 了解自己，规划未来

某职业学院信息管理专业的小吴说：“我原来就知道努力读书，考试考个高分，现在好像忽然就要毕业了，我们信息管理专业是万金油专业，好像去哪个单位都可以，但自己真不知道该干什么！”

暨南大学学生处副处长谢恬说，其实像小吴这样对前途茫然不知所措的毕业生不在少数。她劝告，毕业生们首先要了解自己，认真地发掘一下自己的真正兴趣和特长，清楚自己最希望从事哪些工作，在求职时才会更有目的性，而不至于像无头苍蝇一样乱跑乱撞。毕业生最好接受一次人才测评，让专家分析、指出自己最适合的就业范围，并给予一个职业生涯规划建议，有透彻的了解后，对未来也就有了一个发展的方向。

4) 从容应对，摈弃焦虑

企业管理专业的小谢告诉记者，那天混进在华师大举行的研究生专场招聘会中看了看，发现用人单位对研究生的兴趣好像都不大，原来以为自己成绩不错，但几次面试初试的时候就被刷了下来，现在晚上躺在床上常焦急得睡不着觉。

广州市高校毕业生指导中心负责人王世华说，其实大家完全没有必要那么焦急。虽然说形势不容乐观，但大学生最终要找份工作还是不成问题的，每年 11、12 月份毕业生招聘供需见面会就会开始，而许多用人单位还正在做第二年的招聘计划，大量的机会还在后头。

5) 主动出击，克服“求职恐惧症”，用平常心去面对

晓丽是 2004 届的会计专科毕业生，现在仍待业在家。今年的招聘会陆续开始后，她听了不仅没有多大的兴奋，甚至十分恐惧。她从去年开始经过几次面试失败之后，就一直不敢找工作了，很害怕招聘者那挑剔的眼光。

人力资源顾问于加朋先生说，社会上每一个人都是从“没有工作经验”开始起步的，而且不要误以为用人单位只想用“最优秀的人”，实际上用人单位只想用“最合适的人”。另外，刚毕业的学生在求职上也有天然的优势：可塑性强、薪酬要求低、谦虚好学、有活力等，因此，求职时千万不要妄自菲薄，更不必恐惧。

大环境难以改变，每个人的主观能动性却可以充分发挥，调整好心态最为关键，而调整心态的过程中，用平常心应对挑战则十分重要。平常心，是对求职过程中的一时成败淡然处之。既然我们是正式迈向社会的新人，步履尚且蹒跚，面对激烈的职场角逐，遭遇到

一些挫折在所难免，这是人生的第一次挑战，这样的挫折在日后的岁月里还将不断面对，大学毕业生拥有最大的资本是年轻，而年轻人多经历些风雨，将是今后人生和职业生涯发展的宝贵财富。不过分看重成败，积极行动，“求职恐惧症”便不治而愈。

平常心，是一种放眼未来目光长远的心态。按一般人的职业生涯发展规律，大学毕业后三到五年主要是积累期，是离开校园后进入社会大学的再学习期。最初的一份或几份职业，是选择一种职业发展方向，有机会进入大城市、知名企业固然值得争取，那会提供一种良好的成长环境；而到中小城市、中小企业也未尝不是一种发展途径，避开人才竞争最激烈的地方，做“鸡头”也许比做“牛后”更容易脱颖而出。

平常心，是一种脚踏实地的务实态度。不等待机会和运气的降临，而是主动出击，不要因为怕苦怕累而放弃从基层做起的难得的历练机会，其实起步的时候从基层做起，根基最为扎实，踏实走好每一步，相信自己是金子，无论在哪个岗位都能闪光。

小知识：如何培养求职中的积极心态？

积极的心态是一种乐观、进取的心态，它是一种正面的心态，由希望、乐观、勇气、进取、慷慨等正面的特征组成；而消极的心态是一种反面的心态，它由悲观、颓废、抱怨、等待、我行我素等反面的特征组成。如何培养自己的积极心态呢？

一是从行动的角度培养。积极行动会产生积极思维，而积极思维会产生积极的心态。许多人总是等到自己有了积极的感受再去付诸行动，实际上是一种本末倒置，心态是紧跟行动的，如果一个人从一种消极心态开始，等待着感觉把自己带向行动，那他就永远都成不了他想做的积极心态者。因此做任何事情都不要等待，不要想“这事等我心情好时再做吧”，而应该用行动来培养自己积极的心态。

二是从语言的角度培养。运用正面的语言暗示也有利于积极心态的培养。比如今天你忙了一天，终于把事情做完了，不要说：“我累死了。”而应从正面说：“紧张了一天，现在真轻松。”遇到困难的事情，不要说：“我不行。”而应说：“我经过努力一定能行。”

三是从环境的角度培养。环境包括你周围的人和事物，应该注意发现人和事物的闪光点，不要总是盯着别人的缺点和事物的阴暗面。因为任何人都有优点和缺点，任何事物都有正面和反面，任何一个社会都有好事和坏事，就像我们这个世界有白天和黑夜一样，因此在生活中注意称赞别人的优点，注意欣赏事物的美丽，而不是抱怨别人的不好或环境的恶劣，你的心态自然就会积极起来。

“求职今日意如何？择业艰难百战多。围城座座旌旗展，问君欲乘哪趟车。”这首打油诗是 NCR 金融系统(中国)有限公司人力资源经理汪大正先生在北京大学对毕业生进行就业指导时的即兴之作，众多与会者认为这首诗道出了心中的困惑与无奈。

企业究竟想用什么样的人？毕业生该如何择业？

1) 企业看重的不是你的求职技巧

“目前的一些就业指导，往往只是给毕业生介绍一些用人单位的具体情况，缺乏给予求职者思想或观念的一些指导与点拨；而一些有关求职的书籍则使毕业生过于关注应聘技巧，这有百害而无一利。”汪大正举了个例子：某公司有个职位空缺，一位求职者依照所了解的求职技巧如法炮制，故意表现得很外向，却适得其反。因为这个职位隶属财务部，需要精通专业知识、做事踏实，而此人的表现只能证明自己不适合在这样的团队里工作。就算一些毕业生凭借面试时的着意表现进入了企业，但如果工作态度有问题或能力不够也还是会面临被淘汰出局的危机。更何况面试确实带有一定的偶然性，就像歌手大赛中由于多种原因获奖的并不一定是实力最强的人，因此求职者不能将职业成功的宝都押在求职技巧上。企业更多关注的是求职者对专业的理解程度和工作态度是否认真。毕业生最好是更多注重自己的全面素质，将本色的自我展现出来。所以择业时，除了了解用人单位的具体情况外，应该多关注当今社会对应聘者的专业素养、工作态度和个人素质有哪些客观要求，千万不要妄想凭借“求职就这几招”敲开事业成功的大门。

2) 小马过河要知己知彼

童年时小马过河的故事今天对求职者仍有启迪。小马过河不能听老牛的，也不能听小松鼠的，只有自己试一试水深水浅再定夺。这是汪先生的忠告。尽管择业时是双向选择，但对工作经验为零的大学生来说，选择的自由更多在用人单位一方。“车”上的“座位”有限，而求职者的数量却远多于此。刚走出校门的大学生切忌将择业过于理想化，面对生存和发展的问题，需要给自己切合实际的定位。尤其刚刚步入社会的大学毕业生，首先要解决的是生存问题，然后才是发展问题。不少人考大学填志愿时很清醒，先把自己最想报的学校列出，然后退而求其次。但择业时却有点发烧，宁高勿低，非著名跨国公司莫属。汪先生告诫刚毕业的大学生：“你可以效仿盖茨，但你毕竟不是盖茨。他找到了适合他自己的路——弃学从商，他成为世界首富；你未必行。”

3) 如何度过“水土不服”的适应期

新工作的大学生与老同学聚会谈得最多的话题莫过于对工作单位的抱怨，现有的工作如何不适合自己。汪先生形象地将其比作刚学骑车的人。如果一个人还没有学会骑车，给他什么样的车他都会摔跤，原因在于他还没有掌握骑车的技巧。因为从熟悉的学校环境到陌生的工作环境，需要一定的“适应期”。不仅如此，用人单位也是在用要求员工的标准来要求新人，对于新人来说，自然压力不小。不过不该只看负面的东西。试想是谁使刚毕业的大学生实现了工作经验的零突破，其实就是让他抱怨不停的第一家录用单位。因此对第一个接纳自己的单位应该心存感激。

4) 职业时髦不可追

有一部分毕业生穿着追时髦，择业也有追时髦的，哪个行业热，就向哪个行业钻。不过有一热就有一冷，热门行业也会冷下来。不少人抢着进入 IT 业，不愿进传统行业。殊不知像美国那样的发达国家也没有放弃发展传统行业只重 IT，加入传统行业的人大有人在。放弃自己的专业改行等于砍掉了自身优势。当个人的专业所限不能马上进入热门行业时，最好量身择业。据汪先生介绍，公司有几位机电专业的工程师，他们没有放弃所学，而是立足本专业，脚踏实地学习。目前，这些人不仅积累了丰富的专业经验，而且计算机应用水平和英语水平也有很大提高，成为公司不可多得的技术骨干，已被送往国外接受管理培训。因此汪先生建议所有刚离校的大学毕业生应把求职看成自己走向事业成功的第一步，充分认识到事业成功是一个漫长的过程，就像一场马拉松比赛，不能靠一时的幸运。开始跑在前面的未必是最后的优胜者。因为比赛需要耐力和韧性。人生也如此。

3.2.3 如何面对求职失败

有人曾经做过这样一个实验：她往一个玻璃杯放进一只跳蚤，发现跳蚤立即跳了出来。再重复几遍，结果还是一样。根据测试，跳蚤跳的高度一般可达它身体的 400 倍左右，所以说跳蚤可以称得上动物界的跳高冠军。

接下来实验者再次把这只跳蚤放进杯子里，不过这次是立即同时在杯上加一个玻璃盖。“嘣”的一声，跳蚤重重地撞在玻璃盖上。跳蚤十分困惑，但是它不会停下来，因为跳蚤的生活方式就是“跳”，一次次被撞，跳蚤开始变得聪明起来了，它开始根据盖子的高度来调整自己所跳的高度。再一阵子以后呢，发现跳蚤再也没有撞击到这个盖子，而是在盖子下面自由地跳动。

一个小时后，实验者开始把这个盖子轻轻拿掉，跳蚤不知道盖子已经去掉了，它还是在原来的这个高度继续地跳；三个小时后，她发现这只跳蚤还在那里跳。

一天以后发现，这只可怜的跳蚤还在这个玻璃杯里不停地跳着——其实它已经无法跳出这个玻璃杯了。

在求职过程中，有许多人也在过着这样的“跳蚤人生”，屡屡去尝试成功，但是往往事与愿违，屡屡失败。几次失败以后，他们便开始抱怨这个世界不公平，怀疑自己的能力，一再地降低成功的标准——即使原有的一切限制已取消。就像刚才的“玻璃盖”，虽然被取掉，但跳蚤早已经被撞怕了，不敢再跳，或者已习惯了，不想再跳了。人们往往因为害怕成功高度的限制，而甘愿忍受失败者的生活。

难道跳蚤真的不能跳出这个杯子吗？绝对不是。只是经过几次碰撞，它的心里面已经默认了这个杯子的高度是自己无法逾越的。

让这只跳蚤再次跳出这个玻璃杯的方法十分简单，只需拿一根小棒子突然重重地敲一下杯子；或者拿一盏酒精灯在杯底加热，当跳蚤热得受不了的时候，它就会“嘣”的一下，跳了出去。正如兵法上所说：“置之死地而后生。”

1. 求职失败后可以采取的措施

挫折是指个人在从事有目的的活动中遇到的干扰和障碍，致使动机不能实现时的情绪状态。遇到挫折，要认真分析原因，是主观努力不够还是客观要求太高？是客观条件苛刻，还是主观条件不具备？认真分析，才能心中有数，以便更好地调节心理。

大学毕业生在求职择业中，不可能一帆风顺，一路绿灯。也会遭遇各种各样的挫折，如被用人单位拒绝，遇到“红灯”等，应如何采取相应对策，使应聘求职“柳暗花明”，获得成功呢？

1) 坦然面对暂时失利

初次求职出师不利，遭到用人单位的拒绝，对求职者来说，无疑是一件不愉快的事，但作为一个思想上成熟的大学生，应将它看做一件正常的事，在精神上对此必须有所准备。如今的就业是一种双向选择，一厢情愿是不现实的。所以，大学生对初次求职失利，应抱着一颗平常心，坦然面对现实。

小张是某职业技术学院计算机专业学生，从三年级一开学便精心准备求职，第一次参加某信息公司面试，由于紧张，最后失败。小张曾为此伤心了两天，最后走进心理咨询室，经过老师的开导、分析，小张认真总结失败的教训，分析原因，终于在第二次面试后与某公司顺利签约。

2) 锲而不舍，知难而上

初次求职就遇“红灯”，这无疑是对大学生求职择业的一大考验。俗话说得好：宁可一点挖井，不可随处挖坑。如果你确实看中某个单位，不妨千方百计地去做一番努力，而不要轻易放弃。

一年春季，在某大学的一次毕业生“双选”会上，一位各方面素质不错的女大学生杜某，曾被某著名大油田拒绝，但小杜不气馁，只是说声谢谢，就礼貌地离开了招聘会，又排到了此单位招聘队伍的末尾，继续参加应聘。第二次她又遭到拒绝，可她仍不甘心，又一次礼貌地离开了招聘会，排到了应聘队伍的后面。她在这家单位排了七次队，一连碰了七次“红灯”，当她第八次出现在该油田的招聘台前时，已对她有所了解的招聘负责人，被她的执著感动了，不等她开口就爽快地说：“我看这位同学基本素质不错，而且对我们企业情有独钟，我们就签约吧”。

3) 当机立断，转移目标

古人云：识时务者为俊杰。当初次求职遭遇“红灯”时，如供求双方的条件距离相差太大，作为求职者要有自知之明，当机立断，毅然放弃。俗话说得好：东方不亮西方亮，山不转水转。当一次求职没有成功，就应该考虑更换一个求职应聘的目标。应该坚信“天生我才必有用”，“是金子总会发光的”。经过自己的积极争取和热心推销，一定能够找到一个称心如意的工作。当你因为求职条件太高，碰了钉子后，降低求职标准无疑是明智的选择。

有这样一个发人深省的故事：一位留美的计算机博士，毕业后在美国找工作，几家公司都没有录用他。后来，他干脆收起学历证明，以一种“最低身份”去求职，不久被一家程序公司录用为程序输入员，但他不嫌弃，工作干得有板有眼。后来，老板发现他程序设计的能力较强，这时他拿出学士证书，老板给他换了个与大学毕业生相当的工作。过了一段时间，老板发现他时常能提出许多独到的有价值的建议，此时，他又拿出了硕士证书，老板又提升了他。再过一段时间，老板觉得他的业务非同一般，遂"刨根问底"，对他进行"质询"，此时他又拿出博士证书。老板对他的能力已有了全面的认识，毫不犹豫地重用了他。

常言说得好，高处不胜寒。求职不怕别人看低。你可以寻找机会去展现自己的才华，让别人对你刮目相看。因此，作为求职初遇"红灯"的高校毕业生，在求职应聘时，采取以退为进、从基层做起的策略，不失为明智之举。

松下电器创始人松下幸之助身材瘦小，年轻时家境贫寒。一次去一家电子公司求职，人事部主管看他又瘦又小，衣着也不很光鲜，婉言谢绝：现在我们不缺人，过一个月再来看看吧！本来是一句推脱的话语，想不到一个月后松下又去了。主管说：你脏兮兮的样子根本进不了我们公司。松下借钱买了衣服。主管又提出你不懂电器方面的知识。松下下功夫学习电器方面的知识。这种不怕挫折的执著精神，终于打动了人事部主管，松下成了这家电子公司的工作人员。这为他日后成为享誉全球的"企业经营之神"打下了基础。

"人生之不顺，十之八九"，"好事多磨"，这是人们常用的短语。在求职过程中也可能如此。求职一次成功固然好，碰碰钉子也是一种阅历，可以增长知识，积累经验。事实上，失败是一种客观存在，意味着没有成功；挫折则是一种心理感受，是一个人向目标进发时受阻而产生的不愉快体验。同样是求职失败，有的人觉得自己一败涂地，无地自容，对以后的应聘更胆怯；松下却觉得社会给他上了一课，增加了对求职的感性认识，学习了应对方法。

2. 消除求职失败后的心理阴影

不要因屡次被拒绝而灰心丧气，认可你的情感，但不要沉湎于其中；选择行动，而不是自怜。

上学的时候，你有没有过最后一个被挑选到活动的队伍中？如果有，你会很熟悉那种等待被选和没有被选中的感觉。应聘面试会给你带来同样的心情，尤其当你求职失败时。整个过程中，你都忐忑不安，期待着有一天这份工作会属于你；然而事非所愿，你收到一封公函，说你没有被选中。其实并不是你一个人感到失望。

这封信在应聘面试后五天到达。帕特看到退回地址便知道她没有被雇佣。信中说："尽管您的经验和学历给我们的印象很深，但我们已经选中了一个目前离我们的需求更接近的应聘者。"帕特顿时泪水夺眶而出。这是两周内她第三次被拒了。"没有人再会聘用我了，"她自言自语道。

帕特怎么也没有想到，这个职位收到一百多份简历，她的简历被选为十佳之一。她也没有料到她击败了 95%的人，从而入围五个参加面试的人选。另外一个人最后得到了这份工作，她却没有。可是，如果她了解到那个被选中的人比她还多五年的工作经验，她难道不会吃惊吗？

求职被拒往往会让人感觉心里像打翻了五味瓶，又像旧伤复发：感到被忽视、妄自菲薄、孤立无助、蒙受羞辱，这些感觉的任何组合都是很典型的。你也许会像帕特一样感到被伤害或气恼，为别人这样对待你而感到厌烦，一遍又一遍的面试也许使你感到江郎才尽，结果还是上了被拒的名单。

不要沉湎于自怜，你要重整旗鼓，再次汇聚能量。如果你确实想到某一公司工作，不妨给他们写一封信，表明你看中的职位给了别人导致你多么失望；再次提醒他们你的所有优势；让他们知道，一旦有变故或机会再来，你仍然有兴趣为他们工作。

或者，如果你感到还有戏的话，你也可以打电话和给你面试的人谈一谈。有时你可以找到愿意同你谈话的某个人，谈谈你的面试情况以及你在哪里失招。采取行动会使你至少觉得你还可有一搏。有时选中的应聘者未必最终到岗，或者是个人改变了主意。你永远不会知道将要发生什么；你会感到只要采取积极行动，你便更能驾驭事态。

当你被邀请参加面试，要多往乐观处想。你已经被排在了他人之上。如果你得到第二轮面试，明显你做对了。继续提高你的面试技巧，事后给你自己打分。就像你人生中许多其他事情一样，你努力越多，结果就会越好。

3. 调整求职应聘策略，重新选择用人单位应聘

求职者在经历一次或数次应聘失败后，认真分析失败的原因，从中吸取教训后，就应当尽快调整自己求职应聘的策略，提高自己成功的概率。在求职应聘时，要尽可能选择更适合自己的职位。求职者应从自身的实际出发，端正就业态度，转变择业观念，实事求是地选择适合自己的用人单位及职位报名应聘。只有这样，才可能取得求职应聘的成功，顺利实现就业愿望，在各自的就业岗位上充分发挥聪明才智。

张维是深圳某高职高专广告专业的毕业生。张维对自己未来的“规划”可谓宏伟，他的中远期目标是成为一个大型文化传播公司的老板，拍摄大写意的电视广告片，策划制作反映历史浮沉的电视连续剧等。当然，他也懂得“天将降大任于斯人也”，成功人士难免饱经磨难的道理，于是有了吃苦创业的思想准备，打算从最基本的工作做起。

张维参加了多场毕业生供需见面会，但均因种种原因未能落实就业单位，眼看就要毕业离校了，如果回到老家，那么做深圳白领的理想不就更难实现了吗？他不免着急起来。

终于，通过朋友辗转介绍，张维来到了某广告公司，可老总告诉他目前不缺人，不过如果能在三个月内拉到五万元的业务，会破格正式聘用他，张维想，三个月五万元，凭良心说一个合格的广告业务员是应该有如此业务量的，于是就答应下来。

充满信心的张维没有料到做广告业务员的困难会比他原来估计的还要大，绝大多数的情况是压根就见不到有拍板权的企业老板，只能跟“外围人员”游说他的公司多么的有实力，推介他的创意是多么的不同凡响。眼看跑了近两个月了，却拿不到一单业务，张维疲惫不堪，却仍强打精神鼓励自己说：“谁让自己将来要做大事业呢？”

第三个月开始了，张维调整心态重新披挂上阵，找到了一家新建不久的大宾馆。宾馆的人说他们打算做广告，但要看总经理的意思才能决定，而总经理太忙了，要找到他需要耐心。张维在总经理办公室外等了三个上午后决定另辟蹊径，总不能老是这样傻等呀。于是，他每天给总经理写一封信，就像一位耐心的情人一样，向总经理娓娓道出他对宾馆的总体CI设计，并附上创意文案。可是，总经理没有给他回信，也没有给他回电话。

张维决定再等，总要给个说法才善罢甘休。张维打听到总经理的车牌号，就守在宾馆外的停车场，花去了三个上午和两个下午的时间，他想：这个宾馆的总经理总不可能整天不在酒店……正想着，张维眼前忽然一亮，那刚刚驶上停车场的不就是总经理的车子吗？张维几乎跳起来，连忙迎上去。总经理说：“你的文案我都看了，我就知道你能‘抓’到我，你这个人很有性格，我的秘书说你在宾馆等了快两个星期了。”张维没想到自己已经被“反侦察”了。

经过几个回合的谈判，张维所在的广告公司终于取得了这家大宾馆的广告代理权，张维也获得了广告公司的正式职位，而且不久后，他又被那家大宾馆的总经理“挖”到酒店担任酒店形象策划。总经理说：“人才难得有锲而不舍的精神。因为再聪明的人如果没有敬业意识，没有吃苦的打算，也是干不了事业的。”而张维也因此从酒店形象设计开始，进入了职业生涯，圆了他的深圳文化白领梦。

张维想充分利用大学生就业的机会在深圳发展，实现成为文化白领的理想，虽然他没有在毕业前落实到深圳的就业单位，但是凭着锲而不舍的顽强精神终于实现了自己的理想，说明心理素质优异的人在求职时能够获得更多、更好的成功机会。

4. 控制求职中的不良情绪

一个人过分情绪化是心理不成熟的表现，大学生在求职时能够管理好自己的情绪可以为自己提供更多的成功机会。在走向就业和职业成功的道路上，最大的敌人往往并不是缺少机会或是资历浅薄，而是缺乏对自己情绪的控制。愤怒时不能遏制怒火，使周围的合作者望而却步；消沉时放纵自己的萎靡，把许多稍纵即逝的机会白白浪费。因此，大学生在平时要注意克服不良情绪。

不良情绪包括：恐惧、仇恨、愤怒、嫉妒、抑郁、紧张等。在这些不良情绪中，愤怒往往是年轻人最不容易控制的。愤怒容易使人失去理智思考的机会，许多场合，由于不可抑制的愤怒，使人失去了解决问题和冲突的良好机会，而且，一时冲动的愤怒，可能意味着事过之后要付出高昂代价的弥补。

在实际生活中，愤怒导致的损失往往是无法弥补的，你可能从此失去一个好朋友，失去一个工作机会；你的形象可能从此在领导眼里受到损害，别人也会从此开始对与你的合作产生疑虑。

心理学研究表明，任何人的情绪都是可以通过行为表达出来的，也就是说你不高兴，你产生的行为中也会带有不高兴的成分。我们很难想象一个郁闷的人会以积极的心态和行为面对招聘者。在求职过程中我们不断地面对让我们产生情绪变化的应激，同时也为我们提供了训练自己情绪的机会。可以说，只要善于控制自己的不良情绪，就会以更好的姿态面对招聘者，为自己最终找到合适的工作奠定良好的基础。

如何控制自己的愤怒呢？可以把愤怒的事情写下来，也可以单独找一个地方来发泄怒气；当受了侮辱有紧急发怒感觉的时候，可以告诉自己“沉默 1 分钟”，这样可以让你冷静下来想出更好的办法来解决问题。如果生活中一些琐碎的事情使你老是烦躁不安，最好休息一下，或是去跑步，或者找出使你烦躁的原因，然后想办法解除。

小知识：大学生应具备的择业心态

为了提高大学生的心理健康水平，保证求职择业的顺利进行，不仅应当积极排除择业期间可能会出现的种种心理障碍，还应及早进行心理锻炼和思想教育，促使他们在校学习期间就努力形成正确、健康的择业心态。

一、正视现实

现实是客观的，既有有利于自己的一面，也有不利于自己的一面。应该看到我国目前生产力还比较落后，社会为大学生提供的工作岗位不可能使人人满意。供需形势也不平衡，边远地区、艰苦行业、基层和第一线急需人才。另外，我国毕业生就业市场还不规范，不公平竞争依然存在。这些都是客观现实，大学生应该面对这些现实，一切从实际出发，正视现实，既不幻想，也不逃避现实。

正视现实还包括正视自身，一个不能正确认识自己的人，不可能把主观愿望和客观现实有机地结合起来，正视自身，包括对自己的思想表现、专业学习状况、各种能力、身心素质等有一个客观的认识。对自己有充分的认识，有助于将主观愿望与客观实际结合起来，确定恰当的就业目标。

二、敢于竞争

毕业生就业制度的改革，为毕业生和用人单位提供了“双向选择”的机会，使大学生能够根据国家赋予自己的权利，结合自己的专业、爱好、性格、特长、愿望等挑选工作岗位，可以通过适当的途径和方式展示自己。大学生应该珍惜这个机遇，敢于竞争，努力实现自己的抱负。敢于竞争，要有竞争意识。大学生应该有青年人的朝气和锐气，要敢想、敢说、敢干，有敢为天下先的精神；不能唯唯诺诺、胆小怕事。敢于竞争，就要从实际出发，充分考虑自己的专业、性格、气质、爱好等，扬长避短，发挥特长。敢于竞争，要靠真才实学，而不能靠纸上谈兵，更不能互相拆台或互相嫉妒。竞争应在互学、互勉、共同进步中进行。

三、不怕挫折

求职择业的竞争，失败在所难免。有了充分的思想准备，尤其是做好遭受挫折的思想准备，才会成为竞争中的强者。

遇到挫折，要认真分析失败的原因，是主观努力不够，还是客观条件不具备？认真分析，才能心中有数，更好地调节心理。

四、放眼未来

社会为大学生择业提供了“双向选择”的机会，多数大学生可以通过“双向选择”获得较满意的职业。

要看到不管怎样，择业是自己生活的起点，全身心地投入，才能使自己成长、发展、充实，从而实现人生的目的，实现服务于社会的目的。

要认识到基层是锻炼人的最好地方。我国的现状是大城市、大机关、科研单位、高校人满为患，人浮于事；基层却是人才匮乏。基层为大学生施展才华提供了有利的条件。大学生要想成才，没有什么捷径可走，只有立足基层，才能有所作为。

要看到边远地区与发达地区的差距正在缩小，边远地区采取了很多吸引人才和有利于人才成长的措施。有理想、有抱负的青年大学生，应该怀着一腔热血，到祖国最需要的地方去建功立业、奉献青春。

要看到我国人事制度正在进行较大改革。随着市场经济的不断发展，人事制度也正在适应这一要求，越来越开放，人才流动的机会将会越来越多。首次择业未成功或未能如愿，还可以有第二次、第三次甚至更多的择业机会，人才市场将会为毕业生提供更为广阔的择业前景。

3.3 上班前应做好的准备工作

毕业生从校园迈入了社会，正如校园和社会有着较大的差异一样，毕业生对职业的理想和职业中的实际情形间存在着差距、冲突和矛盾，新的环境可能带来兴奋的心情，兴奋之外还有少许的好奇和一点点的畏惧。面对即将开始的职业生涯，如何尽快在职业初期适应工作？应该如何尽快从大学生的角色转变成职业角色？上班初期应注意哪些问题？如何处理好同事之间的人际关系呢？

3.3.1 了解所在行业的特点

1. 了解行业特点的意义

俗话说“女怕嫁错郎，男怕入错行”，行业的选择是成就每个人事业成功的基础。因此，不论学什么专业的学生在找工作时首先要了解所在行业的特点，只有清楚所学专业在所属行业或自己想从事工作在所属行业的特点，才能清楚行业的要求与自己的特长或爱好、兴趣是否相符。大学生所选的任何专业本身没有实质性的优劣之分。对专业的评价只是一些人的好恶观点，也使一些社会上需要的专业蒙受诸多的不白之冤。

2. 了解行业特点的途径

可以通过以下几个途径了解行业特点。

1) 通过网络了解行业特点

如今计算机网络已得到了广泛应用，可以通过网络查询自己想了解的信息，当然每个行业对人才的需求、未来发展的方向以及行业的特点也是应有尽有。

2) 通过亲戚朋友了解行业特点

每个同学的亲戚或朋友所在的公司、所从事的行业都是多种多样的，他们对自己所从事的行业都有或多或少的见解和感触，对自己的行业也有不同程度的认识，因此，他们的一些看法或想法可以用以指导我们来选择行业。

3) 通过学校的就业指导中心了解行业特点

单一的专业已不能适应社会的发展，更不利于学校的发展，现在的大学里专业繁多，每个学校的就业部门了解所开设专业将来的职业面向，这些专业所在行业对人才的要求以及行业的特点，通过就业部门的老师可以了解自己所学专业在所在行业的特点。

4) 通过工商业联合会了解行业特点

工商业联合会可以说汇集了不同性质、不同行业的企业，毕业生可以到联合会去咨询相关行业的特点。

5) 通过人才市场、人事代理机构了解行业特点

在人才市场、人事代理机构备案或是注册成为会员单位的企业很多，企业多也就意味着会涉及各个领域、各个行业，毕业生通过人才市场、人事代理机构可以了解到各个行业的特点，也可以了解到自己所在行业的特点。

6) 通过招聘信息了解行业特点

不论是网上的招聘信息还是现场招聘会的招聘信息，很多用人单位都会有一个本公司的简介以及公司在所在行业的规模、地位等以体现它们的竞争优势所在。毕业生只要在看招聘信息的时候多留意和细心一点，就能看出所在行业的特点。

3. 了解行业特点的具体内容

高职高专毕业的大学生对自己选择的行业要了解以下内容。

(1) 要了解行业的发展趋势。高职高专大学生对行业发展趋势的了解首先看该行业在国际、国内或者一个地区的范围内属于什么产业，是淘汰产业，还是朝阳产业？把国际局势，国内政策、形势结合起来，是政府支持、扶持的还是严厉禁止的行业？是有政策限制还是

没有限制？综合分析行业发展的前景。

(2) 要了解行业现状。了解分析该行业企业分布(是大是小？是多是少？)，企业经营是欣欣向荣还是日落西山？

(3) 要了解该行业市场需求。是国际市场还是国内市场？是城市市场还是农村市场？企业生产的产品是传统的还是新型的？是老百姓欢迎的还是不需要的？

(4) 要了解行业的人才需求。根据行业发展趋势进一步了解行业需求人才的状况。首先了解该行业需求人才的种类；其次了解目前从业人员有多少，他们的层次结构如何；最后了解该行业人才缺口多少，市场急需什么样的人才，具体职位要求等。

3.3.2 了解用人单位的基本情况

对于即将走上工作岗位的高职高专大学生来说，只有更多地了解用人单位的情况，才能做到知己知彼。

1. 了解用人单位的具体情况

一般来说，我们需要了解用人单位的以下情况来帮助我们分析判断。

1) 了解用人单位所在的地理位置

了解用人单位的地理位置主要是了解其所处的具体位置，主要考虑它的交通便利情况，周围大环境、小环境情况，安全情况等。最好的办法是自己亲自到用人单位去考察。双选会或者人才市场上用人单位提供或者描述的环境可能与单位实际的情况有所不同，如果自己不去，有可能双方的理解会产生分歧，出现一些不必要的纠纷。

2) 了解用人单位对大学生的要求

小资料：用人单位对大学生的要求

现在一般的用人单位对大学生的要求是大同小异，总体上有以下几个方面。

一、思想政治素质要求

第一，要有较高的思想政治素质和高尚的品德。优秀大学毕业生、优秀学生干部、三好学生、优秀团员、团干、学生党员备受用人单位青睐便是证明。因此，高职高专毕业生必须具备良好的政治素质，即有坚定的、正确的政治方向，对社会、对祖国、对人民有高度责任感，以及要具体高尚的思想道德素质和精神境界、正确的世界观、人生观和价值观等。

第二，要有强烈的事业心和责任感。事业心是指干一番事业的决心。有事业心的人，才会热爱事业，开拓进取，刻意求精，把自己的理想、志趣与需要融合到平凡的工作中去，从中感到无穷的快乐。责任感就是要求把个人利益同国家和社会的发展紧密联系起来，树立强烈的使命感和责任感。

第三，要有高尚的人格魅力。这不仅是一种表率作用，而且是非权力影响下的潜在的精神熏陶。它包括坚忍的意志、顽强的信心、明确的目标、决断的魅力；豁达的性格、广博的爱心、宽容的胸怀；稳定的情绪、乐观的心态，能经受住各种挑战、舆论的压力和紧张的工作节奏；能用理智判断、调节自己的行为。

第四，要有新型的管理思维。大学毕业生或多或少都要参加管理工作，管理工作最需要知识、智慧和人品。管理不仅是设计制度来约束人的过程，而且还包括管理者本身人格魅力发挥作用的过程，这个二重过程相互作用，才能保证管理目标的成功实现。

第五，要有与人合作的精神。一滴水难以成沧海。任何人都是集体中的一员，只有大家相互支持与理解，才能组成一个强大的集体。现代社会不但需要集体和智慧的力量，还需要人们发挥协作精神。所以大学生千万不要自以为是，摆架子，要勇于去做艰苦的工作；到基层与群众结合，善于体会、理解领导的意图，特别是自己的专业领域，要提供几种方案供领导选择；敢于接受挑战和挫折，要有明智的得失观；不要嫉妒别人，嫉妒别人就是伤害自己。

二、知识素质要求

第一，要有扎实的基础知识。基础知识是知识结构的根基。高职高专毕业生无论选择何种职业，都少不了扎实的基础知识。近年来尽管科技发展迅猛，知识更新加快，但更新的绝不是基础知识。基础知识是知识更新的原动力。正如目前的高考科目设置，“3+X”中X可以是变数，但语文、数学、外语这个3是不变的。特别是随着我国加入WTO、世界经济一体化步伐的加快和社会主义市场经济体制的不断完善，高职高专毕业生就业已不可能再像以往那样“从一而终”，职业岗位随时变动的状况不可避免。要适应这些变化，高职高专学生就必须拥有扎实宽厚的基础知识。

第二，要有过硬的专业知识。高职高专毕业生毕竟是高校培养出来的从事专业性较强工作的中高技能应用型人才。因此专业知识应是其知识结构的核心部分，也是科技人才知识结构的特色之所在。所谓过硬，就是说职业院校学生对自己所要从事专业的知识学习要有一定的深度，不仅要有量的要求，更要有质的要求，对概念体系、理论体系、研究动态等都要有深入的了解，同时要兼顾其他相关知识领域。专博相济、以博促精已成为当前对高科技人才的重要要求。

第三，要有一定的其他知识技能。现代各种职业都要求从业者的知识“程度高、内容新、实用性强”。“程度高”是指知识量大、面宽；“内容新”是指从业者的知识结构中应以反映当今科学技术发展状况的新知识、新信息为主；“实用性强”是指从业者的知识在实际工作中有很强的实用价值。市场经济的发展进一步强化了企业及其员工的社会化功能，任何一个企业或员工都不可能再像以前那样只单一面对少数几个部门和经常打交道的几个人，都必须面对整个社会，不断地和“市场打交道”，并根据“市场”这张晴雨表不断地调整自己的行为。正因为如此，尽可能地掌握一些技能的员工就更为用人单位看重，这也就是“一专多能”，所以，诸如掌握书法、绘画、驾驶、公关、演讲等能力的大学生求职更容易成功。

三、能力素质要求

第一，要有社会适应的能力。大学生走出校园之前都有创造一番业绩的远大抱负，但他们在真正生活激流中奋勇前行的时候，会发现现实与理想有很大的差距，他们想干的事业的成败并不简单取决于他们是否肯干，还要受其他诸多因素的牵制和干扰，他们从未想过社会如此多变和复杂，从而产生不安和不满情绪。一个人适应社会的能力是其素质、能力的综合反映，适应社会能力的强弱是与他的思想道德、知识技能、活动能力、健康状况等紧密相连的。一般来说，各方面能力比较强、身心健康的大学生走上社会后，能够很快地适应环境、适应工作。即使是在比较困难的情况下，也能变不利的因素为有利的因素，通过自己的努力取得好成绩。

第二，要有良好的决策能力。所谓决策能力，就是对未来实现目标的决断和选择的能力。人们的决策过程，是一种活动的思维过程，其中心环节是选择，要对各种方案做出优劣判断，进行取舍。对于即将毕业的大学生来说，选择何种职业，选择什么样的生活方式，都是非常重要的问题，是对自己决策能力的一种检验。如果决策顺利，心理矛盾和冲突自然就小一些。因此，平时训练和培养自己的决策能力是十分重要的。培养决策能力要从小事做起，不要事事让别人拿主意，要养成多谋善断的思维品质，才能不断地提高自己的决策能力。

第三，要有良好的创造能力。创造能力是指人们在改造自然和改造社会的活动中所具有的发明创造力。创造能力人人皆有，只是水平高低、作用大小不同而已。培养创造能力必须做到以下几点。①有强烈的创造欲望和胜不骄败不馁的创造精神。创造欲望是创造灵感产生的催化剂和强大的驱动力，没有强烈的创造欲望，即使你知识渊博，那也只是一个知识库，决不会有什么创造成果。②有敏锐的创新精神，即突破“因循守旧”的观念和作风。事实证明，一切创新活动都是以创新精神为先导，并且伴随着创新精神推动创新实践活动的。③有批判、继承和开拓创新的精神。任何发明创造都是继承和创新相结合的产物，人们要有效地创新，就要继承和吸取前人的经验和教训。

第四，要有良好的社会交际能力。所谓社会交际能力，就是通过语言和非语言符号与他人传递思想感情与信息的能力。在现代社会中，培养良好的社交能力是一个人事业成功的重要条件。在社会上从事各项工作都需要一定的交际能力，许多事业成功者都是借助于良好的人际关系，促使自己的事业得以成功的。通过交往，可以使自己的设想和创造得到实践的检验和认可。大学生积极参加社会活动，是提高交际能力的基本途径。

第五，要有熟练的操作能力。实际操作能力，是专业工作者必须具备的一种实践能力。高职高专大学毕业生张某在大学三年的课余时间，几乎都花在拆修电视机、架天线、修电路开关等看似零散的工作上；甚至可以一个暑假不出校门，对自己的创意和灵感进行实际操作。校团委、学生会的大型活动、联欢晚会都少不了请他担任音响设备的总控制；而缺乏组织才能的他在担任声像协会会长一职之后，把悄无声息的协会搞得红红火火；作为广播站的机务，连续三年坚持每晚一丝不苟地检查设备。在毕业生供需见面会上，该同学拿着全国电子设计竞赛一等奖、省电子设计竞赛一等奖、全国数模竞赛二等奖以及各类竞赛发明的证书，叩开了深圳华为公司的大门，并且分配到了他十分喜爱而通常由博士生、硕士生占据的技术开发部。该同学在回顾大学生活时总结道："在大学三年的最大收获，就是给自己提供了充分锻炼动手能力的机会。"

因此，高职高专大学生为了提高自己的操作能力，应该多看、多练。看得多、接触得多，才有可能提高自己动手操作的技巧和能力。

第六，要有较强的组织管理能力。组织管理能力是指成功地运用管理者的知识和能力使团队整体达成工作目标的能力。现代科学技术已经综合化、社会化，科研规模日益扩大，协作趋势日益加强，这就有一个组织协调问题。同时，现代社会的科学技术高度发展，每一项工作完全依靠一个人去完成是不可能的，都有一个相互协调、相互配合的问题。尽管不是每个大学毕业生走上社会后，一定都从事组织管理工作，但是每个人将会在工作和生活中不同程度地需要运用组织管理能力。

第七，要有表达能力。表达能力是运用语言、文字阐明自己的观点或抒发思想、感情的能力，包括口头表达能力、文字表达能力、数字表达能力、图示表达能力等几种形式。我们强调的是一定要具备口头表达能力和文字表达能力。表达能力不仅在工作以后明显显示出其重要性，而且在毕业生求职、择业过程中也发挥着极其重要的作用，比如自荐信的撰写、个人材料的准备、回答招聘人员提出的问题、接受用人单位的面试等。可以说在求职这一环节上，表达能力的强弱直接影响择业的成败。

第八，要有竞争能力。每个人都有争强好胜心，从某种意义上讲，竞争是生物进化法则注入人们血脉的一种本能。到了现代社会，由于人们知识和技能的激增和强化，这种本能的潜质在人们身上变成顺利完成某种活动的明显的生理特征，因而也变成人们的一种能力素质。随着社会主义市场经济的进一步发展和完善，市场竞争更加激烈，而市场的竞争归根到底是人才的竞争。充满竞争的市场需要具有竞争力的人才。作为当代的大学生，如果不懂得竞争，不具备竞争能力，在竞争的激流中不进则退，随时有被淘汰的危险。

四、身心素质要求

第一，要有健康的体魄。因为健康的体魄是人才的物质保证，是从事职业劳动必须具备的前提条件。特别是现代社会，工作高效率，生活快节奏，对从业者的身体素质要求越来越高。没有健康的体魄就不能为社会作贡献，更谈不上实现自身的价值。

第二，要有良好的心理素质。一个人如果仅仅身体健康而心理素质不过硬，那不算完全健康的人。21 世纪是知识化、信息化时代，我们不仅要面对高强度、快节奏的学习、工作和生活，还要面临各式各样的挑战和竞争，只有具备良好的心理素质，才能经受住失败和挫折。

3) 了解用人单位的工作性质、工作条件和待遇情况

高职高专毕业的大学生在择业的时候，详细、认真、全面了解用人单位的各方面情况，

尤其是了解不同性质的用人单位的工作性质、工作条件、待遇情况，显得十分重要，因为它是大学生们关注的重点。

小资料：怎样看待国有大中型企业

对于高职高专大学毕业生来说，国有大中型企业有着良好的发展空间。因为国有大中型企业每年人才的需求量很大，部门、机构较多，而且相对来说，大中型企业成才环境比较好，领导干部水平较高，集中的优秀人才也比较多，能和他们一起工作，知识视野宽阔，会学到很多知识和经验。有些同学担心进入以后人才济济，没有出头之日。其实担心是多余的。只要你详细了解了单位的人才结构、发展的前景和使用意图，增添几分自信，就一定会有成就。也有的同学担心大中型企业经济效益不好，个人的收入不高。应该看到，随着改革的深入，这种差距正在逐步地缩小，加之从我国的布局来看，大中型企业一般都是受政府支持、扶持的，只要通过内部机制的改革和完善，其经济效益必将发生可观的变化。还有的同学担心进不了大中型企业。当然“双向选择”不能一厢情愿，但企业人员需求量大，相对机动性也大，只要你是一个有准备的人，机会会青睐你的，成功的机会也会很大。

一、怎样看待集体企业

现在很多高职高专的大学生在择业的时候总爱问某单位是国营的还是集体的，若是集体企业大多不愿意去，怕自己福利待遇不好，收入得不到保障。其实这是对集体企业不够了解产生的顾虑。在集体企业中中小企业较多，与大中型企业相比较，集体企业具有自筹资金、自我积累、投资少、见效快、收益大、容纳劳动力多等优势。对于高职高专的大学生来讲进入集体企业更合适。因为集体企业人才普遍缺少，同学们进去以后，迅速进入挑大梁的角色，很快出成果，自身的价值很容易体现出来。同时随着市场经济的建立和发展，人才市场的建立和完善，集体企业和大中型企业在各方面日趋接近。

二、怎样看待私营企业

私营企业是改革开放的产物，发展势头迅猛。从国家的宏观政策来看，政府大力支持私营经济、民营经济的发展。私营经济之所以异军突起，主要是企业科技含量不断增加。高职高专的大学生到私营企业工作主要考虑：一是待遇较高，充分体现按劳分配，但风险较高；二是大多私营企业福利条件较好，但少数企业对员工不注意劳动保护；三是私营企业生产、经营等机制很灵活，但也体现出随意性较大，员工没有多少归属感和安全感。

三、怎样看待“三资”企业

高职高专的大学生如果要选择“三资”企业工作，那么首先要考虑自身的条件和素质。一般说来，“三资”企业是大学生求职的热点，因为待遇较好，企业发展空间大，有很好的培训体系，但竞争也更为激烈，所以对人才的要求也十分的严格和挑剔。如果你确实具备了相关的条件，不妨试一试。

2. 收集用人单位的信息

从现有总体形势看，就业市场劳动力供大于求。如果你是一般的求职者，用人单位不可能主动与你联系，主动与用人单位保持接触，对于本人录用和上岗后从事具体工作也是大有益处的。激烈的就业竞争就是没有硝烟的战场，古人在打仗前都要做细致的谋划，因为战略是决定战争胜败的大事。在求职应聘的过程中，做到主动而不盲目，知己知彼，了解用人单位的情况尤为重要。

对面临求职择业的毕业生来说，最关心的莫过于能及时得到更多的用人单位信息。从一般意义上讲，谁能拥有更多、更有效的用人单位信息，谁将赢得择业的主动权。因此，毕业生应当及时、全面地掌握用人单位的基本情况，并认真地对这些信息进行筛选和整理。

事先了解并收集用人单位信息，对自己未来在该单位的工作作一番模拟，可以增添应聘的信心，同时建立起与用人单位的良好沟通，准确地将对方需要的信息传递给对方，在竞争中占据优势。

鉴于目前一些非法组织打着招聘的幌子搞非法活动，不少企业在签约前的许愿和日后待遇的落差极大，深入了解企业的情况，可以帮助刚踏入社会的大学生规避风险，寻找到满意的工作。

3. 信息收集的途径

由于大学生在就业的同时要兼顾学业，职位的信息往往又有突发性，怎样才能在有限的时间内，获取对自己最有用的信息呢？收集信息在时间上宜早不宜迟，就业信息的时效性特别强，谁获得信息越早，谁就越主动。目前毕业生收集用人单位信息一般通过以下几个途径。

1) 校内主管部门

通过本校的就业指导中心了解用人单位的情况。利用学校举办的就业指导课、信息发布会等途径获取信息。从学校得到的用人单位基本情况可信度较高，其针对性、准确性、可靠性都较强，无论从哪个角度来看，学校都应是收集用人单位基本情况的主渠道。因为就目前的就业机制看，学校是连接大学生就业工作所涉及的有关对象的核心环节，他们既与毕业生就业工作所涉及的各级主管部门之间保持着密切联系，同时也是用人单位选录毕业生所依赖的一个主要窗口。这一特定的位置，使他们对就业信息的占有量大于任何一个部门，同时其所掌握信息的准确性、权威性也没有任何一个部门可以与之相提并论。

2) 毕业生就业市场

毕业生就业市场是专门为毕业生提供服务的，它收集了各用人单位的基本信息，毕业生在该市场查询到的需求信息也是比较准确的。为做好每年的毕业生就业工作，各地方、各行业都要举办规模大小不等的“人才市场”，这些“人才市场”所容纳的毕业生需求信息量非常之大，还可使毕业生和用人单位直接洽谈，相互了解情况，有不少毕业生就是通过这一途径确定工作单位的。

3) 实习机会

在不影响学校正常教学工作的前提下，特别是利用假期通过到单位实习、参加社会服务等社会实践活动有意识地收集就业信息。实习单位一般都是对口单位，通过实习，你对单位的了解或单位对你的了解都会比别的需求信息更具有质的含量。如果说实习单位有意进人，很可能你就是其要考虑的第一个对象。通过实习落实就业单位的毕业生每年都有不少。

4) 家长和亲朋好友

在找工作时，应该把你的求职意向、你的求职信大致情况告诉你的一些亲朋好友，让他们帮你留意一下用人单位信息，如果有合适的单位空岗信息，让他们及时告诉你。毕业生也应该对信息进行必要的分析、筛选和整理，并结合自己的实际情况，从中选择自己的择业主攻方向。有许多人好面子，求职时，不把自己的情况告诉任何人，这样，你可能会失去许多获得用人单位信息的机会。其实，托熟人帮你找工作不等于走后门，并不是可耻的做法，相反，这是符合市场经济竞争规则的，是一种成功率很高的求职渠道。

5) 计算机网络，有关就业指导的报刊、图书、广播、电视

计算机网络是毕业生在信息时代搜集信息的一种高效、便利的途径。已有不少省、市和高校都建立起了毕业生电子信息网络。这些网络大多并入了国内各大网站，毕业生既可从中查阅到用人单位的基本情况，又可以将个人求职材料输入网络系统，供用人单位在招聘时参考选择。目前，我国许多高校均建立了自己的 Web 网站，上网已不是难事。只要申请了相应的账户，就可以通过校园局域网或学校附近的网吧上网查询。另外《毕业生就业指导》报、《大学生就业》杂志以及各院校的校报等，在毕业生求职择业的关键时期都发布用人单位的需求和单位的基本情况介绍。

3.4 工作初期的角色转换

3.4.1 “学生”与“员工”角色的转换

毕业生工作初期需要的转化角色，亦称社会角色，是指个人在特定的社会环境中相应的社会身份和社会地位，并按照一定的社会期望，运用一定的权力来履行相应社会职责的行为。父母、子女、工人、农民等都是社会角色，学生、员工也是两类不同的社会角色。在任何特定环境下，我们都扮演着不同的角色。作为学生来说，在学校里其角色就是学生，长大成人，离开校园进入社会则扮演着其他的角色，此时员工这一角色是一个让人寻味的角色。角色意识使个体随条件或情境的改变而转换角色，当学生变成员工的时候，我们就不能再以学生时代的思想、行为去做一个员工，在学生到员工的角色转变过程中，就会存在一个逐步适应角色的过程。

1. 学生到员工角色转变过程中存在的主要问题

先从角色任务说起。学生在校的角色任务之一就是学习，员工在职的角色任务之一则是工作，然而，从学习毕业到工作的转变过程实际上是一个从学到做的转变。在这个转变过程中，并非如己所愿都是那么的出色，也不是我们所认为的和学习那样“功夫不负有心人”。现实生活往往与学习环境存在着很大的差异，因而造成在这个转变过程中存在着一些问题。影响这一角色转变的因素主要有以下几个。

1) 社会需求的影响

中国是一个拥有众多人口的国家，在当今这个社会中，需求市场趋于饱和，然而毕业生人数远远超于需求人数，过大的就业竞争压力，势必影响着学生在就业上的一种心态。这种影响有好的方面，也有弊端。好处是可以从另一个角度增强学生在校读书时的自觉性，从某种程度上对学生成长起到一个很好的促进作用。弊端则是社会就业压力过大对学生心态的影响，造成部分学生感到前途渺茫，或适应社会时感到过度紧张，如果不能加以指引与调整，也会间接影响角色的转变。

2) 价值定位的影响

在学校，简单地一个好学生评价标准就是学习好、品德好，各方面均衡发展；而在工作中，员工评价标准是什么呢？是动手能力强、能够很好地处理工作中遇到的问题、效率高等一系列标准；这一系列的标准是无法完全等同于在校成绩好、品德好等标准的。这样的评价体系错位，增加了毕业生适应社会的难度。不熟悉社会评价体系的毕业生常常面临这样的问题：毕业前总是雄心勃勃地想大干一番，认为凭自己的学识水平能得到较好的职位、较高的薪酬。然而当身临职场，傻眼了，头晕了，盘旋在脑海中的只有一个问题，“为什么会是这样？”接着工作没有了信心，继而不认真对待……

价值定位该怎样定？为什么当今大学生价值定位都偏高？如今大学生比比皆是，自己的价值定位在哪里？这是值得每一个大学生认真思考的问题。准确的价值定位需要大学生对自己所扮演角色有清楚的认识，即：员工不再是学生，不能再用评判学生的标准来定位员工角色。

3) 心理素质的影响

现在很多学生都是独生子女，大都从小就备受长辈们的呵护，多数家庭尽可能为孩子提供更好的学习与生活环境。然而社会是残酷而现实的，从学校毕业走上工作岗位的那一刻起，一切都得靠双手来证明自己。就业竞争压力、工作压力、生活压力等会使得很多刚工作的学生感到力不从心，不知所措，进一步导致心态的不稳定。大学生如果没有良好的心理素质，部分同学就会选择以逃避的态度来对待，影响到自己的角色转变。

4) 社会经验的影响

现在很多用人单位不是不要应届毕业生，而是不敢要。因为相当一部分应届毕业生的价值定位过高，他们不屑于一些中小型公司；由于心理素质的差异，他们有的过分自信，也有的过于自卑；没有工作、社会经验的他们遇到一点点挫折就会失落、气馁，甚至放弃。如今的工作岗位需要人才，同时不管公司规模的大小，多多少少都会对员工进行岗前培训，其目的是：①让员工能尽快熟悉公司，熟悉业务；②在培训期间，可以基本掌握员工的特性。对于应届毕业生来说，择业期望值较高，动不动就离开。有一位老总曾这样说过："现在的大学生就是心太高，吃不了苦。他们就没想过刚毕业的他们一无所有，对职位、薪资要求低一点，在最初的2～3年时间里积累大量的工作经验。时间到了，各方面的要求也就高了，一翻身就可以拿几千甚至上万。他们就是沉不住气，心太高啊……"

2. 完成学生角色到员工角色的转变

为了更好地完成学生角色到员工角色的转变，应注意如下几点。

(1) 培养良好的学习习惯，认识文化的多元性，懂得求知的真正目的在于创造。在校学生要自觉培养广泛学习各方面知识的习惯，用渊博的知识丰富自己。对于当今大学生而言，如果只是一味地钻研专业，在毕业选择工作时，就会有很大的限制，也会显得无所适从，因此，从进校起就要培养学习各方面知识的习惯。

(2) 培养良好的交际能力。把学校看做一个社会，学会良好的人际交往。通过加强与同学之间的沟通与交流来锻炼自己。很多事实表明，性格孤僻、害怕社交的同学往往在工作中不能很好地展现自己，不能把自己的才华推销给领导，自然也不会受领导重视，因此我们在校期间不能仅仅凭自己的好恶决定与谁交往、不与谁交往，而是要学会与各种人打交道。

(3) 树立正确的价值观，给自己一个正确的价值定位。从职业辅导的角度看，正确的价值定位就是了解自己的身体和心理特点，身体方面包括对自己身体素质的认识，心理方面则包括对自己智力、能力、理想以及价值观的认识，了解自我概念形成的基础，这也是职业选择的重要依据。

(4) 学会了解职业，置身其中才会体会其味。对职业的态度是建立在对职业的认识基础之上的，包括对国家的就业政策、劳动力市场的供求以及对可从事职业的性质、任职资格、报酬、优缺点的认识，通过多次参与职业招聘会来了解政策，在实践中寻找方向与目标。

(5) 发展健全的职业自我概念。职业自我概念的发展源于学生对自我的认识及对工作的认识，在此基础上形成个人对职业的态度、对劳动的态度、职业责任感、社会责任感以及道德和职业价值观。学生只有发展了健全的职业自我概念，才会根据自己的身体和心理特点、个人能力及价值观来选择相应的职业，实现自己的职业理想，轻松地从学生转到员工。

(6) 树立在工作中的自信。如果你认为自己是很优秀的，这种感觉就会从你的表现中自然流露出来，传达给对方，从而让对方感觉到你的价值的存在。自信心的建立是很关键的，在成功的背后有多少次失败是不为人知的，事实证明，只有在失败后不断总结提升自己，建立自信心才能走向成功。所以，建立自信心，在工作中能使自己发挥得更好。

同时，正确处理择业中遇到的挫折，树立良好的心态，在工作生活中不断地充实自己，这些都对角色转变有着较好的作用。

3.4.2　学会处理好工作中的人际关系

在工作中建立良好的人际关系对我们适应社会有着积极的推动作用，它可以尽快地使人们消除陌生感，适应人际环境；可以使人们工作顺心，生活愉快；可以使人们保持心情舒畅，心理健康；可以使人们增强团结，有利于集体。良好的人际关系的建立是受多方面因素影响的：时空接近的程度、交往频繁的程度、个性相容的程度、态度相似的程度、需求互补的程度等。处理好人际关系的关键是要意识到他人的存在，理解他人的感受，既满足自己，又尊重别人。

1. 建立良好的人际关系要把握的原则

为建立良好的人际关系要把握以下原则。

1) 真诚

真诚是打开心灵的金钥匙，因为真诚的人会使人产生安全感，减少自我防卫。越是好的人际关系越需要关系的双方暴露一部分自我。也就是把自己的真实想法与人交流。当然，这样做也会冒一定的风险，但是完全把自我包装起来是无法获得别人信任的。

2) 主动

主动对人友好，主动表达善意能够使人产生受重视的感觉。主动的人往往会令人产生好感。

3) 良好的交往动机

人们之间的善意和恶意都是相互的，一般情况下，真诚换来真诚，敌意招致敌意。因此，与人交往应以良好的动机为出发点。

4) 平等

任何好的人际关系都让人体验到自由、无拘无束的感觉。如果一方受到另一方的限制，或者一方需要看另一方的脸色行事，就无法建立起高质量的人际关系。

最后，还要指出，好的人际关系必须在人际关系的实践中去寻找，逃避人际关系而想得到别人的友谊只能是缘木求鱼，不可能达到理想的目的。

2. 建立和谐人际关系的基本方法

为建立和谐的人际关系，应采取以下基本方法。

1) 提高自身素质，培养自身能力

社会心理学的理论认为，一个人的能力大小与他受人喜欢的程度有密切联系。一般来说，在其他条件相当时，一个人的能力越强就越受人喜欢。

刚刚走上工作岗位的大学生，首先应当努力钻研业务知识，提高自己的业务能力，以求尽快地适应工作环境，认清工作性质，熟悉工作程序，做出工作成绩。这是赢得同事赞誉和领导信任的基本条件，也是建立和谐人际关系的基本前提。毕业生最需要注意的是，在职业岗位上要谦虚踏实，不要自以为是。往往一些人在刚刚走上职业岗位后，看不起别人，眼高手低，放不下架子虚心学习，结果自己的书本知识用不上，实践能力又没有，反而被别人看不起。这样的互相看不起、互相不相容、互相不喜欢就必然导致人际关系的紧张与不和谐。

2) 表里如一，增强自身魅力

美丽的外貌在人际吸引中具有非常重要的作用，往往会产生光环效应，给人愉悦感和满足感，使人产生好的印象。

毕业生初到工作岗位，要注重自我仪表，适当地打扮一下，使自己的外貌尽可能地漂亮起来，避免拖拖拉拉，毫不讲究，使人生厌。然而，外貌不是万能的，随着人际交往的不断深入，外貌的作用会不断减弱。人们在注重外貌的同时，会更加注重人的道德品质，因此毕业生在塑造良好外表的同时，应当尽力美化心灵，做到表里如一，以内在美的更大魅力，赢得更持久的、更深层次的喜爱与接纳，建立良好的人际关系。

良好的道德品质和内在美主要包括以下几个方面。

(1) 尊重他人而不清高。初到单位，应当把每一个人当做自己的老师，不管他的职务尊卑、收入多少、年龄大小和文化高低，要尊重他们的人格和感情，尊重他们的劳动和成果，虚心请教；不要狂妄自大地摆架子。尊重他人才能做到自尊自重，赢得他人的尊重。这样也容易建立和谐的人际关系。

(2) 平等待人而不厚此薄彼。在待人问题上，大学生切忌以貌取人、以等待人，把同事分成几个等级。有的人见了领导点头哈腰，见了群众置之不理；对自己有用的人关系密切，而对用不着的人就疏远不理，这些是极其有害的。

(3) 热心助人而不见利忘义。在同事有困难时应当伸出热情的手给予帮助，而不能袖手旁观，坐视不管，更不能落井下石，见利忘义。患难见真情，热情帮助他人的人才会得到别人的帮助，才会赢得别人的认可和赞扬。

(4) 诚实守信，对人真诚。只要对人真心实意而不三心二意，言行一致而不口是心非，即使在交往中发生一些误会和矛盾，也会冰消雪融，达成和解。

3) 主动随和，心胸宽阔

人们之间的喜欢经常表现出相互的特性，即人们喜欢的往往是那些喜欢自己的人。因此，要想让别人喜欢你，首先你要喜欢别人。

大学毕业生在平常的交往过程中，首先要谦虚随和、平易近人而不故步自封，这样才会给人一种容易亲近的感觉，大家才乐意和你交往，彼此交往才会愉快舒畅。只有这样，才能获得各种知识，以他人之长补己之短；才能扩大视野，增长见识，不断提高自身素质。

其次，要严于律己，以各种道德规范和行为准则严格要求自己；要宽以待人，对人宽容大度，多一些理解和谅解，而不斤斤计较。比如，在工作中出现失误或者过错时，要勇于剖析自己，主动承担责任；当同事做错了事或者造成损失时，要善意地指出，热情地帮助。这都是律己宽人的表现。总之，只要心胸宽阔，坚持以严格的规范要求自己，以宽厚的态度对待别人，就一定会建立起和谐的人际关系。

4) 与人相处，切忌独来独往，孤陋寡闻

空间上的邻近是人们之间相互吸引的重要条件，人们会因为频繁的接触而非常熟悉，从而相互喜欢。熟悉是喜欢的重要条件，所以邻近的人最容易成为朋友。

初到一个新环境，走上新的职业岗位，大学生们要适应它，就要以一个积极的姿态来应对它。由于性格、爱好、生活习惯和生活方式的不同，一些大学生一开始会有些“不合群”，表现出与他人的志趣不相投，很难与人相处，经常独来独往，孤陋寡闻，其结果往往导致人际关系的疏远。即他对单位的人和事知之甚少，别人对他的了解几乎没有。这样的人在单位中的人际关系是不会和谐的。

5) 尊重上级，服从安排

人的互补性可以使双方相互喜欢。如果要在两者之间建立起良好的人际关系，就要求双方互相能够满足对方的要求。

下级和上级的关系就是带有互补性的。作为下级的大学毕业生，要与领导这一特定的人(群体)建立一种和谐的关系，要尊重领导，自觉地服从工作安排，力争圆满完成领导交代的任务。对于确实难以完成的任务，或者领导的不是，要维护领导的威信，不要当众拒绝领导的安排，而要事后向领导单独解释，这样就会得到领导的肯定，处理好与领导的关系。

练　习　题

1. 你觉得自己是否存在心理误区？如果有，你打算怎样走出心理误区？

2. 根据本章有关内容，结合自身实际，为自己制定一份职业目标书(内容包括职业目标、自身所具备的就业条件等)。

3. 选择一家本地的知名单位，到网上或者到单位实地查找以下有关信息。

单位的发展目标：________________

单位的组织机构：________________

员工人数和层次结构：________________

主要产品和售后服务：________________

单位文化和理念：________________

员工待遇：________________

员工培训发展情况：________________

4. 通过本校的就业指导中心联系本校毕业的2～3名同学采访他们，通过他们切身的经历谈谈在从学生到职业人的角色转换过程中应该注意哪些问题。

采访人:　　　　　　　　　　　　被采访人:

采访时间:　　　　　　　　　　　采访地点:

谈话要点:

第4章　高职高专毕业生就业前的知识及能力准备

随着市场经济的发展，目前高职高专的就业制度，已经从以前的“统包就业”模式向“自主择业”模式转变，与此相配套，各地区和各高职高专纷纷举行“人才招聘会”和“毕业生双选会”等，通过引进竞争机制来落实毕业生就业单位。全国每年都有几十万应届大、中专毕业生需要就业，再加上下岗待业的职工，可见，大学毕业生就业方面的竞争压力是可想而知的，这要求高职高专毕业生面临就业时，要增强竞争意识，树立正确的就业观念，尤其重要的是，高职高专的毕业生在择业前应该做好知识和能力两方面的准备。

4.1　毕业生就业前的知识准备

用人单位在考核、挑选毕业生时，不仅重视应聘者的专业水平，而且还十分重视应聘者基础知识面的广泛性、计算机水平和外语水平，甚至还有应聘者的社会知识等。所以高职高专毕业生要想在激烈的人才竞争中获胜，就必须注重就业前的知识准备。

毕业生首先要有扎实的基础知识和熟练的专业技术。扎实地掌握宽厚的基础知识，不仅可以提高对事物的分析能力，而且可以按照自身生理、心理规律的特点，更好地完成毕业后的后继学习，也就是终身学习。专业知识是从事岗位工作最直接的知识。随着科学技术的进步，知识在不断地更新，应加倍努力学习；注意本专业学科发展脉搏，及时了解和努力掌握最新学术动态，使所学专业知识保持在学科专业的前沿。首先，毕业生要通过毕业实习、毕业论文、毕业设计、社会实践等活动，进一步查找自己在知识积累、掌握和运用等方面的薄弱环节，抓紧时间充实和完善自己的基础知识和专业知识。同时，还要根据社会需要来调整自己的知识结构，拓宽知识面，以增强自己的适应能力。其次，要将多年积累起来的零散的知识进行分类和整理，围绕自己既定的就业目标，对自己所掌握的知识进行合理组合、恰当调配，使其形成一个有层次的、可协调发展和更新的动态结构。最后就是尽可能地将理论知识运用于实际。只有这样，才能使自己的知识积累转变为解决问题的能力。利用在校形成的良好学习习惯，不断对自己的知识体系进行补充和更新，以增强自己的竞争能力。

4.1.1 学历文凭与职业资格证书是高职高专毕业生求职的基本条件

1. 双证书制度概述

当前，我国职业教育实行双证书制度，即职业院校的毕业生应取得学历和技术等级或职业资格两种证书。双证书制度主要面向各类大中专院校、技工学校、职业高中、就业训练中心和职业培训机构的毕(结)业生。

我国职业教育双证书制度的提出和建立，始终得到了党中央、国务院的高度重视和大力支持。而且一些法律法规和政策都规定了实行双证书制度的要求，如：1999 年 6 月，《中共中央、国务院关于深化教育改革全面推进素质教育的决定》，再次重申要在全社会实行学业证书和职业资格证书并重的制度。

小资料：双证书制度

目前，各地区的高职高专为了提高学校的就业率，高职高专院校和教育部纷纷推行双证书制度。让我们看一下各大高职高专和教委如何看待双证书制度。

重庆市教育局高教处胡斌介绍，为提高高职学生的就业竞争力，重庆市教育局与市劳动和社会保障局在 2002 年联合下发了“关于在重庆高等学校学生中实行职业资格证书制度的通知”，要求 2003 年在机械工程、机动车工程、计算机、电子信息、商贸管理及服务、健康护理、公关文秘、旅游服务、社区服务等 9 个大类专业开展大学生职业资格证书工作。

兰州石化职业技术学院张满效处长认为，现代学校教育面临的主要问题，是使受教育者掌握技能、学会生存与工作。该学校通过反复论证和多年实践，确立了双证制教学模式。这种模式的效果非常显著，一是提高了学生的取证率，二是增强了学生学习的积极性，三是增强了学生在企业的自信心，四是增加了学生的就业机会。

浙江工业职业技术学院党委书记、院长卢仁华认为，培养制造业高职人才，就一定要让学生真正地动手去做。该学院确定了上岗就业“零过渡”的高等技术应用型人才的培养目标，并将“高职学历+普通车工中级+数控操作中级”的“三证书”人才确定为合格毕业生的必备条件，同时努力培养优秀毕业生成为“高职学历+高级工”的高技能人才，以适应社会需求。

教育部有关负责人指出，双证除学历证书外，不仅包括劳动部门的技术工人系列职业资格证书，也包括人事部专业技术系列的职业资格证书，还应该包括其他行业部委的职业资格证书。与此同时，高职高专院校应该与劳动部门、人事部门以及其他行业部门积极开发新领域的职业资格证书，参与到标准的制定中去，把教学计划和证书标准有机结合，用证书推动培养模式的改革，推动教学内容的改革。教育部表示，今后将通过评估等手段，引导和促进学校主动与劳动、人事以及行业、企业的职业技能鉴定相结合，改革课程体系和培养方式方法，使学生一专多能，在毕业时可以取得一个或几个职业资格证书，增强学生的就业能力，力争 2006 年 80%以上的学生能取得双证，3 年内有 90%以上的高职高专学生取得双证。

检验高职高专院校核心竞争力的标准是社会和用人单位对学校和学生的认同度。因而，首先，学校应该具有服务意识、市场意识，为学生提供培训机会。其次，学校为培养“灰领”人才，需要进行教育教学改革。所谓“灰领”人才，就是既能动脑又能动手，具有较高的知识层次、较强的创新能力，掌握熟练的新兴技能，为社会基层和生产一线培养高级技术应用型人才。它兼有“白领”和“蓝领”的共同特征，对于这类人才的培养，我国尚无一套成熟的经验可以借鉴，需要学校自己去实践和创造，这是广大高职高专进行教育教学改革的重大挑战。

2. 实行双证书制度的重要性

20 世纪 90 年代初以前，我国能够接受高等教育的学生的数量很少。因此，社会在衡量一个人是不是人才时，往往把是否拥有大学学历作为一个重要的标准。国内对于学历教育一直存在着盲目的注重和崇拜，尤其是一些用人单位在招聘时，只看中求职者的毕业院校，这样从事实上颠倒了学历证书和职业资格证书的重要性。

但是如今，拥有高等教育经历的学生越来越多，社会上人才学历水平的差异性也越来越小。在大家拥有相同或相近的学历文凭资格的时候，人才的实用性就逐渐凸显出来。这样一来不少企业在招聘的时候，也开始转变观念，不去过多地关注求职者的学历，而更看重其实际能力。那么社会拿什么来衡量人们从事某项工作的实际能力呢？职业资格证书的重要作用也随即显现出来。

用人单位的用人观念的转变，对高职高专院校的毕业生是有很大的好处的，学生应该抓住这个有利机会，在校期间多拿职业资格证书。

目前，随着市场经济的发展和社会市场的需求，国家提出了要实行双证书制度，这也是高等教育自身特性的需求。

1) 实行双证书制度是国家教育法规的要求

几年来国家在许多法规和政策性文件中提出了实行双证书制度的要求。

1993 年党的十四届三中全会首次明确提出，我国要实行学历文凭和职业资格两种证书并重的制度；同年，党的十四届五中全会做出的《中共中央关于建立社会主义市场经济体制若干问题的决定》要求：“要制定各种职业的资格标准和录用标准，实行学历文凭和职业资格两种证书制度。”

1994 年颁布实施的《劳动法》规定：“国家确定职业分类，对规定的职业制定职业技能标准，实行职业资格证书制度，由经过政府批准的考核鉴定机构负责对劳动者实施职业技能考核鉴定。”

1995 年，《国务院关于〈中国教育改革和发展纲要〉的实施意见》指出：“在全社会实行学历文凭和职业资格证书并重的制度”；1996年颁布实施的《职业教育法》规定：“实施职业教育应当根据实际需要，同国家制定的职业分类和职业等级标准相适应，实行学历证书、培训证书和职业资格证书制度”，并明确“学历证书、培训证书按照国家有关规定，作为职业学校、职业培训机构的毕业生、结业生从业的凭证。”

1998年国家教委、国家经贸委、劳动部《关于实施〈职业教育法〉加快发展职业教育的若干意见》中详细说明：“要逐步推行学历证书或培训证书和职业资格证书两种证书制度。接受职业学校教育的学生，经所在学校考试合格，按照国家有关规定，发给学历证书；接受职业培训的学生，经所在职业培训机构或职业学校考核合格，按照国家有关规定，发给培训证书。对职业学校或职业培训机构的毕(结)业生，要按照国家制定的职业分类和职业等级、职业技能标准，开展职业技能考核鉴定，考核合格的，按照国家有关规定，发给职业资格证书。学历证书、培训证书和职业资格证书作为从事相应职业的凭证。”

1999年，《中共中央、国务院关于深化教育改革全面推进素质教育的决定》提出：要“在全社会实行学业证书和职业资格证书并重的制度。”

2001年，《国民经济和社会发展第十个五年计划纲要》明确提出：“全面推行劳动预备制度和职业资格证书制度。”

2002年，《国务院关于大力推进职业教育改革与发展的决定》指出：要“完善学历证书、培训证书和职业资格证书制度。”

2003年，《中共中央国务院关于进一步加强人才工作的决定》要求：“完善技能人才的职业资格证书制度，推进技师考评制度改革。”

2004年，经国务院同意，《教育部等七部门关于进一步加强职业教育工作的若干意见》明确提出：“完善就业准入制度和职业资格证书制度，积极推进职业院校学生职业资格认证工作。”

以上这些，为实行双证书制度提供了法律依据和政策保证。

2) 实行双证书制度是社会人才市场的要求

随着社会主义市场经济的发展，社会人才市场对从业人员素质的要求越来越高。根据四川成都历届冬季人才“双选会”等人才招聘市场的统计信息显示，拥有大学学历证书和职业资格证书的“双证”应聘人员，始终是用人单位青睐的对象，其求职成功率往往高达80%以上。这说明用人单位对劳动者职业技能和专业理论知识一视同仁。这种现象从一个侧面反映了以往我国在人才培养方面推行的单一学历文凭证书制度的缺陷，即“重视理论知识、轻视操作技能，重视学历文凭、轻视工作经验”。双证书制度正是为弥补这一缺陷而探索的职业教育模式。

以前用人单位只重视学历文凭，导致有可能会出现这样一种情形：某个应聘人员理论知识非常丰富，但在实际工作中不知道如何把理论知识与实际情况结合起来，死板的书本知识遇到实际问题时显得格外苍白。现在，用人单位转变观念，需要应聘人员职业能力强，上岗快，特别是对高级实用型人才的需求更讲究“适用”和“效益”。用人单位为了减少用人风险和招工成本，往往在招聘广告中注明：“持有本科文凭证书和职业资格证书者，优先录用”，“参加面试请带大学毕业证书、职业资格证书及相关资料”，“诚聘通过正规高等教育和职业资格考试的专业人才”……

3) 实行双证书制度是高职教育自身发展的需要

由于目前我国高等职业教育还处于发展初期，高职高专招收的学生相对于其他高等学校，高考录取分数线普遍偏低。如何培养这部分学生，怎样使他们得到社会的认同，这是高职高专院校生存和发展必须面对的问题。如果说普通高校的培养目标多是学术型、研究型人才，高职高专培养的则应该是应用型人才、复合型人才，培养的是“高级蓝领”。高职高专的毕业生不需要他们有多么系统高深的理论，需要他们掌握过硬的专业技术。输送这样理论知识和实际动手能力的高度结合的人才去充实我们的产业劳动力大军，正是高等职业教育的职责和使命所在。而技术等级证书或职业资格证书正是高等职业院校毕业生能够直接从事某种职业岗位、具备岗位实际能力的证明和体现。

小资料：北京电子科技职业学院校长李振华访谈录

记者：目前社会上对文凭还是相当看重的，高职高专出来的学生在就业时会不会遭遇冷眼，出现难以就业的局面？北京电子科技职业学院的就业率如何？

李振华：我院今年的就业率已经达到 98%了。为什么就业率这么高？因为我院一直在实行“双证书”制度。除了毕业证书，我院还使学生在校期间就取得了进入劳动力市场的“通行证”——职业资格证书，从而增强了学生的就业竞争能力。我院主要采用两种方式落实双证书制度。一种是将职业标准融入课程标准中。国家已公布的 319 个职业标准，与我院专业设置关系密切的有 50 个，我们已经编制了其中 37 门渗透了职业标准的课程标准，取代了传统的教学大纲。另一种是对某些特种专业，将职业标准直接作为课程标准。例如我们将机电技术应用专业的制图员考证直接作为教学内容，考证标准直接作为课程标准，针对性强，便于操作。

双证书可以提高就业率，这是毋庸置疑的，并且，这个不只是北京电子科技职业学院的观点，而是代表了绝大部分高职高专院校，只是不同的高职高专落实双证书制度的方式有所不同。因此，实行双证书制度是高等职业教育自身的特性和实现培养目标的要求。

4) 实行双证书制度是高职高专毕业生适应社会的需要

随着经济社会的发展，毕业生就业形势更加严峻，高职高专要解放思想，以就业为导向，着力推行双证书制，以提高大学生实践动手能力和就业竞争能力。学生只有一专多能，才能拓宽就业门路，同时具备多个资格证书，机会会更多。特别是在目前全球金融危机状况下，取得多个资格证书显得尤为重要。另外，随着社会的发展和高校的扩招，每年都有成千上万的各级各类毕业生需要就业，就业竞争是非常激烈的。再加上传统的“重文凭”观念的影响还有一定的生存空间，这就要求高职高专毕业生要有过硬的实践能力，才能拓宽我们的就业生存空间。如果我们所持的职业资格证书越多，那便意味着我们的择业机会就更多。比如学信息管理专业的，毕业后，不可能都搞信息管理；而国家又规定，从事特定的工作必须要有上岗证(职业资格证)。也就是说，如果能拥有秘书、会计、网络管理员等职业资格证，我们就有可能找到秘书、会计、网管等其他工作。虽然不是自己的专业，但可以先找到一个立脚点，再慢慢地跳槽，直至找到自己理想的工作。

3. 如何获得双证书

高职教育的目标是培养应用性高技能人才。高技能人才应该具有较高的职业技术能力和实践能力，而衡量高技能人才的标准，就是毕业生持有的“双证书”甚至“多证书”。那么高职高专的毕业生应该如何去获得双证书？学历证书和资格证书的取得程序是不同的，下面分别探讨一下学历证书和职业资格证书的取得程序。

1) 如何取得学历证书

学历证书是指学制系统内实施学历教育的学校或者其他教育机构，对完成了学制系统内一定教育阶段的学习任务的受教育者所颁发的文凭。我国目前高等教育学历分专科、本科、硕士研究生和博士研究生四个层次，高等教育学历文凭主要有三种，即普通高等教育学历证书、成人高等教育毕业(结业)证书、高等教育自学考试毕业(结业)证书。

我国的学历证书取得主要有以下途径。

一是参加省级教育行政部门统一组织的高等职业教育对口招生统一入学考试，即高职单招考试，经省招生部门统一组织，由对口招生学校录取后正式取得学籍，进行全日制脱产学习。据统计，由省、自治区、直辖市政府批准，在教育部备案的高等教育学历文凭考试试点学校共有370所，占非学历高等教育机构的29.8%。这些试点的学校组织学生有计划地进行教育和参加自学，学生学习的课程30%由学校自己组织考试，其他70%的课程由有关省市自考办组织命题和考试。参加这类试点的学校，学生毕业时只要通过了学校组织的考试和自考办组织的考试，就可以获得自考大专毕业证书，国家承认学历待遇，但是不包分配，更不能提供就业指标，毕业生由各办学单位推荐就业。

二是参加全国普通高等学校招生统一入学考试，即高考，经省一级招生部门统一组织，由学生所报考的普通高校录取后正式取得学籍，进行全日制脱产学习。学习期满达到相关标准要求就可以获得学历证书，毕业生“双向选择”就业。

三是参加全国成人高等学校招生统一入学考试，即成人高考，经省一级招生部门统一组织，由学员所报考的成人高校或普通高校成人教育学院录取后正式取得学籍。学习方式有两种：全日制脱产学习和业余面授方式学习，学习期满达到相关标准要求就可以获得学历证书。

四是参加高等教育自学考试，可以通过参加社会力量助学单位组织的辅导，定期参加自学考试管理部门统一组织的课程考试。全部考试合格后由自考管理部门颁发学历证书。

五是参加普通高等学校以现代远程教育形式举办的高等学历教育班，入学时只参加由招生学校组织的测试，经学校录取后，学员在学校设立的教学中心组班学习。学习期满达到相关标准要求就可以获得学历证书。

高职教育的学历证书由经国家教育行政主管部门批准备案的独立设立的普通高等学校(含设在成人高等学校、军事院校中的普通班，现代远程教育的机构)、成人高等学校(即广播电视大学、职工高等学校、农民高等学校、管理干部学院、教育学院、独立设置的函授学院)、民办学历高校发给其所举办的高等学历教育的毕业生，以及由社会力量办学单位发给高等教育自学考试毕业生。

2) 如何取得职业资格证书

职业资格证书是反映劳动者具备某种职业所需要的专门知识和技能的证明。它是劳动者求职、任职、开业的资格凭证，是用人单位招聘、录用劳动者的主要依据，也是境外就业、对外劳务合作人员办理技能水平公证的有效证件。

根据国家有关规定，取得职业资格证书有四个步骤。首先是申请。所有符合条件的劳动者都可自主申请参加职业技能鉴定。申报鉴定时，要根据所申报职业的资格条件，确定自己申报鉴定的等级。如果需要培训，要到经政府有关部门批准的培训机构参加培训。第二步是考核。职业技能鉴定分为笔试和操作技能考核两部分。第三步是审核。职业技能鉴定所(站)将考核合格人员名单报经当地职业技能鉴定指导中心审核，再报经同级劳动保障行政部门或行业部门劳动保障工作机构批准后，由职业技能鉴定指导中心按照国家规定的证书编码方案和填写格式要求统一办理证书，加盖职业技能鉴定机构专用印章，经同级劳动保障行政部门或行业部门劳动保障工作机构验印。第四步是颁发。由劳动保障部门核发相应的职业资格证书，再由职业技能鉴定所(站)送交本人。

4.1.2　高学历不等于好工作

在目前的就业市场中，高学历无疑是占有一定优势的。尤其是教育、科研机构以及企业研发部门，招聘硕士及硕士以上学历的毕业生，已成为用人的基本要求。因此，高学历成了这些单位的“敲门砖”，没有高学历，连应聘的门也进不了。而其他用人单位的招聘，在其他条件都差不多的情况下，高学历人才将占有一定优势。但是人才市场上，并非有高学历就一定会受到欢迎，一方面，不同专业不同工作对学历的要求不同，另一方面，学历只是构成人才综合能力与素质的一方面，它仅仅与知识的多少相对应，难以真实反映人才的综合能力与素质。

1. 高学历的优势陷阱

就当前的各类毕业生就业趋势来看，研究生的主要去向是政府机构、国有企业，还有一些高科技单位；本科生和专科生的主要去向是中小企业。报考公务员，部分人选择继续深造。政府机构、国有企业，往往比较看重学历，认为高学历人才多，可以树立单位人才济济的形象，人力资源部门也把招聘到多少高学历人才，作为一个重要工作业绩，加上有些国企缺少行之有效的人事考核制度，他们觉得招聘学历较高的研究生来比较放心。高科技单位要求应聘人员有扎实的基础知识，这方面高学历的毕业生占有一定优势。但是，任何事物都有它的两面性，事实上，拥有高学历的求职者如果把握不当，也很容易遭遇以下“优势陷阱”，将原本是有的优势转化为求职劣势。

1) 太看重学历本身

因为自己是研究生(本科生)，于是想当然地认为在与本科生(专科生)的竞争中，处于无可争议的优势地位。这是高学历者经常容易犯的错误。学历在理性的用人单位招聘官眼里，只是一个身份的标识而已，并不能简单地将其与能力、素质画上等号。近几年来，很多用人单位在招聘用人时存在“人才高消费”的怪圈，这一“怪圈”使高学历者在就业时占有优势，而从长远的职业发展角度看，这并非一件好事，“大材小用”，“有才无处施”，就是一些学生发出的无奈感慨。在社会舆论影响以及用人单位本身对人力资源的深入认识情况下，“人才高消费”的怪圈将在用人过程中逐渐淡出。只要留心，我们就可以看到，外资企业、跨国企业甚至 500 强企业，他们在招聘人才时，一直以来都对各类人才“一视同仁”，不求“高”只求“实”，这说明，人才是招来派实际用场的，而非装点门面。只要有真本领，才可能打动用人单位，如果没有真本领，即便就了业，也随时可能被淘汰。

反之，学历文凭低一些的求职者只要真正学到了知识，具备了能力，同样可以把工作干得和本科生甚至研究生一样出色。

小资料：贝塔斯曼人力资源负责人这样说

我们曾经招聘一个在线销售职位，由于部门经理是德国人，因此非常希望能招到一个英语好，又是这方面专业毕业的人才。一个从英国留学回来，学习市场营销专业的人前来应聘，我们对他的材料十分满意，组织了两轮面试，人事经理和部门经理都认为他不错。可在实际工作中，我们却发现他难以胜任压力很大的在线销售工作，主要问题有两方面。一是他不善于沟通，几乎全是用 E-mail 向部门经理汇报问题，从不直接对话。二是销售业绩一直不好，他感到压力很大，但却不知道怎样改变现状。这个人不是不优秀，他的英语很好，他的教育背景很好，但他不适合这个岗位。我们对自己的招聘进行了反思，结果是，对于在线销售这样的职位，不应该过多地强调语言能力和教育背景，而应该多关注应聘者实际的销售经验，以及对销售网络的组织能力，如果降低语言要求、教育背景要求，就有更多的选择空间。从这一招聘思路出发，我们后来招聘到了很适合这一岗位的人才。

什么是人才？只要能在自己岗位上创造出被社会承认的价值的人，就是人才。从这个意义上说，学历不能与人才划上简单的等号。而另一方面，一个人只有在合适自己的岗位上，才可能最大限度地发挥自己的作用。人尽其才、才尽其用，才是最理想的就业模式。

2) 认为高学历与高薪对等

在很多人的心目中，研究生与好工作、高薪画上了等号。拼命复习考试加上两三年时间的“苦读”，使研究生认为自己有更高的资本，有更大的能量，去获得更好的机会。他们往往希望得到更多的重视、更高的薪资和回报，而且他们流动性也更大。研究生们计算自己的投入和产出，是十分正常的。

而用人单位也要计算投入和产出，要计算用人成本和用人效益。如果研究生用人成本高而产出效益低，那么，用人单位就难以青睐研究生。现在很多国有企事业单位的人事制度，将学历与职工的工资、职称、级别等紧密联系，用高学历人才，也就意味着高的用人成本。在外资企业，虽然学历与职称、级别没有明显的内在联系，但是，高学历人才的起薪要高一些，高学历人才的不稳定性要高于其他人才，却是公认的。这也就表明，高学历人才的使用普遍具有更高的用人成本。

但是不是高学历人才就表现得比一般人才优秀呢？事实并非如此。研究生与本、专科生相比，他们的优点是基础理论知识更扎实，但是，这些知识可能在工作中派不上用场；研究生接受过进行问题研究的较为系统的训练，具有更强的分析问题的能力，但往往他们“欣赏”自己对问题的理解，可塑性要低于本、专科学生，本、专科学生更加灵活，比较能够接受新的东西，也更加活跃一些，更有团队精神。

表 4-1 也许更能代表学历高低对就业优劣势的影响。

表 4-1　学历高低对就业优劣势的影响

对比指标	硕士研究生及以上		本科生和专科生	
	优势评价	劣势评价	优势评价	劣势评价
专业知识	√			√
团队合作能力		√	√	
可塑性		√	√	
稳定性		√	√	
自信心	√			√
受挫力		√	√	

小资料：英特尔公司人力资源负责人这样说

在英特尔公司里，考虑员工晋升时，从来就不把学历当做一个因素。学历只在一个人进公司的那段时间，发挥一定作用。由于我们对这个人不完全了解，不知道他对公司究竟会做出多大贡献，因此他的起薪是按照他的学历定的。但这之后的发展，完全取决于他自己的努力。有的硕士生和本科生可能不用功，那么他的工资待遇就会降下来，而一些专科生经过自己的努力，取得了优异的成绩，那么他就会更快得到晋升。我们现在有一个年轻的部门经理，就是专科毕业生。不按学历评判一个人，这是英特尔的传统。现在任英特尔架构事业部副总裁兼首席技术官的帕特·基辛格(Pat Gelsinger)先生就是一个很好的例子。基辛格先生进英特尔时，只有 18 岁，连大学也没进，没有高等教育经历。但是他由于技术出众，晋升很快。在工作期间，他念了大学，后来又念了硕士。你要知道，在英特尔里有博士学历的员工很多，可基辛格先生却是首席技术官，而且被认为是英特尔技术最好的4个人之一。

其实，学历的高低，与在企业里的成长，没有直接的因果关系。为此，没有必要因为有更高的学历，就一直期盼企业给予更高、更好的报酬。企业的报酬，不是与学历而是与贡献挂钩的；也没必要一心想着自己可以获得更好的发展空间，可以得到更快的晋升，发展与晋升有赖于你现在的业绩表现，而与过去所获得的学历高低无关。

3) 自信心更容易受挫

高学历者的自信建立在对“学历威力”的过高估计和过分认同上。客观上说，这种情况近年来随着大学生就业形势的变化已经有所变化。他们已经认识到过去拿着一张文凭就能走天下的局面，已经一去不复返了。但是，无论如何，高学历在市场上依旧有一定优势，于是也就对求职有更高的期望。期望越大，失望也就越大，尤其是那些曾经寄希望通过读研而彻底改变自己命运的学生，如果在求职中屡战屡败，自信心将受到很大打击。

很多同学都把考研、读博、出国留学等作为自己的奋斗目标，期待今后能找到更好的工作。这是一种选择，但不是所有人都能实现自己的梦。总有人因考不上还要去重新就业，即使考上了将来还要面临就业的压力和竞争。

有报纸曾报道过女研究生毕业找不到工作的新闻，其实这根本不算新闻。就业是企业与个人的双向选择，不是一厢情愿。企业不会高薪招聘一个硕士、博士去做普通文员；普通文员的岗位可能录用中专生就够了。

学历低并不代表不能通过努力获得成绩和知识。企业在招聘不同岗位时会有不同的要求，看看许多国内著名国企、知名外企招聘人员的条件，世界５００强的企业，如沃尔玛、家乐福、麦当劳等，在国内招聘员工时中专生也大受欢迎。给自己准确定位是求职成功的关键。

2. 就业前正确定位很重要

任何学历层次的人才当前就业形势都很严峻，要想在职场中胜出，就要充分利用自身优势，给自己定好位，对自己的未来作大致规划。

1) 加强职业规划

当社会日益关注人才的素质与能力本身时，学历就成为一种载体。如果说，教育是对未来的投资，每个人在选择自己的投资方向、投资项目时，必须万分谨慎，否则，将面临“破产”的威胁。职业规划是投资最好的指南。而认识自我是职业规划的关键。问题也就出在这里，有很多人，不能清晰地认识自我，也就难以准确定位自己的职业发展轨迹。

我想要什么？我想成为怎样一个人？往往在回答这样的问题时，人们都有鱼与熊掌想兼得的感觉。比如，有的人想成就学术，却耐不住一时的寂寞甚至清贫，于是在进退之中左右为难，最终学术没做好，钱也挣得不多。类似的例子非常普遍。大凡最后获得成功的人，都有坚定的职业理想，有锲而不舍的劲头，不会为一时的风吹草动所动摇。

我能做什么？优势在哪里？这个问题，看上去比第一个问题容易回答，但是每个人要说出社会需要、自己拥有而他人(至少是与自己竞争的人)却没有的优势，却不是一件容易的事。用人单位关心的是，你是否是他们所需要的人，你的加盟能否为单位的发展注入活力，或者，至少可以完成岗位规定的工作任务。

“想做什么”与“能做什么”之间，就是大学生需要奋斗与付出的空间。在大学生中，现在存在着“寻找工作”与“职业发展”脱节的问题。一些学生学习的目的是“寻找工作”，而非谋求“职业发展”。典型的表现是，可以拿出一大堆证书，诸如英语等级证书、计算机等级证书，而实际的英语语言能力、计算机操作能力，却相去甚远。他们片面地认为，一个个证书，可以铺就成功就业之路。而证书可以多大程度代表他们的实际能力，却不是他们关心的重点。某高校开了一个英语口语班，报名的学生很多，让外籍教师感到大惑不解的是，在英语口语等级考试结束后，100 多人的一个班级，便只剩下 10 多个人来上课了。学生学习口语的目的，也就显而易见。这多少令人匪夷所思：寻找工作是职业发展的第一步，大学生怎么会将其脱节对待呢？

而另一方面，对就业的追求，使大学生一定程度迷失了自我。他们不知道究竟自己想要什么，想成为怎样一个人。怎样能更好地就业，就怎么办，就业的压力使他们的职业规划显得仓促而凌乱。因此，如果能尽早进行职业规划，能够把自己今天的学业与未来的职业紧密联系，那么，你将在就业过程中获得主动地位。

2) 突出自我优势

一般而言，由于用人单位在使用高学历者时有更高的用人成本，因此，他们对高学历者有更高的要求。换句话说，高学历者进用人单位的门槛将更高。

职业顾问认为，以下几类“高学历”者，在职场上容易被抛弃。

万金油型：如文史类专业的高学历者，学这类专业的可以做秘书，做行政，做企划，做公关，甚至去做市场、做策划、做管理也未尝不可。这类万金油型人才最大的特点是多一个不很显眼，少一个无伤大局，正因为不是非有不可，不是少了一个公司就运作不起来，就最容易在公司稍微有一点变故的时候被辞退。

低复杂程度型：如计算机应用、财会专业的高学历者，这种技术性专业内部又分有不同的档次。随着科技的发展，低复杂程度的技术越来越普及，企业养一个高复杂程度的就可以代替好几个低复杂程度的，这类专业的高学历者向高级蓝领过渡，容易被公司因节省人力成本而辞退。

书呆子型：这类高学历者缺乏适应和创新能力。往往较多发生在一直在读书，从学校到学校的高学历者身上，缺乏社会经验的他们固守着自己的思维模式，由于思维跟不上公司运行的实际，最后只能被辞退。

自以为是型：这类高学历的人自认为掌握的知识比谁都多，一开始会被公司视若“顶尖人才”，但个性较强，太自负，造成人际关系僵化，在工作中自以为什么都对，其实不切实际，还心不在焉，不求上进。最后公司多会在万般无奈之下，请其另谋高就。

高不成低不就型：这类高学历者理想中的好工作找不到，又不屑于干低档一点的工作，自认为是高级人才，架子放不下来。

对高学历的应聘者，用人单位在考核其具备的基本专业知识后，更强调三个方面：一是灵活性，二是专业性，三是适应性。灵活性是指处理事情的变通能力，在遇到问题时，能否以敏捷的思维，快速地找到解决办法。专业性是指具有良好的专业素养，在专业领域达到一定的水准，能够对专业领域的技术问题发表自己的见解。适应性则是要以较快的时间融入用人单位的文化之中，得到同事的认可，并展示自己的才华。因此，作为高学历者，你必须思考自己是不是理想中的工作所需要的人才，自己有哪些素质，可以为这一理想中的用人单位的发展贡献力量。

在职业发展过程中，应随时审视自己为未来准备了什么，而不是时刻感慨职场的诡秘多变。如果想得到一份工作，那么你就应充分展示你自己真正热爱而且确实能干好这份工作。

3) 调整择业定位

适当的择业定位，可以更好地发挥学历的优势。择业定位有三条标准：一是职业与能力匹配，“高才低就”委屈了自己，而“低能高就”则委屈了企业，只有能力与职业形成较好的匹配，才可能“双赢”。很多岗位，并不是学历越高越好，因此，你要寻找那些可以体现高学历优势的岗位。二是职业与兴趣匹配，虽然第一次择业很难寻找到与自己兴趣完全匹配的职业，但是如果对职业一点没有兴趣，将很难做到全身心投入，而投入是成功的最起码因素。当然，兴趣可以在工作中培养，“做一行爱一行”，这是职场的基本定律。三是薪资要求与市场环境匹配。大学生求职要有平和的求职心态。急于求成，好高骛远，在大学生择业中并不少见。事实上，退一步海阔天空，为何要与自己过不去呢?

小资料：对薪资情况的定位

英美烟草人力资源经理说：前几年大学生求职的期望值一般较高，这两年有所回落。几年前，很多学生根本不想想自己能够给企业做出多大贡献，报出的“价码”动辄五六千元。1996 年我到武汉招聘“储备管理人员”，在我们的登记表中，有一项是“你希望多少薪资”，一位大学生填的是 1000，我与同事交流时说，也不知道币值是什么，后来我们问这位学生，他回答说，当然是 1000 美元。这着实把我们吓了一跳。相对而言，随着就业压力的加大，现在的学生更为实际。

关心用人单位的福利、待遇，是每一位大学生合情合理的想法，也是不可避免的想法，但是在关心的程度、关心的方式方法上，大学生应该注意分寸，不要太急切。其实我们通过与往届周学的沟通、交流，就可对某些用人单位的薪资情况有所了解，更何况，用人单位在录用你之前，会把这一情况详细地告诉你。

欧莱雅中国有限公司人力资源总监谈到：

应聘者不关心自己的薪金待遇，反而不正常。工作当然要要求回报，对自己有怎样的回报不去了解，这样的应聘是盲目的。人有时就像股票，你的价值有时会炒得很高，而有时又跌得很低，在某个阶段你是潜力股，这些，你自己要有清楚的定位。我不但不反对学生提薪资问题，有时还会主动给他们讨论投入和产出。比如我会问他们四年大学教育要花多少钱？这些钱是从哪里来的？你有没有打算将这些钱还给父母？面对这些问题，有的学生要好好算一算，才告诉我四年大致花多少钱；有很多学生说钱是从父母那里来的；只有极少的学生考虑把钱还给父母。而国外的学生对大学要花的钱一清二楚，在新加坡，家庭经济能力强的人照样贷款上学。

联合利华人力资源负责人：

从我们的培训安排来看，希望将“储备管理人员”塑造为公司所需要的人，因此，我们往往在校园招募本科和专科毕业生。潜力和可塑性是我们对“储备管理人员”的基本要求。如果一个人的思维观念已经定型，那么他很难接受新的管理理念和模式。有人说 MBA 现在不吃香了，事实上 MBA 在我们这里从来没有吃香过。也就是说，我们从来没有对其另眼相看，我们会用同样的标准考核他，不会因为他是 MBA 我们就有更高的印象分。博士生、硕士生、本科生和专科生在联合利华唯一的不同只有起薪。

3. 高职文凭的优势

近年来，涌向就业市场的高职毕业生越来越多，竞争也越来越激烈，不少高职高专毕业生都明显感到就业压力增大。在这种情况下，如何提高就业质量是摆在所有高职类院校眼前的一个难题。那么，该如何解决这一难题呢？高职生有一定的理论基础和较强的动手能力，就业优势明显，但是，现在很多用人单位都把高职生看低了。其实，高职生有许多自己的就业优势，我们应该充分利用这些优势。

首先，随着教育改革的深入，高职学校的专业设置越来越灵活，教学内容培养学生职业素质和能力的作用越来越明显。这使高职学校能够培养出适合目前和未来若干年内职业岗位群需要的人才，高职生掌握的知识在毕业后 2～3 年内不会轻易过时。一方面，高职学校注重培养学生的知识再生能力，不仅“授之以鱼”，还“授之以渔”，在教学中解决“所以然”的问题，并引导学生通过技能学习带动理论的扩充。另一方面，高职生毕业持有“双证”——毕业证和职业资格证，有符合岗位群需要的技能，实践动手能力较高，拥有本科层次学生没有的优势。

其次，近年投资趋热、银行利率浮动等种种现象表明国内经济复苏，这预示着市场将为高职生提供更多就业岗位，因为经济发展必然带来人才市场用人需求的扩张。因此，高职生的就业形势比较乐观，很多学生在三年级上学期就已经确定了就业单位。

再次，社会对高职生的认可程度逐渐提高。有调查显示，在全国范围内，广东和上海对高职生的认可程度最高，因为这两个地区的高职学校招生严格，保证了学生的质量。由此可见，高职生在广东、上海的就业环境相对较好。高职生就业观念更加实际，颇受企业欢迎，在本科毕业生遭遇求职“瓶颈”时，高职毕业生的就业却不愁。2006 年仅上海市高职毕业生有 5 万多人，随着这几年高职毕业生在工作中的良好表现和毕业生人数的迅速增加，社会对高职毕业生的态度发生了重大转变，从开始的不认同到接受再到欢迎和重用。

最后，国家对大学生就业的支持力度越来越大，暂缓就业、自主创业等不少政策都有利于高职生就业。

“与本科生相比，高职生就业观念更为实际，就业不会挑三拣四，企业也留得住人。”一家现场招聘的企业人事负责人这样告诉记者，在他看来，高职生少有挑剔的就业观，而且，汽车、电子、计算机、维修等技术含量比较高一些的一线技术岗位，高职生经过短时间的适应就可以上手，本科生在这方面没法和他们比。

“职业能力强、专业对口人才的紧缺、订单培养人才是高职毕业生就业率走高的根本原因。”某高职高专就业办主任分析。他说，学校的有些专业经常是一个毕业生几家企业在抢，有的学生一进校已经被用人单位预订。而且现在越来越多的用人单位讲究人才的优化配置，做到人岗匹配，对某些岗位来说，录用高职生比录用本科生可以花费更少的薪酬及培训成本而获得更好的用人效果。但同时他也强调，高职生就业率能高过本科生，关键还在于他们能理性就业，一些高职毕业生不是单纯追求一份“光鲜”职业，而是通过自己的努力，来打开职业的“上升”空间。

4. 高职高专毕业生的市场定位

在就业市场上，高职生与本科生，甚至研究生同台竞争，面临着学历上的一定劣势。那么高职高专的学生如何扬长避短，在学校的专业学习应该注意什么呢?

某科技公司的人力资源负责人认为，高职生对专业的学习还是主要放在掌握扎实的基本功上面，最好动手能力强、思维敏捷。假设作为一个设备维修科的工程师，学历和职称是最高的，但是生产线的设备有问题了，打电话找他，有时候他询问工人老半天后还要临时去翻书，拖了很久时间也不一定能动手解决问题。而工厂里的生产线就是生命线，拖一分钟都是很大损失，到最后肯定没人指望他能修好设备。所以动手能力是很重要的，高学历、高职称解决不了实际问题。这个时候，高学历的“工程师”可能还不及普通的高职生。

对高职生来说，择业心态不适应是重要障碍。用人单位除了要求毕业生应具备专业知识结构外，更注重是否具备满足社会需要的决策能力、创造能力、社会交往能力、实际操作能力、组织管理能力、心理调节能力以及随机应变的能力等综合素质。对于部分毕业生存在的好高骛远、眼高手低、缺乏责任感、以自我为中心以及个人修养缺乏等问题，不少用人单位表示，应归咎于毕业生在校期间“修炼”不够，企业不会承担对毕业生这方面的培训成本。

高职生的优势在于个人意识强、择业意识强、参与意识强，但他们的宽容意识弱、责任意识弱、择业技能技巧弱。因此在学校里就不能死读书，读死书，要加强社会实践能力；

在就业问题上应调整心态，转变观念，合理准确定位，切忌眼高手低，树立先就业再择业的观念；对待工作要踏实肯干，从基层做起，积累工作经验，再逐步谋求发展；在人格方面，要树立团结协作的意识，发扬诚实守信、爱岗敬业的精神。机会总是留给有准备的人，只有做好思想和行动上的双重准备，调整心态，正确定位，面对明天才能坦然处之。

总之，高职生应该抓住就业的最佳时期，早动手，早筹谋；并且在找工作的同时要注意保护自己，不要受骗，不要误入歧途；在新的工作岗位中，要多学、多做、多看、少说；摆正自己的位置，争取在实际工作中取得实实在在的发展和进步。

4.1.3　职业资格证书的作用和价值

截至 2005 年，我国职业资格证书制度走过了 11 年的历程，国家职业资格统一鉴定工作在全国范围内如火如荼地进行。每年参加各级各类职业技能鉴定的人数都在剧增，那么职业资格证书对高职高专的毕业生就业有什么作用呢？社会上对职业资格证书的认识到底存在哪些误区？我们又该如何正确认识职业资格证书的作用和价值？

1. 对职业资格证书的认识误区

国家提出职业资格证书和学历证书并重制度之后，职业资格证书被认为是就业的通行证。职业资格证书的地位正在悄然发生变化。但是，人们对职业资格证书仍然存在一些模糊和不正确的认识。主要表现在以下几方面。

1) 职业资格证书是万能的

根据调查显示，10.36%的人认为持有了证书，就等同于找到一份稳定的工作；而 10.16%的人把职业资格证书当做升职和加薪的条件，这似乎成了一些“追证族”心中的定式。这种不合理地夸大职业资格证书作用的意识，正是导致证书市场推出短效廉价认证证书的根源。而事实上，用人单位非常排斥那些没有实际作用、不能反映执证者真实技术水平的“廉价”证书。

2) 职业资格证书越多越好

如今工作不好找，许多学生的心态是多拿个证书就会增加自己的求职分量，因而，很多大学生盲目地参加各种培训班，而不考虑该证书有没有针对性和实用性。

某报纸曾报道过大学生求职需花费 1000～8000 元不等，而大部分费用都是花在参加各种培训班上，如驾驶培训、英语等级培训、电脑技术培训、各种认证培训等。大堆的证书未必能成为大学生找工作的筹码，相反可能还会使一些学生由于频繁考证，浪费过多的精力和时间，自己的专业成绩反而不理想。而且，五花八门的证书给用人单位一种不踏实的感觉。如某职业技术学院的一位毕业生胡某，在校期间获得数张证书。今年跑了十几家单位，用人单位对他的证书大都持怀疑态度，用各种刁钻问题来试探证书的真实性，搞得他十分狼狈，最后他索性把它们都收起来，反倒更容易让对方信任。

3) 取得职业资格证书的费用过高

高职高专的一部分学生没有参加职业技能鉴定考试，理由是职业技能鉴定费用过高。关于费用问题，据吉林大学应用技术学院国家职业技能鉴定所所长王书金解释，职业技能鉴定所采用的试题由职业技能鉴定国家题库中提出，职业技能鉴定国家题库是由劳动和社会保障部组织各方面专家开发的，所以费用相对稍高。而鉴定费本身并不高，主要是培训费、资料费、考试费等费用较高。但是，在目前的人才市场上证书虽不是万能的，但没有证书也是万万不能的，尤其对高职高专的学生而言。所以说，因为费用问题而不去参加技能鉴定考试，是得不偿失的。

4) 职业资格证书没有实际价值

职业资格证书虽不等于加薪、升职，但也不能因此否定证书的作用，这些至少是加薪和升职的起点。据吉林大学应用技术学院国家职业技能鉴定所所长王书金反映，20%左右的高职高专的学生没有参加职业技能鉴定考试。这部分学生认为证书在求职、加薪方面不能发挥任何的作用。产生此种误解的原因在于，大学生没能从社会就业的角度去看待问题，不了解证书的真正用途和参加职业技能鉴定的意义，只从个人并不丰富的经验和阅历，表面地判断职业资格证书的作用与价值。如某高职高专毕业生小张认为，自己有能力的话，根本不需要依靠证书来求职，但是，我们试想一下，如果你没有证书，用人单位连面试的机会都不给你，你又如何去展示你的能力？

2. 正确认识职业资格证书的作用和价值

现实中，职业资格证书已大大超过了依法取证的一种简单的资格标志，而且，学历的高低已经不是用人单位的唯一标准。在有些领域，职业资格证书成为衡量取舍人才的重要砝码。针对人们对职业资格证书作用的一些误解，应从以下几方面正确认识职业资格证书的作用。

1) 职业资格证书并非越多越好

随着职业资格证书在全国各行业中影响力不断扩大，职场上手持多个资格证书的毕业生明显多了起来。对此权威人士指出，证书的多寡与求职成功率是不成正比的。目前招聘单位往往不再看重求职者证书的数量，MCSE、CISCO 等专业 IT 认证都号称“百万年薪的钥匙”，但是在实际招聘中，要求计算机从业人员具备以上证书的招聘单位寥寥无几。

目前用人单位对求职者的专业技能要求较高，求职者应考取与自己专业和将要从事的行业相关的、社会认可度较高的专业证书，那些含金量不高的证书，对用人单位没有太大的吸引力。所以高职高专的学生在考证时，一定要有针对性。如人力资源专业的学生可以选择人力资源师等级考试，文秘专业的学生则可以选择中高级秘书培训和办公自动化认证。

2) 职业资格证书是一块普通的“敲门砖”

职业资格证书只是一块普通的“敲门砖”而不是万能的“金钥匙”。职业资格证书在找工作时的作用只是加大了得到面试的机会，在同等条件下，用人单位会优先考虑持有证书的求职者；相反来说，如果你在面试时表现不佳，用人单位照样不会录用你，因为证书仅仅是一个招聘标准，并不是使你留在公司的唯一条件。一位网络技术公司的主管声称："虽然 IT 认证并不能保证拥有知识和经验，但是它们可以被视为一种起点。"这说明公司和企业通过职业资格证书判断应聘者是否拥有某种从业资格，可以迅速找到自己需要的人才。所以除了一些必须要求持有证书的行业外(如会计、律师、教师、医生等)，证书对于求职的作用更多的是锦上添花，而不是一锤定音。

3) 职业资格证书有"保质期"

职业资格证书和古董不同，古董是年代越久远越值钱，证书则存在时效性的问题。随着社会的发展和科学技术的飞速发展，你费尽周折通过某种认证之后，今年非常"吃香"的证书，到明年可能就被打入"冷宫"。特别是 IT 业等技术含量高、知识更新快的行业，职业资格证书的"保质期"就更短。如计算机二级 FOXBASE 考试在 2004 年已取消。一些著名的国际认证的有效期限都在两三年。

在这个知识更新越来越快的终身学习时代，一个人获取证书，不应该只为了提高薪水或找到合适的工作，甚至是躺在证书上"编织"自己的美梦，而应该是向企业表明自己具有学习能力，而且有意识地在不断充实自己，提高自己的个人价值。

4) 职业资格证书不等于加薪

根据目前的形势，在国内，求职者如果想仅靠职业资格证书在职场上取胜，认为职业资格证书就等于加薪和升职，是不太现实的。当前只有少数行业和极少数证书有这个价值，如金融业、贸易业和建筑设计装潢业中的部分证书含金量颇高，可以作为薪资谈判时的筹码。

据人才市场反馈，最近持有证监会和银监会合发的保荐人证书的人才极为抢手，简直是抢"疯"了；持证人获得证书后，其年薪会成倍增长。因为现在我国要求上市公司必须有保荐人，而在国内持此证书的人还是凤毛麟角，所以他们的年薪暴涨也就合情合理了，一般都可以从原来的年薪 8 万到 10 万元涨到年薪百万元左右。

但由于大部分证书的"含金量"还不足，因此要想把证书作为加薪筹码也不容易，在加薪方面并不理想。根据"智联招聘"简历库查询，有职业资格证书的人占求职者总数的比例是 27.9%，他们要求的月薪和没有资格证书的人没有什么不同，只是申请的职位更有针对性。事实上，大部分外企和民企更突出绩效考核，工资福利晋升等以考核结果为主要依据，便不需要再考虑是否有证书了。

5) 职位越高，证书的价值越低

对于走专业化道路的人来说，拥有相应的高级职业资格证书是迟早的事。而职位达到一定层面后，对求职者综合能力和管理能力的要求就会越来越突出，经验、经历、MBA 学位也许更重要。猎头为各个公司选拔高职位人才时，会首先考虑对方的管理能力、行业经验和以前工作成绩等，对证书几乎没有要求。

专业性强的管理职位还是需要一定的专业技能的，特别是一线管理职位，就需要有一些职业资格证书来证明自己的能力，但也只能在应聘时有用，因为企业可以通过实际工作考察员工是否合格，仅仅通过证书没有说服力，也缺乏准确性。在高管层，已经没有职业资格证书存在的空间了。

总之，如今在职场上，“证书不是万能的，没有证书也是万万不能的”，所以，我们既要看到职业资格证书的实际价值，又不能夸大证书的作用，要学会正确、全面地看待各类证书。

4.2 高校专科毕业生就业的能力准备

高等职业教育是以就业为导向，为社会主义现代化建设培养生产、服务和管理第一线的实用型人才的教育，因此高职教育的落脚点是使学生能顺利地走向社会，适应工作岗位和社会发展要求。然而，从现实来看，高职学生的就业情况并不理想。据教育部的统计资料显示，截至2004年9月1日，2004年全国普通高校毕业生平均就业率为73%，比2003年同期增加了3%，其中研究生就业率为93%，本科生就业率为84%，专科生就业率仅为61%，虽然比2003年同期增加了6%，但就业形势依然十分严峻。

近几年来，我国高职教育发展迅猛，以就业为导向的高职教育发展观已逐渐成为人们的共识。如何把这一教育观落实到具体的办学环节中，争取到较高的就业率呢?我们认为，在各个环节中着重培养学生的职业能力是解决问题的关键。

职业能力概述如下。

高职教育是以培养具有一定理论知识和较强实践能力、面向基层、面向生产、面向服务和管理一线职业岗位的实用型、技术型、技能型专门人才为目的的职业教育的高级形式。高职大学生的能力培养是高职高专为实现其目标而采取的培养过程的构造样式和运行方式。基于这种认识，高职教育应该以不断提高高职大学生在当今激烈的市场竞争中的生存能力为最终的培养目标。因此，高职教育必须转变以知识传授为本位的旧观念，树立以职业能力为本位的新观念，以培养学生的职业能力为中心。

1. 职业能力的内涵

能力，按照《辞海》的解释，是指完成一定活动的本领，包括完成一定活动的具体方式，以及顺利完成一定活动所必需的心理特征。

依照此种说法，我们可以给出这样一个概念。所谓职业能力，是指人们从事某种职业活动必须具备的本领，即在该职业活动中表现出来的多种能力的综合。它包括人们从事某种职业所需要的知识、技能以及所必需的心理特征。

显然，职业能力的内涵不单纯是操作技能或动手能力，而是包括知识、技能、态度、情感、价值观等多方面内容；更进一步说，完成职业所需的，诸如沟通能力、团队合作能力、心理承受能力等非技术性的职业素质在职业能力的内涵中同样占据着十分重要的地位。

2. 职业能力的构成

职业能力主要由基本能力、专业能力和关键能力共同构成。

1) 基本能力

基本能力是指从事社会职业活动所必须具备的基本的、通用的能力，它具有不同职业和岗位之间普遍的适用性、通用性等特点。它主要包括以下几个方面。

(1) 独立生活的能力。这是大学毕业生起码的能力。有了这种能力，不仅使一个人能够生活得有条理，可以应付一些突发困难，而且也为一个人打下了独立学习、独立工作的坚实基础。社会毕竟比学校要广阔得多、复杂得多，如果一个人处处依赖他人的帮助和扶持，无法独立生活，那就很难适应新的环境。

(2) 社会适应能力。它是指人们随外界环境和时代变迁而改变自己的行为方式、生活方式、交往范围、思维习惯、思想认识和价值观念的能力。通过“自由自觉的活动”，发挥主观能动性，去认识和驾驭环境，成为环境的主人，这是人的适应能力的基本特征。现在的高职生由于成长环境的诸多因素影响，心理素质较弱，相对缺乏适应社会变革的能力，特别是适应市场经济发展的能力。因此，应该把培养自己适应社会的能力放在重要位置，通过不同方式、不同类型的教育和训练，使我们体会到适应社会的紧迫感、危机感，为我们走向社会奠定坚实的思想基础。

(3) 表达能力。它是指借助于各种方式，如语言、文字、图表、数理符号等交流信息、表达思想感情的本领。它包括语言表达能力、写作(包括用外文写作)能力、图表表达能力和数理表达能力等。表达能力是现代人才必备的基本素质之一。善于把自己的研究成果、设计方案、思想感情用适当的方式准确清晰地表达出来，并为他人所理解，这是人才的一项重要基本功。否则，“茶壶里煮饺子——有货倒不出来”，或者“词不达意”、“语无伦次”，就会对我们的成长带来不利影响。在现代社会，由于经济的迅猛发展，人们之间的交往日益频繁，表达能力，尤其是语言表达能力的重要性也日益增强，好口才越来越被认为是现代人所应具有的必备能力。作为现代人，我们不仅要有新的思想和见解，还要在别人面前很好地表达出来；不仅要用自己的行为对社会作贡献，还要用自己的语言去感染、说服别人。

(4) 自制自律能力。这是指一个人在意志行为中善于控制自己的情绪，约束自己的言行的能力。自制自律能力主要表现在两个方面：一方面，使自己在实际工作、学习中努力克服不利于自己的恐惧、犹豫、懒惰情绪等；另一方面，应善于在实际行动中抑制冲动行为。自制力对人走向成功起着十分重要的作用。自古代百科全书式科学家亚里士多德到近代的哲学家们都提醒人们：“美好的人生建立在自我控制的基础上。”

(5) 良好的职业道德。客观、公正、尽职尽责、廉洁奉公的精神，诚实可靠、保守机密、严守纪律、坚持原则的基本素质是每一个即将独立生存、准备为美好生活而奋斗的毕业生应该具备的。没有道德的人是危险的。正直稳重，具有良好的职业道德，这不仅是做人的基础，也是做好工作的基础。

(6) 敬业精神。敬业精神是指这样一种精神状态：随时随地做好工作的准备，对工作持乐观开朗、积极进取的态度，并愿意花费较多的时间在工作上，具有百折不挠的毅力和恒心。绝大多数用人单位都十分看重敬业精神，甚至有的用人单位把敬业精神作为衡量毕业生素质高低的试金石。

(7) 其他基本能力。其他基本能力包括基本的判断能力和辨别能力、计算机应用能力、外语能力等。随着人类社会的进步和国际化程度的日益提高，社会对人才基本能力的要求也会相应地提高。如现在许多单位已经将计算机应用能力和外语能力作为人才职业能力的基本要求。

2) 专业能力

专业能力是指适应职业岗位的专业知识和相应的动手能力。这是作为一名岗位技术人员所必备的能力，主要包括专业岗位知识、工艺流程掌握程度、实践操作能力、新技术及新设备的应用能力和推广能力等。

有较为过硬的专业知识，是毕业生获取就业机会的必备条件。毕业生应熟知并掌握本学科的知识技能，随时了解相关领域的前沿知识，并将掌握的知识有效地运用于研究和分析中。动手能力是将知识转化为物质的重要保证，是高级专门人才所必备的一项实践技能。就我国的现实情况看，要加快经济建设的速度，除了要有一支高水平的科研队伍外，还必须有一支高素质的熟练掌握现代技术、动手能力很强的劳动大军。高职教育应把培养学生专业动手能力作为特殊要求，贯穿于教学的全过程。

3) 关键能力

“关键能力”是 20 世纪 80 年代由德国的企业界提出的，并在西门子公司进行了试点推广，取得了良好的效果。目前，“关键能力”得到了国际上的公认，受到了国内外教育界的普遍重视。

关键能力也称核心能力，是指一种可迁移的、从事任何职业都必不可少的跨职业的关键性能力，这是学生适应经济社会发展、技术进步、岗位变换以及创业发展等必须具备的能力。主要包括意志品质、开拓创新能力、人际交往能力、解决问题的能力和组织管理能力等。

(1) 关于意志品质，心理学认为，意志是人在完成一种有目的的活动时所进行的选择、决定和执行的心理过程。一个人，尤其是青年人，能否成才，与其意志品质有密切关系。一个有良好意志品质的人，应当具有以下特点：目的明确合理，自觉性高，善于分析情况，意志果断；意志坚韧，有毅力，心理承受能力强，自制力好，既有现实目标的坚定性，又能克制干扰目标实现的愿望、动机、情绪和行为，不放纵任性。

(2) 开拓创新能力，主要包括想象能力、思维能力、进取心、上进心、毅力、获取知识的能力、创新意识和创新精神等，是各种智力因素和能力素质在新的层面上融为一体、有机结合后所形成的一种合力。在市场经济的大潮中，创新能力是人们取得竞争优势的必备素质之一，它决定着企业的生存与发展，更决定着社会的进步。作为高职学院的学生，创新能力的培养显得尤为重要，因为在科学技术瞬息万变的时代，我们不能用旧的知识解决新的矛盾，不能用昨天的方法解决今天的问题。高职高专学生的创新能力突出体现为运用创造性的劳动进行产品开发、技术改造，创造出能够满足或超越消费者需求或期望的优质产品，为企业成功地驾驭市场提供新的科技支撑点，使企业立于不败之地。

(3) 人际交往能力，包括沟通能力、合作能力等。人际交往能力就是在一个团体、群体内的与他人和谐相处的能力。随着科学技术日新月异的变化发展，科技活动的社会化程度不断提高，人与人之间、上下级之间、单位与单位之间、地区与地区之间、国与国之间的交往与合作日益频繁，相互之间的关系也日趋复杂，大学毕业生在日常的生活工作中，不可避免地要涉及各种各样的关系，处理好这些关系，做到既不损害有关原则，又能促进事业的成功，这的确是一门极深的学问。为此，大学毕业生不仅要具有较强的系统学习能力和专业方面的技能，而且还需要有较好的社会合作能力等。

(4) 解决问题的能力和组织管理能力，是指为完成某一特定的任务而去制订相应的计划和方案，并为顺利地完成这一任务而进行组织、指挥和有效控制，最大限度地调动周围群众积极参与的能力。包括预测能力、获取信息的能力、判断力、决策能力、设计能力、协调能力、经营能力、管理能力等。大学毕业生是国家培养的社会主义事业的建设者和接班人，大学毕业进入社会后，必然要面临大的管理问题，甚至还要负责某一方面的领导工作，因而一个人是否具备一定的组织管理能力，将直接关系到他能否胜任未来的工作。

随着经济和社会的迅速发展、技术进步的加快，生产和社会活动组织不断变化，组织团队化、集体分工越来越明显。这就要求学生具有对社会发展和技术进步的适应能力，要求学生具有在整个职业生涯中的自我发展能力。因此，在培养学生的职业能力时，必须强调培养学生的“关键能力”，以适应未来职业的需要。当代青年学生大多数是独生子女，他们普遍存在生活自理能力、心理承受能力和与人合作能力较差的现象。因此，培养高职学生的关键能力，是适应未来职业需要的一项重要任务。

显然，职业能力不纯是操作技能或动手能力，而是包括知识、技能、态度、情感等为完成职业所需的多方面内容，诸如沟通能力、团队合作能力、心理承受能力等非技术性的职业素质。

3. 职业能力的培养

面对每年几乎以几何级数增长的应届生求职者，用人单位都有一套独特的人才甄选系统，希望招聘到各方面即综合素质好的人才。大部分用人单位通常都要对求职者进行职业能力测试。那么，高职高专的毕业生在求职时如何应对职业能力的测试？

1) 应对职业能力的测试

职业能力本没有好坏之分，但不同岗位却有不同的能力要求。如销售岗位就要求应聘者性格外向、善于沟通、思维敏捷等；而财务、会计岗位则要求应聘者认真、细心、谨慎等。每个人的个性虽然在大的方面有可能极其相似，但在很多细节方面仍然有着很多的差异，因此应届毕业生求职者在申请工作时，要注意将自己所学专业和个性特点结合起来，以取得事半功倍的效果。

由于不同的岗位需要，职业能力的测试的内容也是不同的。

下面是职场中较为常见的职业能力的测试。

真实回答下面 10 个问题，回答是的得 2 分，回答否的得 0 分。

1. 你的同事／老板每次升职、转岗、离职你都有预感吗？
2. 如果你现在的岗位明天突然消失了，你能胜任公司内其他岗位吗？
3. 你对公司宣布的重大政策通常有预见吗？
4. 如果你所在的公司突然被收购了，而你必须离开，你在两个月内能找到新工作吗？
5. 你对公司所在行业的发展趋势是否相当了解？
6. 如果你的老板突然调走，目前没有新的安排，你有把握胜任这个空缺吗？
7. 你能正确地自我理解公司各种重大决策或政策的意图吗？
8. 如果下属或同事突然离职，公司不再增加人手，你有办法保证工作不受影响吗？
9. 你很清楚公司主要竞争对手的重大人事变动吗？
10. 如果你现在的岗位被拿出来在公司内公开竞聘上岗，你有信心重回岗位吗？

(将 1、3、5、7、9 得分求和得出敏锐度分数 A；将 2、4、6、8、10 得分求和得出应变力分数 B)

如果 A＞5，B＞5，恭喜你，成长对于你基本取决于行动。

如果 A＞5，B＜5，你属于干着急型，能看到很多变化，但没有足够的应变能力。

如果 A＜5，B＞5，你应变力不错，但敏锐度不足，所以无法实现主动成长，但生存没有问题，因为你适应力强。

如果 A＜5，B＜5，你随时都会有职业危机，因此，你必须行动起来了。

有些企业还会自己设计一些测试题来考察应聘者，如宝洁公司就把“动机测试”放在了工作申请表中，将一系列的“工作动机”和“组织动机”列出，要求应聘者选择他感到最满意和最不满意的一些方面。由于列出的方面基本上全是中性的描述，应聘者在未具体接触到宝洁公司工作之前就很难把握公司偏好的工作和组织动机有哪些方面，所以事前对应聘公司的信息进行充分了解的重要性就凸显出来了。又如为了测试应聘者是否具有团队精神，某外企招聘员工时，要求应聘者冒雨到附近指定地点然后返回，但只有一半应聘者发到伞。结果有的发到伞的应聘者主动与无伞的应聘者搭档，风雨同伞；有的无伞的应聘者则与有伞的应聘者协商合用一把伞；还有的有伞的应聘者只顾自己不顾别人，独自撑一把伞。结果，独自撑一把伞者被淘汰，而风雨同伞者则被录用。

目前很多大学生或求职者不知道自己适合干什么，喜欢干什么。下面是一位测评人员进行职业倾向测评的报告样例。

几个月前，有位骆女士来到我这儿，说现在她对自己干的工作没什么兴趣，正准备跳槽，但不知道往哪儿跳。她说，我当初找工作时就是根据自己所学随便找了份工作，但干了这么多年，才知道我对自己还是很不了解，干得很不开心。我说，我们选择职业或干自己的事业，一定要把握住两点：一是你适合干什么，二是你能干什么。“适合”主要是看自己的个性、兴趣等是怎样的；“能”主要是指自己的能力和技能特长。在过去，我们通常认为自己能干点什么，干就行了，就像很多农村孩子的父母认为孩子考上大学就有了出路，有了事业。其实不然，读大学主要是培养能力，至于适合做什么，还是需要对自己进行充分的了解和把握。心理测验是人才素质测试的最主要方法，它是了解和把握自己的重要科学方式。根据她的需求，我向她推荐了一套综合素质测试，里面包括了智商、能力和个性等测验，并可以根据个人特点和职业特点的匹配情况给出适合从事的职业建议。通过 90 分钟的测试，她拿到了一份测评报告，我向她作了指导和解释，并就如何科学使用本测评报告给了她一些建议。最后，她把注意力集中到了适合从事的职业建议上，报告中给出了三种职业；我建议她回去再好好反省一下，考虑选择和目前能力最为接近的职业。我说，假如有一份你适合而且你能干的职业，那你就会干得很开心，而且你离事业的成功就会很近了。

前几天，我们对骆女士进行了回访。根据自己的各方面情况，她现在已经转到一家公司做业务员。在谈话中，她说，“测评报告反映的还真有点准，现在我觉得自己越来越像测评反映出来的特点了。我现在做了三个多月，虽然工作比较紧张，但并没有累的感觉，挺充实的，心里觉得做得很舒心，而且在这个岗位上也实现了自己的一些价值。”

正是因为职业能力没有好坏之分，职业能力测试也就没有难易之分了(当然有时用人单位会将测试题以外语的形式呈现给求职者，在测试求职者个性的同时考察其外语水平)，因此在回答职业能力测试这类问题时，由于问题的答案本就无所谓正确与错误，就不必字斟句酌地回答了。只需从你的第一感觉出发，所想为所答就是最好的回答问题方式。毕竟，大多数用人单位并不仅仅将职业能力测试结果作为录用求职者的唯一依据，而是会结合求职者的专业、智力、外语水平等因素加以综合考虑，最终做出是否录用的判断。实际上，已有无数职场先辈指出，事业取得成功的关键因素，90%以上来自个体的个性、人格魅力，而仅有 10%不到源于书本所学。

高职高专的学生要注意一些基本的交流沟通技能培养。曾经有知名外企的 HR 专业人士指出，即使是出身于名牌高校的员工，在人际交往时往往也有一些缺憾。如平时在公司见到领导或同事时，往往视而不见，连招呼也懒得打，尽管本职工作非常出色，但毫无疑问“印象分”将大打折扣，从而影响其职业发展。

尽管职业能力的形成是长期的过程，要想根本改变也非一日之功，但只要注意平时的锻炼和积累，养成良好的行为方式和习惯，应付用人单位的职业能力测试也就不会感到束手无策了。因为不管什么样的企业，其所有的员工均有着不同的、独特的职业能力要求。

2) 高职高专的学生应重视培养的职业能力

培养学生的职业能力是职业院校教育的目标，也是高职高专区别于其他普通高校的优势所在，但目前我国部分高职生对职业能力的认识还比较模糊甚至存在缺陷，看轻自己，学习主动性不够，目的性也不明确。因此加强对高职学生职业能力培养是必需的，也是迫在眉睫的。

(1) 重视理论知识的学习

知识是能力的基础，发展科学，认识和改造自然，认识和改造社会，需要人们掌握大量的知识，因而要成为社会所需要的人才，必须重视知识学习。没有必要的、足够的、充分的知识，如何能够创造出当今世界如此绚丽多彩的物质文明和精神文明，又如何能够成就一代叱咤风云的盖世人才。知识是这一切的基础，是必要的条件。

当今社会已进入知识经济时代，知识的生产、学习、创新将成为人类最重要的活动，特别是知识的创新，更有特殊的重要性。现代科学技术高度发达，知识以指数速度剧增，就其总量来说浩如烟海。人们不可能把所有的知识都学到手，需要通过选择，形成合理的知识结构。随着知识的不断增加和积累，还有一个不断更新知识的问题。知识的创新既需要有知识的选择、更新，更需要知识的综合和创造，需要把所学的知识转化为能力。

① 充实专业理论基础

有较为过硬的专业知识，是毕业生获取就业机会的必备条件。而一些高职学生心中存在着偏见，认为只要学好技术操作就行了，对专业或其他学科的理论知识不够重视。实际上知识与技能是相互衍生又相互作用的依存关系。人类劳动创造了文明，而劳动创造了知识，说明知识是劳动(技能)的理论总结。也可以进一步讲，由技能派生了知识。但知识反过来指导技能，在技能的继续实践中再发展丰富知识。长期的发展过程形成了相互衍生、相互作用的关系。因此只有学好专业理论知识，才能更好地在实践中融会贯通，从而进一步在实践操作中进行技术的创新。

② 构建合理的知识结构

所谓合理的知识结构，就是既有精深的专门知识，又有广博的知识面，具有事业发展实际需要的最合理、最优化的知识体系。大学教育具有最明显的专业性特点，高职教育更是如此。随着社会对本专业要求的变化和发展，专业知识不断更新，知识面也越来越宽。为适应当代科技发展的既高度分化，又高度综合的特点，这种专业性通常只能是一个大致的方向，而更具体、更细致的专业目标是在大学四年的学习过程中或是在将来走向社会后，才能最终确定下来。因此，在学好专业课的同时还要兼顾到适应科技发展特点和社会对人才综合性知识要求的特点，构建合理的知识结构，以增强毕业后对社会工作的适应性。一般来讲，专业对口是相对的，不可能达到专业完全对口，这样，在大学期间除了要学好专业知识外，还应根据自己的能力、兴趣和爱好，选修或自学其他课程，扩大自己的知识面，为毕业后更好地适应工作打下良好的基础。

当然，建立合理的知识结构是一个复杂长期的过程，必须注意如下原则。一是整体性原则，即专博相济，一专多通，广采百家为我所用。二是层次性原则，即合理知识结构的建立，必须从低到高，在纵向联系中，划分基础层次、中间层次和最高层次，没有基础层次，较高层次就会成为空中楼阁，没有高层次，则显示不出水平。因此任何层次都不能忽视。三是比例性，即各种知识在顾全大局时，数量和质量之间合理配比。比例的原则应根据培养目标来定，成才方向不同知识结构的组成就不一样。四是动态性原则，即所追求的知识结构绝不应当处于僵化状态，而须是能够不断进行自我调节的动态结构。这是为了适应科技发展知识更新、研究探索新的课题和领域、职业和工作变动等因素的需要，不然就跟不上飞速发展的时代步伐。

(2) 加强实践学习，提高实践能力

提高高职学生的实践能力，需要“教”与“学”两个方面的努力。实践教学是相对于理论教学提出来的，它从本质上讲，就是一种理论联系实际的教学。由于高职专业教育对象的特殊性，使得实践教学更接近于生产工作实际。高校实践教学作为沟通理论知识与操作技能的桥梁，使学生不但在理论上，而且在岗位技能上都能得到发展。而且通过理论和实践的结合，能够加快学生对理论知识的消化、理解和掌握，加速理论教学的进程，增强理论教学的效果。提高高职生的实践动手能力。培养大批应用型技术人才是高职教育健康发展的生命线，是增强我国在世界上竞争力的重要途径，也是高职学生就业的前提条件。

① 加强实践教学

完成高职教育为社会培养应用型人才的任务，很重要的一个环节就是要改变旧有观念，提高对实践教学重要性的认识，打破以传授理论知识为主的教学模式，构建实践教学体系；对学生进行基本技能训练，增强学生实践能力。随着社会对人才需求的变化，高职高专的学生必须转变观念，充分认识实践教学在高等职业教育中的重要地位，要加强技能的学习。通过实践，培养和锻炼自己的思路、技术，印证自己所学的理论知识，对发现问题、解决问题的能力进行全面训练。教师在实践教学中必须对学生提出严格要求，严把考核关，帮助他们提高对实践教学重要性的认识。

② 重视实习工作

对于高职高专的学生来说，实习是非常重要的，它是学生理论联系实际、培养实践能力的重要途径。在实习工作中，学生一方面可以将所学的理论知识和生产实践有机结合，从而加深对理论知识的理解；另一方面，可以锻炼学生的社会交往能力、团队合作能力、分析解决实际问题的能力等，同时也可以获得许多在课堂或校园内无法学到的东西。只有通过大量的长时间的实习实践工作，学生才能学会综合运用所学的理论知识分析实际问题，从而提高解决实际问题的能力。

③ 参加其他校园或社会活动

参加学生社团或其他组织，可以通过组织开展某种活动，锻炼自己的组织协调能力、与人沟通能力、分工协作能力、语言表达能力等。

(3) 培养良好的意志品质

意志品质不是天生的，主要在实践行动中培养，适当讲道理是必要的，但关键是实践。良好的意志品质是保证活动顺利进行、实现预定目的的重要条件。

① 自觉性意志品质及培养

自觉性意志品质是指人对自己的行动目的有着正确的认识，并为之不懈地努力。与自觉性相反的是意志的动摇性。自觉性品质是青年成才的内动力。

要树立正确的人生观，增强社会责任感。人的行动是由动机引起的，而动机受人生观支配。当今社会拜金主义、利己主义、享乐主义一定程度上还在盛行，青年人一旦被这些消极的思想意识所侵蚀，就很难有所作为，且易走上邪路。因此，有志的青年人，应该在刻苦学习的同时，积极树立正确的人生观，这也是培养良好意志的重要前提。“天下兴亡，匹夫有责”，青年是祖国的未来，身系祖国前途命运。因此，我们今天没有任何理由不去刻苦学习，为将来回报祖国、兴盛祖国做好心理、知识、能力方面的准备。

规划人生的长远目标和近期目标，也是培养自觉性意志品质的重要条件。从心理学来看，青年立志越远大，就越能充分调动智力，使之观察敏锐，记忆持久，思维深刻，想象丰富。立志越远大，也越能充分发挥非智力因素的效能。当然，我们在确立人生目标时，必须根据自己的实际情况。所定长远目标，必须是经过努力能够达到的。这样才能激发我们在达到目标的征途上磨炼意志。同样，确定服务于长期目标的短期具体安排也很重要。短期具体的目标安排，能使我们在单位时间内高效率地工作。只有一个个具体的短期目标切实达到，长远目标才能实现。如果我们确定的目标是不能实现的，则使我们丧失达到目标的信心，就谈不上自觉意志的培养了。

② 坚持性的意志品质及其培养

坚持性是指坚忍不拔，不达目的誓不罢休，有一股“绳锯木断，水滴石穿”的精神。坚持性是青年成才的最重要的意志品质。

培养坚持性的意志品质可从以下几方面着手。

一是从小培养意志。人的意志不是天生就有的，而是在后天的生活实践中，在教育的作用下，通过自己的努力而逐步培养起来的。青年人的意志是培养的结果。心理学家曾追踪研究，经过训练、坚持性的幼儿100名和没有训练过、缺乏坚持性的幼儿100名(从幼儿期直至青年期)。结果表明，前者当中84人有主见，意志坚强；后者当中仅有26人意志比较坚强。可见从小培养意志是多么重要。

二是从小事锻炼坚持性的意志。经常在小事上锻炼自己的意志，才可能在重大事情上表现出坚强意志来。“冰冻三尺，非一日之寒”，坚强的意志是在千百件小事的锻炼中逐步培养出来的。因此我们在学习、工作中要注意利用身边工作、学习中的事情，有意识培养锻炼自己。

三是坚持参加体育锻炼，不仅可以使身体强壮、健康，且能锻炼意志。坚持体育锻炼可以培养勇敢、坚强、机智、果断、团结互助等道德意志品质。在体育锻炼中克服困难越大，经受的考验越多，意志就会磨炼得越坚强。

③ 自制力及其培养

自制力是指一个人在意志行动中善于控制自己的情绪，约束自己的言行。可以从以下两方面培养自己的自制力。

一是多学习点哲学，用辩证的观点指导生活学习和实践。当我们取得成绩和胜利时，要保持冷静的头脑，及时警醒自己，找一下自己的不足，把自己放到一个更大范围的环境中去审视一下。当遇到挫折、失败时，要学会自我激励，这一点尤为重要。因为，在现实的学习生活中，任何人都不会一帆风顺，会尝试成功，也会更多地经历失败。

二是自我创设外在的条件，激励自己。如将你崇拜的杰出人物的画像或名言悬挂于床头、书桌上，或附在常用的书本中，不断地以此鞭策、鼓舞自己，从中汲取精神食粮，为实现理想去奋斗。

近年来，大学生就业形势日趋严峻，就业已经成为一个社会问题。但从国内经济、社会发展的全局看，对技术人才还是有需求的，甚至潜藏着旺盛的需求。而且，现在的人才市场已经出现了高级技工紧缺的现象，所以高职教育的前景看好。只要高职学生能够在大学期间，努力学习专业技术，抓住每一个锻炼自己能力的机会，力争使自己达到所应具备的职业能力水平，一定能够找到理想的职位。

练　习　题

案例分析题：

马某，某高职高专 2003 届会计专业毕业生，取得了会计资格证书，现在环亚新业家具有限公司当会计。据马某说：“我到环亚求职时，人家第一句就问，有会计证吗？当时真是感到万幸，后来想想也是应该的，会计证书是从事财会职业的入门凭证，连会计证都没有，怎么进这个门呢？以前在学校学的做账、出纳、财务分析、财务管理和成本核算等，总觉得隔着一层，这一回在实际中才真正感受到了。财会工作是一项严谨的工作，任职后，我自己也变了很多，以前马虎、散漫，计划性不强，从事现任工作后，学会了计划做事，学会了严谨，学会了与人沟通。”

根据案例回答下列问题：

1. 马某的会计证书在求职时有哪些作用？
2. 高职高专的学生如何正确看待资格证书的价值？
3. 高职高专的学生应着重培养哪些职业能力？

第5章　高职高专毕业生就业前的信息和材料准备

5.1　高职高专毕业生就业前的信息准备

不少高校的毕业生就业指导中心都挂有这样一条标语："谁掌握了就业信息，谁就把握了就业的先机"。也就是说，就业竞争对于毕业生尤其是高职高专毕业生而言就是就业信息的竞争，谁掌握的信息多，谁的就业视野就开阔，谁就能在竞争中争得主动；另一方面，谁掌握了某一单位的信息多，谁就能在就业竞争中占有有利地位。

5.1.1　全面收集和分析与就业相关的信息资料

1. 获取就业信息的渠道

就业信息来自社会各个领域，如果单靠毕业生自己到处跑着找单位或盲目散发求职信，就难免四处碰壁，毫无收获。所以，毕业生要善于利用各种渠道、通过各种途径收集信息。

1) 通过学校就业主管部门获得信息

学校的毕业生就业办公室或毕业生就业指导中心，是高校毕业生就业工作的行政管理部门，相关的工作人员在长期的工作交往中与各部委和省市的毕业生就业主管部门及用人单位建立了密切的联系，所以，社会需求信息往往集中在这里。他们也会及时向毕业生发布有关需求信息，进行就业指导，让毕业生大致了解当年社会对大学生需求的状况、就业形势及有关就业的政策规定等，学生本人也可就有关问题进行咨询。学校毕业生就业办公室或毕业生就业指导中心是获取用人单位信息的主渠道，他们提供的信息无论是数量还是质量，都有明显的优势。通过学校毕业生就业办公室或毕业生就业指导中心获得的信息有以下几个特点。

(1) 针对性强。一般用人单位是在掌握该校的专业设置、生源情况、教学质量等信息后，才向学校发出需求信息的，这些信息是完全针对该校应届毕业生的。而在人才市场、报刊杂志以及网络上获得的需求信息，是面向全社会人士的，针对性较弱。

(2) 可信度高。为了对广大毕业生负责，在把用人单位的需求信息公布给学生之前，学校就业主管部门已先对就业信息进行了审核，这就保证了就业信息的可信度。

(3) 成功几率大。毕业生只要符合招聘条件，加之供需双方面谈合适，一般就能马上签下就业协议书，就业成功率较大。

2) 通过其他毕业生就业指导机构获得信息

教育部成立了全国高校毕业生就业指导中心，各地也陆续建立了毕业生就业指导机构。这些机构的一项重要任务就是与毕业生和用人单位沟通信息，提供咨询服务。

3) 通过社会各级人才市场获得信息

随着社会主义市场经济建设的发展，我国人才市场中介机构也应运而生了，毕业生可在那里了解到各类不同的职位需求，而且也可为自己找到极好的，提高面试水平和增强面试自信的机会。

4) 通过各种类型的“人才交流会”、“供需见面会”获得信息

“人才交流会”、“供需见面会”有的是学校主办的，有的是当地毕业生就业主管部门组织的。因为是供需双方之间见面，毕业生不仅可以通过见面会掌握许多用人信息，而且还可与互相满意的单位当场签订就业协议。

5) 通过报刊、杂志、广播、电视获取社会需求信息

在传媒业高速发展的今天，广播、电视、报刊、杂志等新闻媒体受到了招聘机构和求职者的共同青睐。每年大学生毕业就业之际，报刊杂志上经常会刊登一些关于大学生就业的指导信息，这些信息从不同侧面和角度反映了当年大学生就业的需求情况。如《大学生就业》每期都刊载有数量不等的招聘信息。除此以外，很多非就业类杂志都开辟了“择业指导”和“政策咨询”等专栏，为毕业生就业提供指导和服务。

6) 通过计算机网络获得信息

随着信息时代的到来，计算机网络的应用已相当普遍。通过网络求职是近年来才兴起的人才交流方式。网络人才交流，是通过先进的高科技手段，将求职信息及招聘信息上网公开，用人单位和求职者可以通过网络互相选择、直接交流。网络人才交流，最大的优势在于即使求职者身在异地也能获得大量招聘信息及就业机会。网络人才交流，突破了人才信息与招聘信息沟通的种种限制，实现跨越时空界限、打破单向选择的传统人才交流格局。网络人才交流，讲究的是规模效应，因此其信息容量之大是其他人才交流方式所不能比的。毕业生不仅可以自由地从因特网上取得各种职业信息，而且还能利用因特网把自己的履历传到网上。

7) 通过社会实践(或实习)获得信息

社会实践是大学生自我开发职业信息的重要途径。在社会实践的过程中，通过自己的努力赢得用人单位的好感、信任，获得职业信息甚至直接谋得职业的大学生不乏其人。因此，大学生在各种社会实践活动中，在了解社会、提高思想觉悟、培养社会能力的同时，要做一个收集职业信息的有心人。另外，还有一个很重要的实践环节是毕业实习，实习单位一般比较对口，通过实习可以直接掌握就业信息，如果在实习过程中与用人单位达成就

业协议也是一个很好的就业途径。

8) 通过社会关系网获得就业信息

求职者在寻找就业信息的时候千万不要忽略了周围的亲戚、朋友，以及朋友的朋友，他们都是就业信息的重要来源。招聘单位每天收到数百封求职信函，而且这些求职信函在内容上并无太大的差别，所述的求职资格和工作能力也都相差无几，谁也不比谁更为突出。那么招聘者面对如此众多的没有多大区别的陌生人，能有什么更好的方法分辨出究竟哪一个更强些，强多少呢？所以，在这个关键时刻如果有人直接推荐你，也许是最为有效的。当然，请人推荐的途径应该正当，切不可不择手段。

一般而言可以为求职者提供信息的主要社会关系有如下几种。

(1) 家长亲友。这部分人相当关心毕业生的就业问题，他们又来自社会的各个领域，与社会有多种联系，可以从不同渠道带来各种用人单位的需求信息。家长亲友提供的职业信息主要来源于个人的社会关系，这些关系相对固定，也有相当大的局限性。但是这些信息一般不反映职业市场的实际供求状况，也往往不广泛适合于那些专业比较特殊、学生本人就业个性比较强或具有某些突出的竞争优势(如学习成绩优秀、共产党员、学生干部、有一技之长等)的毕业生。但信息的可靠性比较大，传递到毕业生本人的职业信息，一旦被接受，转变为就业岗位的可能性比较大。另一方面，由家长亲友提供的职业信息的数量和“质量”有很大的个人差异。对有些毕业生而言，家长亲友提供的职业信息是其主要的选择，而对另一些毕业生而言，则可能只是聊胜于无。

(2) 教师。毕业生可以通过专业教师获得有关企业的用人信息，本专业的教师一般而言比其他人更了解本专业毕业生适合的就业方向和范围，他们在与校外的研究所、企业、公司合作开发科研项目或教学活动中，对一些对口单位的人才需求信息比较了解。同时，毕业生还可以直接找老师作为就业推荐人或引荐人。

(3) 校友。校友提供的职业信息的最大特点是比较接近本校、本专业毕业生在人才市场上的供求状况及其在具体行业中的实际工作、发展状况，尤其是近几年毕业的校友更有着对职业信息的获取、比较、选择、处理的经验和竞争择业的亲身体会，这比一般的职业信息更有参考、利用价值。

除了以上提到的几种信息获得的渠道外，求职者还可以通过自己在有关专业报刊上刊登广告，或者直接向数百家公司投递求职信件和个人简历，或者查阅电话簿后电话联系用人单位或亲自拜访等方法来获得有用的就业信息。但对大学毕业生来讲，一般不提倡这几种方法，因为花的精力太大，收效却很小。

2. 需要收集的信息

就业信息的内容十分广泛，作为初次择业的大学毕业生应主要了解以下三个方面的就业信息。

1) 就业政策

关于就业政策，应了解以下几方面的内容。

(1) 对于一个应届毕业生而言，了解国家就业方针、政策是非常重要的。就业政策是根据国民经济发展战略和人才培养目标、人才使用目的的客观要求而提出的，是根据各个不同时期的政治、经济任务而制定的。随着国家整体政治、经济任务的变化而变更，它是毕业生就业的出发点和归宿，是不能违背的。大学毕业生只能在国家就业方针、政策所规定的范围内，根据个人的情况选择职业。

(2) 了解相关的就业法律法规。国家通过法律法规来管理调节和规范组织和个人的行为，排除组织之间的纠纷，制裁违法行为。法律法规既赋予了组织和个人进行各项活动的权利，又为组织和个人提供了同一切侵犯自己合法权益作斗争的有效手段。如果依法办事，不仅可以取得合法权益，还可以捍卫自己的正当权益，减少不必要的损失。目前已出台和施行的就业相关法律有《中华人民共和国劳动法》、《反不正当竞争法》、《劳动合同法》等。由于我国人才市场机制尚不完善，因此在就业中出现了不少违纪犯规现象，比如上当受骗参与传销等。所以，作为大学毕业生来说应该清楚就业法规、法令，学会用法律来保护自己。

(3) 了解就业体制。毕业生应该清楚毕业生的就业是由国家哪个部门或哪个机构来负责管理指导，地方各省、市、区的哪个部门或哪个机构来负责管理指导，学校的哪个部门或哪个机构来负责管理指导。这样，当毕业生在求职过程中遇到困难和问题时，就可以随时向有关机构寻求帮助。

(4) 清楚地方的用人政策。各地区、各单位根据国家的有关规定，结合本地区的情况，对毕业生的引进、安排、使用、晋升、工资、待遇等制定了一系列更为具体的规定。另外，不少地区为了吸引人才，还制定了许多优惠政策，这是大学毕业生应该了解的。

(5) 熟知学校的有关规定。为了调动学生学习的积极性，保证毕业生就业的顺利进行，学校一般会根据国家的政策要求制定若干补充规定，这也是毕业生应该了解和遵守的。

(6) 明确就业程序。毕业生应该知道毕业生通常在什么时间开始和终止联系单位；签订就业协议必须履行哪些手续；在学校规定的时间内没有同用人单位签订就业协议，户口和档案将转到何处；调整改派的程序和手续等问题，毕业生都需要清楚。

2) 供求信息

关于供求信息，应了解以下几方面的内容。

(1) 了解国家政治经济建设方针、任务和发展战略，了解产业的分类与结构，以及随着社会发展，产业结构的调整和变化趋势；了解职业的分类与结构，以及该职业发展的趋势，使自己总揽全局，更好地把握自己，在国家建设的大背景下找到自己的正确位置。

(2) 了解当年毕业生总的供求形势，即：与自己同时毕业的学生全国有多少，而用人单位的需求有多少，是供大于求，还是求大于供；哪些专业紧俏，哪些专业供大于求；本专业培养目标、发展方向、适用范围；掌握同自己专业直接对口或相关的行业、部门和单位的现状和发展趋势。

(3) 毕业生还应清楚用人单位的信息。在大学生选择单位时，往往会出现这样一些错误：

对用人单位情况不甚了解，又没有一定的比较，于是在择业时带有很大的随意性和盲目性，如只挑选大城市而不问用人单位的性质、业务范围；盯着有“关系”的单位，企图靠“关系”得到提拔和重用；还有的只图单位名称好听就盲目拍板，等等，这些都是片面的。一般来说，毕业生应该掌握以下几个方面的情况：用人单位的准确全称；用人单位的隶属关系，它的上级主管部门是谁(指人事管理权限)；用人单位的联系办法，如人事部门联系人、电话、通信地址、邮政编码等；用人单位的所有制性质；用人单位需要的专业、使用意图、具体工作岗位；用人单位对所需人才的具体要求；用人单位招聘新人的程序是怎样的；用人单位的成立年代、背景、人员组成、领导作风、员工的精神状况、人际关系、责任感、管理制度、规模、发展前景、地理环境、经营范围和种类等；用人单位的福利待遇(包括工资、福利、奖金、住房等)。

对用人单位的信息掌握多一点，选择范围就更广一些，求职成功的希望就多一些。掌握和了解用人单位的信息量越大，判断准确率越高；反之，则越低。所以说，能否很好地收集、分析和活用用人单位信息，是对一个毕业生所学知识和能力的一次检验。

在收集单位信息的时候，肯定要涉及各个地域，在国家目前的户口制度下，有部分城市仍然有准入制度。这些城市是上海、北京、天津、重庆、广州、深圳、大连、青岛、厦门、珠海等。如果求职者希望前往这些地区的单位应聘的话，请检查各种证书是否齐全，如果还没有达到相关的要求的话，请尽快参加相关的考试。

3. 学会选择适合自己的就业信息

1) 对就业信息的分析

对于收集到的就业信息，应结合自己的实际情况，加以筛选处理，去粗取精，去伪存真，有目的、有针对性地进行整理和分析，使信息具有准确性、全面性和有效性，使之更好地为自己服务。由于就业信息时效快、数量大、品种多、范围广，所以在对其进行处理时必须做到以下几点。

(1) 正确选择。择业的成败很大程度上取决于对就业信息的选择。想选择得好，首先必须在较短的时间内查阅大量信息，以便从中迅速发现最有用、最重要的信息；其次，要鉴别、判断，善于识别信息的准确性、有效性和可行性。信息在传递过程中由于信息来源和人为的一些因素，会造成有些信息的失真。这就要求我们必须通过查询、核实来加以修正、充实，使信息具有有效性；同时必须依据各自实际情况和有关方针政策找到最合适自己的信息，使信息具有可行性。

(2) 善于开拓。许多信息的价值往往不是直观的，必须经过使用者深入思考、加以引证才能发现。正如常说的那样：信息的价值会用则有，不会则无。所以当求职者获得一定量的就业信息时就必须善于利用，否则将一无所获。

(3) 迅速反馈。就业信息有很强的时效性，及时用之是财富，过期不用是垃圾，当求职者收集到广泛的信息并加以分析处理后，应尽早决断并向用人单位反馈信息，一是因为招工、应聘都是有一定时限的；二是因为条件较好的职业对谁都具有吸引力，而录用指标是有限的，所以犹豫不决只会使求职者痛失良机。

2) 结合自身特点选择适合自己的就业信息

毕业生在择业以前，必须要对自己做出一个全面的认识和正确的自我评价，不但要清楚自己想干什么，更要弄明白自己能够干些什么，要清楚自己的兴趣爱好、气质特点、性格特征、基本素质、专业知识、技术能力等，在此基础上，求职者可以从以下几方面入手来判断这条就业信息是否适合自己。

(1) 专业特点。专业知识是毕业生在择业时比其他非专业人员更具竞争力的一个主要因素。大部分毕业生在通过几年的专业学习后希望能从事与专业对口的工作，同时，由于毕业生没有任何工作经验，对专业以外的工作往往没有十分的把握去涉足。所以，专业是否对口，往往是用人单位和毕业生双向选择中的一个共同标准。

(2) 兴趣爱好。近几年来，在毕业生择业中专业不对口现象越来越普遍，如许多计算机专业毕业生去搞销售，汽车专业毕业生去干管理，等等。放弃专业固然可惜，但兴趣爱好是一个人工作事业取得成功的重要条件。研究表明，对自己所从事的工作有兴趣，就能发挥全部才能的 80%～90%，并能长时间保持高效率而不感到疲劳。

(3) 性格特征。性格特征也与职业信息的选择有关。如果求职者是一个性格内向、好静不好动的人，面对两条就业信息，一个是需要办公室文员，一个是需要营销代表，那么该求职者便应选择前一个工作岗位。不同性格的人适合从事不同类型的职业，毕业生应该根据自己的性格特征来选择自己所适宜的就业信息。

另外，求职者还可以根据个人的要求，如对用人单位性质的要求、对用人单位规模的要求、对地理位置的要求等，在各种就业信息中选择有利用价值的、适合自己的信息。

3) 分析就业信息注意事项

毕业生面对众多招聘信息，如不谨慎分析，一不小心就会掉进五花八门的广告圈套中。所以，在选择就业信息时须注意以下几点。

(1) 有少数人事顾问公司，为求壮大声势，在职位推荐中，刊登一些已过期的所谓“招聘”，而所报的薪金亦可能与真实情况有异，求职者应选择信誉可靠的人事顾问公司代为筛选。另一方面，网上招聘也会出现更新不够及时的情况，求职者须注意广告的上网日期及网页更新频率。

(2) 一些公司为了提高招聘要求，用一些有别于惯用名称的职位名称来吸引较优秀的应聘者。另一些招聘广告更是开出一个颇高的薪酬，这是吸引对行业无知者的常见手段。

(3) 有时我们会注意到某单位常有一些职位空缺，长年累月都在报刊杂志上刊登广告，仿佛永远请不到合适的员工。这可能是某些公司为测试市场动态、人力资源流动情况的一种招数。

(4) 降格求人。以往某职位一般需要研究生学历毕业生，而广告列明大专或本科学历有及经验便可。实际情况却是若非求职者拥有丰富的经验或有突出表现便很难被录取。所以，认清情况就能帮助求职者避免白白花费精力去争取毫无录取可能的职位。

(5) 保证年薪。最常出现于以佣金为主要收入的行业，最后能否实现取决于求职者的工作表现及能力。求职者可先衡量在没有佣金的情况下，固定底薪是否达到了可接受的水平，避免被广告字眼误导。

(6) 注意急聘的弦外之音。某些公司附加“急聘”、“大量求聘”等字眼，目的是借助广告大量吸纳新人，在录用后的短期内再淘汰不合适的员工。本来“双向选择”实属无可厚非，但毕业生不要因为找工作心切，误入一些公司只需试用期“廉价”劳动力的圈套。

5.1.2 了解和寻找正确的就业途径

新中国成立以来，大学生就业制度经历了不同的历史发展阶段。从 20 世纪 80 年代开始，为适应我国社会主义市场经济建立和改革开放不断深入的需要，大学生就业制度得到了不断改革和完善，与之相适应的大学生就业市场也在逐步走向规范。因此，对于在校生和面临求职择业的大学生来说，只有对就业市场有所了解和认识，才有可能形成正确的择业观念和择业行为，找到正确、有效的就业途径。从目前的毕业生就业实践来看，毕业生主要选择了以下几种就业途径。

(1) 到党政机关就业。《国家公务员暂行条例》规定，国家政府机关一律实行考试考核的办法录用公务员。因此，现在很多应届毕业生选择报考公务员。当然，参加公务员考试也会面临激烈的竞争。对于应届毕业生来说，在公务员笔试考试中占有较大优势。但是，由于应届毕业生社会经验不如其他竞争者，所以在面试中可能会处于劣势。因此，应届毕业生应该充分把握在校期间所有可能得到锻炼的机会，提高自身社会交往、逻辑思维、口头表达等能力。

(2) 到军队就业。中央军委为实现“科技强军”战略，每年都会到地方高校中选拔录用大量的应届毕业生。因此，这个就业方向对于那些喜欢军营的学生不失为一个好的选择。

(3) 到企业工作。企业要求应聘者具有较强的沟通能力、注重团队精神、充满活力、有很强的创新能力，这些要求对于应届毕业生而言是非常有利的。所以，每年也有大量的毕业生选择了到企业工作。

(4) 考研。现在考研已经成为一种时尚，每年的考研队伍也在不断扩大。但是，我们应该保持清醒，并不是每个人都适合考研。毕业生必须经过深思熟虑后再做决定，一旦确定以后，应朝着目标不屈不挠地奋斗。很多考研成功的同学都用一句话来概括他们的考研经历：苦并快乐着。

(5) 参加“大学生志愿服务西部计划”和“三支一扶”计划。

“大学生志愿服务西部计划”是团中央、教育部根据国务院常务会议、《国务院办公厅关于做好 2003 年普通高等学校毕业生就业工作通知》和 2003 年全国高校毕业生就业工作电视电话会议精神的要求而实施的鼓励大学毕业生到基层、到西部工作的一项政策。这项政策从 2003 年开始，按照公开招募、自愿报名、组织选拔、集中派遣的方式，每年招募一定数量的普通高等学校应届毕业生，到西部贫困县的乡镇从事为期 1～2 年的教育、卫生、农技、扶贫以及青年中心建设和管理等方面的志愿服务工作。工作期满后，自主择业，择业期间享受一定的政策优惠。

“三支一扶”计划是指大学生在毕业后到农村基层从事支农、支教、支医和扶贫工作。“三支一扶”计划有一套详细的组织招募工作流程，每年 4 月前后，各地收集、汇总、上报乡镇一级教育、农业、卫生等基层岗位需求信息；每年 5 月前后，各地根据下达的招募计划，采取考核或考试的方式进行公开招募；每年 7 月底前，派遣“三支一扶”大学生到服务单位报到。“三支一扶”工作时间一般为 2～3 年，工作期间给予一定的生活补贴。工作期满后，自主择业，择业期间享受一定的政策优惠。

5.2　高职高专毕业生就业前的材料准备

如果说面试是求职成功的必经之路的话，那么一份好的求职材料便是照亮这条道路的明灯。毕业生参加各种供需见面会、洽谈会、招聘会、人才交流会、双选会，访问用人单位，恳请老师推荐，拜托亲友帮忙，都需要一份介绍自己的书面材料，达到“广种薄收”的效果。而大部分用人单位安排面试的依据是阅读反映毕业生情况的书面资料。因此，撰写有说服力并能吸引读者注意力的书面资料是赢得胜利的第一步。毕业生的求职择业材料包括毕业生就业主管部门编制的就业推荐表和毕业生自己编撰的自荐材料两部分。从目前就业市场主要使用的求职材料的情况来看，主要包含以下几方面内容。

(1) 求职信。

(2) 个人简历。简历，顾名思义，就是对个人学历、经历、特长、爱好及其他有关情况所作的简明扼要的书面介绍。

(3) 学校推荐表或推荐信。一般由学生所在院系填写推荐意见，招聘单位一般比较重视。

(4) 学习成绩单。这是毕业生大学学习成绩的证明，应由各院系教学部门填写、盖章。

(5) 各种证书。如外语、计算机等级证书，各种荣誉证书，获奖学金以及各类竞赛的证书或驾照等。

(6) 参加社会实践、毕业实习的鉴定材料。

(7) 有关科研成果证明及在报刊发表的文章。

5.2.1　求职材料所包括的内容及装订要求

求职材料是毕业生综合实力、综合素质的第一次反映，也是用人单位较为全面了解毕业生学习状况、工作经历、能力结构、特长等的一个首要途径，一些用人单位还把求职材料作为了解毕业生的文字表达能力、逻辑思维能力等的重要渠道。

1. 求职材料一般包括以下几个部分

(1) 封面。封面的制作一定要有特色，但不能过分花哨。封面上要突出求职者的毕业院校、专业背景、学历层次、姓名、联系方式，以便用人单位在收到求职者简历的同时，就对其有一个初步的印象；也便于用人单位在需要联系求职者时不用再翻开简历。

(2) 求职信。一封好的求职信在求职者的求职过程中有着巨大的促进作用，如果求职者的求职信能够吸引招聘人员，那么他的求职过程将有一个良好的开端。

求职信一般包括以下几方面。

① 称呼：对方的姓名、职务。

② 第一段：开门见山，表明求职者的意图。

③ 第二段：解释申请这一职位的独特理由。

④ 第三段：强调求职者能为公司做什么。

⑤ 第四段：得体的结尾，再次表达求职者的愿望。如果有可能，预约面试时间。

⑥ 最后：署名和日期。

求职信应该展示求职者自己的优点，针对不同类型的单位应该有不同的表述。例如针对行政事业单位，求职者要突出的是组织能力；针对企业，要突出的是专业背景、合作精神等方面。换句话讲，求职者的求职信应该具备能打动招聘人员和招聘单位的内容，唯有如此，对方才有可能对求职者产生兴趣，从而为其顺利求职打下基础。

在做这项工作的时候，求职者应该试试换位思考，想象自己是招聘单位的招聘人员，再想象一下单位最看重的应该是求职者哪些方面的特长，然后以此为依据，有针对性地写求职信，这样才会收到更好的效果。

小资料：关于求职信应注意的几个问题

(1) 求职信的重点应该放在求职者能为单位做什么，而不是求职者能从单位得到什么。

(2) 强调单位需要而求职者实际所具有的独特的才能。

(3) 将行业新闻、单位动向写在信里，更能表现出求职者对行业、单位的关注和了解；当然请注意采用适当的语气。

(4) 尽量使用行业术语，避免重复使用“我”这个词。

(5) 不要忽视称呼的重要性，尽可能了解求职者写信对象的称呼、全名和头衔。

(3) 个人简历。个人简历设计各不相同，从要求上讲，以简单明了为好。主要内容应有：本人姓名、性别、出生年月、身高、体重、籍贯、民族、身体健康状况、政治面貌、毕业学校、毕业时间、系别、主修专业、辅修专业、学历、学位、外语水平、计算机水平、特长等；主要学习经历；从事的社会工作、组织的活动、担任的职务；社会实践和生产实习情况；受奖励情况及取得的成绩等。表格右上方需要贴上一张免冠标准近照。

简历是个人形象，包括资历与能力的书面表述，对于求职者而言，是一种必不可少的应用文。

(4) 推荐表。由学校统一发放的《毕业生就业推荐表》是必须附在求职者的求职材料中的(注：推荐表原件只提供给正式签约单位)。

(5) 在校期间学习成绩。很多单位在招聘过程中比较看重应聘者在校期间学习成绩。因此，在求职材料中提供一份详细的成绩单是很有必要的，这份成绩单应该体现求职者大学几年在校学习的所有课程及成绩。成绩单的取得过程如下：首先从学校的教学部门打印出成绩单，然后加盖学校公章。至此，一份合格的成绩单就可以出现在求职者的求职材料中了。

(6) 获奖证书复印件。这些材料的原件请大家注意保存。在附复印件的同时，最好同时准备好原件，以备查询。如果单位需要这些复印件上加盖学校公章，请带上原件，前往学校相关部门办理。

(7) 其他材料。这部分一般是公开发表的文章、科研成果、设计作品等方面的材料。这些材料请根据求职者所应聘的不同类型的单位分别组织。比如新闻单位比较看重应聘者的文笔，如果求职者有发表文章的经历，请一定要附上所发表文章的复印件；科研设计单位可能比较看重应聘者的科研能力，如果求职者有独自或者协助老师参加科研工作的经历，请组织相关材料，附在其中，这将为其求职增色不少。

当然，不同的单位招聘和录用会有不同的侧重点，因此在制作这些材料的时候，请根据其需求灵活处理。

2. 求职材料的装订

毕业生求职时一般需要将求职材料装订成册。需要装订的求职材料包括封面、求职信、简历、推荐表以及其他证明材料。

1) 求职材料的装订顺序

由于用人单位在选拔人才时不一定会对每份求职材料中的每一页都认真、仔细地阅读，所以在求职材料的装订中，考虑到用人单位对求职材料中各种信息的需求心理，毕业生需要按照求职材料所反映的信息的重要程度来排列装订顺序。在求职材料的装订中最为常见的装订顺序如下：封面、求职信、简历、推荐表、在校期间学习成绩、其他证明材料(包括各种证书复印件、各种作品或研究成果复印件)。

2) 求职材料的装订要求

求职材料的装订要求如下。

(1) 用透明文件夹将求职材料按照常见的装订顺序装订。

(2) 求职材料封面及所有材料切忌歪斜。

(3) 求职材料中所有纸张大小应该一致。

(4) 求职材料中字体应该一致，排版时行间距应该一致。

(5) 求职材料中所有纸张应该整洁、干净。

(6) 求职材料在装入透明文件夹时切忌损坏，以免影响求职材料的美观性。

(7) 切忌用松动的透明文件夹，以免求职材料脱落，造成散页、掉页。

5.2.2 求职信的写作方法及注意事项

写求职信的目的是帮助求职者找到一份满意的工作。写作求职信是求职全过程的第一个环节，也是求职者以书面形式与用人单位所做的第一次接触。求职信事关求职的成败，因此不能掉以轻心、马虎从事，务必认真、慎重，要尽可能将自己的求职信写得合体、达意、规范，争取在众多的求职者中领先一步，能够首轮入选面试或面谈，从而为被顺利录用创造先决条件。

1. 求职信的基本类别

求职信可从不同的角度进行分类。不同类别的求职信，其内容侧重点与行文语气也各有不同。

若从求职者是否具有工作经验的角度着眼，求职信可分为毕业求职信和重新求职信。若从求职者是否获得招聘信息的角度着眼，求职信可分为自荐求职信与应聘求职信两种。所谓自荐求职信，一般是指求职者在并未获得准确的用人信息的情况下，仅凭个人的分析判断，自发写给单位的带有自我推荐性质的求职申请信。而应聘求职信，则是求职者根据单位在新闻媒体上刊登或发布的招聘广告，有针对性地写给该单位以谋求某一特定工作或职位的求职信。

从使用实践看，以上几个类别的求职信之间，没有绝对界限，而往往具有交叉的性质。譬如，毕业求职时，既可以写自荐型的求职信，也可以写应聘型的求职信。至于具体到自己应写一封什么类型的求职信，还得根据个人实际情况以及有否招聘信息两个方面，通盘筹划，斟酌运笔。

2. 求职信的内容要点

由于求职者的个人情况不同，加之所求职业或职务的性质有别，因此，求职信的内容也因人因事而异。一般说来，应包括以下几个部分。

(1) 说明写信缘由，表达求职愿望。求职信一般都是针对招聘启事而写的，因此，信文开头可以告诉对方自己在何时从何处获悉招聘信息的。如求职者曾经听说某单位需要员工，但并不知道该消息是否确实，信文开头便可以询问的语气自荐，并借此机会陈述自己对该单位的兴趣与向往。总之，无论是应聘还是自荐，求职信的首段最好是说明缘由，并明确表达自己欲进入该单位担任某项具体工作或职务的愿望。同时，必须设法在信的头两句话，就能抓住读信者的心，吸引他的注意力，使他主动往下看。但须注意不要写空话、套话或过多的客气话。

(2) 提供个人背景资料。为使用人单位在众多求职者中选中你，你须向对方提供自己的有关个人资料。在作上述介绍时，应把握一点，介绍的重点应放在与所求职业或职务有关方面，其他无关或无直接关系的方面应予省略，以免画蛇添足，冲淡了主题。这部分主要需说明求职者胜任某项工作的条件，这是求职信的核心部分。要突出自己与所求职位相关的名、优、特。所谓“名”，即名气。在同学中，求职者的“名气”如何？即取得了哪些骄人的业绩。可用一两个事例概述在校期间的工作业绩、社会实践水平等。所谓“优”，即优点、长处、别人所没有的而招聘单位又需要的本领、技术特长与优势。包括团队精神、职业道德、工作纪律、钻研精神等方面的优点，主要突出别人所没有的优点。所谓“特”，即特别的技术、特别的本领、与众不同之处。别人不能解决的困难，求职者能解决；别人不能想出来的方法、技巧，求职者能设计出来，这就是“特”。因为求职者有与众不同的技术、本领，就能为单位带来与众不同的效益。值得注意的是，求职者在介绍时不能过分谦虚而将自己各方面的能力讲得普普通通，也切忌说大话，最好的办法是用成绩和事实代替华而不实的修饰语，恰如其分地介绍自己。在这部分，别忘了表露自己乐意与同事合作和恪尽职守的心迹，要知道缺少了合作与敬业精神，什么“高级人才”都难免黯淡无光。如果说用人单位怕毕业生能力低下，倒不如说，用人单位更怕毕业生“身在曹营心在汉”、“这山望着那山高”。因此，在求职信中，求职者一定要把这一点说清楚，除去用人单位后顾之忧。

(3) 提供备询人或推荐人。为使用人单位对求职者的为人及表现有所了解，求职者应该在求职信中提供两至三个备询人或推荐人的姓名、工作单位、职务及联系电话，以便用人单位查询、了解。同时，也借此表明自己这封求职信所述内容的可信度。同时，需要注意的是求职者所提供的备询人或推荐人最好是自己的老师。另一方面，在提供这些人的名单之前，求职者一定要得到这些人的同意和乐于为你推荐的承诺。

(4) 结尾。要明确表示求职者希望获得面谈的机会，以及求职者希望获得某项工作或职务的强烈愿望，这实际上才是求职者写这封求职信的目的。如果求职者去面谈或面试的时间有所限制，便应告诉对方何时最为方便。同时，需要在求职信中写清楚自己的详细通信地址、邮编以及电话号码，以便对方随时和你联系。

3. 求职信的表达方法

在求职信的表达方面应注意以下方法。

(1) 要站在对方的立场上说话。表达自己的求职愿望时，要使对方觉得求职者感兴趣的是该公司或企业及其提供给你的职业或职务，而非求职者个人的偏好或兴趣。因此，措辞行文时要突出对方的利益，要让对方意识到录用你可能在哪些方面受益，而不是强调个人的需要、个人的期望或家境的困难等与对方没有直接联系的个人因素。要知道求职不能靠人同情或施舍，而是靠自己的才华和技能，靠求职者能否为用人单位作出自己的贡献。

(2) 不要过分渲染自我。求职需要优秀的品德和真才实学，也需要自信心，但是在提出求职申请时不能过分夸大自己的能力，更不能自吹自擂。当然，也不要妄自菲薄，过分谦虚。如果求职者确实具备某些优势，就应实事求是地列举出来，要充分相信自己的能力，能够胜任你申请的工作或职务。在求职信的创作中应尽量避免以下说法：

“我能够适应各种工作。”

“我听说贵公司近期效益不好，我相信我有能力改变这种状况。”

“我是学艺术专业的，到贵单位之后，我一定能够使贵单位的文艺节目在各类比赛中夺魁。”

以上这些不实之词，一眼就能辨认出来。这种过分吹嘘反而让人觉得求职者华而不实，从而对其真实能力产生怀疑。因为刚出校门的大学生，虽有一定的理论基础，但缺乏实践经验。所以，求职中切不可用肯定的口气把自己说成是万事通，尽量避免使用“一定”、“第一”、“绝对”、“肯定”、“完全可以”、“保证”等这一类词，而是只能“适度推销”自己。当然“适度推销”也要根据具体情况而定。由于文化上的差异，一般对外资企业可以较充分地表现自己的能力，强调自己的特长；对国内企业，可如实介绍自己的理论基础、特长和爱好等。

(3) 避免简写引起歧义。与朋友谈话时人们习惯简称自己的学校或者所修专业，但在求职中应该避免这样做。用简写词语一是显得随便、不够庄重，可能会引起读信人的反感；二是一些简称只有在特定的地方、特定的交往范围中才能被准确地理解，超出这一范围人们可能就会不知所言，甚至产生误解。

(4) 在求职信中的称呼要恰当，如不恰当会显得俗气、幼稚。有一位毕业生在写给某职业介绍中心工作人员的信中的称呼是“叔叔、阿姨”，还有一位女大学生写给某单位人事处工作人员的求职信的称呼是“大哥、大姐”，这样的称呼是非常不恰当的。所以，在求职信中使用正式、规范的称呼是非常重要的。如在写给学校的求职信中可称呼“老师”，写给公司的求职信中则多称呼“先生”、“女士”。

4. 求职信创作要求

创作求职信应注意以下几点。

(1) 致信某个特定的个人。确保有这个人的姓名、他或她的职称以及公司名称的正确拼写。如果求职者不愿意定做每一封信，宁愿使用格式信件，应使用尊称“尊敬的公司领导”。

(2) 求职信应该具有很强的吸引力，以便在求职者和用人单位之间营造融洽的氛围。求职信中应该体现出求职者热情洋溢、精力充沛的特点，同时它必须向未来的雇主介绍求职者及其价值。

(3) 求职信应该言简意赅。一封求职信只需要四五个简短的段落就足够了。毕业生应尽量把求职信的长度控制在一页之内。

(4) 如果没有要求，不宜在求职信中谈论薪金。

(5) 确保求职信中不出现拼写、打印和语法错误，如发现了错别字，不要涂出一个“黑蜜蜂”，也不要偷懒而使用涂改液，干脆重抄一遍。虽然费事，总比“壮志未酬身先死”要好得多。

(6) 确保求职者在求职信中说的一切都能够在面试中得到支持和证实。

(7) 求职信中的人称。不要滥用代词“我”。在求职信中应该是“您”多于“我”。

(8) 格式。信文要安排在信笺的中间位置，书写格式要统一。如每段采取后缩式或齐头式，便须前后一致，不要半途改换。

(9) 忌逻辑混乱、条理不清。

有的人写求职信就像记流水账或写随感录，想到哪，写到哪，没有提纲，没有计划，没有主题，逻辑性和层次感都很差，这就降低了阅读者对求职者写作能力、逻辑思维能力的认同。语无伦次的表白会让人对求职者的能力介绍产生怀疑。同时，缺乏条理的文字还容易让人产生厌倦感、疲劳感，从而忽略信中的一些重要信息。

小资料：错误格式及混乱的求职内容案例

某某领导：

您好！工作辛苦了！

教师是人类灵魂的工程师，是培养祖国栋梁的辛勤园丁。孔子、孟子就是影响了中华儿女数千年的好老师。我特别欣赏这个职业。我是学企业管理的，跟教书没什么关系，但将来何去何从，谁能说的准呢？子曰：“三人行，必有我师焉。”孔子都那么虚心，我们又有什么理由不向别人学习呢？这是一个知识文化更新很快的时代，不互相学习就会故步自封，就会为时代所抛弃。我们的专业课程就体现了丰富多元的特点，除了政治经济学、企业管理等技术课外，还包括数学、外语等基础课。教书要教得好，也不能不多学知识、开阔视野。有许多人觉得教师这个职业太没面子，那是传统封建思想的贻害。某些教师在教书育人的过程中可能存在这样那样的问题，那是他的个人原因，而不是教师整体的错。再说，人人都不做教师，都去做赚钱的行当，下一代由谁来教育？社会由谁来发展？尤其是在当今改革开放的大好形势下，我们更应当抓紧机遇，抓好教育。我的父亲是个党员，他小的时候很想读书，可是未能如愿，我想如果很多人都甘愿为教育事业奉献青春热血的话，这样的事情就会少一点。我有志于为祖国的教育大业奉献一切。也企盼着你们的回音。如果有意，请与××大学××系联系。有什么要求，需要什么任职资格，就请来信告诉我。另外，告诉你们一个好消息，明天校运会即将开幕，我将作为系主力参赛。我的体育成绩一向很好。其他各科成绩也还过得去。

最后，祝您

工作顺利！

×××

×年×月×日

这篇文章层次混乱不堪，显然是信手拈来，随意挥就。语言的结构没有大毛病，但杂乱无章，透着一股对用人单位的轻蔑，这样的“才子”没有哪个单位敢要。

(10) 书写工整、美观。求职信最好使用计算机将信文内容打印出来，因为打印远比手写清晰、美观。如无条件打印，手写一定要清楚、整洁，这样用人单位容易对求职者产生良好的第一感觉，而字迹潦草、龙飞凤舞则会给用人单位留下办事草率、敷衍了事的不好印象。如果求职者写一手好字，就工工整整地自己写，并落款“亲笔敬上”的字样，这样也顺便展示了你的书法水平。此外，还须注意，一定不能用铅笔、圆珠笔或红色墨水笔书写，否则，会给人造成轻率和无礼的恶劣印象。

(11) 排版、布局合理。有的求职信只占了一张信纸的 1/3 版面，下端一片空白，这就给人一种应聘者无话可说或实力不足的感觉。有的求职信用了几页信纸，但最后一页只有寥寥数笔，空空荡荡的，很不美观。有的求职信字写得太小，看起来劳神费力。现在各用人单位人事部门里年长者还是占相当比例的，如果求职信阅读起来比较吃力的话，是很容易被放弃的。

(12) 使用敬语结束求职信。同时，确保签署上求职者的姓名、写信日期。

(13) 信笺的选用。最好选用尺寸标准、质地优良、普通白色和无格子的信笺。应避免使用尺寸过大或过小、或奇形怪状的信笺。切忌将皱巴巴、脏乎乎、随便找来的纸当信笺使用。不要使用带有外单位信头的信笺，即使将外单位的信头裁掉之后，这种信笺也不能使用。因为用这些信笺写的求职信，体现出写信人十分马虎，加之这种信笺看上去也令人不很愉快。此外，也不宜使用色彩鲜艳或带有香味的信笺。如不是特殊情况，最好避免使用明信片。

(14) 信封。最好使用白颜色的和没有花草图案装饰的信封。收信单位的地址和名称要书写完整，不能图一时省事，采用简写或省略不写，否则会造成误投，使求职者的求职受阻。如用人单位已刊登过招聘启事，最好按招聘启事上所说的地址书写。此外，收信人的称谓还要合乎时宜和礼仪。

(15) 写完全信后再检查一遍。求职信有关自己的生计与事业发展，务必精心构思、认真运笔、反复修改，直到求职者觉得它能最好地显示出其长处时为止。全信写完，不妨从头到尾再详细阅读一次，确信不必再修改后再邮寄出去。

5. 求职信的文字技巧

写求职信要注意到自己的求职身份，因此，在一些文字的说法上一定要讲究，切不可粗心大意引起对方反感。

(1) 语言表达自然。语气要正式但不能僵硬。词语生动使句子有力，但不要随意用一些从未用过的令人费解的词语和句子。这样会给用人单位造成滥用词句、哗众取宠的感觉。

有些大学生有这样一种心理，自己既然是大学生，就是文人，应该显示出一点才气。于是，想尽办法堆砌甚至滥用各种华丽时髦的词句，似乎只有这样才能使文章动人，充分显示出自己的才华出众或聪明过人。殊不知多用、滥用词语，会使人产生反感，让人对其实际能力产生怀疑。

(2) 写作通俗易懂。人事经理或阅读求职者求职信的同志不是你这个专业的行家，所以，求职者不能用太过专业的字眼。否则，人事经理会对自己看不懂的东西失去兴趣，同时，求职者也有卖弄之嫌。所以，切忌在求职信中使用生僻词语、专业术语。

(3) 言简意赅，切忌面面俱到。招聘的工作人员多半工作量大，时间宝贵，不可能花时间在求职者冗长的求职信上，长了会导致招聘人员反感。所以，求职信应在重点突出、内容完整的前提下，尽可能简明扼要，不要陷入无关紧要的说明。多用短句，做到每段只表达一个意思。

(4) 具体明确。不要使用模糊、笼统的字眼，多使用实例、数字等具体的说明。如："我设计的××管理系统为公司创收×万元"就比"我设计的××系统为公司创收颇丰"有说服力。

(5) 如果求职者欲在少数民族地区求职，那么求职信最好用汉语和少数民族语言各书写一份；如果求职者欲向中外合资企业求职，那么最好用中文和国际通用的文字各书写一份，这样通过求职信既能自荐又可以表现求职者的外文(少数民族文字)水平，可谓一举两得。

(6) 避免在求职信中以强迫的口气要求用人单位。最常见的问题：一是为对方限定时间，如："本人于某年某月要赴外地实习，敬请贵公司某月某日前复信为盼"，表面看，文字相当客气，但客气之中却为对方限定时间，容易使人反感。二是为对方规定义务，如"本人谨以最诚挚的心情，应聘于贵公司，盼望获得贵公司的尊重和考虑"。这样的文字似乎在说：你如果不聘用我就是对我的不尊重，这是对方难以接受的。三是以上压下的口气，如："贵公司总经理某某先生要我直接写信给你"，或"某长很关心我的求职问题，特让我写信找你"，收信人看后可能会这样想：既然某领导有意，你还写信给我干什么，真是多此一举。四是卖关子以提高自己身价，如："现有几家公司欲聘我，所以请您从速答复我"，这样的文字，往往易激怒对方，将求职者的求职信直接扔进垃圾筒。

6. 求职信的书写格式

求职信

第一部分：称呼

尊敬的______：(顶格)

第二部分：写明求职者要申请的职位和你是如何得知该职位的招聘信息的。

例如：

A：获知贵公司____年__月__日在_____报上招聘______的信息后，我寄上简历敬请斟酌。

B：我写此信应聘贵公司招聘的______职位。我很高兴在招聘网站得知你们的招聘广告，我学习_____专业已____学期了，并一直期望能有机会加盟贵公司。

第三部分：推销求职者的价值，简要阐述求职者如何满足公司的要求。陈述求职者所特有的将据之为公司作出贡献的教育、技能、资质和成就(成果)，如果可能的话，量化这些成就。

例如：

A：我作为一个______已有______年社会实践经历。

B：我在校期间担任______职务，曾几次因工作出色而受到嘉奖。

第四部分：发动将来的行动，请求安排面试，并标明与自己联系的最佳方式。

例如：

我希望我是该职位的有力竞争者，并希望能尽快收到面试通知。

第五部分：结束这封信并表示感谢。

×××

×年×月×日

7. 求职信范本

求职信

尊敬的领导：

您好！

我是××××大学××××系的一名学生，即将面临毕业。

××××大学是我国××××人才的重点培养基地，具有悠久的历史和优良的传统，并且素以治学严谨、育人有方而著称；××××大学××××系则是全国××××学科基地之一。在这样的环境中学习，无论是在知识结构的完善，还是在个人素质修养的培养上，我都受益匪浅。

×年来，在老师的严格教育及个人的不懈努力下，我具备了扎实的专业基础知识，系统地掌握了××××、××××等有关理论；熟悉涉外工作常用礼仪；具备较好的英语听、说、读、写、译等能力；能熟练操作计算机办公软件。同时，我利用课余时间广泛地阅读了大量书籍，不但充实了自己，也培养了自己多方面的技能。更重要的是，严谨的学风和端正的学习态度塑造了我朴实、稳重、创新的性格特点。

此外，我还积极地参加各种社会活动，抓住每一个机会，锻炼自己。大学×年，我深深地感受到，与优秀学生共事，使我在竞争中获益；向实际困难挑战，让我在挫折中成长。祖辈们教我勤奋、尽责、善良、正直；我的母校培养了我实事求是、开拓进取的作风。我热爱贵单位所从事的事业，殷切地期望能够在您的领导下，为这一光荣的事业添砖加瓦；并且在实践中不断学习、进步。

收笔之际，请接受我诚恳的谢意！

祝愿贵单位事业蒸蒸日上！

×××

××××年×月×日

8. 怎样写英文求职信

原则上英文求职信和中文求职信的内容基本是一致的，只是采用语言的不同而已，但也正是这种表达方式、表达习惯的不同，加大了英文求职信的写作难度。现介绍英文求职信常用句式如下。

1) 简要阐述写求职信的理由

*Your advertisement for an assistant chemist on June 30 the newspaper arouses my interest a great deal. I hope to offer my service at your company because of my following qualifications.

看见贵公司在 6 月 30 日的报纸上刊登的招聘助理药剂师的广告，我非常感兴趣，我希望能到贵公司供职，以下是我所具备的任职资格。

*In reply to your advertisement in yesterday ×× Evening Paper, I respectfully offer my service for the position.

看到贵公司在昨天的××晚报上刊登的广告，我很愿意在这个岗位上为贵公司的发展作贡献。

*Your very attractive advertisement in yesterday ×× Daily seemed made to order for me…and me for the job.

你们在昨天的××日报上刊登的广告非常有吸引力。……我正好很适合做这份工作。

*This morning ×× Daily carried your advertisement for a computer operator at a large company.

今天早晨的××日报刊登了贵公司欲招聘一名电脑操作员的广告。

*Ability to organize marketing campaigns and to supervise employees.

能组织市场营销活动，监管下属员工。

*seven valuable years of experience in the retail grocery business, with both a small privately owned chain and a large corporate chain.

具有 7 年在零售杂货店工作的宝贵经历。同小型私营联销店和大型公司联销店都有商业往来。

* Direct first-hand knowledge of all phases of the business operation.

具有商业经营的各个步骤的直接的第一手资料。

*I should like to apply for the position mentioned in your advertisement in ×× Daily of June 18.

我很高兴应聘贵公司在 6 月 18 日××日报上刊登的广告中所提及的工作。

*Learning from Mr. Wang that you are looking for a sales manager, I should like to apply for the position.

从王先生那里得知您正在寻求一位销售经理，我很高兴能应聘这个职位。

*In answer to your advertisement in today ×× Daily for a secretary, I wish tender my service.

贵公司在今天××日报上刊登了招聘秘书的广告，我希望能得到这个职位。

*I would like to apply for the position of financial director you have advertised through the Personnel Market on Xinhua Road.

通过贵公司在新华路人才交流市场的广告，得知你们欲招聘一名财务主管，我很乐意应聘这一职位。

2) 说明你离开以前工作岗位的理由

* My reason for leaving my present employment is that I want to obtain broader experience in trading.

我离开我现在单位的理由是我想在贸易领域取得更多的经验。

* At present I have to leave my position as my present employer has been forced to liquidate his business.

因为我现在的雇主已经破产，所以，我不得不离开我现在的职位。

* I have to leave my present job because I have little change to be promoted.

我必须离开我现在的岗位，因为，我很少有机会得到提升。

*The only reason why I am leaving the present position is that I try to win another opportunity to better myself.

我离开我现在的职位的理由，只是为了赢得另一个完善自己的机会。

*On account of the discontinuance of business at the company, I left the office.

因为公司的效益不景气，所以，我辞职了。

*I would like to do with your company where the work will be more diversified and on a higher creative level.

我很愿意到贵公司工作，因为，那里的工作富有多样性并且更富有创造性。

*My present job cannot offer me much chance for me to tap my potential in the field of computer. But the job you advertised on the newspaper is what I have desired to apply for, because it offers me …

贵公司在人才市场刊登的广告中所提供的工作，向我的能力提出了更大的挑战。

*There is no prospect of promotion where I am at present and I would like something more challenging.

在我目前的职位上，没有提升的机会。同时，我喜欢更富有挑战性的工作。

3) 表示希望得到的起始薪金

*I hesitate to state a definite salary. But, so long as you have requested me to do so, I should consider 1000 Yuan a month satisfactory.

我不愿意说出一个确定的薪金数目，但是，如果需要我这样做，我觉得一个月 1000 元便可以了。

* I am willing to serve on probation for some months at a small salary.

我愿意见习几个月，这只需要低水平的薪水。

*Although it is difficult for me to determine what kind of salary level I can meet, I should consider 1000 Yuan a month appropriate.

虽然让我决定我所能得到的薪金水准比较困难，但是，我还是认为一个月 1000 元对我来说比较合适。

*I am willing to start with a small salary.

我希望从低薪开始。

* My present job pays 20000 Yuan a year, in addition to health benefits and bonuses. I am looking to start here at 1500 Yuan or above that figure with periodic increases based on performance on the job, plus the usual benefits package.

我现在的工作待遇除了健康保险和奖金外每年还有 20000 元薪金。我想在贵公司工作的起点为每月 1500 元或更高，然后按工作表现，定期增加工资当然还包括一般的福利待遇。

*I should require a commencing salary of 1200 Yuan a month.

我需要的薪金起点是每个月 1200 元。

4) 表达个人的特长

*My resume shows my success in coordination a busy schedule of collegiate studies, part–time jobs, and extracurricular an activities. The presidency of the students union at the university provides evidence of the trait that you require for the growth of your company.

我的履历表显示了我读大学时，在学习、兼职工作和课外活动之间合理安排繁忙的时间的才能。我在大学时任学生会主席，就是这一特长的有力证据，而这一特长正是你们公司发展所需要的。

*I have received a good education and learned taking notes in English shorthand.

我受过很好的教育，并且学习过英语速记。

*During my summer job with a joint venture in Changsha, I gained a great deal of first –hand knowledge about foreign trade and learned how to communicate with people of different interests and backgrounds.

在暑假期间，我曾到长沙一家合资企业工作，获得了很多有关外贸的第一手资料，并且，学会了怎样与不同兴趣和不同背景的人进行沟通。

*My education has provided me with a broad background in the field of foreign trade and sales promotion.

我在外贸和促销两方面受到过很全面的教育。

*As a result of my experience in these two programs mentioned above, not only have a basic understanding of managerial processes, but also understand the terminology and viewpoint of professionals in data processing.

由于我受到前面所提到的两项培训计划的经历，我不仅基本了解管理的工作程序，而且，还懂得专业术语和观点的数据处理。

*This educational background plus my courses and experience with computers certainly equip me to be an asset to your financial management department.

我的学历和我所修的计算机课程和实践经验对我应聘贵公司财务管理部会大有帮助。

9. 网络求职

网络求职又称“网申”，所谓“网申”，即 apply on line(网络在线申请) ，目前很多公司 (比如壳牌、联合利华、宝洁)等都是通过这种方式来收集简历和初步筛选应聘者的。

1) 关于网络求职中的开放题

“网申”中的开放题是最让人头痛的，但是各公司的开放题题目差别不大。具体来说，它侧重于个人的合作能力和技巧、工作的抗压能力、是否有不利于工作的性格缺陷等。举例如下。

(1) 关于职业生涯规划的问题：请谈谈你 3～5 年的规划。

对于一个未踏进职场的学生而言，有非常明晰的职业规划也不大现实。HR 之所以这样问是希望挖掘你应聘的深层次动机，看你是否具有稳定性。建议回答不要过于具体，如“3 年成为主管，5 年要成为经理”。在不清楚对方职级和晋升条件的情况下，此类过于具体的回答都不明智。

(2) 你认为大学时代最成功/失败的一件事是什么？你最遗憾的一件事是什么？为什么？

对于这类问题，HR 主要是从你的回答中来判断出你的价值观，即在你眼里什么最重要；对你而言，什么才是成功。对于这类题，回答有一个基本思路，就是 STAR 原则。S=Situation，T=Target，A=Action，R=Result。你完成某事或者做出某决定是在怎样的背景下，当时你具有怎样的资源，面临怎样的问题，事情或者决定最终的目标是什么；你是如何行动的，比如如何利用资源、克服困难、解决突发状况等；最后的结果是什么。如果是失败的事例，那么结果之后你还需要分析失败的原因，并总结你得到的经验教训。

(3) 举例说明你是如何说服一个难以说服的人。

这类问题考的就是你的沟通和影响能力。

(4) 为什么选择某某公司，为什么申请这个职位。

这一类问题主要对看清自己、给自己一个清晰的定位很有帮助。

2) 网络求职六要素

(1) 针对性

针对性可充分表达你的诚意，更重要的是针对性好的简历可以正好满足用人单位的需要——你是被充分需要的。具体而言，职业规划师指出针对性体现在三个方面：针对自己的职业定位与生涯规划选择真正适合你的岗位；针对特定的岗位设计针对性版本的简历；根据岗位性质使用针对性的语言。其中最重要的是你的准确的职业定位，很多人无法充分表达“针对性”，其根本原因就是职业定位不清，或说是没什么职业规划，工作对他来说只是争取一碗饭吃而已！

(2) 关键词

随着智能化技术在招聘中的应用。关键词的设置越来越显得重要了。越来越多的企业，特别是一些大公司，通常都会用智能化的搜索器来进行简历筛选。很显然，从企业的角度这会大大降低招聘成本，而对于求职者而言，无疑降低了求职的成功率。

所以，如何分析所应聘的岗位可能需要的一些关键词信息就显得很重要。有些信息是必需的。如英语六级或 CET6、高校名称、行业类别、特定的知识/技能(比如知识管理、注册会计师、Photoshop 等)。除了一些必需的信息外还有一些用人偏好信息，比如一些消费品行业招聘有销售经验的人员时，招聘经理可能会这样搜索，例如：“××知名企业名称＋销售经理”，系统会搜索到简历中出现以上关键字的求职者，如果你的简历里出现知名企业名称的字样，就可以被搜索到。

(3) 诚信

诚信问题给社会造成了很多损失，也给企业招聘造成了大量成本的浪费。确切地说，企业 HR 很讨厌应聘过程中的造假行为。有这些硬性指标就是有，没有就是没有，即便可能欺骗了机器，过了第一轮，也通不过后期审查。求职者这样做会降低自己的诚信度，不但进不了公司，还浪费了大量的时间，而且这些公司之间会互通有无，以后想在这个行业找到好工作就很难了。

(4) 更新

勤快的刷新简历至少有两个好处。

① 表明你现在正在求职，而不是让人感觉你是找了很长时间工作找不到的。

② 当招聘人员在搜索人才时，符合条件的简历通常都是先按刷新的时间顺序排列的，而他们一般只会看前面一两页。很多求职者其实并不知道刷新简历可以获得更多求职机会。因此每次登录，最好都刷新简历，刷新以后，就能排在前面，更容易被找到。

(5) 易读

招聘负责人不会有太多的时间停留在你的简历上，更重要的是，你不能让面试官看了你的简历后感到烦，所以让你的简历易读就显得很重要，而不是轻易地被删掉。具体而言求职者可从三个方面加以处理。

① 网上求职，特别是电子邮件发简历，通常会要求你用文本格式，很多公司是不喜欢接收附件文件的。这种情况下格式很难控制，稍不留意，你的文字就会显得像堆在一起的感觉，很多时候很难谈得上什么可读性。而招聘网站提供的网页格式发出去的最终格式常常面目全非。

② 让你的简历长度在 1～2 页之内，把重点给招聘官看，让他有通知你面试的冲动就够了。

③ 让你的邮件永远在最前面。你要知道每天招聘人员看求职者邮箱，他们其实是很累的，每天百十份简历邮件，真正能让他们很用心看的恐怕只有最前面的那几份。

发邮件到企业指定的邮箱时，怎样才能让你的邮件永远排在最前面，让招聘人员每次打开邮箱都首先看到你的邮件？其实只要在发邮件前，把电脑系统的时间改为一个将来的时间就行了。

(6) 求职信

求职信集个人介绍、自我推销和下一步行动建议于一身，它总结归纳了履历表，并重点突出求职者的背景材料中与未来雇主最有关系的内容。一份好的求职信能体现你清晰的思路和良好的表达能力，也就是说，它体现了你的沟通交际能力和你的性格特征。如果你想通过应聘资料使招聘单位进一步感受到你“鲜活”的形象，如果你想让未来的雇主知道你适合这份工作的理由，你可以在应聘资料中增加一份“求职信”。

3) 网络求职注意事项

网络求职应注意如下事项。

(1) 由于一般公司的服务器相对于网站的服务器而言并不是特别强劲，当很多人在线申请的时候时常容易出现死机或联不上服务器的情况，所以建议避免人员相对密集的时间上网；此外记得填写完一页就及时保存所填写的内容，以免做无用功。

(2) 很多公司的“网申”提供在线修改的服务，不必等到所有的问题都答完才保存。只要在结束期限之前，都可以上去更新你的简历和思考到的更好答案。

(3) 很多公司“网申”的开放性问题都大同小异，因此记得搜集每次“网申”的题目和自己写的答案，以供今后答题参考。

(4) 多上论坛和就业网翻看各大公司“网申”的秘籍以及招聘流程，做到心中有数。网络时代的一大好处就是资源共享，千万不要浪费别人的经验和体会。

(5) 注意拼写、语法等细节问题。一般大公司都较注重专业精神，如果连“家庭作业”都要出现拼写语法等错误，不是你不够重视就是你知识水平不过关。在“复制 - 粘贴”的时候，注意格式的变化，有些特殊字符在文本框中不能正常地显示，需要替换为 * 号和 # 号等分类符。

(6) “网申”前一定要通过公司网站对应聘公司做透彻了解，千万别怕麻烦。“磨刀不误砍柴工”，对于企业文化、核心业务、发展情况的了解，有助于答题更好地契合企业要求。另外，网站的风格、用词、对职位的描述等能提供你一些线索，如关于应聘职位要求的基本素质、对方惯用的专业语言等。

(7) 有一些公司的网上申请表格是交给专门的公司负责的，例如，Unilever(联合利华)的网上申请，第一轮的简历筛选就是由 ChinaHR 来负责的。这份网上申请的表格设计得很完善，从个人信息到教育背景、实习经历很多方面都覆盖到了。最后部分还有八个开放性的问题。对于这样的表格，首先，你的信息要尽可能填得完善，因为网上申请有一个很重要的检索步骤是电脑自动地按照关键字来检索，所以如果你的申请资料上没有 HR 想要的这一类关键字，很有可能你就被筛选掉了。

(8) 对于开放性的问题，尽量利用所给的字数限制，既不要超出也不要大大地节省。一般来说，注明需要用 300 字来回答的问题，你只写了 100 个字恐怕是很难符合要求的。

(9) 公司自己的网站有专门的申请地址。如果说上一类申请表格是通过格式的话，那么这一类的针对性就更强了。每个公司的申请表格都是经过精心设计的，符合他们所需要寻找的未来员工的重要的指标。需要注意的问题有：一是申请职位的填写要特别慎重，虽然很多公司的职位选择都是可以复选的，但是当心，这很有可能成为面试的话题。当你同时选择了比如人力资源和网络管理两个职位时，除非你有充分的理由让 HR 相信你同时具备这两个职位所要求的能力，否则只会给人“有病乱投医”的感觉。二是注意你的申请资料的填写和你所申请职位的匹配。需要特别强调的实习经历和专业技能，要着重地强调，和前一种一样，尽可能地覆盖那些重要的关键字。

(10) 在填写比较大篇幅问题的时候，尽量在 Word 环境下填写，然后再粘贴到网页上去。用 Word 保存还有一点好处，那就是它可以显示一些错误，提醒你改正，尤其是一些不太容易察觉的比如拼写之类的小错误。

(11) “网申”过程一般情况下需要很长时间，有的甚至三四个小时，所以大家千万不要放弃，不认真填写网申的唯一结果就是被刷下来。

5.2.3　个人简历的写作方法及注意事项

一份出色的个人简历是毕业生求职和开启事业之门的钥匙，因为很多时候，简历会决定求职者能否得到面试机会。所以，现在的毕业生非常重视简历的设计，在招聘会上，经常会看到一些厚如书册、包装精美华丽的简历。但是，大学生们精心制作的简历却未必能得到用人单位的认可。那么，什么样的求职简历才是合适正确的，才能得到用人单位的青睐呢？

1. 简历的内容

个人简历一般应该包括以下部分。

(1) 个人资料。包括姓名、联系地址(包括邮编)、联系电话(最好是手机号码)、E-mail(不要用滑稽昵称)、性别、出生年月、年龄、籍贯、民族、身高、视力、政治面貌等。

(2) 学历。学历指自己接受教育的经历，内容包括何时、何地、在何类学校学习。如果就读的是大中专院校，必须说明所学专业，本科院校毕业生还必须说明获得过何种学位。学历的编排顺序应由前往后，由高至低，即最近学历先写，最高学历先写。如果受过高等教育，中学阶段学历可以省略。

(3) 实践活动。实践活动包括实习、社会实践、志愿者工作、学生会工作、团委工作、社团等其他活动。实践活动是学校生活的一个重要组成部分，也是对课堂学习内容的一个重要补充。积极参加各类课外活动，表明求职者希望增长自己的才干，提高自己的人际交往的能力，扩展自己的社会阅历与经验。简历上列出求职者参加过的课外活动和取得的各种荣誉与奖励，有助于说明其人格修养、交际能力、组织能力、成熟程度、健康状况以及心理素质与发展潜力。

(4) 技能与特长。

技能水平：外语、计算机或其他水平。

专业能力：大学期间的论文、成果、发表的文章(提供简单说明即可)不宜使用“初学”、“一般”等表达含糊的词语。

所谓特长是指自身特别擅长于某个方面，并取得了突出的成绩，而非通常所说的兴趣爱好。

(5) 奖励和荣誉。包括大学期间获得的奖学金情况、获得的荣誉称号，如优秀学生干部、三好学生等。可以按照时间顺序排列。

(6) 兴趣爱好。可以展示求职者的品德、修养、社交能力、与人合作能力。简历中所填兴趣爱好尽量与应聘职位所需技能有关，否则会弄巧成拙。

(7) 专长与成就。专长是专业范围内最突出、最擅长的强项，例如，专业是语言学，但语言学又包含普通语言学、历史语言学、心理语言学、文化语言学等分支，而简历作者的专长可能是儿童语言学。填写专长时，应重点强调一个或两个方面的专业特长，一般不宜超过两项。填写成就时，一要实事求是，二要具体、定量。如获得什么奖励，参加过什么科研项目或获得发明创造方面的专利等，都可罗列于此。

值得提醒的是，所谓专长不是我们一般认为的唱歌跳舞、阅读等，这只是个人兴趣爱好，专长是指在某个领域取得了一定成绩或成就。

(8) 推荐人。简历作者通常在简历最后列上一项推荐人，以表明自己在简历中介绍的情况是真实可信的，自己的品行和能力可以接受查询，某些人士可以对自己的情况予以介绍，提供证明，做出推荐。

在提供推荐人的姓名、头衔或职称时，有三点应注意：一是要获得他们的允许和承诺；二是要附上他们现在的而不是过去的通讯地址、邮政编码、电话号码；三是要将该简历的复印件给他们各送一份，以便他们对简历所述有全面了解，能有的放矢回答询问。

(9) 求职照片。求职前，照一张好照片，把美好的形象充分地展现出来是非常重要的。但这张求职相片不能超出人们通常的审美标准，求职照片不能使用艺术照或婚纱摄影，而最好采用一些中性的照片。

目前大学生流行将大头贴相片用于各种正式场合，这种相片非常不正式和不规范，使用这样的相片会使求职者在用人单位眼中显得轻率、不可信。所以求职者一定要去正规的照相馆拍摄求职用的相片。

2. 简历写作的基本要求

编写简历的一个基本出发点，就是要使用人单位的人事主管在很短的时间内，能了解到求职者是否具备录用资格。因此，编写简历时必须有的放矢，充分展现个人优势，同时兼顾简洁扼要、得体适用等几个方面。

(1) 充分了解所求职位的具体情况，做到有的放矢。在创作简历之前，预先确定谁是阅读者，然后根据界定的阅读者创作简历。

(2) 让用人单位能较为全面地了解求职者，保证简历真实。简历必须能让用人单位较为全面地了解毕业生的综合情况，目的是在 20 秒钟或更短的时间内，回答用人单位为什么要雇用你。但注意在较为全面介绍自己的同时应注意简历要越短越好，在大多数情况下，一两页就足够了。

(3) 突出工作经历和特长。用人单位一般不愿意录用没有社会经验和特长的毕业生，如果在简历中没有突出接触过社会，了解了该行业，做过些社会工作，或没有特殊才能，一般不会被重视。

(4) 多次修改，确保不要出现任何拼写、语法、标点或者打印错误。如果基本汉字或表达语法出现错误，那么用人单位会认为求职者连最基础的知识都不具备，因此这是完全不能容许的错误。简历做完以后请同学、友人或老师帮忙看一下是非常有效的办法，一是看有无拼写、语法、句式等方面错误；二是从构思的角度看有没有更合适、更恰当的表达方式。

(5) 中学情况不要写太多。有的人中学经历特辉煌，做过学生会主席，当过团支部书记，学习成绩也名列前茅，但一般不提倡在简历中写太多中学情况。因为用人单位更为注重求职者目前的表现。当然，如果求职者在中学期间获得过国际奥林匹克比赛大奖或全国性大奖等，不妨提上一笔。

(6) 措辞达意，得体合适。简历与求职信一样，属于应用文体，措辞表意有习惯要求，行文时不应违背这些要求，而应该力求得体、合适。

3. 创作简历的注意事项

对于每一位求职者来说，一份好的简历便可能意味着成功的开始，它可以为其争取到更多的机会，所以在创作简历时马虎不得。那么，应该准备一份怎样的简历才能令人过目难忘从而留下良好印象呢？

其实，简历不一定非要追求与众不同，在创作简历时注意把握好以下几点，也可帮助求职者创作出一份精彩的个人简历。

(1) 真实。简历最基本的要求就是真实。诚实地记录和描述求职者在大学期间的成绩和经历，能够使阅读者对求职者产生信任感，而企业对于求职应聘者最基本的要求就是诚实。企业阅历丰富的人事经理，对简历有敏锐的分析能力，遮遮掩掩或夸夸其谈终究会漏出破绽。

在创作简历时一些不甚明智的做法通常包括：故意遗漏某一段经历，造成履历不连贯；在工作业绩上弄虚作假；夸大所任职务的责权；隐瞒跳槽的真实原因，如将被迫辞职说成是领导无方，公司倒闭描绘成怀才不遇等。其实任何一个有经验的招聘人员只要仔细阅读分析，便可轻松鉴别履历的真实性。所以与其费尽心机，不如老老实实，只要有真才实学，总会有属于自己的机会。

(2) 全面。简历的作用，在于使一个陌生人在很短的时间内了解求职者的基本情况，简历就如一个故事梗概，吸引读者继续看下去。因此要特别注意内容的完整和全面，以使对方对求职者有较全面的认识。

简历通常应当包括以下基本信息：姓名、年龄、性别、家庭住址及户口所在地、教育背景及学历、专业情况、外语水平、电脑水平、工作经历、培训经历、特长、业余爱好、简单的自我评价以及其他重要或特殊的需注明的经历、事项等，这些情况最好能有中外文对照说明。当然，还千万不要忘记写明各种联系方法。

(3) 简练。经常有求职者觉得简历越长越好，以为这样易于引起注意，其实适得其反，会淡化招聘人员对主要内容的印象。招聘人员每天要面对大量的求职履历，工作非常忙，他们一般在粗略地进行第一次阅读和筛选时，花在每份履历上的时间不会超过 1 分钟。如果简历写得很长，难免导致阅读者缺乏耐心完整细致地读完简历，这当然对求职者是很不利的。因为冗长罗嗦的简历不但让人觉得浪费时间，还会觉得求职者做事不干练。言简意赅、流畅简练、令人一目了然的简历，在哪里都是很受欢迎的，这也是求职者工作能力最直接的反映。

(4) 重点突出。不同的企业、不同的职位对求职者有不同的要求，求职者应当事先进行必要的分析，有针对性地准备简历。如果盲目地将一份标准版本简历用以应付每个单位的话，简历的效果会大打折扣。在前文所讲到的全面不是面面俱到，不分主次，而是要根据企业和职位的要求，巧妙突出自己的优势，给人留下鲜明、深刻的印象。

(5) 语言准确。不要使用拗口的语句和生僻的字词，更不要有病句、错别字。如有外文简历，那么使用外文时要特别注意避免出现拼写和语法错误。招聘人员考察应聘者的外语能力是从求职者的履历开始的。同时行文也要注意准确、规范，大多数情况下，作为实用型文体，句式以简明的短句为好，文风要朴实、沉稳、严肃，以叙述、说明为主，动辄引经据典、抒情议论是不可取的。

有的人写简历喜欢使用文学性的修饰语，例如，“大学毕业，我毅然走上工作岗位”，“几年来勇挑重担，为了企业发展大计披星戴月，周末的深夜，常常还能看到办公室明亮的灯光。功夫不负有心人……”，“虽然说‘有则改之，无则加勉’，但领导无中生有的指责日甚一日，令我愤懑不已，心灰意冷，终挂印而去”，结尾还忘不了加上一句“我热切期待着一个大展宏图、共创辉煌未来的良机！”之类的口号。这样的简历，只能让人一笑置之。

(6) 评价客观。简历中通常都会涉及求职者对自己的评价，这类评价应当力求客观公正，包括行文中所表现出的语气，要做到八个字：诚恳、谦虚、自信、礼貌，这样会令招聘者对求职者的人品和素质留下良好的印象。同时，现在已经有越来越多的企业比重视技能和学历更加重视一个人的品行、开拓与合作精神等基本素质。倘若在众多高学历应聘者参与的激烈竞争中，这方面的因素显得更为重要，也常常是因为这些非技能性的因素使最终的获胜者脱颖而出。总的来说，既不能妄自尊大，也不能妄自菲薄，分寸的把握非常重要。

(7) 版面美观。一份好的简历，除了以上对内容方面的要求之外，版面设计也是一个非常重要的因素，是真正的“第一印象”。在排版时，要做到条理清楚，标识明显，段落不要过长，字体大小适中，排版端庄美观，疏密得当。排版时既不要为了节省纸张，显得拥挤而局促，令阅读者感到吃力；也不要出现某一页纸只有几行字，留下大片空白。还要注意版面不要太花哨，要有类似公函的风格，这也能体现出求职者的基本职业素养。

通常建议使用电脑打印文稿，如果求职者的字写得不错，不妨再附上一篇工整漂亮、简短的手写求职信，效果会更好。

(8) 选用标准纸张。近年来，很多人士在打印事务书信与简历时，已普遍使用国际标准幅面 A4 型的纸张，颜色一般为白色，偶尔也用淡蓝或浅黄色，都不带横格、方格或底纹。如果手头一时没有 A4 型的纸张，可先打印在一般白色、无格、不带单位名称、地址等信头内容的公文纸上，再利用复印机复印到 A4 复印纸上。

4. 毕业生简历范本

◆ 个人资料：

姓　名：	政治面貌：
性　别：	学　历：
年　龄：	系　别：
身　高：	专　业：
民　族：	健康状况：
籍　贯：	

◆ 知识结构：

主修课：

专业课程：

选修课：

实习：

◆ 专业技能：　接受过全方位的大学基础教育，受到良好的专业训练和能力的培养，在地震、电法等各个领域，有扎实的理论基础和实践经验，有较强的野外实践和研究分析能力。

◆ 外语水平：

××年通过国家大学英语四级考试。

××年通过国家大学英语六级考试。有较强的阅读、写作能力。

◆ 计算机水平：

熟悉 DOS、Windows 98 操作系统和 Office 97、Internet 的基本操作，掌握 FORTRAN、Quick-Basic、C 等语言。

◆ 主要社会工作：

1995－1996 年担任班体育委员。

1996－1997 年担任班长。

1996 年 7 月 参与×公司的市场调查活动，对现代化高质量的优秀企业在目标市场的选择与市场潜力的调查及研究有了基本的认识。

1997 年 8 月 参加学生实践团，赴×考察、体验生活。返校后与同学合作写了数万字的调查报告。此后还在校内组织参与了图片展览及为老区希望小学募捐的活动。

◆ 个人简历

1994 年 9 月至今 ×大学地球物理系主修地球物理专业，辅修国际经济专业。

1991 年 9 月至 1994 年 7 月 ×中学学习。

◆ 兴趣与特长：

★ 喜爱文体活动，热爱自然科学。

★ 喜爱足球运动，曾担任中学校队、大学系队、校队队长，并率队参加多次比赛。曾获××市足球联赛(中学组)“最佳射手”称号并参加过 1998 年××市大学生足球联赛。

◆ 个人荣誉：

1995—1996 学年×大学学习优秀奖

1996—1997 学年×大学奖学金

1996—1997 学年×大学社会工作奖

◆ 主要优点：

★ 有较强的组织能力、活动策划能力和公关能力，如：在大学期间曾多次领导组织大型体育赛事、文艺演出，并取得良好效果。

★ 有较强的语言表达能力，如：小学至今，曾多次作为班、系、校等单位代表，在大型活动中发言。

★ 有较强的团队精神，如：在同学中，有良好的人际关系；在同学中有较高的威信；善于协同“作战”。

◆ 自我评价

活泼开朗、乐观向上、兴趣广泛、适应力强、勤奋好学、脚踏实地、认真负责、吃苦耐劳、勇于迎接新挑战。

◆ 求职意向

可胜任应用××××及相关领域的生产、科研工作，也可以从事贸易、营销、管理及活动策划等工作。

5. 英文简历的写作

1) 部分国家对简历的要求

海外名企无疑是许多求职者的首选。那么针对这些外企，我们的简历是否会有一些特别的禁忌呢？以下一些技巧及建议将帮助求职者尽量避免失误，增加成功机会。

(1) 英语国家：遵循严格的方式

在英语国家(美国、英国、澳大利亚等)，人们喜欢干脆利落，开门见山，因此求职者应在履历开头就明确写出求职目标。同时他们喜欢求职者的语言富有生气且言之有物，因此，求职者应写上一些精确的信息、具体的时间以及体现求职者特定方面能力的具体数字等。当然写完所有这些，求职者的求职信内容仍然被期望在一页纸以内。

中国学生特别喜欢附上各种各样的证书以证明自己的能力，这一点在美国是可以被接受的，但所附证书一定要与求职者所申请的工作有关。在求职美国公司时，不要忘记在履历上尽可能详细地写明求职者的工作经验，所有可显示出你能力及社会实践经验的信息都将在美国公司的招聘中为你增加砝码。

最后，求职者最好在简历末尾写上：本人将在某一时间打电话给招聘者以确定是否可能得到面试机会。同时，在面试过后，千万不要忘记写信给面试人，对其接待了你表示感谢。他们对应聘人的做事方式及其求职的方式非常看重，对他们来讲，这些都能显示出求职者的工作能力。

(2) 欧洲国家：慎谈年龄

在欧洲国家，人们非常看重年龄，认为某些职业是有年龄限制的。例如，求职者 60 岁时仍去申请销售一职，在欧洲几乎被认为是不可能的。因此，在欧洲国家的面试中，求职者在介绍年龄和经验时应当谨慎行事。另外，在有些欧洲国家会有一些特别的习惯，例如 90%的法国、意大利及德国企业内部流行笔迹测试，若求职者的求职信不是手写的，有些公司甚至拒绝阅读。

(3) 日本：切记“循规蹈矩”

在日本，最好在简历开头写上求职者的处世能力、性格特征、社会活动及体育运动特长。对于日本企业招聘人员来讲，他们喜欢那些曾从事过团体活动的人。同时，日本公司对求职者的教育背景是非常看重的。在应聘日本公司时，求职者最好在简历上最大限度地突出你所受的大学教育的细节。另一方面，如应聘日本公司，那么简历必须用日文书写，而千万不要选用英文。而且，日本公司喜欢按时间顺序书写的履历，甚至可以从小学写起。他们认为经验对于求职者而言是无关紧要的，因为这些可以在以后的工作中学到；他们强调的是求职者的合作精神而不是领导才能。在应聘日本公司时还应注意口吻须尽量礼貌，因为在这个崇尚礼仪的国家，礼貌是最基本的要求。

2) 英文简历写作注意事项

英文简历是进入外企的“敲门砖”，外企在与求职者见面前招聘人员全凭简历上寥寥数语来判断你的能力。所以，在写英文简历时一定不能马虎，但是也不能啰嗦。“简历”英文为 RESUME，它源于法语，含有摘要、大概的意思。所以，在写作英文简历时应做到语言简练。对于求职者来讲，目的明确、语言简练是其简历行之有效的基础。如在教育背景中写相关课程时，不要为了拼凑篇幅，把所有的课程一股脑儿地都写上，而是将与你即将应聘的职位相关的课程罗列即可。

在写作英文简历时千万不能将简历应包含的各项内容的顺序弄颠倒。简历第一部分应包括求职者的姓名、性别、出生年月等，与中文简历大体一致。第二部分为教育背景(EDUCATION)，必须注意的是在英文简历中，求职者所受教育的时间排列顺序应从你的最高教育层次(学历)写起，至于低至何时则无定论，可根据个人实际情况安排。第三部分是工作经验(WORK EXPERIENCE)，在时间排列顺序上也遵循由最近至过去这一规则，即从当前的工作情况写起，直至求职者的第一个工作岗位为止。在这一部分，求职者需要将所服务单位的名称、自身的职位、技能及工作效果明确体现出来。另外，欧美人很重视求职者的实际工作经验，所以，提及自己“工作时的培训(ON THE JOB TRAINING)”，不失为一个聪明的做法。第四部分为所获奖励和作品(PRICE＆PUBICATION)，将自己所获奖项及所发表过的作品列举一二，可以从另一方面证实自己的工作能力和取得的成绩。第五部分为自己感兴趣的领域(INTRESTED FIELD)。这部分应将自己的工作意愿展示给潜在雇主，对于大多数求职者，尤其是搞技术工作的求职者，这一点是必不可少的。同时，随着分工越来越细，将工作能力与工作兴趣相结合，不仅是求职者的意愿，对雇主来讲，也同样具有积极的意义。

另外，大多数外企对英语(或其他语种)及计算机水平都有一定的要求，个人的语言水平、程度可在此单列说明。

忌长句：没有人愿意看太冗长的句子，而且切记 YRIS(Your resume is scanned，not read)原则，雇主只是在扫描求职者的简历，而非仔细阅读。

忌缩写：在书写缩写时不要想当然地认为这是人所皆知的事情。

忌“I”(我)：因为正规简历多以动词开头，是没有“我”的。当然若在工作经历简介中一定要用到一两次，也不是完全不可以的。

3) 毕业生英语简历中的常用句

* Specialized courses pertaining to foreign trade： Marketing principles, international marketing, practical English correspondence and telecommunications, foreign exchange, business English.

和外贸相关的专门课程：市场学原理、国际营销学、实用英文函电、外汇兑换、商务英语。

* Courses taken that would be useful for computer programming are： Computer science, systems design and analysis, FORTRAN programming, PASCAL programming, operating systems、systems management.

对计算机编程有用的课程有：计算机学、系统设计与分析、FORTRAN 编程学、PASCAL 编程学、操作系统、系统管理。

* Academic preparation for management：Management：principles of management，organization theory，behavioral science. Communication：Business communication, personnel management, human relations. Marketing：marketing theory, sales management.

大学时为管理所做的学术准备：管理学——管理学原理、组织理论、行为学；交际学——商务交际、人事管理、人际关系；市场学——市场学理论、营销管理。

* Curriculum included：electric power systems，90；signal processing，88；systems and control，92；electric energy systems，92；solid-state electronics，88; communications，94.

课程包括：电力系统，90 分；信号处理，88 分；系统控制，92 分；电力能源系统，92 分；固体电子学，88 分；通信，94。

* Major courses contributing to management qualification：management, accounting, economics, marketing, sociology.

对管理资格有帮助的主要课程：管理学、会计学、经济学、市场学、社会学。

* Courses completed：history of mass communication, 88; chinese communication history，92；media research, 90; public opinion, 92; conceptual analysis, 88; content analysis, 90; advertising, 92; new media technology, 94.

所修课程：大众传播史，88 分；中国传播史， 92 分；媒体研究，90 分；舆论学， 92 分；概念分析，88 分；内容分析，90 分；广告学，92 分；新媒体方法，94 分。

* Courses in industrial designs and related field: dynamic systems, evaluation and management of designs, systems and control, ergonomics, tensile structures, structural analysis, computer-aided design, applied mechanics.

工业设计及其相关领域的课程：动力系统、设计评估与管理、系统控制、人类工程学、张力结构、结构分析、计算机辅助设计、应用力学。

* Among the pertinent courses I have taken are：office administration，secretarial procedures，business communication，psychology，data-processing，typing，shorthand.

在相关的课程中我修过的有：办公室管理、秘书程序、商务交际、心理学、资料处理、打字、速记。

* Majored in banking. Courses covered are as follows：banking operations, 89; banking and computers, 90; loans, 92; letters of credit, 90; savings, 88; foreign exchange, 92; telegraphic transfers, 90; remittances, 94; financial systems in the west, 92.

主修金融学。涉及的课程有如下几门：银行业务，89 分；银行与计算机，90 分；贷款，92 分；信用证，90 分；储蓄，88 分；外汇兑换，92 分；电汇，90 分；汇款，94 分；西方的金融制度，92 分。

* Public relations girl at xx Holiday Inn. Fulltime in summers, part-time during school.

在××文化假日酒店当公关小姐。暑期全职，上课时间兼职。

* Practical summer experience. Clerked at One-and-One clothes Store in charge of sales, 1992. Employed at Hebei Restaurant as waitress, 1993.

暑假的实际经验。1992 年，在壹加壹服装店当店员，负责销售。1993 年，在河北酒家当接待小姐。

* Tourist guide during the summer vacation for Tianjin International Travel Service. Conducted tours for foreign tourists on trip around the city.

暑假期间为天津国际旅行社当导游，负责外国旅客在城区的观光旅游。

* University major in computer science，four years of part-time work in a computer software company.

在大学主修计算机，在计算机软件公司兼职 4 年。

* Educational background in business administration with a major in secretarial science and two summers of full-time work experience. Working knowledge of all common office machines.

有工商管理的学历，主修秘书学，两年暑假的全职工作经验。对办公室所有常用机器有运用知识。

* University education in management with an emphasis on accounting，involving the use of computers. Able to comprehend financial statements.

在大学修管理学，以会计为主，包含电脑的使用。能阅读财务报告。

6. 电子简历

现在是一个计算机与网络技术高度发达的世界，所以求职者除了应该准备一份传统的纸质简历外还应该准备一份电子简历。电子简历一共包括三种类型。一为可扫描的书面简历，它可以通过扫描仪器准确无误地生成一个计算机文件。二为电子邮件简历，它虽是一个普通的计算机文件，但其内容可以通过网络传送到世界各地而无须打印在纸上。三为多媒体简历，它采用多媒体格式把求职者的经历、成绩变得生动活泼。

1) 扫描仪可识别简历

如果求职者制作了一份精美的简历并将它邮递到可能接收求职者的单位，然而这家公司却使用一个计算机系统来扫描和处理他们所收到的这些简历。在那里有专人将这些简历扫描并转化为电子文档，并存储在电子简历数据库中，随之求职者的书面简历便被归档或被弃置一旁了。

如果求职者将简历传真到用人单位很可能也会遭遇到同样的情况。现在他们不再需要传真件，而是将它放到计算机预处理的文件队列中去再由专人对这些简历进行确认并提炼出关键的信息资料或关键字存储进计算机数据库中。大多数的《财富》杂志全球 500 家企业每周要接收 1000 多份新简历。在过去，这些公司因为无法用人力跟踪如此众多的应聘者，因而匆匆看过一遍后有 80%的简历被淘汰了。而今天有相当数量的中等规模的公司和几乎所有的《财富》1000 强国际大公司都在使用计算机扫描与跟踪系统。其他规模较小的公司也已开始使用简历服务公司来处理大量的简历。

为了满足用人单位用计算机处理简历的要求，现在很多毕业生在设计简历的时候也开始设计可扫描的简历来增加成功的机会。设计一份可以扫描的简历还需注意以下几点。

(1) 避免使用一些不易为扫描仪辨识的字体。

(2) 注意字体大小，尽量保持字迹清晰可辨。

(3) 字与字之间不要粘连以免改变单个字体的形态影响辨识效果。

(4) 避免使用反色框(黑底白字)，这是扫描仪无法读出的。

(5) 不要使用古怪的字符和图片，因为他们很多时候不为光学字符识别系统所辨识。

(6) 用“百分比”等字体替代%等符号。

(7) 利用空格、空行等来分开不同的部分，从而使识别顺畅，文件格式清晰。

(8) 在不影响字形的情况下，可以使用长的横线来分割不同的部分，有些光学字符识别系统可以识别它们。

(9) 避免使用下划线以免影响字形。

(10) 避免使用省略号。

(11) 不要使用短的线条和线框，因为光学字符识别系统会将它们识别为字符。

(12) 尽量使用质量较好、底色较淡的纸张打印简历。因为深底色或有图案的底色都会造成识别的严重错误。

(13) 用单面打印并选择使用 A4 型号或稍小一点的纸张。

(14) 不要使用订书钉，因为订书钉留下的小孔会影响扫描仪器的进纸。

(15) 不要折叠简历，否则激光打印机和扫描仪器将无法识别简历。

2) 电子邮件简历

当毕业生利用文字编辑软件将文字录入计算机，他就在制作一个“文件”或“文档”。当他存储了这个文件，它包含了特殊的排版编码信息，如字体、页边距、行间距等。即使他没有特别地编辑求职者的文本，这些编辑器也会存储一些排版的信息，并且使用的也是编辑器本身的编码规则。这使得一些文件只能使用相应的编辑器程序或文本的格式转换程序才能阅读。

反之，他应该将文本存储为基本的文本文档。一个文本文档不含图片、特殊字符、图像页码或者粗体、斜体等信息。它只是一般的文字。如果打印出来，它看起来很单调，但是它与那些制作精美的简历一样可以将工作经历描述得清清楚楚并得到一些公司的赏识。

在这种情况下，如果毕业生需要及时通过电子邮件的方式将简历发给用人单位，就不会因为一部扫描仪读错了简历信息而白白丧失应聘的机遇。当使用电子邮件发送简历时，应该将文件直接复制到邮件管理器的消息框中，而不要将文件以附件的形式附在电子邮件之后进行发送。

3) 多媒体简历

如果一位计算机专业或艺术专业毕业生懂得程序设计、网页制作或图形设计，那么一些图片、图形、动画或声音资料可能会对他求职有很大的帮助。所以，毕业生在求职时有必要根据自身优势制作一份多媒体简历以备求职所需。

当然，在这个计算机与网络技术飞速发展的时代，求职者也应同时制作给人看的纸质简历和给计算机“看”的电子简历。但是，无论什么样的简历最终都是由人来查看的。因此，简历的写作水平始终还是至关重要的因素。

5.2.4 推荐表(推荐信)及其他证明材料的准备

1. 毕业生推荐表的填写

每个毕业生在毕业前都会填写一份由学校统一制作的毕业生推荐表，该表也是每个毕业生自荐材料所必须包含的，这种毕业生推荐表多是学校集多年经验而制作的，涵盖了用人单位所关心的各项基本内容。这种表格由于是校方统一印制的，所以结构都是固定、统一的，表格中的各项基本内容也都需按要求填写。也由于该表是由毕业生所在学校制作并组织填写的，所以用人单位对此表格是非常重视的。

毕业生推荐表中需要填写的基本内容包括学生基本情况、简要学习经历、自我情况介绍、系领导小组以及学校对毕业生评价及意见等。用人单位需要通过该表对毕业生的基本情况一目了然，所以学生在填写该表时既要求内容全面、翔实，又要做到简明扼要。

该表除了需要体现求职者基本情况外，还需要贴一张免冠近期标准照，以便用人单位对求职者有全面的认识。所以在填写该表时切记不要丢三落四，不要忘记贴照片。

2. 推荐信的写作

1) 推荐信的功能

在欧美国家，推荐信是求职时的必备个人资料之一，是对求职者的人品、能力、性情等个人情况给予客观介绍，而又带有褒扬倾向的一种事务性信函。提交推荐信的目的，在于使用人单位对求职者的某些主导方面获得客观了解，从而有利于对求职者的素质进行综合分析，在众多求职者中择优录用。

求职者到国内的外资与中外合资企业、公司谋职，或到国外就业，根据欧美国家的传统，求职者一般都要在求职信中注明推荐人姓名和通讯地址，或注明愿意提供推荐人选，也就是说愿意由推荐人提交推荐信函。当用人单位认为该求职者初选合格时，有没有内容恰当、文辞得体的推荐信作为支持性文件，便有可能成为最终能否被录用的关键因素。如果在这个时候求职者缺少一封有力的推荐信就有可能前功尽弃，导致求职失败。由此可见，推荐信的写作是毕业生求职全过程中的一个重要环节，推荐人在写信前应该精心策划，不能马虎从事，掉以轻心。

2) 推荐信写作要点

语气热情诚恳，所介绍的关于被推荐人的信息应遵循实事求是的原则。推荐信应多写被推荐人的优点，要充分肯定其成绩，但也不能言过其实，或编造杜撰。如果被推荐人的确有突出之处值得表扬，介绍措辞仍应有所保留为好。推荐人对被推荐人的赞许与推荐之意，应在客观叙述之中自然流露出来。

推荐信的篇幅不应过长，以不超过一页为宜。但也不能寥寥数语，敷衍了事。

3) 精心组织正文内容

推荐信一般可包含下列项目：被推荐人姓名、 通讯地址、专业、被推荐人优点及适合的职位、推荐人姓名。

第一部分应开宗明义，表明态度，说明自己乐意推荐某人。例如：

我非常高兴地推荐我的一名学生×××进入贵公司担任×××一职。

接下来可介绍与被推荐人何时认识、熟悉程度，以及自己同被推荐人之间的关系，如师生关系、同事关系、上下级关系、邻里关系等。

信文重点是对被推荐人的人品、能力、性格特点等进行介绍。组织这部分内容时，要在客观叙述中体现出推荐人个人的倾向，尽可能做到言简意赅，点面结合。

信文的最后部分，一般都以提出建议作为结束，即推荐人建议用人单位对被推荐人的申请惠予考虑，聘用被推荐人。有时，也可就对方接受自己的推荐表示谢意从而结束全文。

签名之后应注明推荐人的职衔或职称。为表示慎重与推荐的权威性，推荐信在签名之后应注明推荐人的职衔或职称。如果使用的是普通信笺，而不是带有信头的公文信笺，为便于对方联系，最好在职衔或职称之后再注上推荐人的通讯地址(包括单位名称、地址、电话以及邮政编码等)。

有些公司在聘人上较为严格、慎重，为全面了解候选人各方面的表现，他们会要求毕业生提供两到三份推荐信。另有一些公司根据自己希望了解到的关于毕业生的情况，设计了统一格式的推荐信，连同求职申请表一同交给求职者，让求职者自己找合适的人(以前的任课老师、系主任)填写好后，由推荐人直接寄给公司，或由推荐人填好后交还求职者，由求职者连同求职申请表一同呈交公司。

3. 附件

附件是指能证实求职者在求职材料中所列出的各方面情况的原始证明材料。它是证明求职者求职材料的真实性和求职者才能的有力佐证。为预防这些证明材料在投递过程中丢失，附件一般系各种荣誉证书、所发表文章、科研作品的复印件，原件可待用人单位确定录用求职者后审查原件时出示。

求职信附件主要包括以下内容。

(1) 各种奖励证书的原件或复印件，各种实物性图片、影像资料等。

(2) 学习成绩单，这是毕业生大学几年学习成绩的证明，应由学校教务处填写、盖章。

(3) 各种等级证书，如外语、计算机、会计等级证书复印件。

(4) 参加社会实践、毕业实习的鉴定材料。

(5) 有关科研成果证明，在杂志或报刊上发表的文章(数量较多的可选有代表性的附上)。

附件内容的安排，可以根据自身需要及实际情况来加以组合。总之，附件是为求职服务的。

练　习　题

1. 请尝试书写求职信、个人简历，并请制作一份适合自身的求职材料。
2. 毕业生就业前需要收集和分析的就业信息有哪些？

第 6 章　高职院校毕业生的面试技巧

面试是通过当面交谈、问答，对应试者进行考核的一种方式。通过面试不仅能考核一个人的业务水平，而且可以直接观察应试者的口才和应变能力等情况；具有较强的直观性，减少了招聘过程中的许多环节，所以这种方式被许多用人单位所采纳。因此，面试是大学毕业生在求职择业时遇到的重要考核方式。掌握面试的方法和技巧，是每位大学生求职成功的有力保证。

面试与笔试比较，有以下三个特点。

(1) 持续时间较长。面试不像笔试那样对所有应试者的考试同时进行，而是逐个进行。每面试完一位应试者立刻评出此人的成绩，然后再面试下一位应试者。考试过程周而复始，直到全部应试者面试完毕。因而，面试时间持续较长，要求每一个应试者耐心等待，利用等待的时间充分准备。

(2) 面试内容不固定。对每一位应试者来说，笔试内容一般是确定的、固定的。而面试的内容是变化的、不固定的。由于每位应试者的经历、背景等情况不同，应试者谋求的工作不尽相同。有时面试中回答的问题情况有差异，导致面试的内容无法固定。要求每一位应试者充分了解自己，突出自己的特长和优势来回答面试官提出的问题。

(3) 主客观高度交融，场面直接。面试必须是主试人与应试者面对面交谈才能完成。这与笔试中主试人(命题者)与应试者相分离，不允许有任何的交流，形成鲜明的对比。所以要求面试者特别注意自己的仪表、风度、形象。

6.1　面试前的准备

面试前进行充分的准备，对面试的成功来说是必不可少的。面试前的准备包括许多内容，这里主要介绍面试前的着装准备。

6.1.1　面试的着装准备

据国外求职专家调查，大约 15%的招聘者，把求职的外表看成决定录用与否的重要因素。尽管人们清楚以貌取人失之肤浅，但他们仍会固执地把这种录用标准放在一个并非次要的地位，因此，仪表形象对大学生是十分重要的。为了获得高雅、潇洒、生动、迷人的仪表形象，大学生求职时应当有意识地打扮自己，修饰自己。一个人的相貌、身材等是很难改变的，一个人的穿着打扮经过努力却可以大为改观。因此，衣着是求职者改善仪表的主要方面。

着装是人的形体的外延，包括衣、裤、裙、帽、袜、手套及各种服饰。它们一同起着遮体御寒、美化人体的作用。服饰是一种文化，它可以反映一个民族的文化素养、精神面貌和物质文明发展的程度；服饰又是一种“语言”，它能反映一个人的社会地位、文化修养，也能表现一个人对自己、对他人以至于对生活的态度。得体和谐的服饰有一种无形的魅力，它可以使一个人平添光彩。

不同时代、不同民族的人士都善于运用服饰礼仪来表示不同场合的情感和态度，一个人去赴约或到庄重的社会场合，衣着会表明他对这次活动的重视和看重程度。如果衣衫不整会被对方或周围的人觉得他缺乏诚意。服装代表一个人的经济活动能力和生活品位，也能代表你的个性。生活习惯，更代表着一个人的礼貌。与人交往时穿着还暗示了彼此尊重的程度。它是一种特殊的“身份证”。世界知名的服装心理学家高莱说：“着装是自我的镜子。”

大学生在参加面试时，仪表应该朴实、整洁、大方，给人以朝气蓬勃的整体感觉。下面我们从着装的原则、着装的技巧和要求两个方面进行探讨。

1. 着装的原则

着装应遵循以下原则。

1) 整体性的原则

正如培根所说:“美不在部分而在整体。”也就是说，如果孤立地看一个事物的各个部分可能都不美，但从整体看却可能显得很美。服饰的整体美构成因素是多方面的，包括人的形体和内在气质，服饰的款式、色彩、质地、工艺及着装环境等。服饰美就是从多种因素的和谐统一中显现出来的。正确的着装，能起到修饰形体、容貌等的作用，形成一种和谐的整体美。

2) 个性化原则

着装个性化原则，主要指依人的性格、年龄、身材、气质、爱好、职业等要素，力求在外表上反映一个人的个性特征。而现代人的穿着风格主要讲求美观、实用、突出个性。因此，服饰也就呈现出越来越强的表现个性的趋势。

3) TPO 原则

T、P、O 分别是 time、place、object 三个单词的字母缩写。T 指时间，泛指早晚、季节、时代；P 代表地方、场所、位置、职位；O 代表目的、目标、对象。TPO 原则是目前国际上公认的衣着标准。即注意服饰在每天的早晨、日间、晚上三段时间的变化，注意春夏秋冬的不同，注意时代的差异，注意目的、目标、对象等。只有当我们遵循了这个原则的时候，服饰才是合乎礼仪的，才能给对方以尊敬、可信、可亲的感觉。

4) 整洁的原则

在任何情况下，服饰都应该是整洁的，不能沾有污渍，衣领和袖口尤其要注意，扣子等配件应齐全，衣服不能有绽线的地方，更不能有破洞。

5) 三色原则

正式场合所使用的服饰，配色的原则是：包括西服套装、衬衫、领带、腰带、鞋袜等在内的一切服饰不应超过三种颜色，否则在视觉上会有杂乱无章之感。

2. 着装的技巧和要求

着装的技巧和要求如下。

1) 着装应满足不同社会角色的需要

人们的社会生活是多方面多层次的，在不同的社会场合，扮演着不同的社会角色。因此，人们的仪表、言行必须符合他的社会角色的需要，才能被人理解，被人接受。

大学生在应聘时不只是应聘一种职位，而是应聘不同的岗位、不同的工种、不同的职位，衣着打扮也应随应聘对象的不同而变化。例如：穿着花色艳丽、款式新奇的服装，容易分散学生的注意力，因此要从事教师工作的女性，应试时宜穿着简单、颜色素雅，这可以给人以稳重感；从事秘书或办公室工作的女性，一般要求服装庄重、大方，因此，应聘时穿着长丝袜，袜口不露于裙外，不宜穿短裙，同时衣服面料不要过于透明；从事公共关系、业务推销员、导游工作的人员服装穿着要求醒目，给人留下深刻印象，因此面试者的服装款式要新颖、脱俗，服饰配色要有协调性，有明快感，否则就平淡，视觉分散，达不到预期效果。

2) 着装要与肤色、形体、年龄相协调

不同的人，身材有高矮，体形有胖瘦，肤色有深浅，穿着理应因人而异，扬长避短。一般来说，人瘦不能穿深色衣服，人胖不能穿浅色衣服。肤色较深的人穿浅色服装，会获得相对好的色彩效果；肤色较白的人穿深色服装，更能显出皮肤的细洁柔嫩。肩胛窄小的人，宜选有衬肩的衣服，以产生肩宽腰细的效果。腿较短的人，应选择上衣较短、裤筒较长的服装；腿较粗的人，宜穿上下同宽的深色直筒裤，过膝的直筒裙，不宜穿太紧的裤、太短的裙。颈长的人，适合穿领较高的服装，颈短的人可选择无领或低领的款式。胸部狭小者，宜穿水平条纹上衣，开细长缝的袖口，并在衣服门袖处点缀些波浪边或荷叶边，以掩盖胸部扁平的缺陷等。总而言之，不能抽象地理论服饰的美与丑，只有与本人的形体条件相协调，使之具有配色美、造型美和时代气息，才能分出美与丑。

服装体现年龄的特征，也是着装是否得体的重要标志。一套深色的中山装，穿在中老年身上，会显得成熟和稳重，而穿在年轻人身上，会显得老气横秋。少女穿短裙，会显得朝气蓬勃，热情奔放，但如果少妇打扮成少女模样，不仅失去了成熟的美，而且会给人一种轻浮之感。

3) 着装多注意色彩的搭配

色彩的感觉在一般观感中是最为大众化的，因而着装色彩选择要顾及色彩的搭配，色彩和谐往往产生强烈的美感，给人留下深刻的印象。在面试中，应根据不同的场合、不同的面试对象，结合自己的特点选择适当的服装色彩，并进行合理搭配，这是美化着装的重要手段。

小资料：一般面试着装规则

这些规则对男女面试者都适用，牢记这些规则将有助于你向成功迈进一步。

(1) 正式的着装优于非正式的着装。

(2) 一身以明快色彩为主的得体服装是最好的选择。

(3) 千万不要冒险去尝试看上去土里土气的装扮。

(4) 干净和整洁是很必要的，指甲、服装、鞋子、头发都应如此。

(5) 千万要注意整体感，不要东找一条领带、西找一件衬衫，又随便借来西装外套，配上很旧的西裤，那虽然也算是一身正式着装，却会显得十分邋遢。

(6) 衣服口袋里不要放太多的东西，以免鼓出各种形状，不太雅观。

(7) 着装完毕后，可以去请教家人或朋友、同学，让他们提意见，多少会有些帮助。

一、男士着装规则

男士在应聘时一般上身着西装、衬衣，下身穿长裤。

(1) 西装的套件。西装有上装和套装之分。非正式场合，可以穿上装配以各种西裤或牛仔裤等；半正式场合，应着套装，可视场合在色彩图案选择上大胆些；正式场合，则必须穿颜色亲和的套装，以深色、平色为宜。男士面试应当穿正式场合的套装西服。

(2) 衬衫。与西装配套的衬衫须挺括、无皱折，尤其是领口；衬衣袖子应以抬手时比西装衣袖长出 2 厘米左右为宜，衬衣的领子略高于西服边，衬衫下摆应塞进西裤；如不系领带，可不扣领扣。衬衫以白色为主，不要选择带花纹或图案的衬衫。另外，最好在面试之前，把你的衬衫熨烫一下。

(3) 领带。领带必须打在硬领衬衫上，要与衬衫、西服和谐；其长度到皮带扣处为宜；若内穿毛衣或背心，领带必须置于毛衣或背心内，且衣服下端不能露出领带头。领带夹是用来固定领带的，其位置不能太往上，以从上往下数衬衫的第四粒纽扣处为宜。领带的选择应该与西装和衬衫相配。领带图案以单色和印花条纹、螺旋纹为主。

(4) 西装的纽扣。西装有单排扣和双排扣之分。双排扣西装，一般要求将扣全部扣好；单排扣西装，若是三粒扣子的只系中间一粒，两粒扣子的只系上面的一粒，或者全部不扣。

(5) 西装的胸饰。西装的胸饰又称手帕兜，用来插装饰性手帕，也可空着。手帕须根据不同的场合折叠成各种形状。

(6) 西装要干净、平整，裤子要熨烫出裤线。

(7) 穿西装一定要穿皮鞋，且要上油擦亮，皮鞋的颜色要与西装相配套。穿皮鞋还要配上合适的袜子，使之在西装与皮鞋之间起到一种过渡作用。

(8) 鞋子、腰带、公文包的颜色最好相同或相似。最理想的是三者均为黑色。它们是职业男士的整体着装中最引人注目之处，有助于提升自己的品位。

二、女士着装规则

女士服饰的原则是“在流行中略带保守”，配合流行但不损其形象。凉鞋、项链、内衣外穿、透明衣服是女士面试着装中的大忌。

(1) 女士面试着装套裙为首选。现在占主导地位的是两件套套裙。同一色彩、同一质地的素色面料、冷色调为主、体现典雅、端庄、稳重；可上浅下深——庄重而正统；也可上深下浅——富有活力与动感。套裙颜色不超过三种颜色，否则会显得杂乱无章。正式场合套装不带任何图案，但也可以用格子、圆点面料制作，静中有动，有活力；不宜有其他点缀，如金线、亮片、彩条、绣花、扣链、皮革等。

对裙装一般的传统观点是：裙短则不雅，裙长则无神，裙下摆恰好抵达着装者小腿肚子上最为丰满处，乃是最为标准、最为理想的裙长。上衣最短可以齐腰，袖子恰到腕处，裙子最长可达小腿中部；裙摆过长会显矮小，过短“捉襟见肘”，显得滑稽而随便，过于紧身则会“引火上身”。领子翻好，兜盖拉出，拉链拉好，扣好衣扣，上衣不披穿。

着套装应兼顾举止、动作、姿态，如站、坐、起等。

(2) 长袖衬衫是最好的选择，而且最好在外衣的袖口外露出一圈。这是比较典型的职业装束，不要穿短袖衬衫，更不能穿无袖衬衫。

(3) 衬衫的颜色最好选择白色或蓝色，此外还可以选择浅灰色或深蓝色。

(4) 高跟鞋是女士面试的最佳选择，但要避免穿过高的高跟鞋，除非走起路来你能如履平地。鞋的颜色应该与套装相配，以黑色为正统，最好是牛皮鞋。

(5) 袜子的颜色不应该太显眼，颜色宜为单色如肉色、浅棕、浅灰等几种常规颜色。

总之面试着装，大原则当然就是整齐清洁。面试时精心着装会给面试官一个非常好的第一印象。有了这样的铺垫，胜利也就近在眼前了。作为应试者千万不可在面试时大大咧咧，疏于准备，自以为是地不修边幅。这些做法是你失去机会的原因。

6.1.2　面试应注意的礼仪问题

在现代社会中，快节奏的生活、工作，使人们更需要轻松、愉快的环境。于是，当你离家上学、上班时，与家人的一声道别，会使双方感受到一种亲切；当你进入学校、工厂、办公室，与同学、同事和朋友的一声寒暄、一句问候，会使双方感受到一种和谐和温馨；当你在特别的日子收到亲人、朋友的一份礼物，会让你感受到浓浓的情意；当你的失误得到别人的谅解时，你会感到一种轻松；当你的言谈举止博得他人的欣赏时，你会感到一种自豪和成功。这些道别、问候、馈赠、致歉是什么呢？就是我们生活中人与人之间交往的礼仪。

1. 礼仪的定义

礼仪，从广义的角度来讲，是人们在社会活动中的言行规范和待人接物的标志；从狭义的角度来讲，礼仪指的是政府机构中采取的行为、语言等规范。礼仪是一种社会文化，是社会文明的标志，是衡量一个国家或地区道德水准高低的尺度，也是反映社会的精神面貌和文化的程度。对整体来讲，礼仪是指一个民族、国家、地区的道德水平的高低；对个人来讲，是指一个人的综合素质的高低。

礼仪的上述定义主要表达了以下三层意思。

第一，礼仪是一种行为准则或规范。一个人要进入某一地域，就要对那里的人的习俗和行为规范有所了解，并按照这样的习俗和规范约束自己的言行。

第二，礼仪准则或规范是一定社会的人们约定俗成、共同认可的。在社会实践中，礼仪交往首先表现为一些不成文的规矩、习惯，然后才逐渐上升为大家认可的，可以用语言、文字、动作进行准确描述和规定的行为准则，并成为人们自觉学习和遵守的行为规范。

第三，礼仪可以有效地发展施礼者和受礼者的修养、风度与魅力，它体现着一个人对他人和社会的认知水平、尊重程度，是一个人的学识、修养和价值的外在表现。一个人只有在尊重他人的前提下，才会被他人所尊重。人与人之间的和谐关系，也只有在这种相互尊重的过程中，才能逐步建立起来。因此，遵守礼仪是人获得成功的重要手段途径之一。

2. 礼仪的基本原则

文明社会给人们造就一种安定、和谐的气氛，使人们生活得心情舒畅，这是因为人们都注意遵守交往的基本礼仪准则。在不同的时间和场合，针对不同的对象，人们所采用的礼仪都有所不同。但其中所隐含的基本精神是一致的，即符合遵守公德，尊重他人，真诚、适度、守信、宽容的原则。

1) 遵守公德

礼仪如果不同崇高的道德准则相联系，便不能实现其自身的主要目的——促使人们互相尊重。讲究礼仪是人们交往中互相尊重、联络感情、增进友谊的行为，也是一种道德，即一个人公共道德修养的外在表现。

2) 尊重他人

在交往中讲究礼仪，是为了表达对他人的尊重。人们都有满足物质生活的需要，但更有获得尊重的期望，而且人们一般对尊重自己的人有一种天然的亲和力和认同感。

3) 真诚

真诚是人与人相处的基本态度。真诚是一个人外在行为与内在道德的有机统一。在交往中必须做到诚心待人、心口如一，而不能虚情假意、心口不一。待人真诚的人会很快得到别人的信任，而与人交往时表里不一、口是心非、缺乏真诚的人，即使在礼仪方面做得无可指责，最后还是不会得到别人的信任。在社交场合，并非每个人都能有优美的姿态、潇洒的风度、得体的谈吐，即使懂得谈论怎么做也不见得人人都做得十分完美。但是，只要能处处体现真诚，使与你交往的每个人都能感到你所做的一切都是发自内心的，你的语言是真诚的，你就能赢得成功。

4) 适度

适度是指在施行礼仪过程中，必须熟悉礼仪准则和规范，保持人与人之间的距离，把握与特定环境相适应的人们彼此的感情尺度、行为尺度，建立和保持健康、良好、持久的人际关系。

遵循适度原则亦有多方面的要求。首先应该感情适度。在人与人交往时，既要彬彬有礼，又不能低三下四；既要热情大方，又不能轻浮。其次应该谈吐适度。在与人交谈时，既要诚挚友好，又不能虚伪客套；既要坦率真诚，又不能言过其实。再就是应该举止适度。在与人相处时，既要优雅得体，又不能夸张造作；既要尊重习俗，又不能粗俗无礼。

5) 守信

守信是指在交往中要讲真话，并遵守诺言。在交往中，一个讲信用的人能够前后一致、表里合一、言必行、行必果，不失信于人。

3. 面试应注意的礼仪礼貌问题

礼仪礼貌在人际交往过程中是必不可少的，尤其是在正式场合，在交往双方不是非常熟悉的情况下，就显得更为重要。面试是比较正式的场所，求职者更应懂得讲究礼仪的重要性，它直接影响着主考官对求职者印象的好坏。

一般说来面试者应该从以下几方面注意礼仪礼貌问题。

1) 衣着整洁

参加面试时，应提早计划选择适当的服饰以达到最好的视觉效果。如果能在一个月前就将面试穿的服装准备好，并试穿是比较理想的，这样可以避免求职的当天因穿新衣而感觉不适、举止呆板。

求职的女士不宜浓妆艳抹，若用香水则适宜用香味清新的，体现对他人的尊重；头发应梳理整齐，发饰不宜过多；最好穿着正式的套装，不宜穿太短或低胸、紧身的服装。此外，女士一定要穿丝袜，并随时检查是否脱线、破损。

面试的男士首先应注意脸部清洁，胡子一定要刮干净，不能留长发；领带要打端正，袜子与西装的颜色相配，不穿白色休闲袜，鞋子要穿比较正式的黑皮鞋并擦亮。

无论男女，着装整齐清洁最能体现礼仪。求职者应该注意服饰整体的搭配以简单朴素为主，应试出门前应再检查一遍整体仪容是否整洁，扣子、拉链是否扣好、拉好，衣缝及袖口是否有破损或不应有的褶皱，鞋子是否干净光亮。面试当天除脸部梳洗干净外还应注意耳朵、脖子上的清洁，指甲的修剪，发型的适宜。

2) 遵守时间

参加面试应按约定的时间前往，最好提前 10 分钟抵达面试地点，以显示求职的诚意，使对方认为你是一个守时的人。面试时迟到或是匆匆忙忙赶到都是致命的缺点，而提前半小时以上到达亦会被视为没有时间观念。如果迟到会给招聘者留下不好的印象，甚至失去面试的机会。

3) 耐心等候

到达面试地点要在等候室等待或在办公室的门外等候，并保持安静及正确的坐、立姿势。即使按顺序该你进去面试，当你走到门口，如果发现主考官正与其他人交谈时，也应该在外面耐心地等候，等候的时间就是稍长一些，也不能贸然闯进去。

4) 敲门进入办公室

到达面试办公室门口时，首先整理一下自己的衣服、发型，并把鞋擦干净，然后按门铃或敲门求进，这表示对面试官的尊重。按门铃或敲门时要注意力度和节奏，敲门较为标准的是不可用力太大、时间太长，更忌用力敲打或用脚踹门。到达面试地点如门开着，也不可贸然进入，仍要按铃、敲门或问候一声，等面试官发出“请进”的邀请后方可进入。进门之后要轻轻把门带上，然后向室内面试官讲明自己是来面试的。

5) 自我介绍

自我介绍是人们在社交活动中的重要环节，是人与人相识的最基本形式。在自我介绍时，要求介绍的语言既要简洁明了，又能使对方从你的介绍中找出面试下去的话题；既要使对方通过你的介绍对你有所了解，又不使对方觉得你在自吹自擂。

6) 面试中的称呼礼仪

称呼，是人与人交往中使用的称谓和呼语，是表达不同思想感情的直接手段。面试中的称呼礼仪特别重要。面试中应根据面试官的年龄、职业、地位、身份选择适当的称呼，如老师、某总、某经理、某厂长、某院长等。

7) 面试中的致意礼仪

致意是一种常用的礼节，表示问候之意。进入面试官的办公室，有礼貌地称呼面试官之后，应该向面试官致意，可以点头致意，朝向对方轻轻一点头；也可以微笑致意；也可以鞠躬致意，即先立足站好，同时双手在前摆好，右手叠在左手上，面带微笑，然后弯身行礼，鞠躬时应同时问候“您好”、“打扰了”等。

8) 面试中正确的坐姿

进入面试场，不能马上坐下，等主考官告诉你“请坐”时方可坐下。入座时，要轻要稳；从座位的左边入座，只坐椅子的 2/3，不要坐满或只坐一点边。

女子入座时，若是裙装，应用手将裙子稍微拢一下，坐定后，身子中心垂直向下，上身保持正直，两眼平视，目光柔和，可将右手搭在左手上，轻放于腿面，双膝自然并拢，双腿正放或侧放，双脚并拢或交叠。

男士可双手掌心向下，自然地放在膝上，亦可放在椅子或沙发扶手上，双脚可略微分开。

坐时不要将双手夹在腿之间或放在臀下，不要将双臂端在胸前或抱在脑后，也不要将双腿分开过宽或将脚伸得过远，腿脚不要不停地抖动，也不可高跷二郎腿。

9) 面试中正确的站姿

进入面试如果没有马上坐下，要有正确的站立姿势。

标准的站立要求是：上半身挺胸收腹，腰直，双肩平齐，舒展，精神饱满，双臂自然下垂，双眼平视，嘴微闭，面带笑容；下半身双腿直立，身体重心在两脚之间。女士的双膝和双腿要靠紧，双脚也可调成 V 字形或 T 字形，男士的双脚间可稍分点距离，但也不宜超过肩宽，双脚也可调成 V 字形。

10) 回答问题的礼仪

不要东张西望，心不在焉，眼睛要注视对方。如果主试者有两位以上，回答谁的问题，目光就移向谁；口齿要清楚，声音要适中，答话要简练、完整，不用口头语，不用夸张的动作。

11) 谈话的礼仪

要注意聆听，不能随便打断主考官说话，这样既礼貌，又能抓住问题的要点和实质。如果遇到不明确的问题，可说："对不起，某个问题我没听清楚。"主考官通常会进一步稍加解释。这样既能搞清问题，又可以给对方留下虚心诚恳的好印象。

面试中，对方问你的问题要一一回答，对方向你作某些情况介绍时要认真听。为了吸引对方更热情地给你介绍情况，你可以在适当的时候点头或答话。

在面试中千万不要与主考官发生争辩，不要抢话头，不要插话。争辩成功了伤了主考官的自尊心，可能不录取；而争辩失败了更不会录取你。

在整个面试过程中，要保持举止文雅，谈吐谦虚，态度和蔼。虽然这些都是细微的小事，但事实上这些礼仪对求职者能否被录用有很大关系。

面试结束时，不管结果如何，都应该站起身向主考官和工作人员说"谢谢"。在走出办公室时先打开门，然后转过身来向主考官鞠一躬并再次表示感谢，然后轻轻将门关上。

12) 其他需要注意的问题

面试时不要嚼口香糖，不要抽烟，不要弯腰垂头，精神不振；不可要求茶点，不要随便乱动办公室的东西，不要谈论个人故事而独占谈话时间；自己随身携带的物品，不可放置在考官的办公桌上，不要有人陪伴应试，不要过早到达面试场所，不要随意指责别人，不要催促对方迅速作决定；谈话时不要说话太多，也不可说话太少，不要过于关心福利待遇。

4. 日常交往中的礼仪

1) 见面时的礼仪

在日常交际中，相识者之间与不相识者之间往往都需要在适当的时刻向交往对象行礼，以示自己对对方的尊重、友好、关心与敬意。此种礼仪，即所谓见面礼，也就是人们会面时约定俗成互行的礼仪。

见面礼是促进感情交流、塑造良好形象的一个重要方面。随着社会的发展和对外交往的扩大，见面礼也在不断发展变化。现在日常的见面礼有致意礼、握手礼、鞠躬礼、亲吻礼、吻手礼等。

下面介绍一些大学生常用的见面礼仪。

(1) 致意礼

致意是已相识的友人之间在距离较远或不宜多谈的场合，用无声的动作语言，相互表示友好与尊重的一种问候礼节。

一般来说，相互致意的顺序应是：晚辈先向长辈致意，地位低者先向地位高者致意，男士先向女士致意，未婚者先向已婚者致意，学生先向老师致意。致意礼的最佳距离为2～5米。

致意的方式多种多样，常用的有五种。一是举手致意。在公共场合远距离遇见朋友，一般抬起右臂轻轻摆动，手掌心朝向对方。二是点头致意。不宜交谈的场合，朝向对方轻轻点点头。三是微笑致意。常和其他礼仪相伴进行，它可用于同不相识的人初次会面，还可以用于在同一场合反复见面的老朋友"打招呼"。四是欠身致意。当在社交场合被他人介绍和别人向自己致意时常常在目视被致意的同时，身体微微向上向前倾，以表示对对方的尊敬之意。五是脱帽致意(女士不敬脱帽礼)。戴帽子的男士在遇到友人特别是女士时，应微微欠身，摘下帽子，并将其置于与肩膀平行的位置，同时与对方交换目光。一般运用这种礼节时，受礼的一方若在施礼者的右侧，则用左手摘下帽子；受礼的一方若在施礼者的左侧，则用右手摘下帽子。

(2) 握手礼

一般情况下，握手礼简称握手，是现代交往中最常见的礼节，是多数国家和人们见面时表示致意、问候、祝贺、鼓励、感谢、辞别时的礼节。

握手时伸手的先后次序：年长者与年幼者握手，应由年长者先伸出手来；长辈与晚辈握手，应由长辈先伸出手来；老师与学生握手，应由老师先伸出手来；女士与男士握手，应由女士先伸出手来；已婚者与未婚者握手，应由已婚者先伸出手来；社交场合的先至者与后来者握手，应由先至者先伸出手来；上级与下级握手，应由上级先伸出手来；职位身份高者与职位身份低者握手，应由职位身份高者先伸出手来。

握手的标准姿势：握手的标准姿势，是行礼时行至距握手对象约1米处，双腿立正。上身略向前倾，伸出右手，四指并拢拇指张开与对方相握。握手时应用力适度，上下稍许晃动三四次，随后松开手来，恢复原状。与人握手时，应当神态专注、热情、友好、自然，面带笑意，目视对方双眼，并且口道问候，如说"您好"、"欢迎您"、"见到您很荣幸"、"见到您很高兴"之类热情致意的话。

握手的禁忌：在日常交往中，握手虽然司空见惯，看似寻常，但是由于它可被用来传递多种信息，因此在行握手礼时应努力做到合乎规范，并且避免下述失礼的禁忌。

① 不要用左手与他人握手。

② 不要在握手时争先恐后，而应当遵守顺序，依次而行。

③ 不要在握手时戴手套。

④ 不要在握手时将另一只手插在衣袋里或另一只手依旧拿着东西不肯放下。

⑤ 不要在握手时面无表情，不置一词，好像无视对方的存在，只为应付。

⑥ 不要在握手时长篇大论或点头哈腰，滥用热情，显得过分客套。

⑦ 不要在握手时紧紧握住对方的手指头，好像刻意与对方保持距离。

⑧ 不要用肮脏不洁或带菌的手与他人相握。

⑨ 不要与别人握手后，立即揩拭自己的手掌，好像与对方握一下手就会受到“污染”似的。

⑩ 不要拒绝与他人握手，在任何情况下都不能这么做。

(3) 鞠躬礼

鞠躬礼目前主要适用于向他人表示感谢、领奖或讲演之后、演员谢幕、举行婚礼或参加追悼活动等。

行鞠躬礼时，应脱帽立正，双目凝视受礼者，然后弯腰，上身前倾。男士双手应贴放于身体两侧裤缝线处；女士的双手应下垂搭放在腹前，下弯的幅度越大，所表示的敬重程度越大。长辈、上级还礼时，可以欠身、点头、举手、握手以答谢。鞠躬的次数，可视具体情况而定，唯有追悼活动才采用三鞠躬，而在喜庆场合，鞠躬次数不可为三。

(4) 点头礼

点头礼，又叫颔首礼，它所使用的情况主要是：路遇熟人，在会场、剧院、歌厅、舞厅等不宜与人交谈之处，在同一场合碰上已多次见面者，遇上多人而又无法一一问候之时。行点头礼时，一般不戴帽子。具体做法是头部向下轻轻一点，同时面带微笑。不宜反复点头不止，点头的幅度也不必过大。

(5) 举手礼

行举手礼的场合与行点头礼的场合大致相似，它最适合向距离较远的熟人打招呼。行举手礼的正确做法是右臂向前伸直，右手掌心向着对方，其他四指并齐、拇指叉开，轻轻向左右摇动一两下。不要将手上下摆动，也不要在手部摇动时用手背朝向对方。

(6) 脱帽礼

戴着帽子的人，在进入他人的居所、路遇熟人、与人交谈、握手或行其他会面礼、进入娱乐场所、升挂其他国旗、演奏国歌等情况下，应自觉主动地摘下自己的帽子并置于适当之处，这就是所谓的脱帽礼。

女士在社交场合可以不脱帽。

(7) 注目礼

注目礼的具体做法是起身立正，抬头挺胸，双手自然下垂或贴放于身体两侧，笑容庄重严肃，双目正视于被行礼对象，或随之缓缓移动。

在升国旗、游行检阅、剪彩揭幕、开业挂牌等情况下，适用注目礼。

行注目礼时，不可歪戴帽子斜穿衣、东斜西靠、嬉皮笑脸、大声喧哗、打打闹闹。

(8) 拥抱礼

在西方，特别是在欧美国家，拥抱礼是十分常见的见面礼与道别礼。在人们表示慰问、祝贺、欣喜时，拥抱礼也十分常用。

正规的拥抱礼，讲究两人正面面对站立，各自举起右臂，将右手搭在对方左肩后面；左臂下垂，左手扶住对方腰后侧。首先各向对方左侧拥抱，一共拥抱三次，但在普通场合行此礼，不必如此讲究，次数也不必要求如此严格。

2) 称呼与名片

(1) 称呼

称呼，指的是人们在日常交往应酬之中，所采用的彼此之间的称谓语，在人际交往中，选择正确、适当的称呼，反映着自身的教育、对对方的尊敬程度，甚至还体现着双方关系发展所达到的程度和社会的风尚，因此对它不能疏忽大意，随便乱用。根据礼仪规范，选择正确、适当的称呼，有三点务必注意：其一是要合乎常规；其二是要照顾被称呼者的个人习惯；其三是要入乡随俗。

目前主要有以下几种称呼方式。

① 一般称。“小姐”、“先生”、“同志”等。对未婚子女统称为“小姐”，已婚女子统称为“夫人”或“太太”。对不了解婚姻状况的女子，可统称为“小姐”，对职业女性可统称为“女士”。

② 职位称。职位称是在工作中，以交往对象的职务相称，以示身份有别、敬意有加，这是最常见的一种称呼方法。

③ 职业称。职业称是直接以被称呼者的职业为称呼，例如将教师称为“老师”，将专业辩护人士称为“律师”，将医生称为“医生”或“大夫”。

④ 姓名称。平辈的朋友、熟人以及工作中的同事，均可彼此之间以姓名相称，如“张静”、“米一凡”、“王刚”等。长辈对晚辈也可以这么称呼，但晚辈对长辈却不可如此称呼。

⑤ 亲属称。亲属称是指对与本人有直接或间接血缘关系者固定的称呼或者对他人亲属的敬称，如“外公”、“祖父”、“沈阿姨”、“赵叔叔”等。

(2) 名片

名片是当代社会交往和公务交往中一种最为经济实用的介绍性媒介，由于它印制规范、文字简洁、使用方便、便于携带、易于保存，而且不讲尊卑、不分职业、不论男女老幼均可使用，因此它用途广泛，颇受社会各界的欢迎。根据内容和用途的不同，日常生活中的名片可分为应酬名片、社交名片和公务名片。下面介绍交换名片的方法。

① 递上自己的名片

递名片给他人时，应郑重其事，最好是起身站立，走上前去，使用双手或者右手，将名片正面面向对方，交予对方，切勿以左手单手递交名片，不要将名片举得高于胸部，不要以手指夹着名片给人。

将名片递给他人时，同时可以说："请多多指教"，"多多关照"，"今后保持联系"，"我们认识一下吧"，或是先作一下自我介绍。

与多人交换名片时，应讲究先后次序，或由近而远，或由尊而卑，一定要依次进行，切勿采用"跳跃式"。

② 接受他人的名片

当别人表示要递名片给自己或交换名片时，应立即停止手中所做的一切事情，起身站立，面含微笑，目视对方。接受名片应双手捧接，或以右手接过，切勿单手用左手接过。接过名片后，立即要用半分钟的时间，从头到尾将其认真默读一遍，若有疑问，则可当场向对方请教。此举表示重视对方。若接过他人名片后看也不看，或手头把玩，或弃之桌上，或装入衣带，或交给他人，都是失礼行为。

接受他人名片时，应口头道谢，或重复对方所使用的谦辞敬语，如"请多多关照"，"请多多指教"，不可一言不发。

若需要当场将自己的名片递过去，最好在收好对方名片后再递上自己的名片，不可一来一往同时进行。

3) 接打电话的礼节

电话是人际交往及社会交往的工具，人们对它的依赖程度越来越大，打电话已成为人们工作和生活中不可缺少的组成部分。电话既是个人的交际工具，也是组织之间，乃至国家之间公务和商务活动的重要工具。发达的电话系统可提高人们交际的效率和公务、商务活动的频率。电话的普及程度是一个国家现代化的重要标志。掌握电话应对的基本礼仪是现在人的基本素质之一，正确的电话应对是电话沟通顺利进行的第一步。

(1) 打电话

打电话者，肯定有目的和原因，所以对于要找的对象姓名、职位、所谈事由应明确，思路清晰。

电话接通后，应接应对方的问候，说："你好，麻烦您接通××部"或"麻烦您找一下××接电话，我是××。"如果要找的人不在，打电话者又急于和他联系告知某事，可请接电话者转达或记录，应说："能麻烦您转告……如果您方便的话，请记下我的联系电话……拜托了，谢谢。"

(2) 接电话

接电话的应对是否得体，直接影响个人及其所在组织的形象。以往的接电话方式，总是拿起听筒随口而出："谁啊？你找谁？"对方也习惯于用"你是×××吗？"来回应，既不礼貌，又不便于相互沟通。

接电话正确的方式应是，当铃声响过，拿起话筒首先应自报家门，说："您好，这里是××公司。"或："您好，××公司，我是×××。"需要叫人，或转线路，应说："请稍等。"如果对方找的人不在，接电话者应礼貌征询对方是否留言留话，并做正确记录，以便转达。

(3) 电话应对的礼仪礼貌

电话应对时应注意如下问题。

① 语气柔和可亲、悦耳动听

语音语调的柔和悦耳，首先取决于说话人的态度和心情，要有尊重别人、注重形象和竭诚服务的意识观念，有这样的积极态度，语气自然会亲切柔和。其次，取决于对声音的有意识训练，要吐字清楚，声音洪亮，音调稍高，反应机敏。避免语气低沉、懒散、带拖腔和生硬。

② 主动、有序、耐心、谨慎

所谓主动，即不要电话铃声响得太久，应在响过两三次铃声之后迅速拿起，如确有不便而晚接，应说："对不起，让您久等了。"

所谓有序，即目的明确，事由排列有序，要有必要的寒暄、事情概要，具体细节简洁明了。

所谓耐心，首先表现在谁先挂电话上，一般是打电话一方先挂断。但接电话者若是长辈、身份地位高者、女士等，打电话者应等对方先挂断。其次是对谈话时间较长的电话，不能简单处理，要利用交谈的间歇处提醒"就这些了"，"看来得找个时间专门谈这件事"。同样，如果自己要和对方进行较长时间的对话，应征询对方："不会影响您的工作吧？"如果对方拨错了号码，不可只是不耐烦地回敬一句"错了"，随即挂断电话，应说出自己的号码，以便对方纠正。耐心还表现在替同事、家人接电话上，应尽量留下来电话人的姓名、电话号码，对电话内容进行正确转达。

所谓谨慎，主要指接电话有一定的分析，公务电话要严肃认真，商务电话应保守商业秘密，为同事接电话不要随意告知同事的其他信息；工作电话应使用规范称呼，不宜使用亲昵语、口头禅。

③ 应选择合适的时间和环境

如果你想休息、静下心来做点事情或正在忙乱中，电话铃声会使你感到加倍厌烦。所以打电话时，不仅顾及自己的方便，也要考虑对方的情形。私人电话最好不要在对方上班时间打，而工作电话也应该尽量避免在晚上打到私人家里。

接打电话也应该选择适当的环境，除非万不得已，尽量不要在有嘈杂声、嬉笑声、咳嗽声、车辆轰隆和电视广播播放声中接打电话，应找相对清静、人少的场所。这一方面便于听清对方的声音，另一方面也是对对方的尊重。

6.1.3 面试前应事先准备的几个问题

面试者为了做到有准备，首先应该对应聘公司有所了解，可以通过公司简介、上网了解，也可以通过报刊杂志或其他渠道了解；其次对应聘职位作比较全面的了解，在面试前准备好几个问题；尽量准确地估计出主考官在面试时可能要想出的问题，在思想上反复练习如何回答这些问题，保证面试成功。

面试问题的准备，主要是对面试中可能提出的问题如何回答进行准备。不少大学生在面试前怯弱、紧张，主要原因就是不知道面试中会提出什么问题、怎样回答。因此，要能在面试中轻松回答，就必须在面试前做出适当的准备。

尽管不同的用人单位和主试者，所提的问题不同，但是大体提出什么问题仍是有一定规律可循的。

1. 教育培训类的问题

教育培训类问题通常是为了了解你的教育培训背景，判断你在知识上是否具备岗位需要的储备。

例如：你从哪所学校毕业？什么系科？简单介绍一下你的专业，你最喜欢的功课是什么？为什么？简单谈一下你的毕业论文或毕业设计，你的学习成绩怎样？在班上排第几名？通过学习你掌握了哪些技能技巧？怎样把所学的知识运用到工作中？你的性格(人际关系)如何？等等。

这是一些比较随意的问题，主试人为消除面试者的紧张心理，通常把它作为第一个问题提出，要回答这些问题，就是要把自荐书中的个人简历部分进行综合，变成自己的语言，逐个回答。在面试准备阶段，你一定要整理一些形容你个性的形容词。这样，在面试中，当面试官询问这个问题的时候，你可以非常自信地把这些形容词有条不紊地罗列出来。

2. 求职动机类问题

求职动机类问题通常是为了了解求职者的求职动机及基本的职业目标，了解求职者期望的职业发展空间与本公司能够提供的是否大致吻合。

例如：你为什么到本公司应聘？你对应聘职位有哪些期望？你在工作中追求什么？等等。要回答这类问题，必须对公司作过仔细研究，从你的角度用公司的特点作答(对公司的了解可以从招聘信息上了解，也可以从网上查询公司概况)，然后可以提到你相信公司能为你提供一个稳定愉快的工作环境，在这种氛围下员工将更好地工作。如：我不仅要找一份工作，我热爱自己的工作和专业。贵公司生产优质的产品，提供优良的服务，我会分享这方面的价值，这使我产生愿望，要加入、适应你们这个团队。

3. 相关经历类问题

相关经历类问题通常是考察求职者相关的职业经验、团队协作能力，考察你对团队的理解。如：你参加过哪些社会活动？你在哪个单位实习？时间多长？承担什么工作？你在工作中曾经遇到什么困难？等等。

要回答这类问题，你必须选出重要的社团活动，回答该社团是怎么样的，团队的成员情况如何，你担任了什么角色，团队完成任务的情况如何。你可以举例说明依靠团队合作，你们能取得比个人独立完成的更大的成就，同时，你也需要指出你的贡献和每一位团队成员的贡献。

你在工作中遇到的困难不重要，重要的是要回答解决问题的过程，体现你的团队协作能力。你可以描述你完成的即使在短期内不甚受欢迎，可对公司的长远利益有重要作用的事例。例如，你的回答可以包括怎样对待一个有问题的员工，如何制定一个改进工序的计划以及一次领导方式的转变等。上述回答表明，应聘者有能力做出明智的决策，并且具有很强的团队意识和团队精神。

4. 未来计划和目标类问题

未来计划和目标类问题通常考察求职者的职业运作能力及职业生涯规划设计能力，评估求职者是否有能力持续稳定地工作。如：假如你被录用，你准备怎样开展工作？有什么设想？如有其他的工作机会，你怎样看待？你打算沿着这条道路走下去吗？进入我们单位你准备干几年？你是否确定在我们单位的奋斗目标？一个网管员(或办公文员、或设备技术员，等等)一般的职责是什么？等等。

这是主试者常提问的热门问题，它有三个层次：第一，它要求应聘者不仅需要了解个人的岗位是什么，而且了解如何适应全局；第二，它的回答还反映了你将在多大的程度上愿意接受工作安排和指示；第三，这是一个非常有效的筛选性问题，如果你对工作缺乏全面认识就会被当场淘汰。你的回答应围绕对职责的了解来展开，但要注意不纠缠枝节问题。

对这些可能提及的问题先进行认真思考，考虑怎样回答和什么时机提出，然后将其要点写下来，反复说几遍，并模拟正式面试的情景，自问自答进行演练。为了了解回答的效果，纠正失误，甚至可以与同学、朋友、家庭成员做模仿练习。经过如此认真的准备之后，就能胸有成竹地去参加面试，一定会取得好的效果。

面试是我们双向选择职业的必然过程。在此过程中用人单位和求职者都需要互相了解。不要把面试看做我们被动接受别人的挑选。事实上，在面试过程中如果能主动适宜地提出一些问题，既可以让用人单位看到我们积极主动、随机应变的一面，又能更加充分地了解用人单位的相关信息，对我们求职是有好处的。

在面试中向用人单位提出问题时一定要注意：第一，把问题限制在询问应聘单位职位的范围内，在招聘宣传资料或单位介绍中已有的内容、主试者已经介绍过的内容不要提问；第二，回避敏感性问题，如工资、福利等个人要求；第三，不要问特别简单或复杂的问题。

因为简单的问题会显得你无知，复杂的问题又有故弄玄虚为难主试者之嫌。

小资料：部分面试问题回答分析与示例

1. 你平常的一天是怎么过的？

这是观察你个人素质的问题。谁都不要一个混日子的雇员，所以你要表现出工作主动性，你必须显示自己善于利用时间，坚持事先安排一天的时间，一天结束后总是回顾自己的表现，保证完成定时的工作量。

2. 你认为你的资格是什么？

分两个方面回答：如果与学历相关，你要介绍自己的最高学历、科目、成绩和其他方面的长处和优势；如果与工作相关，则要将对方的招聘要求与你的能力作对照回答。

3. 你对你迄今取得的进步感觉怎样？

设计这个问题不单单是为了评价你的进步，而且还要评价你的自我定位。要作肯定回答，但不要给人印象似乎已经做完了最好的工作。要使主试者相信你将每一天都看做学习和做出业绩的机会，将该公司看做施展浑身解数的好环境。

4. 你愿意到公司指派的地方去吗？

如果你不愿意跑到很偏远的地方去，不妨拖延一下，问：“您说的是不是出差？还是公司要搬迁了？还是我们要出国培训？”归根结底，你的回答应该是“是”。你可以最终决定不接受这份工作，但是如果不录用，你就没有这种选择可言。

5. 你认为一周需要干多少时间才能完成工作？

这个问题没有绝对正确的答复，所以你必须概括地谈。有的经理热衷于夜以继日，加班加点，或者节假日放弃休息；有的则恪守严谨的计划和时间安排，他们决不在规定的办公时间以外工作。你要兼取两者的优点：“我努力做到有效安排时间，充分利用上班时间，只要将工作完成，我可以不辞辛苦。”

6. 公司最吸引你的地方是什么？

现在我应聘的虽然是贵公司最基层的工作，但公司规范化的管理、有章可循的竞争机制、提供给员工的发展平台，能够使我得到更多的挑战和机会，充分施展我的才能，为公司发展做出我的贡献，同公司一道发展和成长。

7. 如果我们录用你，你可以为我们带来什么利益？我们应该在什么时候看到具体的结果？

我将把我在学校学到的最新的知识运用到工作中，利用我在校学习时具备的××优点为公司充分发挥我的××能力，为公司出谋划策，半年之后你们可以看到我的工作成绩。

8. 想找永久性的工作，还是临时性的工作？

虽然我很希望能够有一个固定的、长久性的工作，但是，如果工作需要，我也可以服从分配，调整工作，做不同的工作更能多方面锻炼人、培养人。

9. 你在学校时人际关系怎样？

我是一个很随和的人，性格较外向，很容易与人相处，用真心对待每一位人。爱好也较广泛，在校期间担任过××工作，这些社会工作，锻炼了我与人相处的能力，所以人际关系较好。

10. 你心目中最理想的工作集体应是什么样子？

我认为理想的工作集体应该由具备较高职业道德素质的成员组成。每个成员都能全力以赴地去做好自己的工作并相互协作，成员之间能互相尊敬，爱护自己所在的集体，充分发挥每个成员的优势，互相取长补短、集思广益、群策群力为公司的发展出谋划策。

11. 你能否在压力下工作？你在日常工作中如何应对压力？

压力就是动力，压力最能够锻炼人，特别是我们刚毕业的大学生。在每个工作日，我会利用午休时间让自己放松一下，使自己从压力的束缚中摆脱出来。而且我还有一个小小的处事法则，就是只在我头脑清醒的时候我才开始处理问题，在周末或假期我会约上朋友一起去郊游或参加体育锻炼来缓解日常工作的压力。

12. 如果你的上司非常不公平地批评了你，你会怎么办？

工作中的过错应该由谁来承担责任并不重要，关键是如何解决问题，所以应该坦然接受上司的批评，然后说出解决问题的方案。

13. 如果你未能得到此工作，你会有什么想法？

如果这样的话我最想知道的是到底在哪一方面我未能达到贵公司的要求，我希望能得到一些关于面试的反馈信息。另外，我对贵公司有着良好的印象，因此，我希望贵公司将来还有类似的职位空缺，也可以考虑我作为候选人。

14. 你喜欢我手中的手机吗？你怎样把它推销给我？

努力赞扬手机的质量、价值、外观以及顾客为什么会应该拥有它。

面试官真正目的是想看你如何进行推销，面试此类问题的回答，你首先需要弄清楚面试官真正的目的和要求，然后收集必要的信息，再利用这些信息构想可能解决的方案，然后从中选择出最满意的解决方案。

6.2 参加面试

我们做好应有的面试准备之后，面试面谈的环节就摆在我们面前。为了很好地与招聘方主试人交流，有必要先了解一下将要面对的是什么样的情景，即面试的方式、程序。

6.2.1 面试的方式

1. 单独面试

单独面试是指只有一位主试人的单对单面试。面试人员既可以是人力资源部门人员，也可以是其他具体部门人员。

单独面试的优点是能够提供一个面对面的机会，让双方较深入了解，彼此甚至可以就细节及个人的问题直接交换意见。单独面试比较适合应聘人员较少、时间不集中、淘汰率较高的情况。单独面试一般需要经过初试和复试两个阶段。可以仅在初试或复试时采用单独面试，也可以初试、复试都采用单独面试。如果属于后者，则初试和复试的主试人不能为同一人。

2. 小组面试

如果一个职业有很多人来应聘，面试考官为了节省时间，可以让多个应试者共聚一堂，做小组讨论，或集体解决问题，面试考官可冷眼旁观，按照各人的表现来决定录用候选人，再对候选人进行单独面试。

3. 合议制面试

一般将初试或复试统一在一次进行。面试人员有人力资源部门负责人、用人部门负责人、用人部门专业人员和公司决策人员。合议制面试的面试提问较多、时间较长，但录用决策迅速，时间短。合议制面试适合人员需求紧急或级别高职位的情况。

4. 测验面试

招聘机构要求应试者现场参加技能测验或考试，或示范做某些事情，如推销商品、速记、体能测验等。这类面试在较低职位或专门行业里比较常用，可以独立举行作为初选程序，也可与上述面试方式一起举行。

5. 组合面试

组合面试其实是上述几种方式的混合体。比如企业要聘请高级行政人员时，面试程序可能要一整天的时间。这天上午，应试者可能会与该机构的人事部职员进行初步单独面试，其后则可能由他们带领参观整个机构的设备和运作。中午，或者会同该机构的各部门主管共进午餐，期间大家可能会对某些问题交换意见。下午，则会到应试者申请加入的部门与其主管见面。最后，如有可能，就是跟机构的最高层负责人会面。由这个例子可以看出，组合式的面试可以由不同方式的面试组成。

6. 情景模拟测试

根据参与人员的情况，可将情景模拟测试分为单人测试、多人测试、独立测试和综合测试四种类型。

1) 单人测试

单人测试是指每次只对一位应试者进行测试。由面试考官向应试者讲明设置的测试情景，一般情景中只有一个角色或主角。有时面试人员可以参与进去，担当配合人员。单人测试适合应试人员较少或复试时进行。

2) 多人测试

多人测试是指每次对一位以上应试者进行测试。由面试考官向多位应试者讲明设置的测试情景，并为每位应试者分配各自扮演的角色。有时面试考官可以参与进来担当协调人员。多人测试适合应试人员较多或初试时进行。

3) 独立测试

独立测试是指只由应试者参与，面试考官不参与，只进行观察的测试。

4) 综合测试

综合测试是指面试考官需要参与进来的测试。

根据测试的具体内容可以分为语言表达能力测试、组织能力测试、事务处理能力测试等。

(1) 语言表达能力测试：侧重于考察语言表达能力，包括演讲能力测试、介绍能力测试、规劝能力测试、沟通能力测试等。

(2) 组织能力测试：侧重于考察组织协调能力，如主持会议能力测试、部门利益协调能力测试、团队组建能力测试等。

(3) 事务处理能力测试：侧重于考察事务处理能力，如公文处理能力测试、协调冲突能力测试、工作处理能力测试等。

小资料：企业招聘中几种新的面试方法

一、行为描述面试法

行为描述面试法是一种基于行为的连贯性原理发展起来的面试新方法。面试考官主要通过应试者对自己行为的描述来了解两方面的信息：一是应试者过去的工作经历，判断他选择本组织发展的原因，预测他未来在本机构或企业中发展的行为模式；二是了解他对特定行为所采取的行为模式，并将其行为模式与空缺职位所期望的行为模式进行比较分析。面试过程中，面试考官往往要求求职应试者对其某一行为的过程进行描述，如面试考官会提问“你能否谈谈你过去的工作经历与离职的原因”，“请你谈谈你昨天向你们公司总经理辞职的经过”等。

通常情况下，在提问过程中，行为描述面试所提的问题多是与应试者过去的工作内容和绩效有关的，而且提问的方式更具有诱导性。例如，对于与同事的冲突或摩擦，“你与你同事有过摩擦吗？举例说明”的提问显然不如“告诉我，与你工作中接触最少的同事的情况，包括问题是如何出现的，以及你们之间关系最紧张的情况”，更能激起应试者真实的回答。

行为描述面试可以从以下几个方面来进行。

1. 收集过去行为的事例，判断行为答复

如果想要了解应试者是否真的能像其所描述的那样去做，最好的方法就是收集其过去行为的一些事例。应试者曾经做过的一些事例比他们告诉你“经常做、总是做、能够做、将会做、可能做或应该做”更为重要。通常应试者给出的非行为性(理论性)的回答频率偏高，他们给出的观点，往往并不一定是他们真正曾经做过的事例。面试考官应综合应试者实际描述的和曾经做过的事例来做出正确的判断。

2. 提出行为性的问题

通常，行为性问题的提出带有这样的语气，如“请谈谈你在……时遇到的情况，你是怎样处理的”，“你是否遇到过……的情形？请谈谈其中一例”。

以下我们用类比的形式来举例区分在面试实际过程中行为性提问、理论性提问、引导性提问的不同之处(其顺序为能力行为性问题举例、理论性问题举例、引导性问题举例)。

1) 解决问题的能力

请讲一个你在学习中遇到的问题，你是怎样解决的？

你怎样解决学习过程中出现的问题？

你能解决学习过程中出现的问题吗？

2) 适应能力

请讲一个你必须按照不断变化的要求进行调整的事例。当时的情况怎样？结果又怎样？

如果你必须按照不断变化的要求调整计划，你会感觉怎样？

如果在短短的时间内换了多个工作岗位，你会介意吗？

3) 销售能力

请描述一个在过去一年中你做的最大一笔订单的情况，你是怎样完成的？

为什么你认为你可以做销售这一行？

你能接受我们给你订出的销售目标和挑战吗？

4) 团队协调能力

作为一名主管，你如何处理棘手的员工事例？

你如何对付难以管理的职员？

你擅长解决矛盾或冲突吗？

3. 利用标准化的评定尺度

在采用行为描述面试法时，各个面试考官可能会用不同的行为标准对求职应试者进行评定，为了保证评定结果的准确度，进行面试前必须制定一个标准的评定尺度。比如，我们可以用 5 分制，以适应能力评定等级标准为例加以说明。

1 分：对工作变动几乎无适应能力。(不可以接受)

2 分：不喜欢工作变动；尽量适应工作变动；工作表现差。(尚可接受)

3 分：可以接受工作变动；及时补充新知识；工作表现不差。(可以接受)

4 分：可以接受工作变动；能迅速适应新环境；工作表现进步。(完全可以接受)

5 分：非常喜欢挑战性工作；工作表现积极主动；能举例说明自己过去成功适应工作的

历史。(很欣赏)

二、能力面试法

与传统的面试方法注重应试者以往所取得的成就不同，这种新方法更多关注的是求职应试者如何去实现所追求的目标。在能力面试法中，面试考官试图找到应试者过去成就中所反映出来的特定优点。

专家建议在采用能力面试法时，要特别注意把握四个关键的要素：情景，即描述应试者经历过的特定工作情景或任务；目标，即描述应试者在特定情景当中所要实现的目标；行动，即描述应试者在特定情景当中所做出的行动；结果，即描述行动的结果，包括积极的结果和消极的结果、生产性的结果和非生产性的结果。

具体来讲，能力面试法可以从以下几个方面展开。

1. 全面地进行能力分析

为了准确地了解和判定工作是否出色，必须进行全面的能力分析。能力分析的结果将作为确定工作是否出色的标准的基础。它有助于企业录用到称职的员工。

工作出色的标准通常适用于组织内部相同级别的多个职位。对于一个企业里所有高层领导来说，他们虽任务和职责不同，但须具备的主要能力和基本素质却是相同的，因此，对其工作能力的衡量标准本质上应该是一致的。对组织内部不同级别的职位，所要求的能力有所不同，则工作出色的标准也应有所差异。

1) 能力分析的第一步工作

进行能力分析的第一步应是编写详细的工作任务说明，即进行“任务分析”。为了进行全面的任务分析，还要从不同渠道搜集各种信息。

(1) 工作观察：观察那些在职人员所进行的工作，请他们详细描述，并作记录。

(2) 约见在职人员：对每一位在职人员提出相同的问题，这些问题应着重了解他们的主要职责、需要处理的任务类型、与其他同事之间的工作关系、工作过程中最感吃力的部分以及他们出色完成工作所需的技能和能力。

(3) 主要事件分析：针对有代表性的工作案例，举行由该职位优秀员工和管理人员参加的座谈会或交流会，请他们提供一些从事该项工作的效率最高的方法及从事人员的能力要求，并对这些方法和要求作详细记录。

(4) 能力远景会议：参加由组织中“具有预见的人”举行的会议。其目的就是收集各类任务的信息，以及完成任务所需要的知识、技能、能力、动机和其他方面的要求。

2) 能力分析的第二步工作

进行能力分析的第二步是制定职务能力要求，就是对所得到的信息进行分析，按照不同的内容和能力对相似的知识、技能、能力和动机进行分类。在列出一系列能力时，应尽量合乎情理。通常列出的能力要容易衡量，才能将工作能力描述准确。不同级别的职务能力要求一般如下：基层职位需要5~8种能力；中层职位需要8~11种能力；高层职位如中高级管理人员、董事、高级专业人员需要 10~14 种能力。

2. 确定面试过程中将要考核的能力

因为不可能在短短的时间内对每一种职务都进行考核，所以只能围绕那些对于完成此项工作最重要的而在其他选择体系中没有体现的能力展开。当然如果在录用的过程中不止面试一次，就有可能对各项能力进行考核。

3. 制定面试程序，并对需要考核的能力进行评估

面试程序的制定至关重要。如果面试程序欠佳，则整个面试很容易功亏一篑。为了防止这点，必须制定一个框架充分的面试程序。预先拟定问题，制定必要的面试程序，有助于获得与职务能力相关的信息。面试程序的制定可以参考一些指导性材料(如书面材料、视频材料、教室培训等)。同时对需要考核的能力进行评估必须制定一个标准的等级评定体系，用以科学地评估面试中获得的信息。

可以说，能力面试如今已被实践证明是一种最实际、最有效的面试方法。它可以在最短的时间内，收集到涉及工作范围最广、最准确的信息。严密的结构使其更具有科学性：可以具体地研究面试的各个部分；找出最有效的因素；尝试面试的新方法，并提供详细指南；所得结果最具有可靠性。

三、压力面试法

压力面试法是指有意制造紧张，以了解应试者将如何面对工作压力。面试人通过提出生硬的、不礼貌的问题故意使应试人感到不舒服，针对某一事项或问题做一连串的发问，打破砂锅问到底，直至无法回答。其目的是确定应试者对压力的承受能力、在压力前的应变能力和处理人际关系能力。

压力面试法通常用于对谋求要承受较高心理压力的岗位的人员的测试。测试时，面试考官可能会突然问一些不礼貌、冒犯的问题，让被面试人员会感到很突然，同时承受较大的心理压力。这种情况下，心理承受能力较弱的应试者的反应可能会较异常，甚至不能承受。而心理承受能力强的人员则表现较正常，能较好地应对。这样就可以判别出应试者的心理承受能力。比如，一位顾客关系经理职位的应试者有礼貌地提到她在过去两年内从事了四项工作时，面试考官可能告诉她，频繁的工作变换反映了不负责任和不成熟的行为。如果应试者对工作变换为什么是必要的做出合理的解释，就可以开始其他的话题；相反，若应试者表示出愤怒和不信任，就可以将其看做在压力环境下承受力弱。另外，该方法也可能用来证实对一些信息的怀疑。因为，人在一些突发问题上的反应更真实、更客观。而在准备个人求职资料时会不自觉地、不同程度上美化自己，甚至造假。

就压力面试法而言，一方面，它是界定高度敏感和可能对温和的批评做出过度反应(喜怒和辱骂)的应试者的良好办法；另一方面，使用压力面试法的面试考官应当确信厚脸皮和应付压力的能力是工作之需要。

6.2.2 面试的一般程序

面试往往经历向招聘单位递交自荐书、认真填写岗位招聘申请表或履历表、初次面试、再次面试、面试后的跟踪措施五个阶段。每个阶段都要说服考官你就是他最需要招聘的员工。

1. 向招聘单位递交自荐书

自荐书在你的求职过程中起着很大的作用。招聘单位可以通过自荐书对你有一个大概的、粗略的了解，然后在面试中通过各种途径对应聘者做进一步了解。

面试前首先要向应聘单位递交制作完备的能全方位地介绍应聘者的自荐书。递交自荐书是在面试前的几天或面试前的一到两个小时前递交，根据公司的要求有的交到招聘公司的人事部，有的直接交到面试考官的手里，有的通过电子邮件直接发送到公司人事部的邮箱。招聘单位根据应聘者提供的个人自荐书结合所招聘的岗位和要求主要从硬性指标上对应聘者进行选择，比如学历、所学专业、身高等，对选定的人通知参加面试。

国内招聘企业一般只要求面试者递交中文自荐书，合资企业、独资企业、三资企业，一般都要求面试者递交中英文自荐书。

2. 认真填写岗位招聘申请表或履历表

大部分用人单位，特别是像摩托罗拉公司、宝洁公司、深圳华为、深圳中兴、深圳富士康、英特尔有限公司等这样的大型企业，除要个人自荐书外，在招聘会上或面试的第二个阶段还需要应聘者填写招聘岗位申请表或履历表。履历表填写得好坏，对应聘成功也起着关键作用。西方有句名言说得好："一份履历自传资料是求职者通往面试成功的最有效的护照。"一份合格的履历首先应该内容完整、条理清晰、不拖泥带水，切忌啰嗦或过于简单，否则，如果令人感觉拖沓，人家就会怀疑你的能力。因此，毕业生应该精心设计履历材料，尽可能突出个人优势和强项。在有限的空栏里，传达给企业最需要的个人能力信息，给用人单位留下好的印象。

一般来说履历表中会包括如下一些内容。

(1) 个人资料。个人资料是指姓名、年龄、性别、出生地(籍贯)、通信地址及联络电话。其中很多人会忽略联络电话这一点，务必填写，以利于企业与应聘者联系，以免错过良机。

(2) 受教育程度。按照一定顺序(从最高学历到最低学历，或者相反)写清楚所读学校名称、院(系)专业、学习年限及相关证明人等；让企业迅速了解个人学历背景，以判断应聘者的学历背景与招聘工作的关联性。

(3) 工作或社团经验。一部分应聘者参加过工作，即使是应届毕业生也可能有假期工作的经历，在填写履历表时，要把工作和社团经验填写出来。社团经验，说明自己担任过的工作、组织的活动及特长等，作为企业招聘人员时的参考指标。这些经验或多或少突出了个人的一些特性，如志趣、团队性、组织能力、协调能力、领导能力、成熟程度等，所以备受企业的重视。

(4) 专长。无论是与所学专业有关或是单纯从个人兴趣发展出来的专长，只要是与工作性质有联系的才艺，都应在履历表上列出。对于个人专长，每位应聘者应该清楚地列出，注意实事求是，不夸大其词，但也不要羞于展示自己的长处。这将有助于企业评估应聘者的特长与应聘工作的需求是否相符，个人专长是否能给工作的顺利开展带来推动作用。

(5) 语言能力。在现代经济发展中，企业向国际化迈进已成为不可阻挡的世界性趋势。因此，外语能力显得日益重要。尤其在大规模跨国公司，具备良好的外语能力的人员很受欢迎。

(6) 应聘项目。注明招聘工作项目，以便于企业了解你的志向追求，从而做出正确的选择。

3. 初次面试

通常初次面试由公司的人力资源部主管主持进行。通过双向沟通，使有关应聘者对公司的目前情况及公司对应聘者的未来期望有个大致了解。初次面试结束后，人力资源部对每位应聘者进行评价，以确定再次面试人员的名单。

初次面试的形式有以下两种。

1) 电话初试

现在什么都流行“远程”了，如“远程会议”、“远程工作”，还有“远程初试”。在收到简历之后，为了在面试前做进一步的筛选，用人单位往往用打电话的形式进行初试。

(1) 用人单位为什么要进行电话面试

求职者越来越多，用人单位的选择也越来越多，有时甚至是上百个人在争取一个职位。这就有必要在面试前先对求职者做一轮筛选，所以用人单位往往选择先在电话里和求职者做一次谈话，对求职者各方面的情况有一个初步的掌握，再决定是否给他(她)直接面试的机会；另一方面，随着大学毕业生们在制作简历等方面的“求职技巧”越来越丰富，他们简历里的“水分”也开始增大，这使得用人单位无法单单从简历和求职信上去了解一个人。为了“挤”去水分，找到合适的人参加面试，用人单位也乐于先采用电话初谈的手段。

(2) 电话面试的主要内容

电话里用人单位的人事部门主要谈话的内容有：对求职者求职信和简历上的内容重新进行确认，看看是否有漏洞，是否有不符合事实的地方。在接听电话的时候，可以把自己的简历和求职信放在面前，这样可以对用人单位的问题有一个提前的准备。在对简历上内容进行确认以后，用人单位还会在电话里问一些关于工作的问题，比如你的专业技能、你对应聘职位的个人看法；有的时候会问得更细一些，问题会涉及求职者的人品、阅历、视野等。

(3) 给谈话者留下好印象

“知己知彼，百战不殆。”想从容面对电话面试，就得先了解电话那头的“对手”是谁。对应届大学生进行电话面试，除非你是特别吸引公司的“牛人”，否则公司的人事主管是不会亲自去电话面试一个大学生的。据专家说：公司里打电话给毕业生的一般是人事助理，顶多也就是人事专员。毕业生们要当心的是，打电话的人很可能会因为个人的好恶，而决定是否把你推荐给上级。现在的大学生毕业最大的问题是不懂得基本的礼仪，更不要说什么亲和力了。接电话的时候不知道说“你好”，而是一个“冲头冲脑”的“喂”字，很可能就给打电话的人事助理一个先入为主的坏印象，“印象分”差了，接下来电话谈话的效果就可想而知了。

(4) 接听电话要选地方

安静是接听电话面试时最重要的条件。如果是事先和单位约好，那在约好的时间段应聘者要确保自己处在一个不被打扰的环境，这样你就不会被别的事情弄得心绪不宁，比如不要一面接电话一面上网，避免 MSN 或者 QQ 的提示音响个不停，或者让“你有未读邮件”这样的信息跳出来影响你们的会谈；不要在闹哄哄的马路边或者茶坊里接电话，这样一来听不清对方的提问，二来嘈杂的环境也容易让人焦躁。

如果求职者接到对方电话却不方便回答，那应该及时说明“不好意思，我现在不方便接电话，我们是否可以重新约一个时间”等，用人单位一般都会通情达理地同意你的要求。千万不要横躺在椅子里进行电话面试，这样的姿势一定会影响到你的声音和态度。

听到许多毕业生这样抱怨：“某单位突然打电话来要电话面试我，电话中声音不清楚，再加上我心情紧张，简直不知道对方在说什么，结束的时候我连 Thanks 都忘了说了！”不少应聘者对用人单位说，可以随时打电话过来面试，结果自己却没有准备好，不是太仓促就是不清醒，最后使电话谈话以失败而告终。所以一旦投递了自己的简历，就要随时做好对方打电话来的准备，并把本人的简历、笔记本、笔放在电话附近。如果要和用人单位商量电话谈话的时间，尽量把时间安排在工作时间以内，因为很难要求用人单位的人事助理在工作时间以外再抽时间去与一个应届毕业生谈话。

小资料：电话谈话成功秘籍

(1) 把握时机，要有礼貌。

(2) 掌握打电话时间。打电话时间一般选在上午 8~10 点钟，下午 2~4 点钟比较合适，特别是刚上班人员都在，好联系。

(3) 注意通话时间。不要主动把时间拖得太长，对方也有一个时间表，不可能在一个人身上花太多时间，回答问题注意言简意赅，并着力表现自己特长与所求职位密切相关。

(4) 不要主动提出薪水报酬方面的问题，但如果被问到这样的问题，也不要刻意回避。

(5) 面试是双方相互观察和了解的过程，应聘者也可以向面试官提出任何你想了解的问题，这样会显得你更加关注。

(6) 注意说话的语音语调及语速。

(7) 控制自己的情绪。如果被对方拒绝，千万不能失态，要有大将风度，因为你还有机会，如果对方找不到合适的人选，他会请你前往面试；如果对方同意接收你时，千万不要过分激动，否则，对方会从你的声音中听出来，觉得你不稳重，说不定你又会为此失去良机。

2) 结构化面试

面试是现代化人员素质测评中的一种非常重要的方法，它有着其他测评形式不可替代的特点，是人员素质测评有别于其他领域测评的主要方法。随着面试的历史发展，面试逐步呈现以下趋势：形式多样化，内容全面化，试题顺应化，程序规范化，考官内行化，结果标准化。因此，顺应其发展的结构化面试逐渐形成并完善。

结构化面试，有时又称标准化面试，这种面试对整个面试的实施、提问内容、方式、时间、评分标准等过程因素，都有严格的规定，主试人不能随意变动，并对每一位应聘者分别作相同的提问，这种面试的优点是对所有应聘者均按同一标准进行，可以提供结构与形式相同的信息，便于分析、比较，减少主观性，同时有利于提高面试的效率，且对面试考官的要求较少。缺点是谈话方式过于程式化，难以随机应变，所收集的信息的范围受到限制。

为了弥补其中的缺点，在实际面试过程中主试者常常会提出一些结构化问题之外的随机应变的问题。

结构化面试的实施步骤为自我介绍、回答问题、提问、结束面试。

(1) 自我介绍

自我介绍阶段占整个面试时间的 5%，虽然短暂却十分重要，确定了其余面试部分的基调。该阶段的目标是帮助应聘者放松心情，公开地谈论自己，以便使面试考官对他们的工作适应能力做出判断，提出一些随意的、不针对工作相关话题的封闭式问题就可以达到这个目的。

自我介绍往往是面试的第一个阶段，也是一般面试中最常用的。有时候，自我介绍比证件、名片之类的东西更重要，它可以“先声夺人”，很快给主考官留下良好的印象。有位生涯规划专家把自我介绍比喻为律师开庭时为当事人作的陈述，因为你可以言所欲言，掌握控制整个气氛。说得好，则令人喝彩；若是不知所云，面试成功的可能性就不大了。

小资料：如何进行自我介绍？

一般可采取以下方法进行自我介绍。

第一，积极主动。自荐应是求职者主动，自荐信、个人简历等自荐材料的呈交、寄送要尽量及时进行。为使用人单位更全面地了解自己的情况，事先应做好各种自荐材料的准备。应做到：不等对方索要，主动呈交；不等对方提问，主动向对方介绍；不消极等待回音，主动询问。这样往往给人一种“态度积极、求职心切、胸有成竹”的感觉。

第二，重点突出。在介绍自己的情况时，要重点突出自己的能力和知识。可以详细介绍自己的专长、经验、能力、兴趣等，本人和家庭情况简单介绍即可。为了取得对方的信任，有时还要举例说明，比如，在大学、工作单位期间发表过的论文、获得的奖励、承担的社会工作或某些工作经验、社会阅历等；要突出自己的优势和闪光点。与众不同的东西，才是魅力所在。平铺直叙，过分谦虚，有碍用人单位对自己的全面了解和全面评价，从而易失去求职的机会。

第三，如实全面。在介绍自己各方面情况时一定要实事求是，优点不谦虚，缺点不掩饰，是一说一，是二说二；客观全面，不能虚假或夸大。尤其是在介绍自己以往学习、工作上所取得的成果时，一定要恰如其分。同时，自我介绍材料要全面、完善，切勿丢三落四，个人基本情况、社会关系、工作简历、学习成绩、业务特长及爱好，不能缺少其中任何一项；否则会有不全面的感觉。自荐信、推荐表、个人简历、证明材料一应俱全，才能给用人单位以系统全面的整体印象。

第四，有的放矢。针对用人单位的具体要求，强调自己的社会经验和专业所长，这样才能使招聘者相信自己是理想的应聘者。比如用人单位招聘文秘人员，应介绍自己的文、史、哲知识及写作才能；用人单位招聘科研人员，应该介绍学习成绩和科研成果；用人单位招聘管理人员，应介绍做学生干部和工作期间当领导的经验及组织管理才能。强调针对性的同时也不能抹杀相关知识才能的作用。专业特长加上广泛的知识面和兴趣爱好会更受用人单位的青睐。

第五，自荐要出新。求职者应认真地设计一段精彩的自荐词，自荐词要突出个人的风格。独特的风格使你出类拔萃。风格是各人的经验和感受的结晶，是引起人注意和重视的捷径。

第六，谦虚谨慎。向用人单位推荐自己时，切忌过分抬高自己，“我”字当头，自视清高、处处炫耀自己，对用人单位评头论足。一个善于尊重别人的人，才会受到用人单位的尊重；一个对别人有好感的人，才会得到别人的好感。即使自己有过人之处，也应以谦恭的态度向对方展示。即使自己有好的建议，也应以委婉的言辞提出。前来招聘的人不是单位领导就是专业骨干或人事干部，他们多年从事本职工作，一般来说对相关专业比较了解，初出茅庐的求职者倘若在他们面前妄自尊大，班门弄斧，显然不会得到对方的好感。

第七，自信大方。极端的羞涩、懦弱，过于自卑的作法亦不足取，谦虚不等于虚伪。试想一个用人单位会用一个自己都感到信心不足的求职者吗？具体来说，自荐时洪亮的声音、洒脱的态度、从容的举止，都能表达自己的自信心。

第八，礼仪周到。有些求职者在招聘人员面前，做出了许多不合常规的行为。姗姗来迟，边走边喝牛奶；或者大言不惭地告诉招聘人员，我未来的目标就是取代你现在的位置；或在主持人面前眼光游离，东看西看，很不专注；有的在回答主试人的提问时很不耐烦，认为问的问题太多，冒出很不礼貌的语言，等等，这些都不是礼貌的言行，是导致面试失败的致命之点。

(2) 回答问题

回答问题阶段是核心阶段，是整个面试中的最实质性阶段。在此阶段，面试官将根据工作要求和职责规定，搜集有关应聘者四项能力，即技术能力、知识水平、行为能力和人际交往能力的全部有关信息。该阶段占整个面试时间的 85%。

小资料：常见的面试问题

1. 对公司的了解有多少？

这时准备的功夫就派上用场，将你之前所收集的信息发挥出来吧！至少也要知道公司的产品是哪些，提供哪些服务等，不然面试官一问当场傻在那儿就糗大了，所以一定要事前准备！

2. 对工作的期望与目标何在？

这是面试官用来评判求职者是否对自己有一定程度的期望、对这份工作是否了解的问题。工作有明确学习目标的人通常学习较快，对于新工作自然较容易进入状态。建议你最好针对工作的性质找出一个确实的答案，如业务员的工作可以这样回答："我的目标是能成为一个超级业务员，将公司的产品广泛地推销出去，达到最好的业绩成效；为了达到这个目标，我一定会努力学习，而我相信以我认真负责的态度，一定可以达到这个目标。"其他类的工作也可以比照这个方式来回答，只要在目标方面稍微修改一下就可以了。

3. 为何选择这份工作？

这是面试官用来测试应聘者对工作理解度的问题，借以了解求职者只是基于对工作的憧憬，还是确实有兴趣来应征这份工作，此时之前所强调的事先研究功夫再度派上用场，建议你的回答以个人的兴趣配合工作内容特质，表现出高度的诚意。

4. 你认为相关产业的发展如何？

这也是事前准备的功夫。多阅读一些相关的报章杂志，做一些思考，表现出自己对此相关产业的认识，如果是同业转职者，可强调以自己的经验为基础所做的个人见解；若是初次接触此行业，建议采取较为保守的方式，以目前资讯所提供的资料为主作答，以表现出高度兴趣及诚意为最高指导原则。

5. 你认为一个成功的团队需要哪些条件？

这个问题是考察求职者的处事行为和与人交往能力。建议这样回答：一个团队如果想取得成功，必须具备以下几个条件：技能互补的成员，明确的团队目标，优秀的团队领导人，良好的团队氛围。当然，求职者如果可以结合自己的体会比较深入地谈会更理想。

6. 谈谈你运用专业技能解决问题的实例。

回答这个问题，你需要举出一个实例，在实例中，遇到了什么问题，你采取了什么行动，你用了哪些技能，得出什么结果，你的作用体现在哪里。

(3) 有 10%的时间留给其余一般问题

① 自己的优缺点如何？有许多面试官都喜欢问这个问题，目的在于检视人才是否适

当、求职者的诚恳度等，在这之前应该好好分析自己，将自己的优点与缺点列张单子，在回答问题时，以优点作为主要诉求，强调可以为公司带来利益的优点，如积极、肯学习是最普遍的回答，而缺点部分则建议作相对模糊的回答，这样才不会使面试官针对缺点大做发挥，造成面试上的困难。

② 为什么想进本公司？此时面试官就开始评断录用与否了，建议大家先判断自己去应征的工作性质，是专业能力导向呢，或是需要沟通能力。现在市场多以服务为导向，良好的口头表达能力被视为基本能力之一，所以在此时就要好好表现自己的口头表达能力，而口头表达能力相对较差者就务必表现出自己的专业能力，以弥补口才不足。回答这个问题时，一定要积极正面，如：想要使自己能有更好的发展空间，希望能在相关领域中有所发展，希望能在公司多多学习等。此时可以诚恳地表达自己对面试公司的正面印象，对于没有工作经验的新人，可以坦诚地说出自己的求职动机，不过用语还是要思考一下。

③ 喜欢这份工作的哪一点？每个人的价值观不同，自然评断的标准也会不同，但是，在回答面试官这个问题时不能太直接就把自己心里的话说出来，尤其是薪资方面的问题。一些无伤大雅的回答是不错的考虑，如交通方便、工作性质及内容符合自己的兴趣等都是不错的答案。如果这时自己能仔细思考出这份工作的与众不同之处，相信在面试上会大大加分。

④ 你希望的待遇为多少？这是一个非常敏感的问题，其实在目前，一般大型企业在招聘时就会事先说明基本底薪等薪资待遇，一般中小型企业有许多仍以个人能力、面试评价作为议薪的标准，所以建议求职者利用现在网络科技查询薪资定位的相关资料，配合个人的价值观、经验、能力等条件，做出最基本的薪资底线。建议无工作经验者应采取保守的态度，以客观资料作为考虑重点。

(4) 提问

面试官的问题终于结束了，你紧绷的神经终于得以放松。面试官紧接着问："你有什么问题要问吗？"

在完成一个面试的时候，应聘者需要用一些积极的话题作为结束语。对许多应聘者来说，面试过程充满了紧张和挫折，如果希望从众多应聘者中脱颖而出，需要表现出更多的工作热情和工作兴趣。因此，当面试官询问"你有什么问题要问"的时候，最好的回答是"是的"。然后，你用热情打动面试官，表现出你对应聘职位的兴趣和浓厚程度。

主动向面试官提出问题至少可以达到三个目的：第一，现在你掌握了主动权；第二，表明你对应聘公司的关心程度，有技巧的提问还可以传达出你的知识面；第三，你可以利用这个机会展示你独特的技能和工作经历。

归纳起来应试者主要可以提出以下一些问题。

① 当你需要对所应聘的职位做进一步了解时，可以向面试官提问："您能给我一份有关我应聘职位的工作描述方面的材料吗？我想进一步了解该职位的主要工作职责及绩效说明。"这对你准备再次面试是非常有益的，同时也表达了你对该职位的浓厚兴趣。即使面

试官回答没有书面材料，那么你也可以请求面试官尽可能完整地讲述一下你所应聘的职位的描述。

② 如果你希望从面试官那里得到关于该职位所需技能的详细信息，可以向面试官提问："请问你能否告诉我一些，你认为做好这份工作所需要的技能或个人特质？"通过面试官的答案，你就可以知道你的哪些特点对申请这份工作有利，然后利用这些信息，你就可以在面试结束时强调你所拥有的这些个人特点，从而给你的面试画上一个圆满的句号。

③ 如果你希望从面试官那里得到更多关于该公司的企业文化方面的信息，你可以向面试官提问："能否请您告诉一些有关我将在工作中与其合作的同事的情况？"这个问题的答案可以为你提供很多有价值的信息。例如：你将与之合作的同事的工作如何？你能从他们那里学到什么？员工们注重工作吗？

④ 对于公开自己业绩信息的公司，可以提出这样的问题："在过去的三年中，我了解到公司的市场占有率已经从第五位上升到第三位，不知道使公司取得如此成就的原因有哪些？"这样的问题，一方面表示了你对公司的关注，同时也适时地恭维了公司，也恭维了你的面试官一下。

在面试过程中，你的恰当提问可以使你的面试锦上添花。但是如果你的提问不太恰当或者不合时宜，那么你的提问无疑是画蛇添足。

因此，在面试提问阶段，应注意以下几点。

① 不要询问以下方面的问题：薪酬、保险、补贴、福利、合同和假日安排。只有当你真正得到这份工作的时候，你和你的雇主才会坐下来讨论上述问题。

② 不要问一些在面试开始时已经问过的问题。

③ 不要说，我没有问题。这样会被认为是消极和缺乏激情的。

(5) 结束面试

当面试官回答完你的提问之后，往往是面试结束的最佳时期了。此时，你应该抓住面试的最后一分钟，为自己的面试画上一个圆满的句号。

你可以站起身来，礼貌地向面试官索要名片，因为通过一张小小的名片也可以了解到很多信息，比如，面试官的联系电话、职位等，有些在名片上还有公司的简介等。不要怕，大胆去要，即使对方不给，你也没有什么损失。

无论面试官是否愿意把名片给你，你都要向面试官礼貌地表示感谢，然后要反复强调自己对这份工作的渴望及能够胜任的信心。例如，你可以说，非常感谢您给我的指点，希望有机会多多向您学习，也希望有机会为贵公司效力；如能被聘用我定会出色表现，请多考虑我的情况，希望得到好消息，再见。

4. 再次面试

通过上面的关卡后，人事经理才会邀请应聘者未来的上级领导一起参与面试。这时求职者可以与他们交换对公司业务、岗位名称与描述的具体理解等意见。

上级领导希望得到下列信息：应聘者精通什么？曾经干过什么？成绩如何？需要什么样的待遇？这些答案都隐含在应聘者的回答中。如果应聘者的能力、提出的条件与公司要求相差太大的话(包括太优秀和不合适两种情况)，上级领导可能会直截了当地说：我们公司的业务和岗位可能和您所理解的有所偏差，您还是去选择一个更适合您的公司吧！

而人事经理则不希望看到你被拒绝时的尴尬，所以会先和你聊一些与招聘毫不沾边或者莫名其妙的问题，如：你们学校食堂的伙食好吗？同学里面有多少老乡？然后非常委婉地告诉你：你的情况我们已经了解了，这样吧，我们再研究一下，一有消息我们会在第一时间通知你的。

上级领导一旦对应聘者的能力和工作经历等表示满意，便会对应聘者工作实习经历中的细节问题(特别是业务方面的)进行追问，甚至是质疑，以判断应聘者的真实能力。这时应聘者需要实事求是地展示自己的专业水准，赢得上级领导认可。一旦通过了上述两方面问题的“考问”，应聘者差不多就是合适的人选了。这时上级领导会说：这样吧，我给您些资料看看，先了解熟悉情况；我给您引见一下其他的同事；关于岗位和薪水的问题，您回去后考虑考虑，改天我们再聊，等等，如果是这样的话，应聘者被公司聘用的概率在 70%以上。

考虑到岗位安排、薪水标准以及相应手续的办理等问题，公司还会对应聘者进行最后一次面试加以确认，一旦有更高级别的领导在面试中来“顺便看看”的话，应聘就基本成功了。

5. 面试后的跟踪措施

成功地完成面试是向着工作录用迈出了一大步，然而这并不是求职的结束，也就是说面试后并不是求职的结束，既不是大功告成，也不能听天由命，等着结果。你一定要采取面试后的跟踪措施，这样可以使你在众多的竞争中脱颖而出。

有这么一个实例：一个公司在报纸上登了一条两行字的小广告，招聘一位程序操作员。结果他收到了 100 多份求职信，面对这么多的求职信他无法决定取舍。就在此时有两位求职者打来了跟踪电话，很快这两位求职者的来信被抽取了出来，并且被录用了。

有时面试后的跟踪措施会使你的就业柳暗花明又一村。当你去面试后，招聘公司认为你不是他们招聘岗位的最合适的人选就会对你的求职婉言推辞，遇到类似情况你必须从心理上、感情上做好准备，将拒绝当做机会加以接收利用。

四川某信息技术职业学院 2002 级的一名学生到西藏广播电视台 202 台面试，由于紧张，面试效果不好，未被录取。但是这位同学没有放弃，没有言败，他主动找到面试负责人，再次交流。他说：“因为我不太熟悉面试，所以很紧张，我进贵单位的愿望非常强烈，我非常想得到这份工作，这个岗位也非常适合我，请您再给我一次机会吧！”最后感动了面试主考官，被录用了。

面试后的跟踪措施有以下几点。

1) 总结经验，再寻良机

面试结束，应试者不能认为万事大吉。应试者要积极采取善后行动，设法让用人单位记住你，抓紧时机，趁热打铁，真正把握成功和机会。面试结束后，应及时总结面试表现，或向同去的同学询问，或向有经验的师长求教。你在面试中给对方留下的印象如何？回答提问时还存在什么问题？有哪些重要的情况遗漏了或没说清楚。回忆一下还有哪些失误，拿出对策，找出弥补的办法，尽快行动，争取成功。

2) 保持联系，建立交情

面试结束后，求职者不能坐享其成，静候佳音，一定要积极主动地与用人单位及时保持联系，建立交情。即使这次不被录取，下次还可以给你机会。联系的方法很多，可通过写信、打电话或登门拜访，表示感谢，询问情况，加深印象。礼多人不怪，在用人单位难以取舍之际，这些努力是很有效的。要想办法同面试人员、人事部主管等关键人物建立个人交情，询问、请教、闲谈，表明自己对企业所具有的价值和对工作的期盼以及敬业精神。用开朗、热情、执著来打动面试人员，不管对方态度是积极的还是冷淡的，不到最后决不放弃。

对于远道而来的招聘单位，你一定要记住单位的详细地址、电话号码、招聘部门及主试者的姓名，采用写感谢信或打电话的方式进行联系，把你在面试时遗漏的问题和对单位的期盼态度，很婉转地加以表明。

3) 加深印象，强化优势

应设法让自己“引人注目”，让对方难以取舍时能关注你、重视你、记住你，把面试时没有准备到的信息、资料、个人情况加以补充说明。向对方反复强调对你有用的信息，消除用人单位对你可能有的疑虑，挽回面试的失误。要诚恳表达你的敬业精神，你对单位所具有的价值；要明确向对方表示，若你得到这份工作，会怎样加以珍惜，努力干好工作。

4) 实地考察，争取试用

要利用多种渠道，想办法参观现场，调查研究，参加岗位实习。在实习中展示自我，不仅得到了了解用人单位、熟悉工作岗位的有利机会，还有利于用人单位进一步了解你。

6.2.3　与主试人交流时应注意的问题

1. 注意倾听

注意倾听是一种重要的交流信息的手段和技巧。面试的实质就是主试者与应试者进行信息交流而获得全面评价的过程，形式上充分体现在“说”和“听”上，对方向你介绍情况时，要认真聆听，这样不仅显示对主试者的尊重，而且你要回答主试者的问题就必须注意倾听，才能抓住问题的实质，否则，就可能是所答非所问，不得要领。

因此，在面试中应注意以下几点：一是目光要专注，要有礼貌地注视主试者，并且要不时地与主试者进行眼神交流；二是要尽量微笑；三是用点头来对主试者的谈话做出反应，并适时说些简短而肯定对方的话；四是身体要稍稍向前倾斜。

注意听者的反应。求职面试不同于演讲，而是更接近于一般的交谈。交谈中，应随时注意听者的反应。比如：听者心不在焉，可能表示他对自己的谈话没有兴趣，你得设法转移话题；听者侧身倾听，可能说明由于自己音量过小使对方难以听清；听者皱眉、摆头可能表示自己的语言有不当之处。根据对方的这些反应，要适时地调整自己的语言、语调、语气、音量、修辞，包括陈述内容。

2. 注意语言表达技巧

准确、灵活、恰当的口语表达，是面试的关键环节。如果你的各方面条件都不错，但由于你的表达能力差，不能将所要表达的内容充分表达出来，主试者会因难以了解而不录用你。在同等条件下，如果谁的表达能力强，善于宣传自己，谁就能在竞争中获胜。

语言表达技巧有两个方面的要求，一是要做到表达清楚准确，通俗易懂，语言流利，交谈时要注意发音准确，吐字清晰，控制说话的速度；二是要做到动听，富有美感和吸引力。为了增添语言的魅力，应注意修辞美妙，忌用口头禅，更不能有不文明语言。

说话时除了表达清晰以外，适当的时候可以使用幽默的语言，使谈话增加轻松愉快的气氛，也能展示自己的优雅气质和从容风度。尤其当遇到难以回答的问题时，机智幽默的语言会显示自己的聪明智慧，有助于化险为夷，并给人以良好的印象。

小资料：应试者在谈话中应着重掌握的语言表达技巧

(1) 简明扼要。面试中的交谈，受时间和内容的限制，说话应简明扼要，它包含了数量和质量的关系，就是用最少的话语传递尽可能多的信息。通常要注意三个问题：一是紧扣提问回答；二是要克服罗嗦重复的语病；三是要戒掉口头禅。

(2) 通俗朴实。即指应试者的语言要通俗易懂，朴实无华。

(3) 要善于用生动形象和幽默风趣的语言。在应试中尽量使自己的语言生动、形象、富有情趣，给主试者以感染力，增加对你的好感和信任。

(4) 注意谈话的语速。面试时谈话的节奏快慢，会影响语言表达的质量和效果，这就是应试者不可忽视的语速问题。在面试中，语速最好是不快不慢，口齿要清楚，说话时注意句与句之间的间隔，使人感到你思路清晰，沉着冷静。

(5) 在面试时还应该注意语气要平和，语调要恰当，音量要适中。面试时要注意语言、语调、语气的正确运用。语气是指说话的口气，语调则是指语音的高低轻重配置。打招呼问候时宜用上语调，加重语气并带拖音，以引起对方的注意。自我介绍时，最好多用平缓的陈述语气，不宜使用感叹语气或祈使句。声音过大令人厌烦，声音过小难以听清楚，要以每个主试人都能听清你的讲话为原则。

3. 问答技巧

问答技巧包括应答技巧和提问技巧两个方面。

1) 应答技巧

在应答时应注意以下技巧。

(1) 先说论点后谈论据。应试者在回答问题时，要考虑自己所说内容的结构，用尽可能短的时间组织好说话的顺序。一般情况下，回答问题要结论在先，谈论在后，先将自己的中心意思表达清晰，然后再做叙述和论述。否则，长篇大论，会让人不得要领。面试时间有限，神经有些紧张，多余的话太多，容易走题，反倒会将主题冲淡或漏掉。

(2) 讲清原委，避免抽象。主试人提问总是想了解一些应试者的具体情况，切不可简单地仅以“是”、“否”做答，针对所提问题的不同，有的需要解释原因，有的需要说程度。不讲原委、过于抽象的回答，往往不会给主试者留下具体的印象。

(3) 确认提问的内容，切忌所答非所问。面试中，如果对主试人提出的问题，一时摸不到边际，以至于不知如何回答或难以理解对方问题的含义时，可将问题复述一遍，并先谈自己对这一问题的理解，请教对方以确定内容。对不太明确的问题，一定要搞清楚。这样才会有的放矢，不至于所答非所问。

(4) 扬长避短，显示潜力。每个人都有自己的优势与不足，如何在有限的时间内使你的优势充分体现、扬长避短、显示潜力是一种艺术，是一种灵活性与掩饰性技巧的体现。一般情况下不要打断主试人的问话或拒绝回答问题，对重复的问题也要有耐心，不要表现出不耐烦。面试遇到自己不知、不懂、不会的问题时，回避闪烁、默不作声、牵强附会、不懂装懂的做法均不足取，诚恳坦率地承认自己的不足之处，反倒会赢得主试者的信任和好感。

2) 提问技巧

在提问时应注意以下技巧。

(1) 提出的问题要视主试者的身份而定。面试前最好弄清楚主试者的职务，要知道主试者是一般工作人员，还是负责人，是哪一级的负责人。例如，如果你想了解求职单位共有多少人，职称结构、主要业务方面的问题，就不要向一般工作人员提问，而要向单位负责人提问。

(2) 一般情况下，应试者可向主试者提以下几个方面的问题：一是单位性质、上级部门、组织结构、人员结构、成立时间、产品和经营情况等；二是单位在同行业中的地位、发展前景、所需人员的专业及文化层次和素质要求；三是单位的用工方式、内部分配制度、管理状况、经济效益和社会效益等。

(3) 要把不同的问题安排在谈话进程的不同阶段提出。不要毫无目标地乱提，更不可反复提那么几个问题。因此在面试之前，要把所要提的问题一一列出，按照谈话的进程编出序号，反复看几遍，以便在谈话时头脑清醒，知道提问的顺序。

(4) 要注意提问的方式和语气。有些问题可以直截了当地提出来，有些问题要婉转、含蓄一点。另外在询问时，一定要注意语气，给人以诚挚、谦逊的感觉，千万不可以用质问的语气向对方提问，这样会引起反感。

(5) 不提模棱两可、似是而非的问题。特别是提出与职业、专业有关的问题。一定要确切，不要不懂装懂，提出幼稚可笑的问题。因为从提问中可以看出提问者的知识水平、思维方式、个人价值观等。

6.2.4 面试中的随机应变

面试中会遇到许多意想不到的事情，面试官会提出你没有准备、没有事先考虑到的问题，甚至回答起来很棘手的问题，因此要求面试者在面试中要反应灵活、随机应变。下面介绍几种随机应变的方法。

1. 怎样应对尴尬局面

面试场是一个竞技场，气氛紧张，而主考官又要想方设法对应试者作全面的考察，加之面试过程中情况变化多端，因此出现困难尴尬的局面在所难免。应试者若没有充分的准备，就不能镇静自如、沉着应对，从而影响自己的整个面试表现。

常见的尴尬局面有如下几种。

1) 过度紧张

面试对于应聘成败乃至个人前途可能影响极大，又是在陌生的地方被陌生的人盘问，任何人都可能紧张。适度的紧张对面试不但无妨，反而有所帮助；但慌慌张张、诚惶诚恐、思维混乱、张口结舌、面红耳赤、不知所云就不行了。这样不但会给主考官留下不好的印象，还会无法集中注意力回答问题，因此必须学会控制。

小资料：控制紧张情绪可以采取的方法

(1) 转化控制。不要把一次应试得失看得太重，要洒脱些；同时暗示自己，其他的应试者也同样会紧张；最后要想到，此处不留人，自有留人处。

(2) 冷化控制。挺直腰，身体微微前倾，四平八稳地坐在椅子上，做深呼吸；或用机械的方法自控，如咬紧嘴唇、手捏肌肤等，这样触觉刺激在大脑皮层引起强烈的兴奋，对已有的兴奋情绪起到诱导作用，从而达到冷化控制的目的。

(3) 缓解控制。面试前，可进行自我鼓励，心里默念：“我能行，我能行……”同时可以在手掌上写下“我不紧张”的字样，这样会使你紧张的情绪得到缓解。

(4) 环境控制。在面试前可预先到达应试场所，熟悉环境可增强信心，或找亲朋好友搞几次模拟面试。做好充足准备，可消除临场的紧张感。

(5) 节奏控制。一是不要急着回答问题，主考官问完后，不妨稍等两秒钟再徐徐开口；

二是掌握说话节奏，不能太快，以免出错乱了阵脚，造成心理紧张，也不能太慢，太慢会引起主考官听得不耐烦，既而又引起你的慌乱。

(6) 泄露控制。经过以上努力，仍不能缓解紧张，最明智的办法是坦白告诉主考官，例如说：“对不起，我确实有些紧张，可不可以让我先冷静一下，再回答您的问题？”通常主考官都会同情你，并因你的诚实真诚留下良好的印象。而你也因为讲了出来，觉得舒服多了，因而紧张程度大大减轻。

2) 说错了话

人在紧张的时候说错话是难免的，尤其是初次参加面试的人经常遇到这种情况。往往应试者此时懊恼万分、心慌意乱、越发紧张。有人干脆就停下来默不作声，伸舌环顾。此时应注意以下两点。

(1) 保持镇静。此时就想：人人都会出错，没有必要紧张，既然已经说错了，着急也没有用。

(2) 如果说错的话无碍大局，也没有失礼、得罪人，就不必担心什么，用人单位不会因为一次小错而错过合适的人才，而且主考官也会谅解你因为紧张而说错了话，因此可以不必理会，继续小心应对后面的问题。如果说错的话比较重要，或者因此会得罪人，就应该立即纠正错误，给对方道歉，主考官通常会欣赏你的坦白态度和打圆场的高明手法。

3) 沉默

面试中，沉默有两种情况，一种是组织程序衔接不好，出现沉默，另一种是为检查应试者的反应能力，主考官故意设置的情境。对此，可以这样处理：

在面试前就应该准备些合适的话题，以便在此时提出来打破沉默，但要结合当时的气氛和谈话的内容，不要风马牛不相及。

此时可以顺着先前的谈话内容，继续谈下去，如说“刚才您问我……其实，我觉得还可以这样看这件事……”。或者借此机会展示自己与招聘职业或职位有关的能力。

4) 遇到不懂或不明白的问题

人不是全知全能的。俗话说“隔行如隔山”，即使在你本行内，你也不可能完全懂得，因此，面试中遇到不懂的问题并不奇怪。再有，在面试中也可能出现由于主试者对问题组织得不好，或讲得太简单，太急速，而使应试者不明白的问题。此时，千万不要不懂装懂，硬着头皮乱讲一通。正确的做法应该是：对不懂的问题，应该坦白承认。回答不上来就说：“对不起，这个问题，我不懂，请原谅”，或说，“对于这个问题，我还认识不够，看来今后得加强这方面的学习”。

对于不明白的问题，如果没有听清楚，就请对方重复一次。如果明白是主考官问得不妥，就应该婉转表明自己不太明白问题要求哪一方面的答案。

2. 怎样应付主考官的非常规举措

面试中主考官的“非常规举措”通常都是有意识安排的，其目的是要全面测试应试者的综合素质，应聘人员要给予充分的重视，小心应对，方能顺利过关。

1) 如何应付一群主考官

现在大多数用人单位的面试都由一组人员负责。你要令一群观念及想法都不尽相同的人产生好印象实属不易，但也并非不能应付，只要方法得当，是完全可以收到理想的效果的。具体应注意以下几点。

(1) 记住负责人的姓名、职务，尽量记住其他考官的称呼。

(2) 接受“盘问”时把目光投向发问者，自己提问时把目光投向负责人。

(3) 如几个主考官同时向你提出不同的问题，应逐一回答，且说：“对不起，请允许我先回答 A 的问题，在回答 B 的问题好吗？”

2) 如何对待主考官的“攻击性”姿态

有时主考官用“攻击性”的态度对待应试者，提出特别尖锐、刁难尴尬，甚至是让人气愤的问题，以检查应试者的情绪控制能力、应付困难能力、胸襟是否开阔、立场是否坚定等。应付办法是：控制住情绪，勿发怒，保持风度和礼貌；抓住问题的实质作答，以能力征服对方。

3) 主考官之间不协调怎么办

在多个考官进行面试时，考官们常会扮演不同的角色，“有人唱红脸，有人唱白脸”，假装彼此不协调，刻意制造混乱场面。此时应该这样处理：保持平静心态，不要自以为是地加入到争论中的哪一方去，或充当调和人；镇静沉着，以不变应万变。

此外，还有一些其他常规举措：以一贯认真的态度对待看似无关痛痒的问题；谦虚、有礼、大方、稳重；寻找机会表明你理解他所说的意思；先思考，后逐一回答，一时回答不上，如实告诉对方，说明自己将再考虑，保证正面的积极的态度。

小资料：面试中一些典型问题的分析

问题 1：为什么你觉得自己能够在这个职位上取得成就？

专家提示：

这是一个相当宽泛的问题，它考验的是应试者的工作热情和挑战欲。对这个问题的回答，提供给面试考官的是判断应试者是否对这个职位有足够的动力和自信心。

错误回答范例：

“我不知道。我擅长做很多事情。如果我能得到并且决定接受这份工作，我确信自己可以把它做得相当好，因为我过去一直都很成功。”

专家解析：

尽管表面上听起来上述回答可以接受，但是它在几个方面都有欠缺。首先，这种语言很无力。诸如“擅长做很多事情”、“相当好”之类的话，其实都无法反映你的进取心，而如果不能表现出足够的进取心，你就很难进入最好的企业。另外，将过去做过的所有事情同这个职位联系起来，这意味着应试者对这一特定职位没有足够的成就欲望和真正的热情。

正确回答范例：

“从我的经历来看，这是我的职业生涯中最适合我的一份工作。几年来，我一直在研究这个领域并且关注贵公司，一直希望能有这样的面试机会。我拥有必备的技能(简单讲述一个故事来加以说明)，我非常适合这一职位，也确实能做好这份工作。”

专家解析：

这是一个很有说服力的回答，因为它可以告诉面试考官，这个应试者拥有足够的技能和知识来完成这项工作。他所讲的故事表明了应试者的技能，也验证了他最初的陈述。最后，应试者表示了“做好这份工作”的愿望，这证明了他具备对这份工作的热情和进取心。

问题 2：你最大长处和弱点分别是什么？这些长处和弱点对你在企业的业绩会有什么样的影响？

专家提示：

第一问实际上是两个问题，而且还要加上一个后续问题。记住，你的回答不仅是向面试考官说明你的优势和劣势，也能在总体上表现你的价值观和对自身价值的看法及定位。

错误回答范例：

“从长处来说，我实在找不出什么突出的方面，我认为我的技能是非常广泛的。至于弱点，我想，如果某个项目时间拖得太久，我可能会感到厌倦。”

专家解析：

这种回答的最大缺陷在于，应试者实际上是拒绝回答问题的第一部分。对第二部分的回答暗示了应试者可能缺乏热情。另外，基于对这一问题前两个部分的回答，应试者对后面的问题很难再做出令人满意的回答。

正确回答范例：

“从长处来说，我相信我最大的优点是我有一个高度理性的头脑，能够从混乱中整理出头绪来。我最大的弱点是，对那些没有秩序感的人，可能缺乏足够的耐心。我相信我的组织才能可以帮企业更快地实现目标，而且有时候，我处理复杂问题的能力也能影响我的同事。”

专家解析：

这个回答的巧妙之处在于做到了“一箭三雕”。首先，它确实表明了应试者的最大长处。其次，表达的弱点实现上很容易被理解为长处。最后，它指出了这个应试者的长处和弱点对企业和其他员工的好处。

问题 3：你是否曾经得到过低于自己预期的成绩？如果得到过，你是怎样处理这件事情的？

专家提示：

这道问题的不同答案除了可以提示应试者的热情和进取心外，还可以揭示应试者是否愿意为某一事业奋斗，是否愿意为追求公平而奋斗。

错误回答范例:

"记得有一次，我觉得应该得到 B 但却得了 C，我去找辅导员，他给我看了我在每个项目上的得分情况——我处在 C 级的边缘但很明显是 C。我很高兴能核实一下而不是接受既定的分数值。"

专家解析:

开始时回答得很好，但最后却不尽如人意。从最初的情况看，应试似乎追查到底。但是后来很显然，他(她)没有试图做出改变。

正确回答范例:

"我曾经和一个研究地球物理科学的教授有过一段令人记忆犹新的经历。这个人一向以偏袒理科生而出名，而我偏偏又不是理科生。在我们班上，所有的非理科生都感到，他对我们的知识基础有着非常不切实际的期望。由于他的偏见，这些非理科生大多都表现不好。尽管我表现还算不错，但我还是和其他学生一道向系领导发出了一份声明，建议校方校正一下他的教学方式。"

专家解析:

这名应试者有能力克服困难处境，而且能够脱颖而出并居于领先地位。这样的回答还可表明，这名应试者高度重视公平感，同时也表明了应试者十分关心集体利益的优良品质。

问题 4：你曾经参加过哪些竞争活动？这些活动对你来说值得吗？

专家提示:

通过调查你经历过的实际竞争场景，可以反映你对竞争环境的适应程度，也可以反映你的自信心。当竞争成关键因素时，正是讨论小组活动或企业业务的一个绝好机会。

错误回答范例:

"从本质上说，我是一个竞争性很强的人。我认为，在所有我做过的事情中，我实际上都采取了一种竞争性的态度。因为只有这样你才能在竞争激烈的企业界生存，对吧？"

专家解析:

这样回答会让人感觉在企业界不是你死就是我活。尽管企业界是高度竞争的，但是企业中的人憎恨别人把自己看成是凶狠的梭子鱼。

正确回答范例:

"我喜欢小组运动，我一直都尽我所能参加这些活动。我过去经常打篮球，现在有时候也打。同小组一起工作、为实现共同目标而努力、在竞争中争取胜利……这些事情确实非常令人兴奋。"

专家解析:

这种回答表明，应试者能够正确看待竞争。这意味着他(她)能够利用竞争力量在竞争中取胜，而不会毁掉同事的工作成果。

问题 5：你怎样影响其他人接受你的看法？

专家提示:

你的回答将透露给面试考官的，首先是你对影响别人有什么看法，其次是你影响别人的能力究竟有多大。

错误回答范例：

“一般情况下，这取决于这种想法的价值。如果这是一个好想法，而且我所交往的人是通情达理的，那么，一般情况下，让别人接受我的想法不会太难。”

专家解析：

该回答的不足在于，它并没有解决实际问题。这个问题实质上问的是你怎样对待那些不赞同你的看法的人。这个回答表明，你愿意在一种和谐的工作环境中工作，不喜欢不和谐的工作氛围。

正确回答范例：

“这是多年来我一直非常努力探索的一个领域。对于好的想法，甚至是伟大的想法，人们有时并不接受。我现在认识到这样一个事实，那就是你表达想法的方式同想法本身一样重要。当我试图影响别人时，我一般会假设自己处在他们的位置上，让自己从他们的角度来看待问题。然后我就能够以一种更可能成功的方式向他们陈述我的想法。”

专家解析：

首先，这个回答表明，你理解人际沟通的复杂性，知道让别人改变看法具有一定的难度。其次，这个回答还表明，你知道影响别人时运用策略很重要，而且也能够采用合理的方式说服别人。最后，这个回答还表明，你知道在沟通困难的情况下，沟通方式和沟通内容一样重要。

问题 6：在做口头表达方面你有哪些经验？你怎样评价自己的口头表达能力？

专家提示：

这个问题旨在测评你的公共演讲能力，同时也可以了解你对演讲能力的自我评价。

错误回答范例：

“我认为每个人都会在做演讲时感到紧张，我可以做口头表达，但是说实话，人们并不总是愿意倾听。我认为，有时候，给人们发放纸面信息再回答他们的问题，这样做会更好一些。”

专家解析：

这种回答清楚地表明，你这方面的能力很欠缺，它不仅说明你不喜欢口头表达，同时也意味着你不愿意提高自己的口头表达技能。

正确回答范例：

“我曾经看到一篇文章，说公共演讲是美国人最害怕的事情。我认识到，如果大多数人都害怕做公共演讲，那么在克服自己的恐惧并掌握口头陈述技能之后，我就能够在竞争中更胜一筹。因此我抓住所有的机会做演讲，而且我发现，做的演讲越多，就越对演讲感到轻松自如——当然也做得更好。”

专家解析：

这是一个不错的回答。因为它具体说明了你在这方面的能力，而且它也表明你正在继续努力提高自己的演讲技能。通过承认口头陈述是很复杂的，应试者同时表明了自己的诚实和正直。

问题7：你怎样比较自己的口头技能和写作技能？

专家提示：

这是一个暗藏“杀机”的问题。无论什么时候，只要被问及对两种事情做比较的问题，你就一定要小心。这样的问题通常是想让你说出自己的弱点。

错误回答范例：

任何表明自己的某一技能比另一技能好的回答都非绝佳选择。

专家解析：

你中圈套了！

正确回答范例：

“从现在的形势看，企事业越来越重视职员的能力，希望他们在口头表达和书面表达方面都能够做到清晰、明确。我总是利用机会提高自己的口头沟通和书面表达技能。我认为，这两种技能都是极为重要的，任何想要在企业界取得成功的人，这两种技能都应该具备。”

专家解析：

这种回答避开了陷阱，避免被别人认为自己在某一方面薄弱。同时，也可以表明，你理解高效沟通技能的重要性。更重要的是，它可以使面试考官确信，在一般技能方面你拥有坚实的基础，而这些技能是无论什么企业都需要的。

问题8：在写专业论文时你最不喜欢哪些方面？

专家提示：

这个问题可以判断你是否愿意开展研究工作，是否愿意发现信息并找到困难问题的解决办法。

错误回答范例：

“我最担心的就是进行一个自己不感兴趣的研究课题。如果我对研究课题感兴趣，我不介意开展研究工作。但很多时候，研究所得的成果并不能在实际中得到应用。”

专家解析：

尽管很多读者可能会同意这种回答，但它却不能让面试考官感到满意。很多工作任务都是单调和繁琐的，听到应试者表示不喜欢枯燥的事情，这会让面试考官感到很不舒服。

正确回答范例：

“如果我认真工作的话，我会发现某一题目有无穷多的信息。我认为最难的工作就是判定什么时候才能获得足够的信息可以开始动笔写论文。”

专家解析：

这种回答表明，应试者理解研究的意义并愿意从事研究工作。它还表明应试者能够深入调查，也表明应试者能够胜任书面论文的写作。

问题 9：上下级之间应该怎样交往？

专家提示：

通过这个问题可以了解应试者在企业等级结构中的沟通方式。通过对这一问题的回答，应试者可以展示自己在复杂领域工作的技能水平。

错误回答范例：

“我愿意并且相信我们可以成为朋友。毕竟，如果你要和某人团结合作，你最好要了解这个人。只有这样，大家才能互相理解，而且你也可以避免很多不必要的冲突。”

专家解析：

这个回答的最糟糕之处在于，它表明应试者非常不成熟。任何对工作中的人际关系稍微有点了解的人都知道，冲突在工作中是不可避免的。认为建立亲密友谊可以化解矛盾的想法，表明应试者不能真正理解工作关系与个人关系的界限。

正确回答范例：

“我认为，能在企业各个层面上清楚地进行交流，对企业的生存至关重要。我认为自己已经在这个方面培养了很强的能力。从上下级关系来说，我认为最重要的是应该意识到每个人以及每种关系都是不同的。对我来说最好的方式就是始终不带任何成见地来对待这种关系的发展。”

专家解析：

回答表明，应试者理解人际关系的复杂性以及多样性。应试者明确地表达了高效沟通技能的重要性，同时也显示了自己在这方面的自信。

问题 10：你的好友怎样评价你？

专家提示：

通过这个问题可以了解应试者的个性。这个问题看起来与应试者的潜能无关，但它反映了一种趋势，那就是企业倾向于雇用有高尚道德标准和高超技能的人。

错误回答范例：

“我认为他们会说我是一个有趣的人。对我最恰当的评价就是，我喜欢努力工作和尽情娱乐。”

专家解析：

一个似乎无懈可击的回答，但它却存在几个问题。首先，这种回答并没有对所提问题做出答复，还会让面试考官怀疑应试者没有亲密的朋友。其次，这种回答也会让面试考官怀疑“尽情娱乐”的本质，从而有可能提出更多具有杀伤力的问题，比如有关酗酒和吸毒等问题。

正确回答范例：

“我的朋友对我很重要。在与朋友的交往中，最重要的是，彼此之间有互相依赖的感觉。我们都很忙，并不能经常会面，但在我可以称为亲密朋友的几个人中，我们都知道，大家随时可以互相依赖。”

专家解析:

这种回答反映了一种成熟感，如今的企业非常重视这种感觉。应试者的优良素质和对少数几个朋友的重视，都可以表明应试者心理素质相当稳定。需要提请注意的是，在引用有关故事时必须使故事听起来真实，如果不真实就不要使用，因为这会适得其反。

问题11：你和同事们怎样相处?

专家提示:

通过这个问题以及前面上下级关系和朋友关系的问题，面试考官可以对应试者的有效沟通技能得出一个总体印象。从某种意义上说，如何和同事们相处是最关键的沟通问题，因为根据美国劳工部的统计，在离职的人中，80%是因为不能适应其他人。与同事的有效沟通能力将会有效减少面试考官的担心，避免留下你是不合适人选的印象。

错误回答范例:

“我是一个容易交往的人，能够同大多数人和谐相处。到目前为止，我还从来没有真正遇到过无法与我相处的人。我们总会遇到某个自己不太喜欢的人，这种人不像其他人一样容易相处，但是我努力忽略这一点。如果某个人确实讨厌，我就耐心等待，直到他们最终消失——我相信这种人不会在这里待太久。”

专家解析:

同某些错误回答一样，这种回答看起来也没什么不可以。但是它有几个漏洞。首先，没有人能够跟所有人和谐相处。其次，在做出能够和所有人相处的泛泛陈述后，紧接着却谈论自己不喜欢的人，这使得这种回答听起来似乎前后有点矛盾。最后，应试者触犯了面试的一个主要原则——永远不说别人的不好。

正确回答范例:

“我一般都能与同事相处得很好。当然有时候也可能会同某人发生冲突。这时，我一般会注意寻找冲突的根源，而不是转移到对方的攻击上。我发现这种方法非常有效，它可以使我同任何人都维持一种相互尊重的关系。另外，通过这样做，我往往都能解决问题，甚至会促进与同事的关系。”

专家解析:

这种回答表明，通过将问题和人格区别开来，应试者的心理是稳定的，而且具有很高的人际协调能力。通过将问题和人格区别开来，应试者表明了自己在过去曾经顺利解决过人际关系问题，而且过去在人际关系方面也很成功。

问题12：你认为自己最显著的成就是什么？为什么?

专家提示:

这个问题可以让面试考官了解你的价值观。你选择谈论的事情将揭示你的道德标准以及你的侧重点。

错误回答范例：

“从小到大的求学经历是非常艰难的。你知道，我顺利完成了学业，我很自豪自己能一边学习一边工作。”

专家解析：

从表面上看，这种回答似乎无懈可击，很多人可能也用过类似的回答方式。但是，事实上它存在着两个方面的缺陷。首先，学生求学在今天是相当普遍的，因此这并没有什么独特之处。其次，这种回答集中强调一个进行的过程而不是某一具体活动，并不能突出你的独特性。

正确回答范例：

这里我们并没有给出一种具体的方法来供你参考，但我们建议你考虑一下，自己做过的事情中有哪些能突出你的独特性。比如，在一次数学竞赛中获得一等奖，被选举为班长，妥善处理一次家庭危机，写了篇综合性的校报文章，在辩论赛中获胜，重新制作一台汽车引擎，重组一个部门，成功地开发了一条生产线……

专家解析：

在你的具体例子中，每一个实验都应该是独特、深刻的，而且能够将你与其他人区分开来。要记住，对于你的成就，你并不需要得到正式承认。你运用这些实例只是想表明自己做得很出色，很为之自豪。花费点时间想一想这方面的事情。这种方法比千篇一律地以多么优异的成绩“顺利完成学业”更有效果。

问题 13：在什么情况下你的工作最为成功？

专家提示：

这个问题考察的是你在什么条件下工作最有成效，你的回答将反映出你青睐的工作方式，反映出那些影响你成功的因素，同时也可能反映出你的缺陷。

错误回答范例：

“只要我用心去做，任何事情都会取得成功。只要知道别人的期望，我一般都能够做到使之满意。”

专家解析：

尽管这是一个看起来比较合理的回答，但它也存在缺陷。同前面的问题一样，我们称其为一种通用回答，它最多只能给面试考官留下浅浅的印象。这种回答的最大问题在于，它假定企业寻找的是那种善于听从指令的人，而不是勇于开拓的人。在当今时代，大多数企业都在寻找能够自我激励的人，因此，在面试中表明你需要别人指导可能是致命的。

正确回答范例：

“我解决问题的方式是一个系统过程，这个过程包括收集与问题有关的信息、清楚地界定问题、制定策略以及实施这个策略。我发现大多数人忽略前两个步骤而直接跳到策略的制定和实施上。只要拥有足够的信息而且能够看清问题，我就可以解决任何问题。”

专家解析：

这种回答表明，应试者过去曾经解决过困难问题，曾经思考过解决问题的策略，而且也形成了一套解决问题的方法。同时，它显示了应试者的自信，表明了这些技能在经过实践检验后是可行的。另外，它也说明应试者愿意在将来使用这些技能。

问题 14：为了实现自己的目标你会怎样努力工作？

专家提示：

面试考官希望通过这个问题，来确认应试者是不是一个努力工作的人。回答这个问题的关键在于，你一定要显示出自己履行责任的意愿和能力。

错误回答范例：

“我对某一任务的重视程度取决于这一任务的难度，同时也取决于我对完成这项任务的迫切程度。如果我认定某项工作确实很重要，我就会投入全部的精力来完成这项工作。”

专家解析：

该回答的第一个错误是应试者自认为精力是有限的。首先，任何企业都不会对看起来精力有限的人感兴趣。其次，应试者只有对他(她)个人感兴趣的工作才会重视和投入，这种说法表明他(她)不愿意接受不太感兴趣的任务。

正确回答范例：

“对我来说，如何努力工作，不是问题。我的做事原则是，如果我制定了一个目标或者被分配了一项重要任务，我就会尽我所能地努力工作，实现预期的目标。所以对我来说，重要的是怎样出色地工作。也就是说，怎样工作才能尽可能简单和顺利地完成任务，这样我就可以把精力转移到其他事情上。”

专家解析：

这种回答的好处在于，它表明应试者有无限的能量，而且对工作也非常投入。它还表明，应试者解决问题是为了能更好地利用他(她)的资源——这才是这个问题的实质所在。

问题 15：竞争对你的成就有什么积极或消极的影响？是怎样影响的？

专家提示：

根据对这个问题的回答可剔除那些不适应竞争环境的候选者。面试考官想要弄清的是，当竞争形势发展到什么程度时，应试者会感到力不从心。

错误回答范例：

“我喜欢竞争。有时候它能给我一种推动力量。为了开展工作，我需要这种推动。我从来没觉得竞争无法承受。因为它是生活的一部分，也是推动我工作的动力。”

专家解析：

大多数人都会对这种回答持怀疑态度。另外，从应试者的回答看，它好像表明应试者有点屈尊。大多数人都发现，至少在某些时候竞争会使人感到非常有压力。这种回答还暗示应试者缺乏激励动机，需要以竞争作为一种激励元素。

正确回答范例:

“如果害怕竞争，我就不会申请这份工作。我知道竞争是始终存在的，对我来说最重要的是意识到竞争，清楚我们在为什么而竞争。当我处在竞争环境中时，我首先要确保自己头脑清醒，理解所处的危险处境。一旦我了解了竞争形势和规则，就会全身心地投入到竞争中去。”

专家解析:

这种回答也对竞争表现出积极的看法，但这种回答却并没有掩饰错误。它表明，根据以前的经验，应试者会用一种清晰、明确的方式来对待竞争。

问题 16: 你在找工作时最看重的是什么？为什么？

专家提示:

通过这个开放式问题，面试考官可以了解到你的关注重点，通过这个关注点又可以反映出你的理性思考能力。一定要表明自己对未来工作的看法，说明哪些方面能给自己带来最大限度的满足，这是回答这个问题的关键，但是回答这个问题的方法也同样重要。

错误回答范例:

“我希望得到一份确实能展示我的才能并且具有良好前景的工作。我认为在贵公司工作可以使自己与众不同。”

专家解析:

除了表现出应试者是一个自大狂，迫切需要得到承认外，这种回答还有其他几个问题。这种回答并没有满足雇主的需要——这是回答每个问题都应该注意的。除此之外，它还会使面试考官怀疑应试者是否理解工作的本质。

正确回答范例:

“我希望找到的工作能发挥我的长处，比如……(说出具体技能)我认为还有一件事情也很重要，那就是我在企业中的作用要与企业目标联系在一起。如果工作中偶尔有些挑战，让我超越自己目前的技能水平，那就再好不过了。”

专家解析:

尽管回答相当简洁，但却达到了三个目的：突出了应试者的技能；表明了应试者明白个人与企业的关系；同时也说明应试者理解变化与发展的重要性。

问题 17: 在你所做过的事情中，最有创造性的是什么？

专家提示:

除了通过寻找实例验证应试者的创造能力外，这个问题还可以发现应试者最重视哪些创造能力。

错误回答范例:

“在上高中的时候，我在班级演出中扮演了一个非常重要的角色。实际上我在高中时做了很多演出工作。可以说，那是我最有创造力的一个阶段。”

专家解析:

这里应试者犯了一个典型错误，即把创造力与传统的创造活动等同起来。不幸的是，大多数面试考官很少能看到这种差别，不知道创造活动与创造地解决工作中的问题有什么关系。

正确回答范例:

“我最有创造性的一个阶段是在大学时，那时我曾经帮助一个朋友竞选学会主席。实际上，我基本上是在主持她的竞选活动。具体地说，我为她创造了竞选舞台，制定了竞选策略，而且想方设法增加她的支持率。比如，我们所做的一件事情是开办免费咖啡屋，在这间咖啡屋里，同学们可以听到好听的音乐，并知道我们竞选的职位。这是我一生中最有创造力的一段时光，因为我必须不断寻找新的角度去追求成功。”

专家解析:

这种回答的好处在于，它指出了应试者怎样将创造能力应用到复杂情形中。它表明应试者能够以一种创造性的、解决问题的方式去面对一项复杂的任务。通过给出实例，应试者表明自己有能力创造性地解决问题。

问题18：你是否认为大学的学习成绩能决定你在本企业的成功程度？

专家提示:

这个问题有两个目的：一是如果应试者在学校成绩很好，面试考官希望通过这个问题让应试知道，工作上的成功与学习上的成功并不一样；二是如果应试者在学校成绩不佳，面试考官希望通过这个问题了解到，应试者是否认为自己解决问题的能力有所欠缺。

错误回答范例:

“(对那些成绩不佳的人)我不知道，不少政治家的在校成绩并不好，但却照样使他们成为政治巨人，因此我不认为成绩能有多大作用。”

“(对那些成绩很好的人)是的，我认为，如果你能像我一样在一所好学校取得这样的成绩，那就意味着你能够在工作中取得成功。”

专家解析:

第一种回答明显是答非所问，而且这种回答将政治带入了面试过程，这将产生令人失望的后果。第二种回答表现出了应试者的傲慢，同时也说明应试者不理解学术问题与工作问题的差别。

正确回答范例:

“(对那些成绩不佳的人)我认为有能力取得好成绩是很重要的。如果一下人在每个科目上成绩都不佳的话，那就会让人非常担心。然而，并非所有人都能在每一个科目上取得优异成绩。对我来说，重要的是在个人学习成绩中有一些突出的地方，因为这些地方代表着一个人的潜力。”

“(对那些成绩较好的人)虽然规划学习生涯不会像管理高难度工作那么复杂，但是我认为两者之间存在着联系。我认为，取得优异的学习成绩的最大意义是它可以反映一个人追求卓越的决心以及学习、适应等能力。”

专家解析:

这两种回答都从侧面反映了应试者的观点。其中第一种回答指出了应试者有一些不错的学习成绩，第二种回答指出了应试者卓越的追求。这两种回答都以第三人称的形式进行了有效表述，从而避免使自己看起来过于谦卑或者过于傲慢。

问题 19：如果重新开始读大学的话，你的做法会有什么不同？

专家提示:

该问题直接指向成熟度，它能够揭示出应试者的道德标准、价值观和侧重点。

错误回答范例:

“我不会刻意改变任何事情。在大学的那几年是非常美妙的岁月。有时候我希望自己可以重新开始。我确实从学校里学到了很多东西。”

专家解析:

这种回答表明，应试者还处于向成年人过渡的过程之中，喜欢那种简单、不必承担多少责任的学生时代。这样的应试者会让面试考官感到不放心。

正确回答范例:

“如果我能重新上大学的话，我不会对这个过程感到那么恐惧。我会更大胆地向教授质疑；我会利用自己对教育体制的了解，使它对我的发展更有利。我一定会从这段经历中获得更多的收获。”

专家解析:

这种回答表明，应试者已揭去了大学生活的神秘面纱，能够用一种批判的眼光去分析求学经历和教育体制。它还可以表明，应试者对自己有很高的要求，而且非常重视高质量的学习。

问题 20：你期望从工作中获得的最重要的回报是什么？

专家提示:

在这里，你的回答将再次反映出你的成熟度以及你所采取的立场。这里需要记住的另外一个原则是——“不要谈论金钱”。除非是在薪金谈判中，否则一定要尽量避免谈及金钱。

错误回答范例:

“我希望自己为之工作的企业能够重视质量，而且会给做得好的员工以奖励。由于我期望比同事们做得好，因此我期待能凭自己的成就获得适当的嘉奖。”

专家解析:

再次出现了自大的问题。在这种回答中，应试者表达了一种不恰当的优越感，同时也向面试考官发出了一个红色信号，说明这个应试者可能是个“难缠的人”。

正确回答范例:

“对我来说，最重要的是自己所做的工作是否适合我。我的意思是说，这份工作应该能让我发挥专长——这会给我带来一种满足感。我还希望所做的工作能够对我目前的技能水平形成挑战，从而能促使我提升自己。”

专家解析：

这是个一箭双雕的回答——既表达了出色地完成工作时自己能够获得满足感，也说明了挑战自我极限和自我发展的重要——这种回答将使面试考官对你情有独钟，而且会非常迫切地希望聘用你。

问题 21：你个人的长期和短期目标分别是什么？你是如何确定这些目标的？你准备怎样实现这些目标？

专家提示：

这是一个比较困难的问题，因为它其实包含了四个部分，各个部分都需要加以回答，记住这些问题是很重要的。这个问题问的是你的个人目标而不是职业目标，这一点尤为重要，因为你很可能还会被另外问到职业抱负。如果你不能区分这两者的话，你就不得不重复自己的回答。它能反映你在个人生活中的计划和组织能力。

错误回答范例：

“我在某个地方读到过，我们是美国历史上比上一代退步的一代。这使我很担心，因此我的目标就是确保自己不落伍。这听起来可能有点悲观，但我是一个现实主义者，而且我相信面对现实是十分重要的。”

专家解析：

回答这个问题时，关注经济的不利状况是不明智的，除此之外，这种回答在几个方面都有缺陷。首先，它试图把所有的问题归结成一个问题。其次，它太过哲理化，因此没有反映任何计划和组织能力。最后，它表明应试者对自己的未来不太乐观，而且他(她)主要关心的是克服障碍和生存，而不是繁荣和发展。

正确回答范例：

“同所有现实目标一样，我的目标经常改变。不论在长期还是短期，我的个人策略是根据当前目标评价自己所处的位置，然后相应地修改自己的计划。比如，我每五年就制定一项个人计划，这个计划中包含一个总体目标和一系列短期目标。每六个月我就回顾一下自己的进展，然后做出必要的修改。很明显，我当前的计划就是实现职业转变，也就是找到更满意的工作。除此之外，我已经实现了近期制定的个人目标。”

专家解析：

这个回答反映了应试者的组织头脑，而且擅长计划。通过讨论制定个人目标的方式，你可以表达出一种自尊感，也可以表达出对管理个人事务的能力非常自信。

问题 22：你在五年内的个人目标和职业目标分别是什么？

专家提示：

这个问题是用来了解你的计划能力的，通过这个问题，面试考官同时还可以知道你的目标是否符合企业对你的安排。

错误回答范例：

“我想在将来的某个时候考虑这个问题。如今企业的领导者更换频繁，我认为做太多的个人计划是荒谬可笑的。”

专家解析：

这种回答属于令人反感的一类。首先，当有人想了解你的目标时，“将来的某个时候”这种通俗说法并不奏效。其次，认为企业很脆弱，领导者更换频繁，这种说法毫无疑问会令人反感，而且也是不合理的。最后，认为做计划可笑，看不起这个问题，而且反问面试考官，这些都注定了这样的应试者最终会失败。

正确回答范例：

“从现在起的五年之内，我希望能够在一个很好的职位上待几年，而且最好有一次晋升，然后就期待着下一步。不管是向上提升，还是在企业内横向调动，对我个人来说，我希望找到一家企业——一家愿意做相互投入的企业——待上一段时间。”

专家解析：

这个问题没有回答得过分具体(那样可能会产生漏洞)，而且它表明你有雄心，并且思考过在企业中的成长方式。通过表达横向调动和向上提升的愿望，表明你是一个有灵活性的人。

问题 23：如果让你负责的话，你将怎样为自己的企业或部门制订计划？

专家提示：

该问题可以直接反映应试者在企业计划方面的能力。对这个问题的回答将反映应试者是否有能力控制局面和制定战略计划。

错误回答范例：

“我猜想我会把所有人叫到一起，确定我们需要完成什么任务，然后就制定一些目标和计划，最后是实现这些目标和计划。”

专家解析：

这种回答表明，除了知道制定目标外，应试者对战略计划知之甚少。面试考官自然会怀疑应试者是否有领导的能力与信心了。

正确回答范例：

“我认为计划是管理者最重要的一种技能。计划的关键是运用系统过程。首先，我需要从所有员工中搜集信息。其次，我需要检查并分析这些信息。一旦了解了需要攻克的问题，我就可以制定一个包含目的和目标的计划。接下来，我需要实现这个计划。在工作持续进行中，我会评价进展情况并做出必要的调整。”

专家解析：

这种回答表明，应试者熟悉而且适应计划过程。同时也表明，应试者以前曾经这样做过，而且还准备再次这样做。

问题 24：你重视细节吗？

专家提示：

你的回答将告诉面试考官你是否细心，并将揭示你的质量观念以及你做细致工作的意愿和能力。

错误回答范例：

“我认为，当细节能影响某种结果时，它就是重要的。有时人们花费太多的时间关注细节，会使他们的速度减慢，还会妨碍他们完成工作，这是非常不应该的。我觉得有些人根本不知道什么时候应该前进。”

专家解析：

这种回答的最大问题在于，它有点近似于抱怨，贬低了注重细节的人。应试者没有意识到的是，在竞争环境中，往往由于密切关注细节才使企业与众不同。

正确回答范例：

“我认为，关注细节能够将一般性成果转变成优秀成果。我相信，从项目开始实施，质量控制的背后就包含了一种管理方式，这种方式可以确保项目实现预期的最佳结果，而且可以保证项目在后续阶段不会出现问题。”

专家解析：

这种回答可以使面试考官确信，应试者理解企业的质量控制需求，表明应试者理解计划过程，思考了过去项目的计划和组织，而且可能在这方面取得过成功。

问题 25：假设你在销售一种产品，遇上一位客户一直抱怨你的售后服务很糟糕，这时你会怎么办？

专家提示：

测验应试者会如何应对一些难缠的客户。面试考官期待应试者不要显得那么容易屈服。

错误回答范例：

“我记得一句谚语说：‘客户永远是正确的。’我能够确保客户在离开时对我的产品感到非常满意。”

专家解析：

姜还是老的辣！面试考官可能在他(她)的祖父那儿就听到过“客户永远是正确的”这句谚语。不要把面试考官当小孩子来看待，记住，他(她)的智商不会比你逊色，甚至还会比你高。

正确回答范例：

“我将向客户解释，我们企业向来以产品质量和优质服务为荣。然后我将向客户保证，我会尽一切努力来改善这种状况。接下来我会听他(她)抱怨，并查找问题的根源，做出必要的改进来满足客户。”

专家解析：

该回答比“错误回答范例”里的陈词滥调要高明得多，而且也表明应试者重视服务质量。这样的回答显示出应试者没有被问题所吓倒，他(她)将采取必要的措施来解决问题。

问题 26：你是否觉得有能力在自己的职位上取得成功？如果感到不妥，你将如何弥补自己的缺点？

专家提示：

同其他涉及弱点的问题一样，你必须小心应对这个问题。如果承认自己有重大缺点，而且这些缺点将妨碍你的工作，这无疑将会使你失去机会。如果确实有一些微小的缺陷需要克服，那么可以提及一下。否则，如果不怕沉默会造成误解的话，你最好还是等到上任的时候再表白自己需要改进的地方。

错误回答范例：

"这个职位对我来说是小菜一碟，我闭着眼睛都能把它做好。我想，如果你聘用了我，你一定会对我如此迅速地完成任务而感到惊奇。这个岗位上没有什么我不能做的事情。"

专家解析：

尽管这种回答听起来很有力，但应试者能够做如此广泛的工作，或许这份工作的挑战性还不够。

正确回答范例：

"尽管我确信自己还有很多东西要学，但我认为，你会发现我是一个学得很快的人。我相信自己的能力和天分可以满足你们的需要。我不认为前面的路上会有什么不可克服的困难。"

专家解析：

尽管承认需要学习一些新东西，但是应试者表明自己有能力完成手头的工作。

问题 27：你能够在压力状态下工作得很好吗？

专家提示：

该问题是要直接了解应试者对压力的反应。

错误回答范例：

"我在压力下会茁壮成长，实际上，事情变得越乱我就越高兴。毕竟，如今的社会是一个充满竞争的社会，在这个社会里，没有压力就不会有成功。相比之下，我更怕无聊。如果无事可做，我就会变得很懒散，但应对压力我就没问题了。"

专家解析：

"真有这样的人吗？"除了不可信之外，它还表达了一种消极论调：如果没有压力，应试者就不会得到激励。

正确回答范例：

"在从事有价值的工作时，任何人都会在工作中时不时地遇到压力。我能够应付一定量的压力，甚至在有些情况下还可以承受极大的压力。对我来说，应对压力的关键是找到一种方法控制形势，从而减轻压力的剧烈程度。通过这种方式，压力就不会影响我的生产力。我知道任何工作都有压力，如果必要的话，我会在压力下工作得很好。"

专家解析:

应试者对工作压力的本质和程度都有比较现实的期望。这种回答很有说服力，但又没有对压力表现出过度热情。应试者的表述还说明，他(她)在过去曾经应对过压力，而且还制定过策略有效地处理了工作中的压力。

练 习 题

1. 什么是礼仪？礼仪有哪些原则？

2. 面试时男女着装的要求有哪些？请为自己设计一套面试的着装。

3. 正确的站姿、坐姿的具体要求有哪些？在寝室或家里训练自己正确的站姿、坐姿。

4. 面试练习。

在面试之前，请你的朋友或家人和你一起演练一次面试，然后对照下面的面试练习检查清单(表 6-1)，看看你的表现如何，重点找出自己哪些地方做得不好。然后根据朋友和家人给你提出的建议，有针对性地进行强化训练。

表 6-1 面试练习检查清单

你的表现	糟 糕	一 般	非常好	建 议
你的坐姿怎样				
你微笑了吗				
你的表达自信吗				
面对压力时，你的表现冷静吗				
每个问题的回答时间掌握如何				
你的回答清晰吗				
在你的回答中，恰当地使用事例了吗				
你的声音洪亮吗				
你能与面试官保持目光接触吗				
你对面试官的情况了解程度如何				

5. 回答以下问题:

(1) 你为什么对这个专业有兴趣?

(2) 在这个公司，你个人希望取得什么样的成就?

(3) 你为什么应聘我们公司?

(4) 你自己有哪些特点符合我们公司的要求?

(5) 为什么公司会聘用你?

(6) 你如何选择自己的职业?

(7) 请你用 2 分钟的时间作自我介绍。

(8) 请问你在校期间参加过什么样的团队活动，你在里面所扮演的角色?

(9) 怎样调解同志之间的矛盾?

6. 即将大学毕业，小 A 正在四处找工作。一天他买下了几份报纸仔细研读，在招聘栏中用铅笔勾出了六家适合自己的公司。他打电话给第一家公司，对方说本公司招聘名额已满，报名的人数已大大地超过了所需要的人数，近期内不会再招了，请不要再打电话或来信了。他打通了第二家公司的电话，对方说: 你先寄一份简历来。其他四家公司的电话他再也没有打。他花了两天时间写了一份个人简历寄去，耐着性子等了一个星期，终于等到了去面试的电话。跑去面试，进门一看应聘的人很多，该回答的问题都回答了，他们说: “你回去吧，我们公司会与你联系的。”一个星期又一个星期过去了，他还没有接到录用的通知书。

请问小 A 的问题出在哪里，他应该做些什么?

第7章　高职高专毕业生就业应具备的法律知识

7.1　识别求职陷阱，规避求职风险

近年来，由于就业竞争日趋激烈，加上高职高专毕业生往往认为自身“底气”不足，容易导致就业心切、盲目相信虚假招聘广告。而非法职介机构和个别用人单位往往就利用这一点，设置种种陷阱引诱毕业生上当。受害者们不但没有找到工作，还为此赔了许多冤枉钱。本章着力解读一系列常见的“求职陷阱”，希望引起高职高专毕业生的警惕，擦亮自己的眼睛，不要轻信虚假招聘广告、非法中介或个别用人单位的“花言巧语”。

7.1.1　全面解读招聘广告

《新闻晨报》曾报道了这样一个典型案例：某甲(化名)大学毕业后，一直在积极找工作。某日，在浏览某求职网站的时候，某甲发现了一条某信息咨询公司的招聘广告。广告写明：“岗位——市场推广员；用工形式——劳动合同制员工；薪水——每月底薪1600元人民币，并根据业绩另有提成。”某甲看了觉得非常适合自己，立刻就把公司的招聘广告打印了下来，并按上面的联系方式，与这家公司联系。经过简单的面试后，被该公司正式录用。

在短暂培训之后，公司拿出了一份为期一年的《市场推广代表合作协议》，要求包括某甲在内的新员工签字。某甲翻阅内容，密密麻麻的小字几大篇，有条有理、文书规范、用语专业，其中约定了工作岗位、业绩提成等条款，想到招聘广告里提到的“根据业绩另有提成”，便爽快地签了字。一晃半年过去了，公司竟然一直没有支付某甲每月1600元的工资，更没有为他缴纳社会保险费。

某甲找公司交涉，公司却说已与他签订了《市场推广代表合作协议》，所以他是公司的“代理商”而非签有劳动合同的员工，不存在劳动关系，不符合缴纳社会保险费的条件。

某甲听了非常气愤。向公司出具了当初打印的招聘网站上公司发布的招聘广告，指出里面明明白白地写着招收“劳动合同工”，怎么能说自己是“代理商”呢？但公司强调，招聘广告在法律上属于“要约邀请”，不具有法律上的约束力，双方的法律关系还是要以

最终达成的协议为准，因此双方就是业务代理关系。

几经交涉无果，某甲只能向区劳动争议仲裁委员会申请劳动仲裁，要求公司支付拖欠的工资，补办招退工手续。本案最终经法院的调解，公司承认其与某甲的劳动合同关系，为某甲补发工资和补办社会保险。

1. 招聘广告的法律性质

用人单位在招聘有关岗位人员时，正是通过招聘广告的形式，对所需人员提出了要求。同样，劳动者通过招聘广告了解了用人单位的企业性质、招聘的岗位、人数及相关的薪酬福利待遇等信息。招聘信息已经成为求职的首选渠道，那么招聘广告到底是什么性质？劳动者要注意些什么呢？

对于一般广告，法律认为它不具有合同效力，而只是希望别人来与自己签订合同的一个邀请，所以一般广告对发出人并不产生法律约束力。根据我国《合同法》的规定，所谓“要约”是指向特定人发出的希望订立合同的意思表示，只要受要约人承诺了，合同就成立了。“要约”有两个条件：一是内容具体明确，即应当包含所要订立的合同基本内容；二是到达受要约人，要约即具有拘束力。如果，承诺对要约的内容提出修改，那就不是承诺而是发出了新的要约。本案中提到的“要约邀请”是指希望别人向自己发出要约的意思表示，最典型的就是商业广告。因此，商业广告中经常有一些夸张的意思表示，以吸引别人向自己发出要约。

但是法律同时规定，如果广告内容十分具体、明确，就应该认为是“要约”，而不再是“要约邀请”，即合同中的主要条款、内容已经具备了，比如价格。本案中公司发布的招聘广告中已经包含了岗位是业务代表、月薪 1600 元，并有业绩提成。这事实上已经包含劳动合同的主要内容，非常具体、明确，应当是“要约”而不是“要约邀请”。

此外，根据劳动和社会保障部门的有关规定，用人单位的招聘行为是受到劳动保障行政部门监管的。主要有两种方式：①委托职业介绍所发布招聘信息；②经劳动保障部门同意，自行发布。

用人单位如委托职介机构发布招聘信息，需要出示单位介绍信、劳动保障年检手册、营业执照(副本)或其他法人登记文件、招聘简章和经办人身份证件。其中，招聘简章必须具备：①单位的所有制性质；②工种岗位要求；③用工形式、劳动报酬、福利待遇和劳动保护；④单位的固定和法定地址、电话、联系人等信息。

用人单位经劳动保障行政部门审核同意，利用报刊、广播、电视等新闻媒介或其他形式发布招聘广告的，须提供：①单位行政介绍信、劳动保障年检手册和单位法人代码证书；②营业执照副本；③招聘广告文书。其文本中也应包含类似于上述招聘简章的内容。

可见，招聘广告的内容应该是具体的，应该包含劳动合同的主要条款。这主要体现了劳动法对劳动者的保护，防止用人单位利用招聘广告欺骗劳动者。让劳动者可以看着明白，选得放心。因此，用人单位发布的招聘广告应该是要约。

同时，本案确实也存在一定的复杂性。在此提醒劳动者，在签订合同的时候要慎重，看清楚合同再签名。

2. 招聘广告的证据作用

现在各种人才类报刊的招聘广告是求职者索取求职信息的重要来源，可许多求职者一旦求职成功，这份招聘广告往往就随手丢弃了。殊不知，一个小小的招聘广告，在本案这样的劳动争议中却是一个有用的证据。一旦发生劳动争议，无论劳动者还是用人单位都可以此为据，证明已经承诺的信息。

上文提到的案例中，某甲当初打印下来的公司的招聘广告，后来成为了某甲打官司时重要的呈堂证供，对他最终维护自己的权益起到了决定性作用。其实，不仅是遇上某甲这样的事，需要保留招聘广告，对所有通过招聘广告求职的毕业生来说，保留招聘广告都具有非常重要的证据作用。

1) 可以证明自己与用人单位的雇佣关系

曾有媒体报道，某劳动者在某招聘会现场结识了某公司正在招聘的公司副总，其后便开始在该公司工作，未签订劳动合同。此后，双方因工资纠纷，发生劳动争议。公司却提出该劳动者非公司员工，系该副总个人雇佣，与公司无关。因无招聘广告作证，劳动者最终输掉了官司。

2) 可以证明用人单位的录用标准

根据《劳动法》的有关规定，用人单位在试用期内解除与劳动者的劳动关系，就必须证明其不符合录用标准，而招聘广告的内容也可作为“录用标准”。因此，劳动者应注意保留招聘广告，并充分了解其中的内容，尤其在试用期内，要严格照章行事。

3) 可以确定劳动合同的主要条款

有些用人单位在招聘的时候，有各种各样的承诺，如出国培训、住房补贴等。但在正式签订劳动合同的时候，往往就拒不认账了。

因此，毕业生在就业后应保留招聘广告，以后与用人单位交涉的时候，招聘广告是个非常有力的证据。

3. 谨防招聘广告陷阱

在“满天飞”的招聘广告中，拣选一个称心如意的工作真不容易，更有甚者一个不留神，还会掉进五花八门的广告陷阱中。

下面简单介绍一些常见的招聘广告陷阱，希望能引起毕业生们的注意，不要上当。

1) 过期或虚构的招聘信息

有一些职介机构，为求壮大声势，在职位推介中，刊登一些已过期的所谓“招聘”，有些职介机构甚至把报纸上、电线杆上抄来的招聘广告凑在一起，让求职者“交了中介费就可以多个职位随便挑”，而求职者往往在交了钱之后才大呼上当。

2) “高薪”招聘

招聘广告上常常铺天盖地的“高薪诚聘××”，开出的薪金越高就越能吸引求职者的眼球。但是，等到求职者过五关斩六将接触到实质待遇问题时，职介或用人单位又玩起了数字游戏。有些单位甚至打出“保证年薪多少万以上”的承诺，这常出现在以业绩提成为主要收入的行业，而最后能否实现还需看求职者的工作表现及能力。求职者应当先衡量在没有业绩提成的情况下，固定底薪是否达到可接受的水平，不要让广告误导。

3) 夸大头衔

一些公司为了提高入职要求，或吸引较高学历的应聘者，将职务头衔粉饰得光彩照人，有别于一般惯用的职务称号。明明招的是推销人员，却非要用“业务主管”、“部门经理”等来诱惑求职者；明明是打杂文员，却一律说成是“储备干部”；明明做的是最底层的推销工作，可偏要说成是“做一回自己的老板”。

4) 掩饰危机

某些公司会在报刊、职介或者人才网站大量刊登广告，给人不断发展的错觉，目的是掩饰裁员危机，以避开债权人的追逐压力。另外，一些单位做广告仅仅是为了提高单位知名度。

5) “不限男女”

碍于有关禁止性别歧视的规定，招聘广告中不能列明“非男不用”或“非女不聘”，但实质上某些行业特性就是如此，例如秘书、厨师等。毕业生应当预先冷静探析，切莫浪费没必要的时间和精力。

6) “长期招聘”、“急聘”

某些不法用人单位在招聘广告上冠以“长期招聘”、“急聘”、“大量求聘”等字眼，目的是借助广告大量吸纳新血，在录用后的短期内再淘汰不合适的员工。求职者可能只领到试用期的工资就会“下岗”，有的甚至借试工之名欺骗求职者为其提供无偿的劳动。“长期招聘”使这些不法用人单位一直都有可以剥削的廉价劳动力。

7) 语言歧义

某报曾经刊登被指责有性别歧视的招聘广告，经法庭裁定，由于文句中无任何标点符号，使人可得出两种不同的理解，而成功脱罪。由此可见，雇主可以利用一长句而避开有关法例的限制。求职者应当仔细推敲广告语言的含意，以免浪费宝贵时间和精力。

8) 泄露个人信息

求职者在应聘时还需提防“暗箭伤人”。有些不法分子在报纸上刊登招聘信息，却是“醉翁之意不在酒”。他们的目的不在于招聘人才，而是诱使应聘者递上个人资料，然后假冒他人身份到银行申办信用卡，最后拿着卡进行疯狂透支消费；或者对应聘的女性进行性骚扰；更有甚者，成为犯罪分子的“猎物”。因此，求职者千万不要心存“撒大网捞大鱼”的心理，要有目的、有针对性地应聘，对自身资料要加强保密。

7.1.2 合理利用中介机构

刚从学校毕业的小王通过中介介绍来到一家公司应聘。但令他奇怪的是，职介和用人单位负责人对他的简历、学历都不感兴趣，而只是让他支付 200 元的职介费，并承诺只要交费就可上岗。然而，当小王付清费用之后，却被用人单位告知没有通过面试，这才感到自己上当受骗了。

1. 职介的法律地位

所谓中介，《牛津现代高级英汉辞典》中有两种解释：一是居间的人或物、中间人；二是媒介、方法等。在客观事物中，无论是自然界或是人类社会，都不是孤立的，而是相互联系的，中介现象是普遍存在的。

从合同法的角度来讲，中介与当事人的关系属于居间合同关系，中介是一种以委托人名义为其提供定约机会的中间人。求职中介作为这样的中间人，是指为求职者和用人单位提供中介服务及其他居间服务的专营或兼营的组织。求职中介是生产力发展过程中出现的一种合理配置人才资源的劳动组织形式，在现代市场体制下是求职者联系社会、走向职业岗位的桥梁和纽带。

由于职介的重要社会作用，在《劳动法》、《劳动保障监察条例》等法律法规的指导下，各省、自治区、直辖市也相继出台了专门的《人才市场管理条例》，对职介做了比较详细的规定。下面以四川省为例，做一些简单介绍。

设立人才中介服务组织，应当具备下列条件。

(1) 有规范的名称、明确的业务范围、组织章程和管理制度。

(2) 有不低于 10 万元人民币的注册资金。

(3) 有 3 名以上具有大专以上学历，并取得人事行政机关颁发的人才中介服务资格证书的专职工作人员。

(4) 有与其申请的业务相适应的固定服务场所和办公设施。

(5) 能独立承担民事责任。

(6) 法律、法规规定的其他条件。

职介组织可开展下列业务。

(1) 收集、储存、发布人才供求信息和提供咨询服务。

(2) 人才推荐或代理招聘。

(3) 人才信息网络服务。

(4) 智力交流。

(5) 人才测评。

(6) 人才培训。

(7) 经批准或授权的其他有关业务。

职介组织提供有偿服务，其收费项目和标准应按《中华人民共和国价格法》的有关规定向价格行政管理机关申请核定，不得擅自增加收费项目或提高收费标准。职介组织应当在其服务场所醒目位置悬挂许可证及其他登记证件，公布服务内容、收费项目、收费标准、监督机关名称及监督电话。

从上面的规定可以看出，法律对职介的管理是比较严格的，目的是防范虚假职介对求职者就业权利的侵害。上述法律法规实施以来，取得了较好的效果。

2. 常见的职介陷阱

下面介绍常见的职介陷阱。

1) 无照无证、打游击

最明显的非法职业介绍机构一般均无《企业法人营业执照》、无《职业介绍许可证》，只是所谓的“租一间房、一张办公桌、一部电话”，甚至假身份证、假公章，深藏小巷出租楼骗人的“双无”机构，这样的违法职介行为很易被人们辨认。其招聘信息，基本上都是虚假和不存在的，目的就是为了骗取求职者的报名费、职介费。求职者按其提供的地址去应聘，不是找不到地方就是单位根本不招人。一些非法职介机构为了逃避劳动部门的打击，将过期的《职业介绍许可证》涂改，再私刻公章，在车站、码头附近巷子里租一间小房，马路上放几块招聘信息牌，几个“职介所”集中租房，形成团伙，以壮声势，增加真实感，欺骗求职者。

2) 有照无证、走偏门

非法职介中，已有相当一部分具有独立的法人资格，它们大多注册在郊区私营经济开发区，在各大开发区或劳动密集型用人单位的周边地区租用一定的办公场所，同时注册的“工商营业执照”上也多注有“劳务信息咨询”、“人力资源信息咨询”、“劳务输出”等经营范围，如此借“信息咨询”之名，行职业介绍之实，因而更具欺骗性，一般求职者因难以识别而容易上当受骗。而且，由于有利可图，这类“有照无证”违法从事职业介绍活动的机构还在日渐增多。由于没有受到专门的职介许可证的约束，这类机构往往是各种职介陷阱的制造者。

3) 滥广告、假信息

非法职介大多以张贴马路广告、派发小卡片等形式招揽求职者，而有的非法职介竟然还在专业性招聘报纸或刊物上刊登广告，有的更是利用互联网发电子邮件，信息量大、影响面广、具有极大的欺骗性。一些职介机构，为求壮大声势，在职位推介中，刊登一些已过期的所谓“招聘”，有些职介机构公布的招聘信息竟然只是拼凑报纸上、电线杆上抄来的别人的招聘广告。

4) 多名目、乱收费

非法职介的收费也日趋提高，以成都市为例，过去违法职介收费一般在几十元到两三百元不等，现在已发现收费最高的竟达千元以上。非法职介往往要求求职者支付诸如信息费、报名费、登记费、资料费、推荐费、注册费等名目繁多的费用。比较常见的是采取多处收费方式，比如，甲所与乙所串通，甲处以各种名目收取介绍费，乙处进行培训和考核，考核合格后再予推荐，如不合格则不退回介绍费，结果往往大半不合格。总之，骗人手段日趋多样化，且更具隐蔽性。据媒体曝光，许多合法的职介机构也存在上述违法的行为。

5) 职介与用人单位勾结

职介与用人单位勾结是最令求职者头疼的问题。一些中介和单位共同创造出子虚乌有的岗位，作为骗取钱财的工具。如果有应聘者前往，就不仅要在职介所支付介绍费，到用人单位进行“面试”或被“录用”时还要缴纳报名费、手续费、培训费、考试费等。而且是不言而喻的结果——要么“面试”都不过关，要么被压榨完了试用期的廉价劳动力之后再因“考核不合格”而被“辞退”。

许多毕业生有这样的经历：广告上说是招聘“经理”，月薪 1800 元。当他们交了 50 元的中介费，办完手续后，被安排在离职介所不远处的一家公司工作。结果上班第一天，公司负责人就叫他们“先从基层干起”，让他们在 1 个月内，每人推销价值 1 万元的保健品。1 个月下来，他们 6 人中，没有哪一个完成了任务，自然被辞退了，不但连基本工资没拿到，还支付了职介费。后来他们通过明察暗访，发现这家所谓的公司就是职介所的人开的，专门用来骗人的。

在这种情况下，求职者应当学会保存证据，职介机构开出的收据和用人单位的合同等文件都应该妥善保存，至少要备份复印件。要积极利用法律武器，向劳动部门、工商部门或者公安部门举报或者直接向法院起诉。

3. 怎样识别职介陷阱

作为高职高专的应届毕业生，最好通过政府开办的当年度人才招聘会或者各大学开办的应届毕业生双向选择会求职。当不得不选择职介机构时，必须注意识别职介陷阱。以下是辨别虚假职介的方法。

1) 上门就看“四证”

要识别职介机构的性质，首先就要看其是否合法，也就是“四证”是否齐全。如果是营利性的职业介绍机构，在营业场所的明显位置一定同时挂有各行政主管部门颁发的《企业法人营业执照》、《职业介绍许可证》或《人才中介服务许可证》、《税务登记证》、《收费许可证》等证照原件。

2) 注意职介的设施

合法职介所都有规范的名称，大门外无一例外地要写上××职业介绍所或××市××

区职业介绍中心等字样。合法职介所都有变体的“介”字标志，周围都有管理部门批准的、正式固定、面积数平方米以上的信息广告栏。规范的职介所营业面积一般不少于 100 平方米，而且一般在 3 楼以下。

3) 注意职介的服务

合法职介所不兼营其他业务，还应在经营场所公布劳动部门的举报和投诉电话，其工作人员也应佩戴由劳动部门统一制作的工作牌，同时在向求职者提供合适的岗位时还应出示用人单位委托其代为招聘的委托书。此外，职介组织应当在其服务场所醒目位置悬挂收费项目、收费标准。

4) 注意职介的收费

求职者需掌握的一个重要的判断标准就是看这个机构是否违规收费。根据四川劳动保障部门的有关规定，正规职介机构在正式给求职者推荐工作之前只能收取为数不多的建档费，并在一年内为其提供求职机会。而且，推荐成功所收取的费用一般不高于所提供工作月工资的 10%，如果对方收取过高的中介费就应当引起警觉。

5) 及时向有关部门查询、报告

如果遇到无证照或证照不全的歪中介，应及时向相关的劳动保障部门、工商管理部门或公安部门反映，有关部门可以根据相应管理条例规定对其进行处罚，所收介绍费等费用应退还给本人。

4. 怎样识别用人单位招聘陷阱

求职者应尽可能事先了解公司的基本情况，应聘时也要多留个“心眼”：注意公司内部的摆设、工作人员的谈话，注意该公司是否正常运作，面试时是否草率，等等。对以下问题要重点留意。

(1) 地点偏僻，员工诡异。若面试地点地处偏僻，最好能有友人陪同并在外等候；而面试时若发现其他员工不像在工作，面试官态度轻佻时，女性求职者务必提高警觉，除不饮用公司提供的茶水外，最好尽快结束面谈离开。

(2) 还没工作，就先收钱。还没有正式上班，雇主便先要求预付工作保证金、材料费、培训费、拍照费或意外保险费等，要当心陷阱。如果需支付费用，一定要索要发票或收据，并应当留意发票上财务专用章的单位名称与公司实际名称是否一致。

(3) 每天在招聘人员。公司的招聘广告长期刊登，且每次都以征求储备干部、兼职助理含糊带过，去电询问又对具体工作岗位待遇和长期福利等实质问题语焉未详时，要当心。

(4) 索取身份证件。一些非法公司常借口办理各类手续，索取身份证和印章，以应聘者的名义从事各种违法犯罪活动，使求职者糊里糊涂沦为违法犯罪、偷税漏税甚至抵债的“替罪羊”。

(5) 高薪急聘，轻易被录取。声称待遇优厚、工作轻松、免经验，去面试时发现根本没有问什么，甚至连毕业证都没有仔细鉴别，就被轻易录取时，要当心陷阱。

(6) 动辄要和应聘者签署各种文件。不要随便和公司签署协议，每一份签字都意味着一定的法律后果。此外，不缴纳任何不知用途的费用，不购买公司以任何名义要求购买的有形或无形产品。如果在应聘的过程中感觉有不合理的要求，应该明确拒绝。

(7) 该公司为不曾听闻过的企业。面试前可利用相关管理部门、亲朋好友的信息或者利用互联网查阅资料，确认是否为合法企业。最好能了解到公司的资质和规模，比如到工商行政机关去查询其注册资本额。如果发现其规模很小，就需要提高警惕。

7.1.3 网上求职应注意的问题

网上求职，是指通过互联网找工作的求职方法。求职者通过互联网查询招聘信息，填写求职信和个人简历，并通过 E-mail 或者网上提交系统提交给招聘单位。用人单位在获得求职者的求职信息后，给予求职者面试的机会，以进行下一步招聘工作。

网上求职与网下求职相比，主要涉及求职的前半部分，即求职者通过网上求职了解企业的职位信息与职位要求，并使企业了解个人的相关情况，从而获得面试的机会。当然也有企业将全部招聘过程通过网上进行。

1. 网上求职的技巧

应该说，随着互联网在中国的普及，现在越来越多求职者都有通过网上求职的经历，但是许多求职者并不清楚如何进行网上求职以及网上求职应注意哪些法律问题。

1) 网上求职前的准备

网上求职主要是通过电子邮箱进行联系的，求职者一定要选择一个性能稳定的邮箱。还要注意的是，多数企业在看到求职的电子邮件后，会通过电话与求职者联系的，因此求职者一定要有一个可以随时联系到自己的电话号码。

对于求职者而言，应该根据自己的实际情况，选择相应的招聘网站。例如，你是一个想在成都工作的求职者，可以登录一些成都企业职位信息比较多的招聘网站，如天虎人才网(http://job.tyfo.com)、成都人才网(http://www.rc114.com)等。可以根据自己的求职的行业特点，直接去登录一些自己感兴趣的成都企业的网站，看看企业网站里有没有招聘方面的信息，有没有适合自己的工作机会。但是得注意，网上招聘信息也会出现更新不够及时的情况，求职者须注意广告的上网日期及网页更新情况。

2) 网上求职的技巧

因为是网上求职，这里就不对如何写求职信、如何写个人简历进行介绍。网上求职的主要环节就是通过电邮发送个人的求职资料。下面介绍一些网上求职的技巧。

(1) 网上求职要保持平和的心态。求职者要坦然地面对挫折和困难，不要将全部的希望都寄托网上求职。网上求职只是求职的一个渠道，有可能的话仍然要通过网下的求职方式。去人才市场参加人才招聘会，通过邮局发送求职信仍然是求职的主要方式之一。

(2) 求职邮件应该简明扼要、重点突出。既要把自己在某一方面的特长讲清楚，又不要过于冗长。应该在邮件的主题及邮件正文中注明申请的是何职位。许多用人单位同时招聘多个职位，如果求职者没有写明自己的求职范围，会导致招聘人员看不明白从而失去机会。

(3) 如果不是用人单位特别要求，不要以附件方式发送简历。由于邮件太多，有时看邮件的招聘人员不愿意打开；又因为电子邮件病毒流行，许多用人单位不愿打开电子邮件的附件；此外，由于格式的不同，有些附件在用人单位那里可能是打不开的。同时，要注意把简历转化为文本文件。此外，也不要出现字词及语法类的错误。

(4) 一封电子邮件应聘一个职位。不要同时在一家公司应征数个职位。一般来说，在用人单位看来，你越是对某一职位志在必得，他们越感觉你是认真的，这样应聘的成功率自然比同时应聘几个职位要高。

(5) 用邮件发简历的时候，应该写一封求职信同时发出。求职信应该有足够的内容介绍自己，但要控制字数，不宜过长；还要注意措辞，信中千万不可有错别字。求职者可以在电子邮件的草稿箱里创建并保存一个求职信样式，这样稍加修改你就可以用它来申请其他的职位。

(6) 求职信发出后可以在适当的时间向用人单位询问结果。这样做是向用人单位表示诚意，也让自己心中有数。询问的时候应该表示你对他们公司的职位仍然感兴趣并再简短介绍一下自己的专业特长和工作经验。但是不要反复询问结果，这样是不受欢迎的，许多公司每天都会收到上百份个人简历，他们是不愿意被求职者反复打扰的。

(7) 建立个人主页。为了让有关单位全面了解你的情况，最好的办法是建立个人主页，求职者可以在发求职信的同时将自己的网址告诉用人单位，利用求职网站充分展示自身特色，吸引用人单位的目光。个人求职网站应该图文并茂，内容包括自己的求职信、简历、论文、实习报告、日记、个人论坛以及发表的文章等。当然，粗糙的求职网站最好不要使用，那样只会适得其反。

2. 网上求职应注意的法律问题

网上求职应注意以下法律问题。

1) 谨防网上求职受骗

成都某大学应届毕业生某乙(化名)在网上找工作时，相中了一家深圳的公司。按照该公司提供的电子邮箱，某乙将简历发了过去。很快，该公司回了一封言辞恳切的信，称某乙才思敏捷，打动了该公司人力资源部领导，决定破格聘用某乙并给予高薪，但由于某乙所学专业与该岗位不吻合，需要培训，而路途遥远，该公司经过研究提出了一个“非常体谅”的安排：某乙可以先在学校学习有关教材，再来深圳参加培训。按照该公司规定，某乙汇去了教材、档案和服装等各类费用共 400 元。就在某乙为前往深圳发展踌躇满志的时候才发现，该公司已经不再回复某乙的任何邮件，此时某乙才意识到上当了。

网上求职的骗局通常有以下几类：一是骗子公司动不动就要求付费，求职者往往被要求汇款作为报名费、押金、手续费，凡是这类情况，求职者应当立即放弃，甚至可以举报；二是网上传销的骗局，一些人在网上声称只需要交几十元会费就可以在家创业云云，只不过是搬到了网上的传销而已；三是收集个人信息和求职数据的骗局；四是榨取廉价劳动力的骗局。

曾经有外语专业的学生，通过招聘网站应聘一家公司，该公司以考查他的翻译能力为由，发送一些英语材料让他翻译，可翻译了好几次之后，仍没有得到该公司录用的表示。如此三番五次“考查”之后，张某明白了，该公司只是叫他为他们免费翻译英语技术材料，根本不招人。

求职者为了防止网上诈骗，应尽量寻找那些比较正规、知名的网站，如前程无忧(http://www.51job.com)，以减少不必要的麻烦。一般正规网站在刊登人才需求信息时，都会仔细验证招聘单位的真实性，要求对方能提供单位营业执照、办理人员的身份证件以及加盖公章的单位证明等，严防虚假信息的发生。求职者在无法确定所要应聘单位的真实性与可靠性时，可以登录当地的工商局网站查询一下企业的注册情况，或者直接在搜索网站“谷歌”或“百度”里输入“公司名+骗子”，看一下搜索结果，或者到一些求职论坛发帖请教，应该会有一个结果。

2) 注意个人信息保密

成都某大学正在找工作的女生某丙，不断接到外地或本地的陌生来电，这些人操着不同口音，问某丙的问题大同小异：是否愿意从事“特殊服务”。更让某丙吃惊的是，对方对某丙的年龄、籍贯和爱好等了如指掌。某丙百思不得其解，不由得有些害怕：这些陌生人是怎样把自己了解得这么详细的呢？后来，某丙发现身边的女同学也有遇到这类情况的，大家不约而同想到了前不久在互联网上发布的求职简历。这时候，某丙和她的女同学们才知道，原来麻烦来自她们在网上发布的求职信息。这个时候她们才注意到登录查询求职者的个人信息，不需要浏览人提供任何身份证明。自己当时在网上提供的年龄、毕业院校、所学专业、籍贯、家庭住址、手机和身份证号码甚至写真照片等信息在网上一览无余。某丙没想到，她一直认为省事的求职办法，却给自己带来那么多烦恼。

网上求职要注意对一些私人的信息进行相应的保护，不要在网站上透露家庭地址等个人安全信息，求职者只需要留下个人的电话、电邮及自己的大概位置就可以了。

此外，常常有网上“雇主”以招聘为名，诈骗求职者的信用卡号、银行账号、社会保险账号、身份证或者身份证复印件等个人机密信息。毕业生应提高认识，注意防范。

综上所述，毕业生应当处处防范求职陷阱。当发现自己遭遇求职陷阱时，不要慌乱，更不要自认倒霉，要果断地拿起法律武器来捍卫自己的合法权益。首要的选择是向各地所在区域的劳动监察部门咨询或举报，请求查处，也可以直接向人民法院起诉。

7.2　就业协议与劳动合同

7.2.1　就业协议

在高校毕业生正式毕业之前的求职阶段，是签订就业协议的高峰期。协议一旦签订，基本上就意味着你的第一份工作就确定了，因此，要特别注意签约的法律问题。

1. 就业协议

就业协议是明确毕业生、用人单位、学校在毕业生就业中的权利义务关系的书面形式。高校使用的《全国普通高等学校毕业生就业协议书》是由教育部制定样式，作为示范性文本，地方毕业生就业主管部门或高等学校负责印制。就业协议书由毕业生、用人单位、学校三方共同签署后生效，对签约三方都有约束力。应该注意的是，协议虽然不是劳动合同，但也是一个民事合同行为，具有合同的约束力，所以在签订协议之前一定要三思而后行。

2. 就业协议与劳动合同的区别

就业协议与劳动合同均为用人单位招用毕业生时所订立的书面合同。在就业过程中，毕业生有的将两者等同，有的将两者割裂开来，因而有必要对就业协议与劳动合同进行区别。

(1) 主体不同。就业协议应用于应届毕业生与用人单位、学校三方面之间；而劳动合同只适用于劳动者(毕业生参加工作以后)与用人单位之间，与学校没有直接的法律关系。

(2) 时间不同。一般来说就业协议在毕业生毕业之前签订，而劳动合同往往在毕业生到用人单位报到后才签订。

(3) 内容不同。就业协议书的主要内容是毕业生表示愿意到用人单位就业；用人单位表示愿意接收毕业生；学校表示同意推荐毕业生。而劳动合同涉及的主要内容是劳资双方劳动权利和义务的具体条款。

3. 就业协议主要条款

就业协议主要包括如下条款。

(1) 毕业生应按国家规定就业，向用人单位如实介绍自己的情况，在规定的时间内到用人单位报到，如遇特殊情况不能按时报到，需征得用人单位同意。

(2) 用人单位要如实介绍本单位情况，提供约定的工作岗位，做好各项接收工作。

(3) 学校要如实向用人单位介绍毕业生的情况，做好推荐工作，用人单位同意录用后，经学校审核列入建议就业方案，报主管部门批准，学校负责办理离校和派遣手续。

(4) 以上三方签字后都应严格履行协议，任何一方若违反协议，应承担相应的违约责任。

(5) 备注栏可补充其他约定，签字后视为本协议的一部分。作为合同的特殊条款，其效力应当高于其他格式条款。

4. 就业协议订立的程序

订立就业协议一般应遵循如下程序。

(1) 学校向毕业生发就业协议书。每个学生仅能领一式三份，不得多领冒领。

(2) 用人单位和毕业生签字盖章。毕业生和用人单位达成协议并在就业协议书上签名盖章，用人单位协议书上注明可以接收毕业生档案的名称和地址。

(3) 用人单位上级主管部门批准。用人单位接收毕业生如需经主管部门同意则应报上级主管部门批准。

(4) 就业协议书传递回学校。用人单位或毕业生将协议书传递到学校毕业生就业工作主管部门。

(5) 学校毕业生就业工作主管部门审查同意后，留存一份，另两份应及时反馈用人单位和毕业生。

5. 签订就业协议时应注意的法律问题

毕业生就业协议书明确三方的权利和义务，具有法律约束力，也涉及毕业生的切身利益，因而毕业生在就业签约时应注意以下几个问题，以切实维护自身在就业中的合法利益。

(1) 签协议前，毕业生一定要全方位地了解用人单位的相关情况。对以下信息一定要先有所了解：企业的发展趋势、招聘的岗位性质、员工培养制度、待遇状况、福利等相关内容，最好实地考察。此外，还需要重点了解用人单位的人事状况，是否具有应届毕业生的接收权，是否具备合法的主体资格。一般而言，用人单位必须具有从事各项经营或管理活动的资格，应有录用指标或者录用自主权。

(2) 协议的内容必须规范合法。毕业生就业协议一般由主管部门事先拟定，对毕业生和用人单位起示范作用。毕业生与用人单位经协商，还可以增加相关条款。但由于用人单位往往处于相对的优势地位，毕业生在与用人单位签约时，应尽量采用示范条款，防止权益遭受侵害。

(3) 对合同的解除条件做事先约定。毕业生就业协议一经订立，就对当事人具有约束力，一方不得随意解除，否则应承担违约责任。毕业生如对用人单位情况不是很了解或感到不完全满意，但又担心就业市场的变化，一旦放弃后，另行就业可能更困难；或本人正在准备考研或出国，在这种情况下，毕业生可与用人单位在就业协议书中就解除条件作约定。若约定条件一旦成立，毕业生可依约解除协议，而无须承担违约责任，避免产生经济损失或其他争议。就业协议中可以规定违约金的数额，根据《北京市劳动合同规定》的上限是不超过12个月的工资总和，其他一些省市也有类似的规定。

(4) 注意与劳动合同的衔接。由于毕业生就业协议签订在先，为避免在日后订立劳动合同时产生纠纷，应尽可能将劳动合同的主要内容体现在就业协议的约定条款中，并明确表示在今后订立劳动合同时应予确认。因而毕业生在就业过程中应就劳动报酬、试用期、住房、劳动期限等劳动合同的主要条款与用人单位事先协商，体现在就业协议书中，而不应只作口头约定。

签订就业协议书后，一定要签署劳动合同。正式的劳动合同可能是学生毕业前签订、毕业后生效的，也可能是毕业后签订、立即生效的。一般就业协议书会在毕业生已到用人单位报到，与用人单位签订的劳动合同生效时，而终止其效力。

6. 违反就业协议的法律责任

违反就业协议所导致的法律责任，一般限于违约责任。理论上讲，违反就业协议应当有三个主体：学校、用人单位、学生。而实践当中，往往都是学生违反就业协议。学校和用人单位都是出于工作需要而进行缔约行为，一般都不会违约。因此，下面着重谈毕业生违约的法律责任。

大学毕业生常常有这样的困惑：眼看毕业期限日益临近，学校又在催促签约，手头是有几个单位，往往是自己想去的单位久等不回话，自己不怎么满意的单位又觉得很勉强。在严峻的就业压力驱使下，很多同学为了不至于“毕业就失业”，纷纷签个单位“保底”，以后找到更好的单位就毁约。这样的想法和行为不在少数。

许多学生认为签订“保底”协议不是不讲诚信，而是双向选择。这种认识其实是完全错误的，草率地和用人单位签订协议是危险的，毕业生和用人单位签的就业协议不是一张废纸，都具备相应的法律效力，不能轻易反悔，否则要承担违约责任，如果给用人单位造成损失，还必须承担损害赔偿责任。作为受过高等教育的大学毕业生，应当遵守诚信原则。既然签了约，就应当一诺千金、努力遵守。诚实信用，这是市场经济社会对公民的最基本要求。

为了避免毕业生“一女多嫁”情况的出现，一般由学校进行监督，进行最后盖章确认。学校的就业指导中心对就业协议的管理都是很严格的，一般只发给与每位毕业生相对应的唯一一份协议。但是，尽管这样，毕业生违约还是屡见不鲜。据报道，大学生求职因为“心猿意马”，平均要付出至少 2000 元的代价。

《城市晚报》曾报道了一起典型的毕业生违约案。2002 年 11 月 26 日，吉林某报社到某师范学院招聘文字编辑。通过双向选择，报社与毕业生小燕(化名)及其就读的师范学院三方签订了《全国普通高等学校毕业生就业协议书》。协议中约定：“(毕业生)表明自己的就业意见，在规定的时间内到用人单位报到，若遇到特殊情况不能按约报到，须经用人单位同意”。此外，小燕和该报社双方还约定：(小燕)毕业前不得再与其他单位签订聘用合同，否则，须赔偿报社“定编损失费”1 万元。协议签订后，该报社拒绝了其他应聘人员，一心只等小燕报到。

2003 年，为迎接小燕的到来，报社按照协议约定，为其提前安排了工作和生活所需，购置了办公电脑，预交住房租金。但在 2003 年 6 月中旬，高校毕业生分配基本结束时，小燕仍未报到。报社到师范学院了解情况，才知道小燕已经到另外一家报社上班了。

某报社只好起诉。法院经审理认为，小燕毕业后未到原告单位工作，违反了《就业协议》，应承担违约责任，赔偿某报社违约金及各项损失总计 12768.95 元。

毕业生违约有两种，一种是大学生在毕业前签订《就业协议》后违约，另一种是毕业后与用人单位签订正式《劳动合同》后违约。对大学生来说主要是前一种情况，该协议实质是一份民事合同，并不适用《劳动法》来调整。如果大学生违反了任何一条协议书上约定的内容，他就必须支付违约金。而目前的就业形势，用人单位大多掌握着主动权，本应双方协商的违约金变成了用人单位单方面制定格式合同，毕业生往往只能被动接受。所以在缔约前一定要慎重，不要轻易违约。

7.2.2 劳动合同

每年的七月，毕业生纷纷离开学校，前往《就业协议》中签订的用人单位报到。按《就业协议》明确约定派遣的毕业生，用人单位不得拒绝接收或退回学校，除非该协议无效或者有合法的可撤销事由。毕业生报到后，用人单位应根据《就业协议》的约定和工作需要及时安排工作岗位。属于非公务员序列的(含国家机关中实行聘用制的岗位、人事改革后的事业单位等)，用人单位应及时与毕业生签订劳动合同。

毕业生到用人单位就业，意味着双方将正式建立劳动关系。而按照法律规定，建立劳动关系应当订立劳动合同。劳动合同是劳动者与用人单位确立劳动关系、明确双方权利和义务关系的协议，也是劳动争议发生后处理争议的重要依据。劳动合同依法订立即具有法律约束力，当事人必须履行劳动合同规定的义务。

中华人民共和国第十届全国人民代表大会常务委员会第二十八次会议于 2007 年 6 月 29 日通过，2008 年 1 月 1 日开始实施的《中华人民共和国劳动合同法》(以下简称《劳动合同法》)是当前劳动者与用人单位订立劳动合同的最重要的法律依据。

1. 劳动合同的订立

劳动合同的订立，不仅事关个人在薪酬、福利、保险等方面的物质利益，还涉及诸如培训、晋升等个人长远发展问题，劳动合同有时还会成为维权的证据或者沦为自己发展的障碍，因此必须慎重对待。

用人单位与劳动者签订劳动合同时，劳动合同可以由用人单位拟定，也可以由双方当事人共同拟定，但都必须经双方当事人协商一致后才能签订。在协商之际，应全面了解岗位相关的情况，对于高职高专的毕业生，切忌在找工作难的压力下，急于催促用人单位签约，结果反为用人单位所牵制。

在订立劳动合同时，劳动者应注意以下常见的法律问题。

(1) 提前准备。劳动合同往往是用人单位早已经准备好了的格式合同。在劳动合同订立前，求职者可以要求用人单位提供合同文本，以便对合同文本内容有充分的了解。特别是对于双方协商约定的条款，应引起高度重视。在把握合同条款的基础上，还应该重点了解劳动合同的解除的违约责任和补偿标准，以及在什么情况下单位不得与劳动者解除劳动合同。

劳动合同法规定：

第七条　用人单位自用工之日起即与劳动者建立劳动关系。用人单位应当建立职工名册备查。

第八条　用人单位招用劳动者时，应当如实告知劳动者工作内容、工作条件、工作地点、职业危害、安全生产状况、劳动报酬，以及劳动者要求了解的其他情况；用人单位有权了解劳动者与劳动合同直接相关的基本情况，劳动者应当如实说明。

(2) 谨慎交费。用人单位在与劳动者订立劳动合同时，不得以任何形式向劳动者收取定金、保证金(物)或抵押金(物)。

劳动合同法规定：

第九条　用人单位招用劳动者，不得扣押劳动者的居民身份证和其他证件，不得要求劳动者提供担保或者以其他名义向劳动者收取财物。

(3) 劳动合同原则上须书面。现在有些用人单位不愿意与职工签订书面劳动合同，想以此逃避某些法律责任。但作为劳动者，有权要求与用人单位订立书面合同，并要求自己保留一份。

(4) 必备条款不可缺少。

《劳动合同法》第十七条规定如下。

劳动合同应当具备以下条款：

(一)用人单位的名称、住所和法定代表人或者主要负责人；

(二)劳动者的姓名、住址和居民身份证或者其他有效身份证件号码；

(三)劳动合同期限；

(四)工作内容和工作地点；

(五)工作时间和休息休假；

(六)劳动报酬；

(七)社会保险；

(八)劳动保护、劳动条件和职业危害防护；

(九)法律、法规规定应当纳入劳动合同的其他事项。

劳动合同除前款规定的必备条款外，用人单位与劳动者可以约定试用期、培训、保守秘密、补充保险和福利待遇等其他事项。

(5) 附加条款要看清。在聘用合同中，一般都会有一些附加条款。求职者在签订前一定要让企业拿出原文，仔细审看无异议后，盖章留存，作为依据。要认真检查有无遗漏的约定事项或者附加说明，需要立即补齐的绝对不可拖延。

(6) 数字一定要大写。合同签字后，有些用人单位会抓住时间空隙，将合同上的数字更改让求职者吃“哑巴亏”，所以，求职者在签订合同涉及数字时，一定要用大写汉字。

(7) 用人单位必须为劳动者购买基本社会保险。用人单位与劳动者建立劳动关系后，应当依法为劳动者购买养老、失业、医疗、工伤、生育等五项最基本的社会保险，有的地方还要求为劳动者交纳住房公积金。

(8) 仔细确认用人单位的签字盖章。仔细鉴定单位所盖公章，看其是否与自己即将入职的单位一致。因为在同一法人单位下，往往存在许多分公司、下属单位或营业部门，不少劳动者是不愿意进入所有的部门的。

(9) 审慎对待自己的签字。在签订劳动合同时，毕业生应注意认真审查合同的条款，明显对自己不利的条款应及时向用人单位提出，并且不能匆忙签字，更不能因为基于自己的弱势地位而委曲求全地在合同上签字。因为从法律角度来看，劳动者在劳动合同上签字，是表示自己对该合同的认可，并愿意遵守和履行合同。如果拿不出用人单位在签订合同时采用了胁迫或欺诈的证据，就只能被认定为是自己真实意思所为，不能认定该合同无效。

(10) 合同至少一式两份，双方各执一份，毕业生应妥善保管。如果发生劳动纠纷，《劳动合同》文本原件是最主要的证据。

(11) 注意合同生效的条件和时间。

《劳动合同法》规定：

第十条　建立劳动关系，应当订立书面劳动合同。

已建立劳动关系，未同时订立书面劳动合同的，应当自用工之日起一个月内订立书面劳动合同。

用人单位与劳动者在用工前订立劳动合同的，劳动关系自用工之日起建立。

第十一条　用人单位未在用工的同时订立书面劳动合同，与劳动者约定的劳动报酬不明确的，新招用的劳动者的劳动报酬按照集体合同规定的标准执行；没有集体合同或者集体合同未规定的，实行同工同酬。

(12) 双方在订立合同时如有纠纷，应通过合法方式解决。

第十八条　下列劳动合同无效：

(一)违反法律、行政法规的劳动合同；

(二)采取欺诈、威胁等手段订立的劳动合同。

无效的劳动合同，从订立的时候起，就没有法律约束力。确认劳动合同部分无效的，如果不影响其余部分的效力，其余部分仍然有效。

劳动合同的无效，由劳动争议仲裁委员会或者人民法院确认。

2. 劳动合同的期限与试用期

关于合同期限《劳动合同法》有下列规定：

第十二条 劳动合同分为固定期限劳动合同、无固定期限劳动合同和以完成一定工作任务为期限的劳动合同。

第十三条 固定期限劳动合同，是指用人单位与劳动者约定合同终止时间的劳动合同。

用人单位与劳动者协商一致，可以订立固定期限劳动合同。

第十四条 无固定期限劳动合同，是指用人单位与劳动者约定无确定终止时间的劳动合同。

用人单位与劳动者协商一致，可以订立无固定期限劳动合同。有下列情形之一，劳动者提出或者同意续订、订立劳动合同的，除劳动者提出订立固定期限劳动合同外，应当订立无固定期限劳动合同：

(一)劳动者在该用人单位连续工作满十年的；

(二)用人单位初次实行劳动合同制度或者国有企业改制重新订立劳动合同时，劳动者在该用人单位连续工作满十年且距法定退休年龄不足十年的；

(三)连续订立二次固定期限劳动合同，且劳动者没有本法第三十九条和第四十条第一项、第二项规定的情形，续订劳动合同的。

用人单位自用工之日起满一年不与劳动者订立书面劳动合同的，视为用人单位与劳动者已订立无固定期限劳动合同。

第十五条 以完成一定工作任务为期限的劳动合同，是指用人单位与劳动者约定以某项工作的完成为合同期限的劳动合同。

用人单位与劳动者协商一致，可以订立以完成一定工作任务为期限的劳动合同。

第十六条 劳动合同由用人单位与劳动者协商一致，并经用人单位与劳动者在劳动合同文本上签字或者盖章生效。

劳动合同文本由用人单位和劳动者各执一份。

试用期是用人单位和劳动者为了相互了解、选择而约定的考察期。关于合同试用期《劳动合同法》有下列规定：

第十九条 劳动合同期限三个月以上不满一年的，试用期不得超过一个月；劳动合同期限一年以上不满三年的，试用期不得超过二个月；三年以上固定期限和无固定期限的劳动合同，试用期不得超过六个月。

同一用人单位与同一劳动者只能约定一次试用期。

以完成一定工作任务为期限的劳动合同或者劳动合同期限不满三个月的，不得约定试用期。

试用期包含在劳动合同期限内。劳动合同仅约定试用期的，试用期不成立，该期限为劳动合同期限。

第二十条 劳动者在试用期的工资不得低于本单位相同岗位最低档工资或者劳动合同

约定工资的百分之八十，并不得低于用人单位所在地的最低工资标准。

第二十一条　在试用期中，除劳动者有本法第三十九条和第四十条第一项、第二项规定的情形外，用人单位不得解除劳动合同。用人单位在试用期解除劳动合同的，应当向劳动者说明理由。

3. 劳动时间与报酬

我国的相关法律对劳动时间与报酬有如下规定。

1) 工作与休息时间

依照《劳动法》有关规定，劳动者每日工作时间不超过 8 小时，每周平均工作时间不超过 40 小时，用人单位应当保证劳动者每周至少休息 2 日。因工作性质或生产特点的限制，不能实行每日工作 8 小时的，可以实行不定时工作制或综合计算工时工作制等其他工作和休息办法，但应办理审批手续。用人单位由于生产经营需要，经与工会和劳动者协商后可以延长工作时间，一般每日不得超过 1 小时；因特殊原因需要延长工作时间的，在保障劳动者身体健康的条件下延长工作时间每日不得超过 3 小时，但是每月不得超过 36 小时。

2) 加班报酬

若有法律规定的特殊情况出现，确需延长劳动时间的不受上述限制。安排劳动者延长工作时间的，用人单位应支付不低于工资的 150%的工资报酬；休息日安排劳动者工作又不能安排补休的，支付不低于工资的 200%的工资报酬；法定休假日安排劳动者工作的，支付不低于工资的 300%的工资报酬。

3) 工资

用人单位根据本单位的生产经营特点和经济效益，依法自主确定本单位的工资分配方式和工资水平。国家统计局《关于工资总额组成的规定》认为，工资总额是指各单位在一定时期内直接支付给本单位全部职工的劳动报酬总额。工资总额由下列六个部分组成：①计时工资；②计件工资；③奖金；④津贴或补贴；⑤加班工资；⑥特殊情况下支付的工资。 奖金是指支付给职工的超额劳动报酬和增收节支的劳动报酬，包括生产奖、节约奖、劳动竞赛奖、机关事业单位的奖励工资、其他奖金等。津贴是指为了补偿职工特殊或额外的劳动消耗和因其他特殊原因支付给职工的津贴，包括保健性津贴、技术性津贴及其他津贴等。

4) 最低工资保障

国家同时还实行最低工资保障制度。最低工资是指劳动者在法定工作时间内提供了正常劳动的前提下，其所在企业应支付的最低劳动报酬。最低工资标准应高于当地的社会救济金和失业保险标准，低于平均工资。最低工资的具体标准由省、自治区、直辖市人民政府规定，报国务院备案。

2008 年 1 月 7 日，成都市政府同意了市劳动保障局的建议，第八次调整全市工资标准，与以前不同的是此次调整将我市最低工资标准由三档调整为二档，扩大了最高档次标准的适用范围，其中，锦江区、青羊区、金牛区、武侯区、成华区、高新技术产业开发区、龙泉驿区、青白江区、新都区、温江区、都江堰市、双流县、郫县、新津县等 14 个区(市)县月最低工资标准为每月 650 元，非全日制用工小时最低工资标准为每小时 7.1 元；彭州市、邛崃市、崇州市、金堂县、大邑县、蒲江县等 6 个区(市)县月最低工资标准为每月 550 元，非全日制用工小时最低工资标准为每小时 6.0 元。用人单位支付劳动者的工资报酬低于当地最低工资标准的，要在补足低于标准部分的同时，另外支付相当于低于部分 25%的经济补偿金。

5) 社会保险和福利

法律规定，劳动者依法享有社会保险和福利的权利，用人单位和劳动者必须依法参加社会保险，缴纳社会保险费，用人单位应当承担社保费用的相当比例。用人单位必须为劳动者办理的社会保险有五种：工伤、养老、医疗、失业、生育。有的地方还要求办理住房公积金以及其他险种。

4. 劳动合同的解除及其法律责任

1) 劳动合同的解除

劳动合同的解除，是指劳动合同订立后，合同期限尚未履行届满，由于某种原因导致劳动合同一方或双方当事人提前消灭劳动关系的一种法律行为。劳动合同的解除，只对未履行的部分发生效力，不涉及已履行的部分。劳动合同的解除分为法定解除和约定解除两种。

《劳动合同法》规定：

第三十六条　用人单位与劳动者协商一致，可以解除劳动合同。

第三十七条　劳动者提前三十日以书面形式通知用人单位，可以解除劳动合同。劳动者在试用期内提前三日通知用人单位，可以解除劳动合同。

第三十八条　用人单位有下列情形之一的，劳动者可以解除劳动合同：

(一)未按照劳动合同约定提供劳动保护或者劳动条件的；

(二)未及时足额支付劳动报酬的；

(三)未依法为劳动者缴纳社会保险费的；

(四)用人单位的规章制度违反法律、法规的规定，损害劳动者权益的；

(五)因本法第二十六条第一款规定的情形致使劳动合同无效的；

(六)法律、行政法规规定劳动者可以解除劳动合同的其他情形。

用人单位以暴力、威胁或者非法限制人身自由的手段强迫劳动者劳动的，或者用人单位违章指挥、强令冒险作业危及劳动者人身安全的，劳动者可以立即解除劳动合同，不需事先告知用人单位。

第三十九条　劳动者有下列情形之一的，用人单位可以解除劳动合同：

(一)在试用期间被证明不符合录用条件的；

(二)严重违反用人单位的规章制度的；

(三)严重失职，营私舞弊，给用人单位造成重大损害的；

(四)劳动者同时与其他用人单位建立劳动关系，对完成本单位的工作任务造成严重影响，或者经用人单位提出，拒不改正的；

(五)因本法第二十六条第一款第一项规定的情形致使劳动合同无效的；

(六)被依法追究刑事责任的。

第四十条　有下列情形之一的，用人单位提前三十日以书面形式通知劳动者本人或者额外支付劳动者一个月工资后，可以解除劳动合同：

(一)劳动者患病或者非因工负伤，在规定的医疗期满后不能从事原工作，也不能从事由用人单位另行安排的工作的；

(二)劳动者不能胜任工作，经过培训或者调整工作岗位，仍不能胜任工作的；

(三)劳动合同订立时所依据的客观情况发生重大变化，致使劳动合同无法履行，经用人单位与劳动者协商，未能就变更劳动合同内容达成协议的。

第四十一条　有下列情形之一，需要裁减人员二十人以上或者裁减不足二十人但占企业职工总数百分之十以上的，用人单位提前三十日向工会或者全体职工说明情况，听取工会或者职工的意见后，裁减人员方案经向劳动行政部门报告，可以裁减人员：

(一)依照企业破产法规定进行重整的；

(二)生产经营发生严重困难的；

(三)企业转产、重大技术革新或者经营方式调整，经变更劳动合同后，仍需裁减人员的；

(四)其他因劳动合同订立时所依据的客观经济情况发生重大变化，致使劳动合同无法履行的。

裁减人员时，应当优先留用下列人员：

(一)与本单位订立较长期限的固定期限劳动合同的；

(二)与本单位订立无固定期限劳动合同的；

(三)家庭无其他就业人员，有需要扶养的老人或者未成年人的。

用人单位依照本条第一款规定裁减人员，在六个月内重新招用人员的，应当通知被裁减的人员，并在同等条件下优先招用被裁减的人员。

第四十二条　劳动者有下列情形之一的，用人单位不得依照本法第四十条、第四十一条的规定解除劳动合同：

(一)从事接触职业病危害作业的劳动者未进行离岗前职业健康检查，或者疑似职业病病人在诊断或者医学观察期间的；

(二)在本单位患职业病或者因工负伤并被确认丧失或者部分丧失劳动能力的；

(三)患病或者非因工负伤，在规定的医疗期内的；

(四)女职工在孕期、产期、哺乳期的；

(五)在本单位连续工作满十五年，且距法定退休年龄不足五年的；

(六)法律、行政法规规定的其他情形。

第四十三条　用人单位单方解除劳动合同，应当事先将理由通知工会。用人单位违反法律、行政法规规定或者劳动合同约定的，工会有权要求用人单位纠正。用人单位应当研究工会的意见，并将处理结果书面通知工会。

第四十四条　有下列情形之一的，劳动合同终止：

(一)劳动合同期满的；

(二)劳动者开始依法享受基本养老保险待遇的；

(三)劳动者死亡，或者被人民法院宣告死亡或者宣告失踪的；

(四)用人单位被依法宣告破产的；

(五)用人单位被吊销营业执照、责令关闭、撤销或者用人单位决定提前解散的；

(六)法律、行政法规规定的其他情形。

第四十五条　劳动合同期满，有本法第四十二条规定情形之一的，劳动合同应当续延至相应的情形消失时终止。但是，本法第四十二条第二项规定丧失或者部分丧失劳动能力劳动者的劳动合同的终止，按照国家有关工伤保险的规定执行。

第四十六条　有下列情形之一的，用人单位应当向劳动者支付经济补偿：

(一)劳动者依照本法第三十八条规定解除劳动合同的；

(二)用人单位依照本法第三十六条规定向劳动者提出解除劳动合同并与劳动者协商一致解除劳动合同的；

(三)用人单位依照本法第四十条规定解除劳动合同的；

(四)用人单位依照本法第四十一条第一款规定解除劳动合同的；

(五)除用人单位维持或者提高劳动合同约定条件续订劳动合同，劳动者不同意续订的情形外，依照本法第四十四条第一项规定终止固定期限劳动合同的；

(六)依照本法第四十四条第四项、第五项规定终止劳动合同的；

(七)法律、行政法规规定的其他情形。

第四十七条　经济补偿按劳动者在本单位工作的年限，每满一年支付一个月工资的标准向劳动者支付。六个月以上不满一年的，按一年计算；不满六个月的，向劳动者支付半个月工资的经济补偿。

劳动者月工资高于用人单位所在直辖市、设区的市级人民政府公布的本地区上年度职工月平均工资三倍的，向其支付经济补偿的标准按职工月平均工资三倍的数额支付，向其支付经济补偿的年限最高不超过十二年。

本条所称月工资是指劳动者在劳动合同解除或者终止前十二个月的平均工资。

第四十八条　用人单位违反本法规定解除或者终止劳动合同，劳动者要求继续履行劳动合同的，用人单位应当继续履行；劳动者不要求继续履行劳动合同或者劳动合同已经不能继续履行的，用人单位应当依照本法第八十七条规定支付赔偿金。

第四十九条　国家采取措施，建立健全劳动者社会保险关系跨地区转移接续制度。

第五十条　用人单位应当在解除或者终止劳动合同时出具解除或者终止劳动合同的证明，并在十五日内为劳动者办理档案和社会保险关系转移手续。

劳动者应当按照双方约定，办理工作交接。用人单位依照本法有关规定应当向劳动者支付经济补偿的，在办结工作交接时支付。

用人单位对已经解除或者终止的劳动合同的文本，至少保存二年备查。

2) 违反劳动合同的法律责任

违反劳动合同，即劳动者与用人单位订立劳动合同关系后，又违反劳动合同的约定，解除劳动合同的行为。最常见的是用人单位的任意解雇和劳动者随意跳槽。违反《劳动合同》所应承担的法律责任，往往是违约或者侵权，也包括二者的竞合。如果构成了犯罪，还应当承担刑事责任。

《劳动合同法》第七章专门明确了相关法律责任。

第八十条　用人单位直接涉及劳动者切身利益的规章制度违反法律、法规规定的，由劳动行政部门责令改正，给予警告；给劳动者造成损害的，应当承担赔偿责任。

第八十一条　用人单位提供的劳动合同文本未载明本法规定的劳动合同必备条款或者用人单位未将劳动合同文本交付劳动者的，由劳动行政部门责令改正；给劳动者造成损害的，应当承担赔偿责任。

第八十二条　用人单位自用工之日起超过一个月不满一年未与劳动者订立书面劳动合同的，应当向劳动者每月支付二倍的工资。

用人单位违反本法规定不与劳动者订立无固定期限劳动合同的，自应当订立无固定期限劳动合同之日起向劳动者每月支付二倍的工资。

第八十三条　用人单位违反本法规定与劳动者约定试用期的，由劳动行政部门责令改正；违法约定的试用期已经履行的，由用人单位以劳动者试用期满月工资为标准，按已经履行的超过法定试用期的期间向劳动者支付赔偿金。

第八十四条　用人单位违反本法规定，扣押劳动者居民身份证等证件的，由劳动行政部门责令限期退还劳动者本人，并依照有关法律规定给予处罚。

用人单位违反本法规定，以担保或者其他名义向劳动者收取财物的，由劳动行政部门责令限期退还劳动者本人，并以每人五百元以上二千元以下的标准处以罚款；给劳动者造成损害的，应当承担赔偿责任。

劳动者依法解除或者终止劳动合同，用人单位扣押劳动者档案或者其他物品的，依照前款规定处罚。

第八十五条　用人单位有下列情形之一的，由劳动行政部门责令限期支付劳动报酬、加班费或者经济补偿；劳动报酬低于当地最低工资标准的，应当支付其差额部分；逾期不支付的，责令用人单位按应付金额百分之五十以上百分之一百以下的标准向劳动者加付赔偿金：

(一)未按照劳动合同的约定或者国家规定及时足额支付劳动者劳动报酬的；

(二)低于当地最低工资标准支付劳动者工资的；

(三)安排加班不支付加班费的；

(四)解除或者终止劳动合同，未依照本法规定向劳动者支付经济补偿的。

第八十六条　劳动合同依照本法第二十六条规定被确认无效，给对方造成损害的，有过错的一方应当承担赔偿责任。

第八十七条　用人单位违反本法规定解除或者终止劳动合同的，应当依照本法第四十七条规定的经济补偿标准的二倍向劳动者支付赔偿金。

第八十八条　用人单位有下列情形之一的，依法给予行政处罚；构成犯罪的，依法追究刑事责任；给劳动者造成损害的，应当承担赔偿责任：

(一)以暴力、威胁或者非法限制人身自由的手段强迫劳动的；

(二)违章指挥或者强令冒险作业危及劳动者人身安全的；

(三)侮辱、体罚、殴打、非法搜查或者拘禁劳动者的；

(四)劳动条件恶劣、环境污染严重，给劳动者身心健康造成严重损害的。

第八十九条　用人单位违反本法规定未向劳动者出具解除或者终止劳动合同的书面证明，由劳动行政部门责令改正；给劳动者造成损害的，应当承担赔偿责任。

第九十条　劳动者违反本法规定解除劳动合同，或者违反劳动合同中约定的保密义务或者竞业限制，给用人单位造成损失的，应当承担赔偿责任。

第九十一条　用人单位招用与其他用人单位尚未解除或者终止劳动合同的劳动者，给其他用人单位造成损失的，应当承担连带赔偿责任。

第九十二条　劳务派遣单位违反本法规定的，由劳动行政部门和其他有关主管部门责令改正；情节严重的，以每人一千元以上五千元以下的标准处以罚款，并由工商行政管理部门吊销营业执照；给被派遣劳动者造成损害的，劳务派遣单位与用工单位承担连带赔偿责任。

第九十三条　对不具备合法经营资格的用人单位的违法犯罪行为，依法追究法律责任；劳动者已经付出劳动的，该单位或者其出资人应当依照本法有关规定向劳动者支付劳动报酬、经济补偿、赔偿金；给劳动者造成损害的，应当承担赔偿责任。

第九十四条　个人承包经营违反本法规定招用劳动者，给劳动者造成损害的，发包的组织与个人承包经营者承担连带赔偿责任。

第九十五条　劳动行政部门和其他有关主管部门及其工作人员玩忽职守、不履行法定职责，或者违法行使职权，给劳动者或者用人单位造成损害的，应当承担赔偿责任；对直接负责的主管人员和其他直接责任人员，依法给予行政处分；构成犯罪的，依法追究刑事责任。

《劳动合同法》特别规定了如下内容。

第一节　集体合同

第五十一条　企业职工一方与用人单位通过平等协商，可以就劳动报酬、工作时间、休息休假、劳动安全卫生、保险福利等事项订立集体合同。集体合同草案应当提交职工代表大会或者全体职工讨论通过。

集体合同由工会代表企业职工一方与用人单位订立；尚未建立工会的用人单位，由上级工会指导劳动者推举的代表与用人单位订立。

第五十二条　企业职工一方与用人单位可以订立劳动安全卫生、女职工权益保护、工资调整机制等专项集体合同。

第五十三条　在县级以下区域内，建筑业、采矿业、餐饮服务业等行业可以由工会与企业方面代表订立行业性集体合同，或者订立区域性集体合同。

第五十四条　集体合同订立后，应当报送劳动行政部门；劳动行政部门自收到集体合同文本之日起十五日内未提出异议的，集体合同即行生效。

依法订立的集体合同对用人单位和劳动者具有约束力。行业性、区域性集体合同对当地本行业、本区域的用人单位和劳动者具有约束力。

第五十五条　集体合同中劳动报酬和劳动条件等标准不得低于当地人民政府规定的最低标准；用人单位与劳动者订立的劳动合同中劳动报酬和劳动条件等标准不得低于集体合同规定的标准。

第五十六条　用人单位违反集体合同，侵犯职工劳动权益的，工会可以依法要求用人单位承担责任；因履行集体合同发生争议，经协商解决不成的，工会可以依法申请仲裁、提起诉讼。

第二节　劳务派遣

第五十七条　劳务派遣单位应当依照公司法的有关规定设立，注册资本不得少于五十万元。

第五十八条　劳务派遣单位是本法所称用人单位，应当履行用人单位对劳动者的义务。劳务派遣单位与被派遣劳动者订立的劳动合同，除应当载明本法第十七条规定的事项外，还应当载明被派遣劳动者的用工单位以及派遣期限、工作岗位等情况。

劳务派遣单位应当与被派遣劳动者订立二年以上的固定期限劳动合同，按月支付劳动报酬；被派遣劳动者在无工作期间，劳务派遣单位应当按照所在地人民政府规定的最低工资标准，向其按月支付报酬。

第五十九条　劳务派遣单位派遣劳动者应当与接受以劳务派遣形式用工的单位(以下称用工单位)订立劳务派遣协议。劳务派遣协议应当约定派遣岗位和人员数量、派遣期限、劳动报酬和社会保险费的数额与支付方式以及违反协议的责任。

用工单位应当根据工作岗位的实际需要与劳务派遣单位确定派遣期限，不得将连续用工期限分割订立数个短期劳务派遣协议。

第六十条　劳务派遣单位应当将劳务派遣协议的内容告知被派遣劳动者。

劳务派遣单位不得克扣用工单位按照劳务派遣协议支付给被派遣劳动者的劳动报酬。

劳务派遣单位和用工单位不得向被派遣劳动者收取费用。

第六十一条　劳务派遣单位跨地区派遣劳动者的，被派遣劳动者享有的劳动报酬和劳动条件，按照用工单位所在地的标准执行。

第六十二条　用工单位应当履行下列义务：

(一)执行国家劳动标准，提供相应的劳动条件和劳动保护；

(二)告知被派遣劳动者的工作要求和劳动报酬；

(三)支付加班费、绩效奖金，提供与工作岗位相关的福利待遇；

(四)对在岗被派遣劳动者进行工作岗位所必需的培训；

(五)连续用工的，实行正常的工资调整机制。

用工单位不得将被派遣劳动者再派遣到其他用人单位。

第六十三条　被派遣劳动者享有与用工单位的劳动者同工同酬的权利。用工单位无同类岗位劳动者的，参照用工单位所在地相同或者相近岗位劳动者的劳动报酬确定。

第六十四条　被派遣劳动者有权在劳务派遣单位或者用工单位依法参加或者组织工会，维护自身的合法权益。

第六十五条　被派遣劳动者可以依照本法第三十六条、第三十八条的规定与劳务派遣单位解除劳动合同。

被派遣劳动者有本法第三十九条和第四十条第一项、第二项规定情形的，用工单位可以将劳动者退回劳务派遣单位，劳务派遣单位依照本法有关规定，可以与劳动者解除劳动合同。

第六十六条　劳务派遣一般在临时性、辅助性或者替代性的工作岗位上实施。

第六十七条　用人单位不得设立劳务派遣单位向本单位或者所属单位派遣劳动者。

第三节　非全日制用工

第六十八条　非全日制用工，是指以小时计酬为主，劳动者在同一用人单位一般平均每日工作时间不超过四小时，每周工作时间累计不超过二十四小时的用工形式。

第六十九条　非全日制用工双方当事人可以订立口头协议。

从事非全日制用工的劳动者可以与一个或者一个以上用人单位订立劳动合同；但是，后订立的劳动合同不得影响先订立的劳动合同的履行。

第七十条　非全日制用工双方当事人不得约定试用期。

第七十一条　非全日制用工双方当事人任何一方都可以随时通知对方终止用工。终止用工，用人单位不向劳动者支付经济补偿。

第七十二条　非全日制用工小时计酬标准不得低于用人单位所在地人民政府规定的最低小时工资标准。

非全日制用工劳动报酬结算支付周期最长不得超过十五日。

7.3 毕业生就业权益及其保护

7.3.1 毕业生就业权益

普通高校毕业生就业制度改革逐步走向市场化、法制化。但毕业生就业过程中还存在信息独占、不公平录用等侵犯毕业生权利的情况。高校毕业生在其整个择业求职过程中应增强法律意识，自觉遵守市场规则，并运用法律武器保护自己的合法权益。根据目前就业法律法规和政策的有关规定，毕业生在就业求职过程中主要享有以下几个方面的权益。

1. 平等就业权

毕业生在参加就业求职过程中，享有平等就业权。就业时遵循平等、公平、公正的原则。根据国家有关规定，实行并轨招生的高职高专应届毕业生，在国家就业方针、政策指导下自主择业，只要符合国家的就业方针、政策，毕业生就可以平等、自主地选择用人单位，学校、其他单位或个人均不得干涉。

2. 获取信息权

就业信息是毕业生择业成功的前提和关键，只有在充分占有信息的基础上，才能结合自身情况选择适合自身发展的用人单位。毕业生获取信息权，应包括两方面含义。

(1) 信息公开。即所有用人信息向全体毕业生公开。各地根据当地实际情况，信息公开的范围、程度有所不同。例如上海市已建立高校毕业生需求信息登记制度，凡需录用高校毕业生的用人单位，须到上海市高校毕业生就业指导中心和有关高校办理信息登记，由市高校毕业生就业指导中心通过高校向毕业生发布用人需求信息，任何单位和个人不得隐瞒、截留需求信息。

(2) 信息准确。毕业生获取的信息必须是及时、有效、准确、全面的，而不能将过时无利用价值的信息传递给毕业生。毕业生有权获得准确的就业信息，以便对用人单位有全面的了解，从而做出符合自身要求的选择。

3. 被推荐权

高等学校在就业工作中的一个重要职责就是向用人单位推荐毕业生。历年工作经验证明，学校的推荐往往在较大程度上影响到用人单位对毕业生的取舍。推荐是学校的基本责任，也是毕业生享有的基本的权益。毕业生享有被推荐权包含这样两方面内容。

(1) 公平、公正、平等地被推荐。学校对毕业生进行推荐应做到公平、公正，应给每一位毕业生以平等的就业推荐的机会，不能厚此薄彼。在对毕业生进行推荐时，应实事求是，根据毕业生本人的实际情况向用人单位进行介绍、推荐。

(2) 实事求是，择优推荐。学校根据毕业生的在校表现，在公正、公开、平等的基础上，还可以进行择优，用人单位录用毕业生也应坚持择优标准，真正体现学以致用、人尽其才。这样才能调动广大毕业生和在校生学习的积极性。毕业生在就业过程中只能凭自身综合素质的提高来取胜。

4. 选择权

高职高专毕业生在国家就业方针、政策指导下自主择业。毕业生只要符合国家的就业方针、政策，可以自主地选择用人单位，学校、其他单位或个人均不得干涉。任何将个人意志强加给毕业生，强令毕业生到某单位的行为是侵犯毕业生选择权的行为。毕业生可结合自身情况自主与用人单位协商，要求学校予以推荐，直至签订就业协议以及被学校派遣往用人单位报到。

5. 接受就业指导权

我国《高等教育法》中规定，“高等学校应当为毕业生、结业生提供就业指导和服务”。由此可以看出在学校接受就业指导和服务是毕业生的一项重要权益。各高校应成立专门的学生就业指导服务机构，配备专门人员对毕业生进行就业指导与服务工作。

6. 公平待遇权

用人单位录用毕业生的过程中，应公平、公正、一视同仁。目前，在就业实践中，毕业生的公平录用权受到很大的冲击，也最令人担忧。由于各项配套措施滞后，完全公平的就业市场尚未真正形成，用人单位录用毕业生还不同程度存在不公平、不公正的现象，如女生就业难仍然是困扰女毕业生就业的一大问题。公平待遇权是毕业生最为迫切需要得到维护的权益。

2003 年 11 月，因感染乙肝病原被取消公务员录取资格，安徽青年张某以违宪为由状告安徽芜湖市人事局，成为中国“乙肝歧视第一案”，张某也被媒体称为中国 1.2 亿乙肝病毒携带者“权利与尊严的捍卫者与推动者”。2004 年 4 月 2 日，芜湖新芜区人民法院做出一审判决，法院认为被告芜湖市人事局取消张某进入考核程序资格的行政行为证据不足，判决张某胜诉。但其报考职位因已完成录取程序，已无可挽回，因此被媒体称为“名义上的胜诉”。4 月 19 日，芜湖市人事局不服一审判决，向芜湖市中级人民法院提起上诉。经过审理，2004 年 5 月 31 日，芜湖中院二审做出裁定：驳回上诉，维持原判。张某争取的不仅是个人的胜利，更重要的是宪法的胜利、劳动者公平待遇权的胜利。2004 年 12 月 1 日，新修订的《传染病防治法》实施。该法新增了一条规定：“任何单位和个人不得歧视传染病病人、病原携带者和疑似传染病病人”。

7. 违约求偿权

毕业生、学校、用人单位三方签订《就业协议》后，或者毕业生与用人单位双方签订《劳动合同》后，合同当事人都应严格履行协议。任何一方提出变更或解除协议，均须得到其他当事人的同意，并应承担违约责任。对于用人单位无故要求解除就业协议的，毕业生有权要求对方严格履行就业协议或者要求对方承担违约责任，按照合同约定取得求偿权。

7.3.2 就业权益的法律保护

毕业生享有上述权益，但在就业过程中往往会出现一些侵害毕业生权益的行为，毕业生应学会运用法律手段维护自身的合法权益。针对侵犯自身就业权益的行为，毕业生有权向用人单位上级主管部门和学校进行申诉并听取他们的处理意见，同时也可提交给当地的劳动争议仲裁机构进行调解和仲裁，也可以向人民法院提起诉讼。

1. 保护就业权益的法律法规

与毕业生就业相关的法律、法规主要有《中华人民共和国高等教育法》、《中华人民共和国合同法》、《中华人民共和国劳动法》、《劳动保障监察条例》、《中华人民共和国公务员法》等。近年来我国政府和有关部门制定了一系列的就业政策和法规。主要可以分为以下几类：一是教育部及有关部委关于毕业生就业的规范，如《普通高等学校毕业生就业暂行规定》；二是各地方就业主管部门根据本地方实际情况出台的有关毕业生就业的规范性文件，用于规范指导本地方的毕业生就业；三是高等学校结合学校实际，根据国家的就业方针、政策和规定以及主管部门工作意见制定的本校工作实施办法、实施细则。

2. 毕业生就业权益的自我保护

毕业生的就业权益遭受侵害后，可以请求学校保护或者劳动保障监察机关保护。除此之外，毕业生权益保护的一个重要方面就是毕业生自我保护，主要体现在以下几方面。

1) 熟悉和了解有关法律常识及规定，自觉提高个人法律意识

毕业生应了解目前国家关于毕业生就业的有关方针、政策和规范以及它们之间的关系，熟悉毕业生在就业过程中的权利和义务，这是毕业生权益自我保护的前提。如果在就业过程中因为所谓的公司规定或部门规定与国家政策法规有抵触，侵犯了自己的权益，则可以依据法律办事，维护自己的合法权益。

2) 诚实守信，谨防侵害自身合法权益的求职陷阱

毕业生在就业求职过程中，无论是自荐、应聘、面试、笔试、洽谈就业意向，都应本着诚实守信、平等优先的原则，以自身实力参与竞争。同时，要有风险意识，对于有些用人单位招聘人员时，夸大优厚条件，以欺骗手段吸引人才的陷阱要有提防戒备心理，预防侵害就业权益行为的发生。

3) 签好《就业协议》、《劳动合同》，重视合同的作用

《就业协议》是明确毕业生、用人单位、学校在毕业生就业工作权利义务的书面文本，一般是由教育部制定统一格式。毕业生必须认真签订《就业协议》。而在用人单位与毕业生、学校签订“三方协议”后，还要与毕业生再签订一份比较详尽的正式确立劳动关系的《劳动合同》。在缔约当中，一定要高度重视合同条款的约定，考虑仔细，讲究诚信，不要违约。

4) 用法律手段维护自身合法权益

由于高校毕业生就业市场的不够成熟与完善，有关法律、法规和制度尚不健全，毕业生在就业过程中不可避免会出现一些不公平现象，从而侵害毕业生就业权益。针对上述行为，毕业生要积极利用法律武器来捍卫自己的合法权益。

(1) 毕业生有权向就业主管部门、劳动保障主管部门或者学校进行申诉并听取他们的处理意见。

(2) 毕业生可直接向用人单位的主管部门投诉。若被投诉对象有营业执照，可向劳动保障部门投诉；若是无证照经营，可向工商部门投诉；若情节特别严重，诈骗金额大，可向公安部门报案。

(3) 毕业生同时也可将劳动纠纷提交给当地的劳动争议仲裁机构进行调解和仲裁，对仲裁不服，还可向人民法院提起诉讼。

7.3.3　劳动纠纷的解决

毕业生进入工作岗位之后，原先被学校这个大温室保护着的大学生们开始独立面对劳动雇工关系，常常有理想与现实的巨大落差，这导致角色冲突、劳动纠纷的不断发生。与用人单位相比，劳动者往往处于弱势地位，其就业权益和劳动权益常常受到用人单位或者其他方面的侵害。因此，刚刚走出大学校门的毕业生们怎样利用法律武器来处理劳动争议、捍卫自己的合法权益是非常重要的。

劳动争议发生后，当事人应该按法定程序解决。《中华人民共和国企业劳动争议处理条例》第六条规定：“劳动争议发生后，当事人应当协商解决；不愿协商或协商不成的，可以向本企业劳动争议调解委员会申请调解；调解不成的，可以向劳动争议仲裁委员会申请仲裁。对仲裁裁决不服的，可以向人民法院起诉。”

1. 调解

调解是指在查明事实、分清是非、明确责任的基础上，依照国家劳动法的规定以及劳动合同约定的权利和义务，推动用人单位和劳动者之间相互谅解，解决争议的方式。企业调解委员会是解决劳动争议的第一道防线。劳动部于 1993 年 11 月 5 日颁发了《企业劳动

争议调解委员会组织及工作规则》，对劳动争议的调解组织、调解原则、调解程序做出了具体的规定。

劳动争议调解委员会可以设在用人单位内部，也可以由各地方的工会负责组织。劳动争议调解委员会应当由职工代表、用人单位代表和工会代表组成。劳动争议调解委员会主任由工会代表担任。

劳动争议的调解应当遵循当事人双方自愿的原则。需注意的是，调解委员会只能起调解作用，它本身并无决定权，不能强迫双方接受自己的意见，也无权做出对双方具有法律约束力的文件。但是如果双方经调解达成调解协议的，调解委员会应当制作调解协议书，对于双方签字(盖章)、送达之后的协议书，对当事人具有法律约束力，当事人应当自觉履行。

2. 仲裁

仲裁是根据法律规定或者当事人之间的协议，由一定的机构以第三者身份，对双方发生的争议在事实上做出判断，在权利义务上做出裁决。我国劳动仲裁指劳动争议仲裁委员以第三者身份为解决劳动争议而做出裁决的劳动执法活动，因此兼有行政和司法的双重性质。

劳动争议仲裁委员会不主动介入劳动争议，发生劳动争议的当事人应在劳动争议发生之日起六十日内提出仲裁申请，仲裁委员会在受理案件后，经过开庭审理，在确定事实后，应先进行调解，如调解不成或双方不愿进行调解，可以做出仲裁裁决，该裁决具有强制执行力。如当事人双方未在裁决书送达之日起15日内向法院起诉，则裁决生效，当事人必须履行，如一方不履行仲裁裁决，另一方可以请求强制执行。

当事人申请仲裁应向有管辖权的仲裁委员会申请，即向劳动争议发生的县、市、市辖区的仲裁委员会提出申请。发生争议的用人单位与劳动者不在同一个仲裁委员会辖区的，由劳动者工资关系所在地仲裁委员会受理。

当事人对仲裁裁决不服的，自收到裁决书之日起15日内，可以向人民法院起诉。当事人起诉后，原裁决即无约束力，人民法院有权对该劳动争议独立审判，并作出判决。

3. 诉讼

诉讼程序是处理劳动争议的最后一道程序。关于违反《劳动法》的诉讼与一般的民事诉讼有很大的不同。劳动争议产生后，劳动者不能直接向法院提出诉讼，必须先经过劳动争议仲裁程序。法律法规也规定了例外，比如单独订立的保密协议等。在法院正式审理之前，对做出的劳动仲裁裁决，如果劳动者提出支付工资等情况，法院可视情况先予执行仲裁裁决。

劳动争议案件由人民法院民事审判庭审理。依据《我国民事诉讼法》的规定，人民法院适用普通程序审理的民事案件，应当在立案之日起六个月内审结。有特殊情况需要延长的，由本院院长批准，可以延长六个月；还需要延长的，报请上级人民法院批准。当事人若不服地方人民法院第一审判决的，有权在判决书送达之日起 15 日内向上一级人民法院提起上诉。当事人不服地方人民法院第一审裁定的，有权在裁定书送达之日起 10 日内向上一级人民法院提起上诉。二审法院做出的裁判为终审裁判，不能再上诉。

练　习　题

请分析以下案例，回答后面的问题：

王某(化名)是广州市某大学 2003 届毕业生。毕业前，王某、广州市某科技公司和学校三方签订了《全国普通高等学校毕业生就业协议书》。在此之后，该科技公司为王某办妥了人事等相关手续，代王某缴交了人事代理服务费等费用合计 2520 元。

2003 年 7 月 1 日，王某毕业后到科技公司上班，负责软件开发。双方约定王某试用期月薪 2000 元，试用期 3 个月。但王某刚工作了一个月，就于 7 月 31 日提出辞职。科技公司没有发给王某工资。双方为此事申请了劳动仲裁。仲裁裁决后，科技公司不服，于是向天河区法院起诉。

原告科技公司认为，公司虽未和王某签订正式的劳动合同，但《就业协议书》已就工作条件和劳动保护、劳动报酬、福利待遇及三方的违约责任做了详细的约定，具备了劳动合同的基本内容，应当认为双方签订了书面的劳动合同，并共同受该协议书有关条款的约束。王某在试用期内解除劳动合同，给公司造成的损失理应给予赔偿及支付约定的违约金。

被告王某认为，在试用期间，他曾与公司负责人提出签订劳动合同，但公司却以试用期内不跟员工签订劳动合同为由拒绝了，使他觉得在科技公司工作的合法权益得不到保障。在科技公司工作一个月后，他发觉自己与科技公司不相适合，这才提出辞职。

法院经审理认为：就业协议并非劳动合同，该协议中约定的违约金是就业协议的违约金。王某已到科技公司上班，因此不存在违反就业协议的情况。至于原告索赔的加班费，因其仅提供了发放员工加班费的工资单，不足以证明是被告辞职造成的损失。所以，这两项请求法院均不予支持。最后法院判决科技公司在 30 日内为王某办理解除劳动关系手续并支付 1789 元工资，而王某必须返还公司垫付的 2520 元。

请问：

1. 就业协议与劳动合同有什么区别？
2. 我国《劳动法》对试用期有什么特殊规定？
3. 劳动争议的解决有哪些程序，各自有什么特点？
4. 假如你是本案中的王某，请草拟一份王某和该科技公司的《劳动合同》。

附一：劳动合同书及使用说明

编号

劳 动 合 同 书

(示范文本)

甲方(用人单位)名称:

住所:

法定代表人(委托代理人):

联系电话:

乙方(劳动者)姓名:

性别:

住址:

居民身份证号码:

联系电话:

四川省劳动和社会保障厅印制

使 用 说 明

一、本合同书可作为用人单位与职工签订劳动合同时使用，在签订劳动合同前，用人单位和劳动者双方应充分了解《劳动合同法》的规定，并应保证向对方提供的与劳动合同有关的各项信息真实、有效。

二、甲方不得采取欺诈、胁迫等手段与职工签订违背职工意愿的劳动合同。使用本合同书签订劳动合同时，凡需要双方协商约定的内容，协商一致后填写在相应的空格内。双方确定签订劳动合同后，甲方应加盖公章；法定代表人或主要负责人应本人签字或盖章。

三、符合签订无固定期限劳动合同条件的，用人单位应与劳动者签订无固定期限劳动合同。

试用期长短按照劳动合同期限的长短确定。其中不满三个月的劳动合同和以完成一定工作任务为期限的劳动合同不得约定试用期。

四、根据工作岗位和工作要求的不同，按规定程序报经劳动行政部门批准后，双方可以选择执行不定时工作制或综合计算工时工作制。

五、经当事人双方协商需要增加的条款，以及当事人约定的其他内容，可在合同中约定，也可在本合同书后附页说明,并双方签章认可。除约定服务期和竞业限制条款两种情形外，用人单位不得约定由劳动者承担的违约金。

六、建筑、餐饮、旅游等行业根据行业特点，可就报酬支付方式、工作时间等方面内容对本文本依法进行修改补充后使用。

七、本合同一经签订，任何一方不得随意涂改。

八、本合同一式两份，甲乙双方各持一份，应由乙方持有的合同文本不得由甲方代为保管。

甲乙双方根据《中华人民共和国劳动合同法》等法律、法规、规章的规定，在平等自愿、协商一致的基础上，同意订立本劳动合同，共同遵守本合同所列条款。

一、合同类型和期限

第一条 甲、乙双方选择以下第　　种形式确定本合同期限。

1. 固定期限：自　　　年　　月　　日起至　　　年　　月　　日止。

2. 无固定期限：自　　　年　　月　　日起至法定的终止条件出现时止。

3. 以完成一定的工作(任务)为期限。自　　　年　　月　　日至　　　　工作(任务)完成时即行终止。

双方约定的试用期至　　　年　　月　　日止，期限为　　月。

二、工作内容和工作地点

第二条 双方协商一致，乙方同意从事　　(岗位或工种)工作，工作地点在　　市　　县(区)　　。经甲、乙双方协商同意，可以变更工作地点和工作岗位(工种)。

第三条 乙方应按照甲方的要求，按时完成规定的工作数量，达到规定的质量标准。

三、工作时间和休息休假

第四条 甲方安排乙方执行以下第　　种工时制度。

1. 实行标准工时工作制。乙方每日工作时间不超过 8 小时，每周不超过 40 小时。甲方由于工作需要，经与工会和乙方协商后可以延长工作时间，一般每日不得超过 1 小时，因特殊原因需要延长工作时间的，在保障乙方身体健康的条件下延长工作时间每日不得超过 3 小时，每月不得超过 36 小时。

2. 实行综合计算工时工作制。乙方在合同期内实行集中工作、集中休息，以劳动行政部门批准的周期(周、月、季或年)综合计算工作时间，综合计算后超出法定标准工作时间的，甲方应按延长工作时间的规定支付乙方延长工作时间工资。

3. 实行不定时工作制。

实行综合计算工时工作制和不定时工作制的，应当事先报经劳动行政部门批准，甲方对乙方可实行相对集中工作、集中休息、轮休调休、弹性工作等方式。

第五条　乙方在合同期内享有国家规定以及本企业安排的各项休息、休假的权利。

四、劳动报酬

第六条　双方确定乙方实行以下第　　种工资形式:

1. 实行月(周、日、小时)工资制。乙方月(周、日、小时)工资为　　元，其中试用期间工资为　　元。

2. 实行计件工资制。计件单价为　　元。

3. 按甲方依法制定的工资支付制度执行。

第七条　甲方应以法定货币形式于每月　　日前支付乙方工资，并不得克扣或拖欠。同时，甲方应书面记录支付乙方工资的时间、数额、工作天数、签字等情况，并向乙方提供工资清单备查。

甲方应在经济效益增长的同时，适当调整乙方工资标准。甲方支付乙方的工资不得违反国家有关最低工资的规定。

第八条　甲方安排乙方延长日工作时间，应支付不低于乙方工资150%的工资报酬；安排乙方在休息日工作又不能安排补休的，应支付不低于乙方工资200%的工资报酬；安排乙方在法定休假日工作的，应支付不低于乙方工资300%的工资报酬。

第九条　因甲方原因或其他不可抗力造成甲方停工、停产、歇业，未超过一个工资支付周期的，甲方应按本合同约定的工资标准支付乙方工资；超过一个工资支付周期的，若乙方提供了正常劳动，则支付给乙方的劳动报酬不得低于当地政府公布的最低工资标准。

第十条　乙方依法享受带薪年休假、探亲假、婚假、丧假、计划生育(产)假等假期期间，甲方应按国家和四川省有关规定的标准，支付乙方工资。

五、社会保险

第十一条　甲方应按国家和四川省有关社会保险的法律、法规和政策规定为乙方足额缴纳基本养老、基本医疗、失业、工伤、生育保险费用；社会保险费个人缴纳部分，甲方可从乙方工资中代扣代缴。

六、劳动保护、劳动条件和职业危害防护

第十二条　甲方应严格执行国家和四川省有关劳动保护的法律、法规和规章，为乙方提供必要的劳动条件，建立健全工作规范和劳动安全卫生制度。

第十三条　对乙方从事接触职业病危害作业的，甲方应按国家有关规定组织上岗前和离岗时的职业健康检查，在合同期内应定期对乙方进行职业健康检查。

第十四条　甲方有义务负责对乙方进行业务技术、劳动安全卫生及有关规章制度的教育和培训。

第十五条　乙方有权拒绝甲方的违章指挥和强令冒险作业，对甲方及其管理人员漠视乙方生命安全和身体健康的行为，有权提出批评并向有关部门检举控告。

七、劳动合同的变更、解除、终止和经济补偿

第十六条　经双方协商一致，可以变更本合同相关内容或解除本合同。符合解除劳动合同的情形出现，甲方和乙方均可依照《劳动合同法》的规定解除劳动合同。

第十七条《劳动合同法》等法律法规规定的劳动合同终止情形出现，本合同即行终止。

第十八条　甲方应当在解除和终止劳动合同时，为乙方出具解除或者终止劳动合同的证明，并在十五日内为乙方办理档案和社会保险转移手续。

第十九条　符合《劳动合同法》第四十六条规定情形的，甲方应当向乙方支付经济补偿。逾期不支付的，甲方应按照应付金额的百分之五十以上百分之一百以下的标准向乙方加付赔偿金。

第二十条　甲方违法解除和终止本合同，乙方要求继续履行合同的，甲方应当继续履行，乙方不要求继续履行劳动合同或者劳动合同已经不能继续履行的，甲方应按《劳动合同法》规定的经济补偿金标准的两倍向乙方支付赔偿金。

八、其　　他

第二十一条　乙方违反甲方规章制度，对甲方造成损失的，应承担相应责任。

第二十二条　双方协商签订的以下协议作为本合同的附件。

1. 培训协议。
2. 保密协议。
3. 岗位协议。
4. 其他协议。

第二十三条　双方协商一致约定的其他内容：

第二十四条　本合同未尽事宜，双方可协商解决；与今后国家法律、行政法规等有关规定相悖的，按有关规定执行。

第二十五条　双方因履行本合同发生争议，当事人可以向甲方劳动争议调解委员会申请调解；调解不成的，可以向劳动争议仲裁委员会申请仲裁。当事人一方也可以直接向劳动争议仲裁委员会申请仲裁。

第二十六条　本合同一式两份，甲乙双方各执一份。

甲方：(盖章)　　　　　　　　　　　　　　　　　　乙方：(签名)

年　　月　　日　　　　　　　　　　　　　　　　年　　月　　日

法定代表人或(委托代理人):
(签名)

年　　月　　日

附二：　　　　　　　　　　《中华人民共和国劳动合同法》

(中华人民共和国主席令第六十五号)

《中华人民共和国劳动合同法》已由中华人民共和国第十届全国人民代表大会常务委员会第二十八次会议于 2007 年 6 月 29 日通过，现予公布，自 2008 年 1 月 1 日起施行。

第一章　总　　则

第一条　为了完善劳动合同制度，明确劳动合同双方当事人的权利和义务，保护劳动者的合法权益，构建和发展和谐稳定的劳动关系，制定本法。

第二条　中华人民共和国境内的企业、个体经济组织、民办非企业单位等组织(以下称用人单位)与劳动者建立劳动关系，订立、履行、变更、解除或者终止劳动合同，适用本法。

国家机关、事业单位、社会团体和与其建立劳动关系的劳动者，订立、履行、变更、解除或者终止劳动合同，依照本法执行。

第三条　订立劳动合同，应当遵循合法、公平、平等自愿、协商一致、诚实信用的原则。

依法订立的劳动合同具有约束力，用人单位与劳动者应当履行劳动合同约定的义务。

第四条　用人单位应当依法建立和完善劳动规章制度，保障劳动者享有劳动权利、履行劳动义务。

用人单位在制定、修改或者决定有关劳动报酬、工作时间、休息休假、劳动安全卫生、保险福利、职工培训、劳动纪律以及劳动定额管理等直接涉及劳动者切身利益的规章制度或者重大事项时，应当经职工代表大会或者全体职工讨论，提出方案和意见，与工会或者职工代表平等协商确定。

在规章制度和重大事项决定实施过程中，工会或者职工认为不适当的，有权向用人单位提出，通过协商予以修改完善。

用人单位应当将直接涉及劳动者切身利益的规章制度和重大事项决定公示，或者告知劳动者。

第五条　县级以上人民政府劳动行政部门会同工会和企业方面代表，建立健全协调劳动关系三方机制，共同研究解决有关劳动关系的重大问题。

第六条　工会应当帮助、指导劳动者与用人单位依法订立和履行劳动合同，并与用人单位建立集体协商机制，维护劳动者的合法权益。

第二章　劳动合同的订立

第七条　用人单位自用工之日起即与劳动者建立劳动关系。用人单位应当建立职工名册备查。

第八条　用人单位招用劳动者时，应当如实告知劳动者工作内容、工作条件、工作地点、职业危害、安全生产状况、劳动报酬，以及劳动者要求了解的其他情况；用人单位有权了解劳动者与劳动合同直接相关的基本情况，劳动者应当如实说明。

第九条　用人单位招用劳动者，不得扣押劳动者的居民身份证和其他证件，不得要求劳动者提供担保或者以其他名义向劳动者收取财物。

第十条　建立劳动关系，应当订立书面劳动合同。

已建立劳动关系，未同时订立书面劳动合同的，应当自用工之日起一个月内订立书面劳动合同。

用人单位与劳动者在用工前订立劳动合同的，劳动关系自用工之日起建立。

第十一条　用人单位未在用工的同时订立书面劳动合同，与劳动者约定的劳动报酬不明确的，新招用的劳动者的劳动报酬按照集体合同规定的标准执行；没有集体合同或者集体合同未规定的，实行同工同酬。

第十二条　劳动合同分为固定期限劳动合同、无固定期限劳动合同和以完成一定工作任务为期限的劳动合同。

第十三条　固定期限劳动合同，是指用人单位与劳动者约定合同终止时间的劳动合同。

用人单位与劳动者协商一致，可以订立固定期限劳动合同。

第十四条　无固定期限劳动合同，是指用人单位与劳动者约定无确定终止时间的劳动合同。

用人单位与劳动者协商一致，可以订立无固定期限劳动合同。有下列情形之一，劳动者提出或者同意续订、订立劳动合同的，除劳动者提出订立固定期限劳动合同外，应当订立无固定期限劳动合同：

(一)劳动者在该用人单位连续工作满十年的；

(二)用人单位初次实行劳动合同制度或者国有企业改制重新订立劳动合同时，劳动者在该用人单位连续工作满十年且距法定退休年龄不足十年的；

(三)连续订立二次固定期限劳动合同，且劳动者没有本法第三十九条和第四十条第一项、第二项规定的情形，续订劳动合同的。

用人单位自用工之日起满一年不与劳动者订立书面劳动合同的，视为用人单位与劳动者已订立无固定期限劳动合同。

第十五条　以完成一定工作任务为期限的劳动合同，是指用人单位与劳动者约定以某项工作的完成为合同期限的劳动合同。

用人单位与劳动者协商一致，可以订立以完成一定工作任务为期限的劳动合同。

第十六条　劳动合同由用人单位与劳动者协商一致，并经用人单位与劳动者在劳动合同文本上签字或者盖章生效。

劳动合同文本由用人单位和劳动者各执一份。

第十七条　劳动合同应当具备以下条款：

(一)用人单位的名称、住所和法定代表人或者主要负责人；

(二)劳动者的姓名、住址和居民身份证或者其他有效身份证件号码；

(三)劳动合同期限；

(四)工作内容和工作地点；

(五)工作时间和休息休假；

(六)劳动报酬；

(七)社会保险；

(八)劳动保护、劳动条件和职业危害防护；

(九)法律、法规规定应当纳入劳动合同的其他事项。

劳动合同除前款规定的必备条款外，用人单位与劳动者可以约定试用期、培训、保守秘密、补充保险和福利待遇等其他事项。

第十八条　劳动合同对劳动报酬和劳动条件等标准约定不明确，引发争议的，用人单位与劳动者可以重新协商；协商不成的，适用集体合同规定；没有集体合同或者集体合同未规定劳动报酬的，实行同工同酬；没有集体合同或者集体合同未规定劳动条件等标准的，适用国家有关规定。

第十九条　劳动合同期限三个月以上不满一年的，试用期不得超过一个月；劳动合同期限一年以上不满三年的，试用期不得超过二个月；三年以上固定期限和无固定期限的劳动合同，试用期不得超过六个月。

同一用人单位与同一劳动者只能约定一次试用期。

以完成一定工作任务为期限的劳动合同或者劳动合同期限不满三个月的，不得约定试用期。

试用期包含在劳动合同期限内。劳动合同仅约定试用期的，试用期不成立，该期限为劳动合同期限。

第二十条　劳动者在试用期的工资不得低于本单位相同岗位最低档工资或者劳动合同约定工资的百分之八十，并不得低于用人单位所在地的最低工资标准。

第二十一条　在试用期中，除劳动者有本法第三十九条和第四十条第一项、第二项规定的情形外，用人单位不得解除劳动合同。用人单位在试用期解除劳动合同的，应当向劳动者说明理由。

第二十二条　用人单位为劳动者提供专项培训费用，对其进行专业技术培训的，可以与该劳动者订立协议，约定服务期。

劳动者违反服务期约定的，应当按照约定向用人单位支付违约金。违约金的数额不得超过用人单位提供的培训费用。用人单位要求劳动者支付的违约金不得超过服务期尚未履行部分所应分摊的培训费用。

用人单位与劳动者约定服务期的，不影响按照正常的工资调整机制提高劳动者在服务期期间的劳动报酬。

第二十三条　用人单位与劳动者可以在劳动合同中约定保守用人单位的商业秘密和与知识产权相关的保密事项。

对负有保密义务的劳动者，用人单位可以在劳动合同或者保密协议中与劳动者约定竞业限制条款，并约定在解除或者终止劳动合同后，在竞业限制期限内按月给予劳动者经济补偿。劳动者违反竞业限制约定的，应当按照约定向用人单位支付违约金。

第二十四条　竞业限制的人员限于用人单位的高级管理人员、高级技术人员和其他负有保密义务的人员。竞业限制的范围、地域、期限由用人单位与劳动者约定，竞业限制的约定不得违反法律、法规的规定。

在解除或者终止劳动合同后，前款规定的人员到与本单位生产或者经营同类产品、从事同类业务的有竞争关系的其他用人单位，或者自己开业生产或者经营同类产品、从事同类业务的竞业限制期限，不得超过二年。

第二十五条　除本法第二十二条和第二十三条规定的情形外，用人单位不得与劳动者约定由劳动者承担违约金。

第二十六条　下列劳动合同无效或者部分无效:

(一)以欺诈、胁迫的手段或者乘人之危，使对方在违背真实意思的情况下订立或者变更劳动合同的;

(二)用人单位免除自己的法定责任、排除劳动者权利的;

(三)违反法律、行政法规强制性规定的。

对劳动合同的无效或者部分无效有争议的，由劳动争议仲裁机构或者人民法院确认。

第二十七条　劳动合同部分无效，不影响其他部分效力的，其他部分仍然有效。

第二十八条　劳动合同被确认无效，劳动者已付出劳动的，用人单位应当向劳动者支付劳动报酬。劳动报酬的数额，参照本单位相同或者相近岗位劳动者的劳动报酬确定。

第三章　劳动合同的履行和变更

第二十九条　用人单位与劳动者应当按照劳动合同的约定，全面履行各自的义务。

第三十条　用人单位应当按照劳动合同约定和国家规定，向劳动者及时足额支付劳动报酬。

用人单位拖欠或者未足额支付劳动报酬的，劳动者可以依法向当地人民法院申请支付令，人民法院应当依法发出支付令。

第三十一条　用人单位应当严格执行劳动定额标准，不得强迫或者变相强迫劳动者加班。用人单位安排加班的，应当按照国家有关规定向劳动者支付加班费。

第三十二条　劳动者拒绝用人单位管理人员违章指挥、强令冒险作业的，不视为违反劳动合同。

劳动者对危害生命安全和身体健康的劳动条件，有权对用人单位提出批评、检举和控告。

第三十三条　用人单位变更名称、法定代表人、主要负责人或者投资人等事项，不影响劳动合同的履行。

第三十四条　用人单位发生合并或者分立等情况，原劳动合同继续有效，劳动合同由承继其权利和义务的用人单位继续履行。

第三十五条　用人单位与劳动者协商一致，可以变更劳动合同约定的内容。变更劳动合同，应当采用书面形式。

变更后的劳动合同文本由用人单位和劳动者各执一份。

第四章　劳动合同的解除和终止

第三十六条　用人单位与劳动者协商一致，可以解除劳动合同。

第三十七条　劳动者提前三十日以书面形式通知用人单位，可以解除劳动合同。劳动者在试用期内提前三日通知用人单位，可以解除劳动合同。

第三十八条　用人单位有下列情形之一的，劳动者可以解除劳动合同：

(一)未按照劳动合同约定提供劳动保护或者劳动条件的；

(二)未及时足额支付劳动报酬的；

(三)未依法为劳动者缴纳社会保险费的；

(四)用人单位的规章制度违反法律、法规的规定，损害劳动者权益的；

(五)因本法第二十六条第一款规定的情形致使劳动合同无效的；

(六)法律、行政法规规定劳动者可以解除劳动合同的其他情形。

用人单位以暴力、威胁或者非法限制人身自由的手段强迫劳动者劳动的，或者用人单位违章指挥、强令冒险作业危及劳动者人身安全的，劳动者可以立即解除劳动合同，不需事先告知用人单位。

第三十九条　劳动者有下列情形之一的，用人单位可以解除劳动合同：

(一)在试用期间被证明不符合录用条件的；

(二)严重违反用人单位的规章制度的；

(三)严重失职，营私舞弊，给用人单位造成重大损害的；

(四)劳动者同时与其他用人单位建立劳动关系，对完成本单位的工作任务造成严重影响，或者经用人单位提出，拒不改正的；

(五)因本法第二十六条第一款第一项规定的情形致使劳动合同无效的；

(六)被依法追究刑事责任的。

第四十条　有下列情形之一的，用人单位提前三十日以书面形式通知劳动者本人或者额外支付劳动者一个月工资后，可以解除劳动合同：

(一)劳动者患病或者非因工负伤，在规定的医疗期满后不能从事原工作，也不能从事由用人单位另行安排的工作的；

(二)劳动者不能胜任工作，经过培训或者调整工作岗位，仍不能胜任工作的；

(三)劳动合同订立时所依据的客观情况发生重大变化，致使劳动合同无法履行，经用人单位与劳动者协商，未能就变更劳动合同内容达成协议的。

第四十一条　有下列情形之一，需要裁减人员二十人以上或者裁减不足二十人但占企业职工总数百分之十以上的，用人单位提前三十日向工会或者全体职工说明情况，听取工会或者职工的意见后，裁减人员方案经向劳动行政部门报告，可以裁减人员：

(一)依照企业破产法规定进行重整的；

(二)生产经营发生严重困难的；

(三)企业转产、重大技术革新或者经营方式调整，经变更劳动合同后，仍需裁减人员的；

(四)其他因劳动合同订立时所依据的客观经济情况发生重大变化，致使劳动合同无法履行的。

裁减人员时，应当优先留用下列人员：

(一)与本单位订立较长期限的固定期限劳动合同的；

(二)与本单位订立无固定期限劳动合同的；

(三)家庭无其他就业人员，有需要扶养的老人或者未成年人的。

用人单位依照本条第一款规定裁减人员，在六个月内重新招用人员的，应当通知被裁减的人员，并在同等条件下优先招用被裁减的人员。

第四十二条　劳动者有下列情形之一的，用人单位不得依照本法第四十条、第四十一条的规定解除劳动合同：

(一)从事接触职业病危害作业的劳动者未进行离岗前职业健康检查，或者疑似职业病病人在诊断或者医学观察期间的；

(二)在本单位患职业病或者因工负伤并被确认丧失或者部分丧失劳动能力的；

(三)患病或者非因工负伤，在规定的医疗期内的；

(四)女职工在孕期、产期、哺乳期的；

(五)在本单位连续工作满十五年，且距法定退休年龄不足五年的；

(六)法律、行政法规规定的其他情形。

第四十三条　用人单位单方解除劳动合同，应当事先将理由通知工会。用人单位违反法律、行政法规规定或者劳动合同约定的，工会有权要求用人单位纠正。用人单位应当研究工会的意见，并将处理结果书面通知工会。

第四十四条　有下列情形之一的，劳动合同终止：

(一)劳动合同期满的；

(二)劳动者开始依法享受基本养老保险待遇的；

(三)劳动者死亡，或者被人民法院宣告死亡或者宣告失踪的；

(四)用人单位被依法宣告破产的；

(五)用人单位被吊销营业执照、责令关闭、撤销或者用人单位决定提前解散的；

(六)法律、行政法规规定的其他情形。

第四十五条　劳动合同期满，有本法第四十二条规定情形之一的，劳动合同应当续延至相应的情形消失时终止。但是，本法第四十二条第二项规定丧失或者部分丧失劳动能力劳动者的劳动合同的终止，按照国家有关工伤保险的规定执行。

第四十六条　有下列情形之一的，用人单位应当向劳动者支付经济补偿：

(一)劳动者依照本法第三十八条规定解除劳动合同的；

(二)用人单位依照本法第三十六条规定向劳动者提出解除劳动合同并与劳动者协商一致解除劳动合同的；

(三)用人单位依照本法第四十条规定解除劳动合同的；

(四)用人单位依照本法第四十一条第一款规定解除劳动合同的；

(五)除用人单位维持或者提高劳动合同约定条件续订劳动合同，劳动者不同意续订的情形外，依照本法第四十四条第一项规定终止固定期限劳动合同的；

(六)依照本法第四十四条第四项、第五项规定终止劳动合同的；

(七)法律、行政法规规定的其他情形。

第四十七条　经济补偿按劳动者在本单位工作的年限，每满一年支付一个月工资的标准向劳动者支付。六个月以上不满一年的，按一年计算；不满六个月的，向劳动者支付半个月工资的经济补偿。

劳动者月工资高于用人单位所在直辖市、设区的市级人民政府公布的本地区上年度职工月平均工资三倍的，向其支付经济补偿的标准按职工月平均工资三倍的数额支付，向其支付经济补偿的年限最高不超过十二年。

本条所称月工资是指劳动者在劳动合同解除或者终止前十二个月的平均工资。

第四十八条　用人单位违反本法规定解除或者终止劳动合同，劳动者要求继续履行劳动合同的，用人单位应当继续履行；劳动者不要求继续履行劳动合同或者劳动合同已经不能继续履行的，用人单位应当依照本法第八十七条规定支付赔偿金。

第四十九条　国家采取措施，建立健全劳动者社会保险关系跨地区转移接续制度。

第五十条　用人单位应当在解除或者终止劳动合同时出具解除或者终止劳动合同的证

明，并在十五日内为劳动者办理档案和社会保险关系转移手续。

劳动者应当按照双方约定，办理工作交接。用人单位依照本法有关规定应当向劳动者支付经济补偿的，在办结工作交接时支付。

用人单位对已经解除或者终止的劳动合同的文本，至少保存二年备查。

第五章　特别规定

第一节　集体合同

第五十一条　企业职工一方与用人单位通过平等协商，可以就劳动报酬、工作时间、休息休假、劳动安全卫生、保险福利等事项订立集体合同。集体合同草案应当提交职工代表大会或者全体职工讨论通过。

集体合同由工会代表企业职工一方与用人单位订立；尚未建立工会的用人单位，由上级工会指导劳动者推举的代表与用人单位订立。

第五十二条　企业职工一方与用人单位可以订立劳动安全卫生、女职工权益保护、工资调整机制等专项集体合同。

第五十三条　在县级以下区域内，建筑业、采矿业、餐饮服务业等行业可以由工会与企业方面代表订立行业性集体合同，或者订立区域性集体合同。

第五十四条　集体合同订立后，应当报送劳动行政部门；劳动行政部门自收到集体合同文本之日起十五日内未提出异议的，集体合同即行生效。

依法订立的集体合同对用人单位和劳动者具有约束力。行业性、区域性集体合同对当地本行业、本区域的用人单位和劳动者具有约束力。

第五十五条　集体合同中劳动报酬和劳动条件等标准不得低于当地人民政府规定的最低标准；用人单位与劳动者订立的劳动合同中劳动报酬和劳动条件等标准不得低于集体合同规定的标准。

第五十六条　用人单位违反集体合同，侵犯职工劳动权益的，工会可以依法要求用人单位承担责任；因履行集体合同发生争议，经协商解决不成的，工会可以依法申请仲裁、提起诉讼。

第二节　劳务派遣

第五十七条　劳务派遣单位应当依照公司法的有关规定设立，注册资本不得少于五十万元。

第五十八条　劳务派遣单位是本法所称用人单位，应当履行用人单位对劳动者的义务。劳务派遣单位与被派遣劳动者订立的劳动合同，除应当载明本法第十七条规定的事项外，还应当载明被派遣劳动者的用工单位以及派遣期限、工作岗位等情况。

劳务派遣单位应当与被派遣劳动者订立二年以上的固定期限劳动合同，按月支付劳动报酬；被派遣劳动者在无工作期间，劳务派遣单位应当按照所在地人民政府规定的最低工资标准，向其按月支付报酬。

第五十九条　劳务派遣单位派遣劳动者应当与接受以劳务派遣形式用工的单位(以下称用工单位)订立劳务派遣协议。劳务派遣协议应当约定派遣岗位和人员数量、派遣期限、劳动报酬和社会保险费的数额与支付方式以及违反协议的责任。

用工单位应当根据工作岗位的实际需要与劳务派遣单位确定派遣期限，不得将连续用工期限分割订立数个短期劳务派遣协议。

第六十条　劳务派遣单位应当将劳务派遣协议的内容告知被派遣劳动者。

劳务派遣单位不得克扣用工单位按照劳务派遣协议支付给被派遣劳动者的劳动报酬。

劳务派遣单位和用工单位不得向被派遣劳动者收取费用。

第六十一条　劳务派遣单位跨地区派遣劳动者的，被派遣劳动者享有的劳动报酬和劳动条件，按照用工单位所在地的标准执行。

第六十二条　用工单位应当履行下列义务:

(一)执行国家劳动标准，提供相应的劳动条件和劳动保护;

(二)告知被派遣劳动者的工作要求和劳动报酬;

(三)支付加班费、绩效奖金，提供与工作岗位相关的福利待遇;

(四)对在岗被派遣劳动者进行工作岗位所必需的培训;

(五)连续用工的，实行正常的工资调整机制。

用工单位不得将被派遣劳动者再派遣到其他用人单位。

第六十三条　被派遣劳动者享有与用工单位的劳动者同工同酬的权利。用工单位无同类岗位劳动者的，参照用工单位所在地相同或者相近岗位劳动者的劳动报酬确定。

第六十四条　被派遣劳动者有权在劳务派遣单位或者用工单位依法参加或者组织工会，维护自身的合法权益。

第六十五条　被派遣劳动者可以依照本法第三十六条、第三十八条的规定与劳务派遣单位解除劳动合同。

被派遣劳动者有本法第三十九条和第四十条第一项、第二项规定情形的，用工单位可以将劳动者退回劳务派遣单位，劳务派遣单位依照本法有关规定，可以与劳动者解除劳动合同。

第六十六条　劳务派遣一般在临时性、辅助性或者替代性的工作岗位上实施。

第六十七条　用人单位不得设立劳务派遣单位向本单位或者所属单位派遣劳动者。

第三节　非全日制用工

第六十八条　非全日制用工，是指以小时计酬为主，劳动者在同一用人单位一般平均每日工作时间不超过四小时，每周工作时间累计不超过二十四小时的用工形式。

第六十九条　非全日制用工双方当事人可以订立口头协议。

从事非全日制用工的劳动者可以与一个或者一个以上用人单位订立劳动合同；但是，后订立的劳动合同不得影响先订立的劳动合同的履行。

第七十条 非全日制用工双方当事人不得约定试用期。

第七十一条 非全日制用工双方当事人任何一方都可以随时通知对方终止用工。终止用工，用人单位不向劳动者支付经济补偿。

第七十二条 非全日制用工小时计酬标准不得低于用人单位所在地人民政府规定的最低小时工资标准。

非全日制用工劳动报酬结算支付周期最长不得超过十五日。

第六章 监督检查

第七十三条 国务院劳动行政部门负责全国劳动合同制度实施的监督管理。

县级以上地方人民政府劳动行政部门负责本行政区域内劳动合同制度实施的监督管理。

县级以上各级人民政府劳动行政部门在劳动合同制度实施的监督管理工作中，应当听取工会、企业方面代表以及有关行业主管部门的意见。

第七十四条 县级以上地方人民政府劳动行政部门依法对下列实施劳动合同制度的情况进行监督检查:

(一)用人单位制定直接涉及劳动者切身利益的规章制度及其执行的情况;

(二)用人单位与劳动者订立和解除劳动合同的情况;

(三)劳务派遣单位和用工单位遵守劳务派遣有关规定的情况;

(四)用人单位遵守国家关于劳动者工作时间和休息休假规定的情况;

(五)用人单位支付劳动合同约定的劳动报酬和执行最低工资标准的情况;

(六)用人单位参加各项社会保险和缴纳社会保险费的情况;

(七)法律、法规规定的其他劳动监察事项。

第七十五条 县级以上地方人民政府劳动行政部门实施监督检查时，有权查阅与劳动合同、集体合同有关的材料，有权对劳动场所进行实地检查，用人单位和劳动者都应当如实提供有关情况和材料。

劳动行政部门的工作人员进行监督检查，应当出示证件，依法行使职权，文明执法。

第七十六条 县级以上人民政府建设、卫生、安全生产监督管理等有关主管部门在各自职责范围内，对用人单位执行劳动合同制度的情况进行监督管理。

第七十七条 劳动者合法权益受到侵害的，有权要求有关部门依法处理，或者依法申请仲裁、提起诉讼。

第七十八条 工会依法维护劳动者的合法权益，对用人单位履行劳动合同、集体合同的情况进行监督。用人单位违反劳动法律、法规和劳动合同、集体合同的，工会有权提出意见或者要求纠正；劳动者申请仲裁、提起诉讼的，工会依法给予支持和帮助。

第七十九条 任何组织或者个人对违反本法的行为都有权举报，县级以上人民政府劳动行政部门应当及时核实、处理，并对举报有功人员给予奖励。

第七章　法律责任

第八十条　用人单位直接涉及劳动者切身利益的规章制度违反法律、法规规定的，由劳动行政部门责令改正，给予警告；给劳动者造成损害的，应当承担赔偿责任。

第八十一条　用人单位提供的劳动合同文本未载明本法规定的劳动合同必备条款或者用人单位未将劳动合同文本交付劳动者的，由劳动行政部门责令改正；给劳动者造成损害的，应当承担赔偿责任。

第八十二条　用人单位自用工之日起超过一个月不满一年未与劳动者订立书面劳动合同的，应当向劳动者每月支付二倍的工资。

用人单位违反本法规定不与劳动者订立无固定期限劳动合同的，自应当订立无固定期限劳动合同之日起向劳动者每月支付二倍的工资。

第八十三条　用人单位违反本法规定与劳动者约定试用期的，由劳动行政部门责令改正；违法约定的试用期已经履行的，由用人单位以劳动者试用期满月工资为标准，按已经履行的超过法定试用期的期间向劳动者支付赔偿金。

第八十四条　用人单位违反本法规定，扣押劳动者居民身份证等证件的，由劳动行政部门责令限期退还劳动者本人，并依照有关法律规定给予处罚。

用人单位违反本法规定，以担保或者其他名义向劳动者收取财物的，由劳动行政部门责令限期退还劳动者本人，并以每人五百元以上二千元以下的标准处以罚款；给劳动者造成损害的，应当承担赔偿责任。

劳动者依法解除或者终止劳动合同，用人单位扣押劳动者档案或者其他物品的，依照前款规定处罚。

第八十五条　用人单位有下列情形之一的，由劳动行政部门责令限期支付劳动报酬、加班费或者经济补偿；劳动报酬低于当地最低工资标准的，应当支付其差额部分；逾期不支付的，责令用人单位按应付金额百分之五十以上百分之一百以下的标准向劳动者加付赔偿金:

(一)未按照劳动合同的约定或者国家规定及时足额支付劳动者劳动报酬的；

(二)低于当地最低工资标准支付劳动者工资的；

(三)安排加班不支付加班费的；

(四)解除或者终止劳动合同，未依照本法规定向劳动者支付经济补偿的。

第八十六条　劳动合同依照本法第二十六条规定被确认无效，给对方造成损害的，有过错的一方应当承担赔偿责任。

第八十七条　用人单位违反本法规定解除或者终止劳动合同的，应当依照本法第四十七条规定的经济补偿标准的二倍向劳动者支付赔偿金。

第八十八条　用人单位有下列情形之一的，依法给予行政处罚；构成犯罪的，依法追究刑事责任；给劳动者造成损害的，应当承担赔偿责任:

(一)以暴力、威胁或者非法限制人身自由的手段强迫劳动的;

(二)违章指挥或者强令冒险作业危及劳动者人身安全的;

(三)侮辱、体罚、殴打、非法搜查或者拘禁劳动者的;

(四)劳动条件恶劣、环境污染严重，给劳动者身心健康造成严重损害的。

第八十九条　用人单位违反本法规定未向劳动者出具解除或者终止劳动合同的书面证明，由劳动行政部门责令改正；给劳动者造成损害的，应当承担赔偿责任。

第九十条　劳动者违反本法规定解除劳动合同，或者违反劳动合同中约定的保密义务或者竞业限制，给用人单位造成损失的，应当承担赔偿责任。

第九十一条　用人单位招用与其他用人单位尚未解除或者终止劳动合同的劳动者，给其他用人单位造成损失的，应当承担连带赔偿责任。

第九十二条　劳务派遣单位违反本法规定的，由劳动行政部门和其他有关主管部门责令改正；情节严重的，以每人一千元以上五千元以下的标准处以罚款，并由工商行政管理部门吊销营业执照；给被派遣劳动者造成损害的，劳务派遣单位与用工单位承担连带赔偿责任。

第九十三条　对不具备合法经营资格的用人单位的违法犯罪行为，依法追究法律责任；劳动者已经付出劳动的，该单位或者其出资人应当依照本法有关规定向劳动者支付劳动报酬、经济补偿、赔偿金；给劳动者造成损害的，应当承担赔偿责任。

第九十四条　个人承包经营违反本法规定招用劳动者，给劳动者造成损害的，发包的组织与个人承包经营者承担连带赔偿责任。

第九十五条　劳动行政部门和其他有关主管部门及其工作人员玩忽职守、不履行法定职责，或者违法行使职权，给劳动者或者用人单位造成损害的，应当承担赔偿责任；对直接负责的主管人员和其他直接责任人员，依法给予行政处分；构成犯罪的，依法追究刑事责任。

第八章　附　　则

第九十六条　事业单位与实行聘用制的工作人员订立、履行、变更、解除或者终止劳动合同，法律、行政法规或者国务院另有规定的，依照其规定；未作规定的，依照本法有关规定执行。

第九十七条　本法施行前已依法订立且在本法施行之日存续的劳动合同，继续履行；本法第十四条第二款第三项规定连续订立固定期限劳动合同的次数，自本法施行后续订固定期限劳动合同时开始计算。

本法施行前已建立劳动关系，尚未订立书面劳动合同的，应当自本法施行之日起一个月内订立。

本法施行之日存续的劳动合同在本法施行后解除或者终止，依照本法第四十六条规定应当支付经济补偿的，经济补偿年限自本法施行之日起计算；本法施行前按照当时有关规定，用人单位应当向劳动者支付经济补偿的，按照当时有关规定执行。

第九十八条　本法自2008年1月1日起施行。

第 8 章　高职高专毕业生创业指导

8.1　创 业 概 述

8.1.1　创业的定义

“创业”一词由“创”和“业”组成。所谓“创”一般指创建、创新、创立、创造、创意。《现代汉语成语辞典》对“业”有如下解释：学业、专业、就业、事业、家业、企业等，可见“业”的内涵也极为丰富。从词义上看，创业为“开创事业”或“创立企业”，《辞海》的解释是“创立基业”。中国古代典籍对创业的表述有：“君子创业垂直，可继也”(见《孟子·梁惠王》)，“先帝创业未半，而中道崩徂”(见诸葛亮《出师表》)。这里所谓的“创业”是广义上的创业，是指“事业的基础、根基”，既可以是古代的“帝王之业”、“霸王之业”，也可以是百姓家业、家产和个人事业。

在学界关于创业定义的归纳中，存在不同的角度和范畴，其意域存在狭义和广义。葛建新在其《创业学》一书中，将创业的定义分为了三个层次：狭义的创业、次广义的创业和广义的创业。我们认为这种划分有利于展开对创业定义的深入挖掘。在葛建新研究的基础上，本书从次广义的角度对创业的定义进行界定，认可全球创业观察(GEM)的定义。美国百森商学院和英国伦敦商学院联合发起，加拿大、法国、德国、意大利、日本、丹麦、芬兰、以色列等 10 个国家的研究者应邀参加的全球创业观察项目，把创业定义为“依靠个人、团队或一个现有企业来建立一个新企业的过程，如自我创业、一个新业务组织的成立或一个现有企业的扩张”。该定义比较适合本书的框架构造，在实践中也比较具有操作性。创业的意域可以从以下三个层面来理解。

(1) 创业是创建新企业的过程。创业需要一个承担创业的实体，而通常这个实体就是企业。创业者依据所在国家或地区的相关法律法规进行注册登记是创业过程的一个重要标志。比如，刘建钧认为，创业是一种创建企业的过程，或者说是创建企业的活动。他强调了创业与创新的区别，指出创业与创新并不是两个可以互相等同的定义，尽管创业活动必然涉及创新，但创新并不必然地是创业活动。

(2) 创业可以是改造老企业的过程。创业可以是改造老企业的过程，即企业的内部创业。创业是创业者依靠自己的想法及努力工作来开创一个新企业，包括新公司的成立、组织中新单位的成立，以及提供新产品或新服务，以实现创业者的理想。其中，“组织中新单位”可以理解为“新的机构或部门”。按照这种理解，我们可以将创业分为两个层次，即“创建新的企业”和“企业内创业”。后者即通常所说的“二次创业”。全球创业观察认为创业是依靠个人、团队或一个现有企业来建立一个新企业或一个现有企业的扩张的过程。其中“一个现有企业的扩张的过程”即“公司创业”。

(3) 创业可以是利用社会资源孵化或催化新企业或中小企业产生、成长、发展壮大的过程。创业必定不能孤立于社会整体而存在，需要创业者对有限的社会资源提出再分配。在资源有限的前提下，创业者通过对创业机会的理性分析和周密的部署安排，赢得资源提供者的支持。随着社会分工的细化、市场竞争的加剧和就业压力的增大，社会创业已是新时期创业定义必须包括的意域。社会创业包括企业孵化器、企业催化器、创业投资企业、创业担保企业的活动等内容。

8.1.2　创业的要素

创业学大师蒂蒙斯(Timmons J.A)于 1999 年提出了一个创业管理模式，他认为成功的创业活动，必须要能将机会、创业团队和资源三者做出最适当的搭配，并且也要能随着事业发展而做出动态的平衡。创业流程由机会所启动，在组成创业团队之后取得必要的资源，创业计划方能顺利开展。

1. 商机

在蒂蒙斯的模型中，创业过程的起始点和核心是商机，商机的形式、大小、深度决定了资源与团队所需的形式、大小和深度。在企业刚启动时期，大多数情况下，真正的商机比团队的智慧、才能或可获取的资源更重要。市场需求驱动着价值创造潜力，好商机的最重要特质是产品和服务有增值特质、市场规模大以及自由现金流本身的特点。企业的成长率越高，规模越大，持续时间越长，毛利润、净利润和自由现金流越大，其商机就越大。市场越不完善，变化程度越大，不连续性和混乱程度就越高，信息和知识的真空和不足越多，商机越多。创业团队的作用就是利用自己的创造力在模糊、不确切的环境中发现商机或者创造商机，并利用资本市场环境、外生因素等组织资源，领导企业来实现商机的价值。在这个过程中，资源与商机是匹配、不匹配再到匹配的动态过程。

2. 资源

资源包括财务资源、资产、人员以及商务计划。蒂蒙斯认为依靠自身资源是创业的一种生存方式，而且会创造出极大的竞争优势，以尽量少的资源做尽量多的事情是强有力的竞争武器。成功的创业者总是最后才考虑现金。资源要创造也要节约。创业者可能会有错误的定义：为了使企业成功，首先必须要让所有的资源都到位，尤其是资金必须到位。首先考虑金钱是一个很大的错误，现在短缺的是高素质的创业者和商机，而不是金钱。成功的创业者一般都为了合理利用和控制资源设计了创意精巧、使用谨慎的战略，以尽量少的资源做尽量多的事情。

3. 团队

团队是高潜力企业的关键要素，创业者面临的最大挑战就是建立一支杰出的团队。蒂蒙斯认为团队是素质包含相关净利和业绩记录、取胜的愿望、敬业、决心和恒心、对风险和不确定性的容忍度、领导、沟通等。著名的投资家阿瑟·洛克(Anhur Rock)这样评价团队的重要性："如果你找对了人，他们就一直可以帮你改换产品。几乎我所犯的每一个错误都是因为我用错了人，而不是思路错误。"好的团队总是由一位非常有能力的创业带头人建立和领导的，他的业绩记录不仅向我们展示了他的成就，也展示了一个团队必须拥有的品质。创业领导者的作用就像一位领跑者、一位企业文化创造者和一位赛手兼教练，他的作用至关重要。

同时，蒂蒙斯认为创业是一个高度动态的过程，在创业过程中，由于机会的模糊、市场的不确定性、资本市场的风险以及外在环境的变迁等，经常影响到创业活动，使得创业过程充满了风险。因此就必须要依靠创业者的领导、创造力与沟通能力来发掘问题，其中机会、资源、创业团队是创业过程最重要的驱动因素：商业机会是创业过程的核心要素，创业的核心是发现和开发机会，并利用机会实施创业，因此，识别与评估市场机会是创业过程的起点，也是创业过程中一个具有关键意义的阶段。

创业过程是一个连续不断地寻求平衡的行为组合。尽管这三个部分很难保持完全的匹配，但只有持续地追求一种动态的平衡，企业才能保持持久的发展。当创业者用平衡的观念展望未来时，需要关注前面将会遇到的陷阱、发展的速度、未来的资源等。创业者需要不断采用实验性的方法，不断地评估、修订战略和战术。在考虑开发商机、资源和团队所必须解决的问题过程中，创业者的工作就是将思路塑造成商机，然后再将商机塑造成事业。这个创业过程具有反复性，而且带有不断试错的特质。

蒂蒙斯认为核心的创业过程是高潜力企业获得极大成功的原因，是驱动力主导了高度动态的创业过程，包括商机的驱动、创业带头人或创业团队的驱动、节约和创造资源的驱动以及上述因素的匹配和平衡，这些因素是综合性的、整体性的。蒂蒙斯以网景公司为例，系统地阐述了平衡模型的应用。网景公司创业初期的蒂蒙斯平衡模型如图 8-1 所示。

图 8-1 表明，在最初阶段，网景公司处于极不平衡状态，现有团队和资源的能力远远无法承受巨大的商机，这种差距非常大，风险投资该上场了。

风险投资家约翰·多尔是最早清楚认识到这个商机的规模和潜力的人，他相信网景会通过企业内部的管理和企业外部的专业咨询者来填补资源的短缺，并帮助建立管理团队。随着风险投资的注入，网景逐渐趋向平衡，当网景正式公开上市时，风险投资者获得了丰厚的回报。蒂蒙斯认为风险投资者能够极大提高各种驱动因素的平衡性。风险投资者或合作伙伴是能够弥补团队缺陷的人，哪里存在不平衡的情况，他们就会在哪里创造平衡。

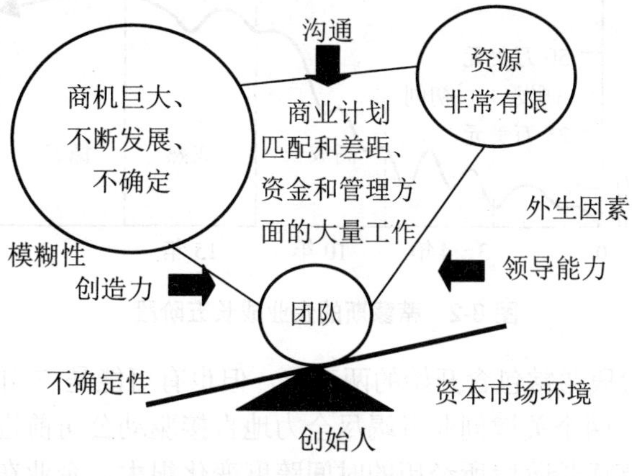

图 8-1　网景公司创业初期的蒂蒙斯平衡分析

蒂蒙斯模型的特点是，三个核心要素构成一个倒立的三角形，创业团队位于三角形的底部。在创业初始阶段，商业机会较大而资源较为缺乏，三角形将向左边倾斜；随着企业的发展，企业拥有较多的资源，但这时原有的商业机会可能变得相对有限，这就导致另一种不均衡。创业领导者及创业需要不断探求更大的商业机会，进行资源的合理运用，使企业发展保持合适的平衡。这三者的不断调整，最终实现了动态均衡，这就是新创企业发展的实际过程。蒂蒙斯模型始终坚持三要素间的动态性、连续性和互动性。

8.1.3　创业的阶段

1. 企业成长五阶段

关于创业企业成长的阶段，蒂蒙斯认为，只有很少新建的成长型企业能够经历像爱迪思生命周期理论那样平滑的线性成长，甚至可以说没有。如果绘制出新企业最初 10 年的实际成长曲线，这些曲线看起来更会像一条高高低低的过山车轨道，而不是通常所描绘的平滑上升的发展曲线。在一般创业企业的整个成长过程中，它们随时会发生扭伤、绊倒、打嗝、消化不良和恢复元气的情况，一帆风顺只是零星点缀罢了。有时在整个阶段内都会呈现出持续上升的趋势，但其他时候却要面临几近崩溃的境地，或至少处境相当危急。

蒂蒙斯认为公司在成长过程中要经历 5 个阶段：创办前 3 年称为研发阶段，创办后的头 3 年称为创建阶段，第四年到第十年为早期成长阶段，第十年到第十五年前后为成熟阶段，第十五年之后为稳定阶段。这些时间段只是大约估计，会有些出入。

如图 8-2 所示，蒂蒙斯的企业成长曲线实际上就是一些高高低低、参差不齐的锯齿型曲线，形象地表明创业企业会经历一些快速发展时期和一些衰退时期和危机时期。

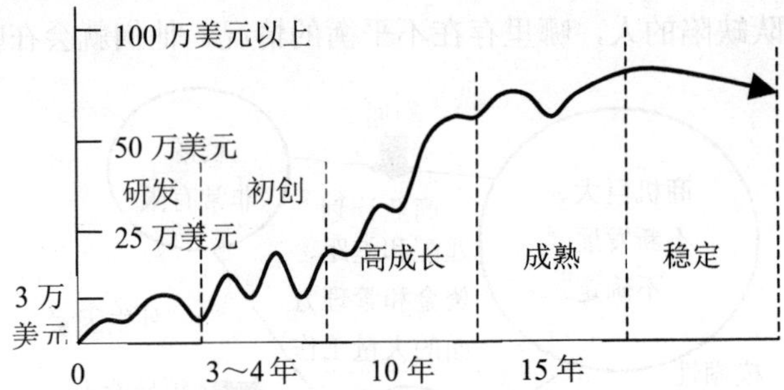

图 8-2 蒂蒙斯的企业成长五阶段

蒂蒙斯认为初创阶段通常包含开始的两三年，但也有可能是 7 年。它显然是风险最大的一个阶段，体现在一两个关键创业者竭尽全力地直接驱动公司前进以及他们要付出的巨大精力和创业才能。高成长阶段所经历的时间跨度变化很大，企业在此阶段发生的变化也很大，是创业者最大挑战的阶段。比如，创业者必须学会放权，必须及时跟上市场的发展。接着，企业进入到成熟阶段。此时，企业的关键问题已经不是生存了，而是稳定成长和盈利。通常接下去就是稳定阶段。

2. 成功创建新企业的"八步阶梯"

企业的创建是一个连续的循环的过程，很难在时间上严格地区分各个阶段，也很难预测从创业到守业的转折点。为了便于理解，本书将创建新企业的过程理解为八步阶梯。当然，实践中的创业并不是一定按部就班，各步之间也包括一些循环往返。

1) 培养创业能力

在创业步骤中，创业者个人素质和能力获得培养和提高是创业的第一步。要成为一个成功的创业者，除了必备一定的身体素质、心理素质之外，还必须对所进入的行业技能具有较好的掌握，这是进入一个行业的敲门砖。创业是各种社会知识的集合，包括法律、企业管理、财务会计、税务、市场营销等。在知识经济、信息时代，创业者在开始创业之前必须对这些基本知识予以把握。此外，创业对于个人的团体协作意识、创业意识、创新能力、交际能力等综合能力素质的要求较高。创业的成功与否，往往取决于创业者个人的基本素质。并不是所有人都适合创业，通过对创业成功人士的分析总结，我们不难发现，他们都具有上述提到的创业能力。

2) 识别创业机会

创业机会的识别是成功创建新企业的重点和难点。无论新创企业从事何种事业，机会的识别都起着举足轻重的作用。识别和评估创业机会是整个创业过程中一个具有关键性意义的阶段。许多创业机会并不是偶然出现的，而是总是青睐那些有准备的人，或者是一个识别市场机会的机制建立起来之后才会出现。虽然多数情况下不存在正式的识别市场机会的机制，但通过某些来源往往可以有意外的收获，这些来源包括消费者、营销人员、专业协会成员或技术人员等。国家产业政策的调整、新技术的出现、人口和家庭结构的变化、人的物质精神的需要变化、流行等都可能形成商业机会。无论市场机会的设想来源于何处，都需要经过认真细致的评估。作为创业者，应该具有敏感的嗅觉，能够及时、准确地识别创业机会。

3) 制订创业计划

创业者在完成创业环境分析、发现创业机会、确定事业内容之后，就应开始着手编订创业计划。创业计划是创业启动阶段的核心。所谓创业计划，是对与创业项目有关的所有事项进行总体安排的文件，包括商业前景展望，人员、资金、物质等各种资源的整合，以及经营的思想、战略确定等，是为创业项目制定的一份完整、具体、深入的行动指南。创业计划是创业成功的关键。一个别出心裁的创意、一个稍纵即逝的点子、一件意想不到的突发事件都有可能成为创业的契机，但创业的关键是看这些创业机会能否形成一个周密的创业计划。创业计划是对创建企业的基本思想的阐述以及相关事项的总体安排，通常以商业计划书的形式出现。

4) 筹集创业资本

创业计划不仅是创业者对创业思想及具体事宜的归纳和整理，而且能够成为风险投资者选择项目的依据，直接影响新创企业的融资。因此，撰写创业计划的目的除了谨慎自己的创业行为之外，还有一个重要目的就是寻找创业融资。创业者对资本的需求是非常紧要的。创业融资的渠道主要是父母、亲戚借贷，好的项目还可能获得风险投资、银行信贷、融资租赁等多种融资方式。尽管可供选择的融资渠道和融资方式很多，但是获得资金上的支持绝不是一件容易的事情，注册资本的最低限额往往成为创业的瓶颈。因此，创业融资在创业的启动阶段至关重要。

5) 缔约法律结构

创业者通过创业计划寻找到投资后，首先面对的问题是成立怎样的企业。按照我国目前相关法律法规，可以选择的企业(或经营性组织)的形式有个体工商户、合伙企业、个人独资企业、有限责任公司、股份有限公司。选择不同的企业形式，对合作伙伴的要求也是不同的，因此承担的风险和责任也是不同的。比如成立合伙企业，要求各合伙人相互具有很高的信任度，对合伙企业承担无限连带责任；而成立法人公司，各出资者仅以自己出资额为限只对公司承担有限责任。此外，创业者还必须掌握企业的设立条件、设立程序、怎样制定《公司章程》或签订《合伙协议书》、怎样设立公司组织机构等基本知识。有的创业者还会涉及知识产权、特许经营合约等法律知识。

6) 新企业的设立

当创业者完成创业计划并获得融资之后，就可以按照法定的程序进行注册登记，完成注册登记意味着新创企业在法律上得到认可，宣告企业法人的正式成立，从此，创业就不再是简单的“纸上谈兵”了。该部分包括确定企业的组织形式、设计企业名称、企业的选址、向工商行政管理机关提出企业登记注册申请。领取营业执照是企业正式成立的标志。

企业设立以后还必须依照法律规定，设置会计账簿、编制企业的财务报表、报税纳税等。

7) 新企业的管理

新创企业在创立之初受业务量、资金、场地、人员等客观条件的限制，不可能像大企业那样拥有系统的管理机构，各个部门的职能划分并不严格，创业者团队的分工也不明确。但是，随着业务量上升和人员的增加，形成系统的管理体系就成为当务之急。管理体系的形成是企业成长的一个重要前提。尽管不同规模、不同行业的企业情况有所区别，但是管理体系应该包括会计控制、营销管理、人力资源管理和技术管理等内容。

8) 新企业的成长

新创企业的成长离不开市场对企业所提供产品或服务的认可。相对于老企业而言，新创企业在行业内属于后发者，因此能否在短期内通过营销管理在市场上占有一席之地直接关系到创业的成败。寻找目标市场、产品的研制开发、确定价格和销售渠道、整合销售手段等构成营销管理的主要内容。新创企业在市场上的地位相对稳定后，可能会因为市场需求的变化或者竞争对手的超越，逐渐丧失在原有的技术、服务、管理等方面的竞争优势，难有更大的市场突破。于是，寻求新的发展空间就成为发展的必由之路。

八步阶梯的结构层次如图 8-3 所示。

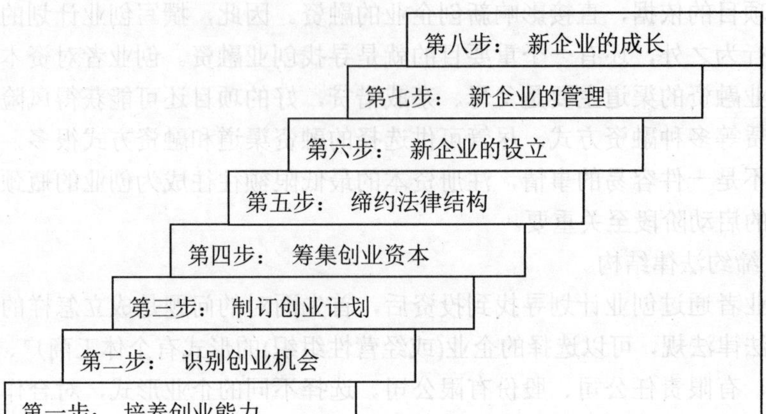

图 8-3 八步阶梯的结构层次

8.2 创业者的特质与培养方法

8.2.1 蒂蒙斯对创业者特质的研究

创业学大师蒂蒙斯认为成功创业者具有一些共同的态度和行为，通过对哈佛商学院杰出创业者学会的第一批 21 位学员的跟踪研究，总结出成功创业者表现出了一些共同的创业特质，他归纳为“六大特质”和“五种天赋”。六大特质是“可取并可学到的态度和行为”，五种天赋是“其他人向往的，但不一定学得到的态度和行为”。其中隐含着创业者品质一部分是天赋，另一部分是后天学习形成的含义。与此相对应，蒂蒙斯还归纳了八种非创业特质，见图 8-4。

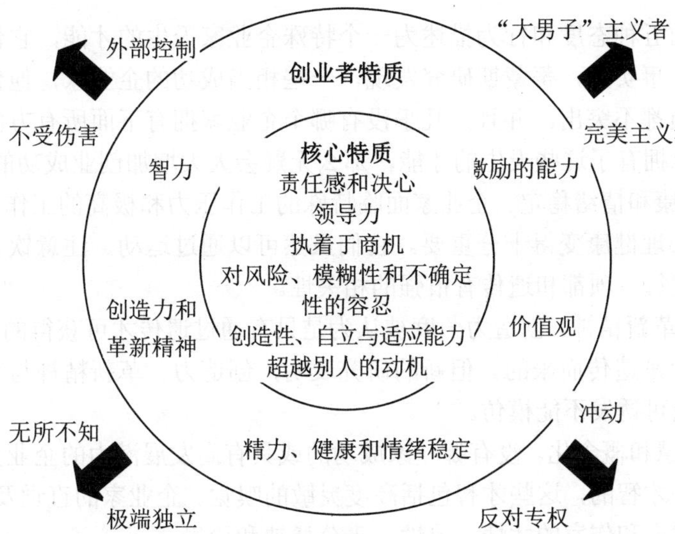

图 8-4　蒂蒙斯的创业特质与非创业特质

1. 六大特质

成功创业者一般具有以下六大特质。

(1) 责任感和决心。这一点比其他任何一项因素都重要。有了责任承诺和决心，创业者可克服不可想象的障碍，并弥补其他缺点。

(2) 领导力。成功的创业者是富有耐心的领导者，能够勾勒出组织的远景，根据长远目标进行管理。他们无须凭借正式的权力就能向别人施加影响，并能很好地协调企业内部及与顾客、供应商、债权人、合伙人的关系，与他们友好相处，共同分享财富和成功。

(3) 执著于商机。创业者受到的困扰是陷入商机中不能自拔，意识到商机的存在可以引导创业者如何抓住重要问题来处理。

(4) 对风险、模糊性和不确定性的容忍度。既然高速变化和高度风险、模糊性和不确定性几乎是不可避免的，成功的创业者们能容忍它们，并善于处理矛盾。

(5) 创造性、自立与适应能力。成功创业者们相信自己，他们不怕失败，并且善于从失败中学习。

(6) 超越别人的动机。成功创业者们受胜出别人的动力驱使。他们受到内心强烈愿望的驱动，希望和自己定下的标准竞争，追寻并达到富有挑战性的目标。

需要说明的是并非一定具备这些特质才可以创业，或只要具备了这些特质就一定能够创业成功，拥有这些特质并不是成为创业者的必要条件。如果缺乏上面的某些态度和行为，是可以通过经验和学习来学到、开发、实践或历练出来的。

2. 五种天赋

蒂蒙斯将下面五种态度和行为描述为一个特殊企业家天生的才能，它们是令人向往但不一定学得到的。事实上，蒂蒙斯研究发现，一些相当成功的企业家，他们缺少其中几项特质，或每种特质都不突出，并且，几乎没有哪个企业家拥有下面所有方面的特殊才能。但是，如果企业家拥有了这些天生的才能，那么无疑会大大增加创业成功的可能性。

(1) 精力、健康和情绪稳定。企业家面临特殊的工作压力和极高的工作要求，这使他们的精力、身体和心理健康变得十分重要。它们虽然可以通过运动、注意饮食习惯和休息稍做调整来保持，但每一项都和遗传有很强的相关性。

(2) 创造力和革新精神。创造力一度被认为是只有通过遗传才可获得的能力，而且大多数人认定它本质上是遗传而来的。但新的研究表明，创造力、革新精神与制度、文化有很大的关系。它们只可诱发不能模仿。

(3) 才智、智慧和概念化。没有哪一家成功的或具有高发展潜力的企业其创始人是不具备才智或只有中等才智的，这些才智包括高度灵敏的嗅觉、企业家的直觉及老鼠般的狡猾。这种才智犹如艺术家和作家的才情、灵性，十分稀缺和珍贵。

(4) 激励的能力。远见是一种天生的领导素质，它具有超凡的魅力。没有人认为这种特殊的品质是后天培养的。所有伟大的领导者都是通过这种能力传递他们的影响力。成功的企业家通过这种能力激发灵感，激励他的员工为他设下的目标团结奋斗。

(5) 价值观。个人的价值观和伦理价值由企业家生活的环境和背景决定，在人生的早期就形成了。这些价值构成了个人不可分割的部分，进而影响他的企业及企业的价值。

这些特质的形成，既有先天的因素，也有后天的因素，如教育、工作经历和环境等。

3. 非创业特质

前面讨论了创业者一般所具备的创业特质，事实上还存在一些非创业特质，它们会妨碍创业者的创业活动。蒂蒙斯总结了八种非创业特质，“它会给新企业带来麻烦，或成为置企业于死地的因素”。这八种非创业特质分别如下。

(1) 不会受伤害。这种思想方式是指，有些人觉得没有什么灾难性的事会发生到他们头上。他们容易冒一些不必要、不明智的风险，这种行为显然会形成严重的隐患。

(2) “大男子”主义者。这是指有些人总想证明他们比别人强，并能击败别人。为了证明这点，他们可能会冒极大的风险，也可能会为了给别人留下深刻印象而置身险地。虽然这和过分自信相关，但这种思想方式已经超越了自信的定义范围。愚蠢的以硬碰硬的竞争和非理性的接管战就是典型的例子。

(3) 反对权力。有些人反对外部权力控制他们的行动。他们的态度可以用下面这句话来总结:“别跟我说该干什么。没有人可以对我说该干什么!”如果比较这种思想和成功企业家的特质，我们会发现后者会积极寻求并运用反馈信息来达到目标，并提高自己的表现，他们更倾向于寻求团队成员和其他必要的资源来利用商机。

(4) 冲动。在面临决策的时候，有些人认为无论如何都必须做些什么，并且迅速去做。并没有考虑他们的行动有何意义，在行动之前也没有思考其他可选方案。

(5) 外部控制。成功企业家的特质之一是相信自己的内部控制力，外部控制正好与此相对立。相信外部控制的人觉得，他们根本无法控制将要发生的事，即使是在可以有所作为的情况下也是如此。如果事情进展顺利，就把它归功于运气好，反之亦然。

(6) 完美主义者。完美主义者是企业家的敌人，这一点已经被反复证实过。若想要达到完美就必须要付出相当多的时间和成本，这必定导致机会窗口被另一个决策更迅速、行动更敏捷的竞争者砰然关上，或者由于技术的提高而消失。

(7) 无所不知。认为自己什么都知道的企业家一般知之甚少。更糟糕的是，他们常常不能发现自己不知道的是什么，而能够发现良好商机的创业者并非如此。

(8) 极端独立。极端独立是个严肃的问题，对企业家来说会限制其思维方式。决心完全靠自己来成就大事，拒绝任何的外来帮助，这样的企业家通常是毫无建树。

8.2.2　创业者的几个重要特质

蒂蒙斯、史蒂文森、加特纳、霍纳代、戴维等著名学者先后提出了创业者多方面的特质。但是，依然存在上述研究没有提出来，或者没有着重强调的创业者需要具备的特质，综合起来，有以下几个方面。

1. 不断创新

创业可以理解为开创前所未有的事业，恰似走一条前人没有走过的路。创新是创业的灵魂。创新既是一种对旧事物和旧秩序的破坏，也是一种对新事物和新秩序的创造。创新是创业得以成长、发展、延续的动力，包括产品和服务的创新、管理创新和科技创新、经营理念的创新。英特尔公司副总裁达维多认为，一家企业要想在市场中占据主导地位，那么就要做到第一个开发出新一代产品，第一个淘汰自己的产品。

通用电气公司是自 1896 年道琼斯指数开始公布以来，唯一一家从未“出局”的企业，堪称企业史上的“常青树”。通用电气能够拥有今日的辉煌，应该归功于通用电气创始人、发明家爱迪生所缔造的创新精神。托马斯・爱迪生是著名的发明家，他的一生都在发明创造，同样，他也是一名优秀的创业者和企业家。1878 年，爱迪生创立了爱迪生电气照明公司，后来发展为爱迪生通用电气公司。1879 年，爱迪生发明了人类历史上第一盏白炽灯，尔后一发不可收拾，从电灯、电表到留声机，乃至处决囚犯的电椅……爱迪生所掌握的专利有1100种。他的成就不是因为他有过人的天赋，而是来自他对发明、创新孜孜不倦的追求。爱迪生是有名的工作狂，他每天大约工作16个小时，有时干脆就睡在公司的实验室里。爱迪生有一句名言：成功等于1%的天赋加上99%的努力。爱迪生在不断发明创造的同时，非常重视法律对技术成果的保护。除了对自己的发明及时申请专利之外，还非常关注竞争者的专利。比如英国人斯万也发明了电灯泡，甚至在某些技术上优于爱迪生发明的白炽灯。但是，爱迪生购买了斯万的专利，用于自己的产品的优化生产。爱迪生还较早意识到技术与市场相结合的重要性。在发明白炽灯之后，爱迪生就预测到这种产品进入家庭的必然性。为了让白炽灯进入家庭，需要解决送电手段和分户计量两个难题。爱迪生立即开展了输电设备和电表的发明工作，也正是因为拥有这些配套的发明，才使得电灯迅速走进家庭，也为企业的腾飞创造了有利条件。更重要的是，爱迪生为通用电气公司缔造了重要的创新传统。1892年，爱迪生通用电气公司与汤姆森·豪斯顿电气公司合并为通用电气公司，并迅速成为美国乃至全世界规模最大的企业之一。

2. 善于学习

创业需要面对一个多变的环境和激烈的竞争，这使创业者需要考虑的问题很多，如资金、技术、管理、与相关企业和政府部门的关系等，而企业又不可能有充足的人员。这些条件上的制约只有创业者自己通过学习和经验的积累加以解决，如果创业者及其团队善于学习，就能掌握要领，迅速把握创业机会。

第二次世界大战之后，善于学习的日本人创造出了无数创业奇迹。1949年，索尼公司创始人之一的井深大，到日本广播公司办事，偶然发现一台美国制的磁带录音机，当时这种产品在日本还鲜为人知，但是井深大马上意识到这种新产品巨大的市场潜力，于是立即买下专利。通过对该专利技术的学习和研究，仅用了一年时间，公司就向市场上推出了新产品，最终使录音机成为热门货，为公司的发展奠定了基础。1955年，美国人发明了半导体收音机，随后在日本国家电视台进行展示。井深大又在其中发现了商业机会，购买了该项技术的专利，通过学习和研究，然后进行批量生产，很快反过来占领了美国市场。索尼公司就这样一步步发展成全球很有影响力的大企业。

3. 充满激情

成功创业者共有的一个特质是拥有创业激情，这种激情来自创业者坚信他的企业将发挥积极的影响这种信念。这种激情解释了人们为什么舍弃安定的工作而去创建自己企业的原因，也解释了许多亿万富翁诸如微软的比尔·盖茨、戴尔电脑公司的迈克尔·戴尔、甲骨文公司的拉里·埃里森等人，为什么有了财务保障后还在不停工作的原因。

表8-1是阿尔贝特·施威茨尔(Albert Schweitzer)发表的著名的《创业宣言》。这首广为流传的诗歌曾唤醒了全世界多少人的创业激情，鼓舞着多少人勇敢地攀登创业高峰。

表 8-1　阿尔贝特的《创业宣言》

我怎会甘于庸碌， 打破常规的束缚是我神圣的权利， 只要我能做到。 赐予我机会和挑战吧， 安稳与舒适并不使我心驰神往。 不愿做个循规蹈矩的人， 不愿唯唯诺诺麻木不仁。 我渴望遭遇惊涛骇浪， 去实现我的梦想， 历经千难万险，哪怕折戟沉沙， 也要为争取成功的欢乐而冲浪。	一点小钱， 怎能买动我高贵的意志。 面对生活的挑战，我将大步向前， 安逸的生活怎值得留恋， 乌托邦似的宁静只能使我昏昏欲睡。 我更向往成功，向往振奋和激动。 舒适的生活，怎能让我出卖自由， 怜悯的施舍更买不走人的尊严。 我已学会，独立思考，自由地行动， 面对这个世界，我要大声宣布， 这，是我的杰作。

4. 勇于冒险

创业者需要勇于冒险，要敢于“第一个吃螃蟹”。机遇与风险经常是相伴而行的，风险与利润总是一致的。对于创业者来说，敢于承担风险就意味着有可能把握机遇。创业者的冒险精神有时候甚至可以表现为一种野心，追求成功的野心。拿破仑说过，不想当将军的士兵不是好士兵。霍英东认为尽管每一个人，只要具备开办公司的条件，就可以领取营业执照，可能一夜之间就成为“老板”了，但是，没有一点豪气，没有敢冒风险的精神，就不能行“天下先”之事。当然也就不能成为真正的创业者或真正意义上的老板。

高风险伴随着高收益，这是经济生活中的一条公理。只要创业者正确认识到风险的存在，合理地管理创业风险，就能在获得高收益的同时把风险降到最低限度。创业者应正确地认识商场中的风险，而不是想极力逃避风险。创业者都需要承担一定风险，只有具有风险的意识，才能够在创业初始就能够合理地规避风险，并把握创业过程中的核心要素；也只有具有一定的风险意识，才能够使新产品、新技术或新的服务走向实际化运作，才能够使新创企业度过艰难的创业过程而迅速成长，走向创业成功。

风险的魅力在于风险报酬的存在。风险报酬是指冒险家因冒风险而得到的额外收益。人们迎向风险，并不是喜欢看到自己的损失，而是希望看到成功后的风险报酬。风险报酬与风险程度是同向递增关系。这就是为什么要发扬冒险精神的意义所在。

5. 勤奋苦干

辛勤付出，才是获得成功的唯一必经道路。任何成功的创业背后，都是创业者们用辛勤的汗水和刻苦的努力换来的。创业的成功需要坚韧不拔之志、顽强的毅力、吃苦耐劳的执著精神、忘我的热情、甘于奉献的献身精神。几乎每一个创业者都近乎工作狂。正像爱迪生所说："创办一家成功的企业所需要的远不止是好的主意、市场和资金，新创企业所需要的是那种一旦公司诞生就能够夜不能寐的产品斗士"。

1984 年，国内最大的英语培训机构"新东方"的创始人俞敏洪从北京大学毕业留校任教。他为了挣够 4 万元留学费，在校外一个民办外语培训机构教课，被校方发现并通报批评。于是，俞敏洪选择了辞职创业。1993 年 11 月，俞敏洪在租来的简陋建筑里，开始了新东方充满艰难的发展历程。俞敏洪至今都难忘创业之初新东方的"落魄"景象：中关村二小的一个平房里只有一张桌子，一把椅子，以及冬天小广告还未刷完就结冰的糨糊桶。那个冬天，俞敏洪是自己拎着糨糊桶，骑着自行车穿行在中关村的大街小巷，在零下十几度的冬夜去贴广告。北京的冬夜经常刮大风，广告还没贴上去，糨糊就冻成冰了。经过艰苦环境磨炼的俞敏洪，终于依靠勤劳苦干造就了今天的新东方，凭着逐渐积累出的口碑，新东方逐渐完成了从"手工作坊"向现代公司转变的过程，并逐步发展成为今天的英语培训第一品牌。

6. 果断把握机会

机遇对创业者来说，无疑是最重要的外部因素。由于机会具有很大的偶然性和不确定性，所以机会也成为创业者最关注的要素之一，而成功的创业者大多都能够正确地认识和把握住稍纵即逝的机会。比尔·盖茨的成功在很大程度上取决于他对机会的成功把握，他准确地预见了计算机软件的巨大前途。而麦克尔·戴尔的成功也归功于他对"直销"这种商业模式的成功把握。现在有很多人经常怨天尤人，总哀叹上天不眷顾自己，幸运女神不垂青自己。其实，仔细分析一下，就会发现这里存在两个问题。其一，机会其实是无处不在的，但要懂得认识机会和把握机会。比尔·盖茨和戴尔在发现巨大商机后果断抓住机会、辍学经商，才成就今天的伟业。如果在机会面前犹豫不决、停步不前，那是肯定没有收获的。其二，不能光看到比尔·盖茨和戴尔的辍学，他们在学校里都是优秀的学生，勤奋好学，并且对计算机都有着浓厚的、忘我的兴趣。这也正验证了那句古话，"机会总是垂青那些有所准备的人"。所以，在机会来临之前，要做好充分的准备，努力提升自己的能力，迎接幸运女神的垂青。

巴顿(George S.Patton)将军曾说："一个好的计划现在就去执行要比下周执行一个完美的计划好得多。"对于生命体而言，时间是最稀缺、最宝贵的资源，因为，时间是一维的、永远向前的、不可逆的。成功，无论是结果还是过程，都是一定空间下的时间概念，一是速度性，二是持续性。成功的创业者一旦捕捉到良好的创业时机，便抓住不放，且立即投入，踏踏实实地去做。创业机会对于创业者来说稍纵即逝，关键在于能不能把握机会，而把握创业机会要求创业者具有决断力。一个正确的决断可能会改变创业者的命运。创业者应具有这样的特性，既能够敏锐地分析环境并从中发现创业机会。

8.2.3　创业者特质的测试

创业者通常具备以上特质，这意味着每个人并不都适合做一名创业者，仅仅能够识别到有利可图的机会还不足够。你是这样的人吗？你是否能够设计出愿景指出你未来的目标，并能达到它呢？如果不能，你就应该重新考虑，因为创业很像爱迪生所说的那样“成功是2%的灵感加 98%的汗水”。

虽然没有单一方法来检验创业者的特质，但人们普遍认为成为一名成功创业者需要几个关键特质。巴隆(Roben A.Baron)和谢恩(Scott Shan)提出需要回答下列问题。本书根据巴隆和谢恩的设问，发展了其提问内容，并予以赋分。请根据每个方面给自己打分，然后让几个熟悉你的人也给你打分。结果或许可以让你很好地了解，你是否能成为一名优秀的创业者，或者还需要提高自己的特质。

(1) 你掌握了创业相关的知识吗？或者掌握了其中一项，如技术、营销、人力资源；或者你参加过创业培训；或者你富有学习精神，准备去掌握这些知识。(1～10 分)

(2) 你对新生事物充满好奇和关注吗？你对国家大事、社区生活百态时常留心吗？你是否思考并分析过一些创业人物或企业或身边的店铺的经营情况？或者你准备去关注这些事情。(1～10 分)

(3) 你能应对不确定性吗？安全(如固定的薪水)对你重要吗，或者你愿意容忍不确定性(经济和其他方面的)吗？(1～10 分)

(4) 你精力充沛吗？你是否有精力和健康的身体能够长时间工作，以实现对你而言很重要的目标？(1～10 分)

(5) 你信任自己和你的能力吗？你是否相信，你能够达到想达到的任何目标，并学会这个过程所需要的东西？(1～10 分)

(6) 你能很好地处理逆境和失败吗？对于不利的结果你如何反应？是灰心丧气还是重新承诺下一次会成功并从错误中学习？(1～10 分)

(7) 你对你的目标或愿景充满热情吗？一旦你建立了一个目标或愿景，你是否因为对此充满热情而愿意牺牲所有其他东西来实现它？(1～10 分)

(8) 你善于同其他人相处吗？你能够说服别人像你一样看待世界吗？你能够同他们融洽相处吗(如处理冲突、建立信任)？(1～10 分)

(9) 你具有不同环境的适应性吗？你容易在中途做出改正吗？比如，你能否承认自己犯了错误，并退出原来进程以改正它？(1～10 分)

(10) 你愿意承担风险或相信没有经过证明的事物吗？一旦你树立一个目标，你是否愿意承担合理风险来实现它？换句话说，你是否愿意尽你所能去减少风险，并且一旦你做了就会坚持下去？(1～10 分)

通过评分之后，你会发现，身边每个人都会有不同的分数。巴隆和谢恩认为成功的创业者在所有这些方面得分都高于其他人。他们能够处理不确定性、精力充沛、相信自己、能很好地和灵活地对逆境做出反应、对理想充满热情、善于同他人相处、非常具有适应性，并且愿意承担合理的风险。当你具备这些特质时(至少是其中一部分)，你或许就适合创业者的角色。但是，如果发现自己在几个特质方面得分较低，你可能需要重新考虑：或许成为一名创业者并不是你真正喜欢的，或者该好好提高一下自己的特质了。

8.2.4 培养创业者特质的方法

夏清华在其《创业管理》一书中指出，要全面提高个人的创业知识、素质和能力，潜在创业者可以采用以下10种方法。本书此基础上进行如下阐释。

(1) 多与创业人士交谈或请教，多阅读成功创业者的故事和经历，向成功的创业者学习。

(2) 做一个成功企业人士的助手或学徒。可以尝试加入一两个创业团队，这是一个宝贵的学习锻炼的机会。

(3) 参加一个创业培训班或学习班，接受培训(如国家劳动与社会保障部主办的“SYB创办并改善你的企业”培训)。大学生可选修有关创业的课程。

(4) 阅读一些可以帮助你提高经营技巧的书籍。尤其是营销、励志类的读物。

(5) 制定未来的创业计划，增强你的创业动机。大学生可以通过积极参加创业计划书竞赛来锻炼自己的能力。

(6) 提高思考问题、评价问题以及应对风险的能力；积极参加创业团队的集体讨论，如“头脑风暴”产生创意的过程。

(7) 学习并思考如何更好地处理危机局面。有研究认为，汶川大地震发生后，政府的危机公关对企业就有很大的启示。这些启示对培养创业者能力也会有所启发。

(8) 对别人的观点和新的想法要多多接受。正所谓“兼听则明，偏信则暗”，一味固执己见，是难以产生创意和获得团队的支持的。

(9) 遇到问题时，要分析问题的前因后果，并提高自己从错误中吸取教训的能力。创业的道路不会总是一帆风顺，吃一堑长一智，哪里跌倒哪里站起来，才是创业者思考问题的方法。

(10) 加强你对工作的投入，并且要认识到：只有努力工作，才能获得成功。创业成果不是光凭空想就能得到的，你需要大胆迈出人生第一步，再一个新的第一步……无数个第一步共同组成了整个辉煌的创业过程。

8.3 创业机会

所谓创业机会，通常理解为一种创业机会或市场机会，是指客观存在于市场交易过程，并能够给创业者提供销售(服务)对象、带来盈利可能性的市场需求。创业机会能为创业者带

来回报 (或实现创业目的)，是具有吸引力的、较为持久的和适时的一种商务活动的空间。从创业实践来看，创业机会是产生创业活动的关键因素。总之，创业机会是创业研究的起点和核心。创业是获利机会与创业个体的结合，创业机会是客观存在的，创业者要能够及时发现这些创业机会，并开发利用创业机会。

8.3.1　创业机会的来源

综合国内一些学者的研究成果，创业机会的具体来源主要有以下几个方面：科技的进步、政策与法律的变化、社会和人口因素的变化、市场需求的变化等。

1. 科技进步

科技进步带来创业机会，主要源自新的科技突破和社会的科技进步。通常，技术上的任何变化，或多种技术的组合，都可能给创业者带来某种创业机会，具体表现在三方面：

(1) 新旧技术的更替。当在某一领域出现了新的科技突破和技术，并且它们足以替代某些旧技术时，通常随着旧技术的淘汰和新技术的未完全占领市场而暂时出现市场空白。

(2) 新技术的出现。当一种能够实现新功能、创造新产品的新技术出现之时，无疑会给创业者带来新的商机。例如互联网的发明伴随着一系列与网络相关的创业机会的出现，晶体管的发明促使索尼走向全球市场等。

(3) 新技术带来的新问题。多数技术的出现对人类都有其既有利又有弊的两面性，即在给人类带来新的利益的同时，也会给人类带来某些新的问题。这就会迫使人们为了消除新技术的某些弊端，再去开发新的技术并使其商业化。而开发这些新的技术并使其商业化，就可能成为新的创业机会。例如，节能环保装置，这就会带来新的创业机会。

硅谷华人李广益第一次成功创业正是抓住了较容易操作的数字信号处理(DSP)芯片技术，该技术的成熟使得生产高速调制解调器不再困难，创立公司才成功了。还有如晶体管的出现与普及，导致了英特尔、摩托罗拉、东芝、日立等新公司的诞生，都是对技术机会的成功把握。

2. 政策与法律的变化

政策与法律的变化能够产生创业机会，是因为它使创业者能够提出更多不同的想法，而这些创业者可能在一个常规体制下是被禁止进入的。政策与法律的变革也清除了很多不利于生成新企业的官僚政治障碍，这些障碍的清除，使得创业者的创业成本大大降低，原来无利可图的创业项目变得有利可图。

希望集团的诞生就是受益于农村改革开放政策的典型。1982 年刘家兄弟做出了改变他们一生的决定：砸碎铁饭碗，自主创业。他们都是在 20 世纪 70 年代高考竞争最为激烈的时候考上了大学，不久都捧上了令当时的人都非常羡慕的“铁饭碗”。当改革开放的春风吹到成都平原这块富饶的土地时，他们的创业激情被唤起了，通过对当时的政治、经济等一系列创业环境的仔细分析之后，把目光投向了自己最为熟悉的农村这片后来为他们带来巨大财富的天地。当时改革开放已经开始，农村的改革先于城市，农民中出现了很多养鸡养猪专业户，此外几乎所有的农民家庭都要零散地养些鸡和猪作副业，农村已率先呈现出了蓬勃发展的态势。于是他们决定就从最熟悉的农村入手，从事生态养殖和饲料生产，加入改革的大潮。事实证明，他们当初对创业环境的分析是完全正确的，他们所创办的公司就是今天的希望集团——中国最大的民营企业，其创始人刘永好等也连年被列为中国内地富豪排行榜之首。

政策与法律的变化也可能通过强制增加需求的方式创造出新的商机，如汽车安全带。政策与法律的改变可以为新企业带来机会，比如对某些行业进入限制条件的放宽 (如民用航空、资源开采等)、政府采购政策的导向(对科技型新小企业、创造大量就业的企业)有可能为新企业带来机会。又如电信管理部门对于 3G 技术的发展规划，使得华为等通信产品厂商获得了 3G 通信设备的发展机会；而很多城市对于摩托车的限制措施，却使得摩托车厂商的市场大大萎缩。政府对于企业排污等指标的强制标准，使得企业不得不投入相关环保费用，这也提供了环保产业的创业机会。

3. 社会和人口因素的变化

不同时期的社会和人口因素的变化会产生不同的需求。随着现代社会发展的加快，这种变化中的需求更加明显。社会和人口是紧密联系在一起的，有时候社会文化的变革也是创业机会产生的引擎，例如计划生育政策使得教育市场高速发展；单身贵族的产生，促进了小户型商品房的热销；人口寿命延长导致的老龄化问题，创造了老龄用品市场；欧美人口减少的趋势也引起一些大学吸引来自发展中国家的留学生的需要，从而产生了一些针对国际学生的服务项目。社会和人口因素的变化改变了人们对产品和服务的需求，需求的变化就产生了创业的机会。

4. 市场需求的变化

市场需求表明某个行业里目标客户对产品和服务的偏好特性。市场需求变化将使这些偏好特质变得突出和明显，从而产生新的创业机会。

(1) 市场上出现了与经济发展阶段有关的新需求。相应的，就需要有企业去满足这些新的需求，这同样是创业者可资利用的创业机会。

(2) 市场供给缺陷产生的新的创业机会。非均衡经济学认为，在供求平衡的市场，总会存在一些供给不能实现其价值。因此，创业者如果能发现这些供给结构性缺陷，同样可以找到可资利用的创业机会。

(3) 产业转移带来的市场机会。历史地看，世界各国各地的发展进程是有快有慢的。即便在同一国家，不同区域的发展进程也不尽相同。这样，在先进国家或地区与落后国家或地区之间，就有一个发展的势差。当这势差大到一定程度，由于国家或地区之间存在成本差异，再加上经济发展到一定程度，环保问题往往会被先进国家或地区率先提到议事日程上。这时，先进国家或地区就会将某些产业向外转移，这就可能为落后国家或地区的创业者提供创业机会。

(4) 从比较中寻找差距，差距中往往隐含着某种商机。通过与先进国家或地区比较，看看别人已有的哪些东西我们还没有，借鉴西方国家成熟企业的发展经验，也可能发现某种创业机会。

8.3.2　创业机会的分析方法

1. 行业生命周期分析法(找准行业机会)

行业是指一组提供同一类产品(或服务)或提供具有可替代性产品(或服务)的企业群。行业由一组提供相似产品或服务的企业为主体构成，并包括这些企业的特质因素。行业生命周期理论，对创业者了解不同行业类型所提供的创业机会大有裨益。图 8-5 列出了最常见的四种行业形态，分别是新兴行业、成长行业、成熟行业、衰退行业。每种类型的行业都蕴含着特定的创业机会。

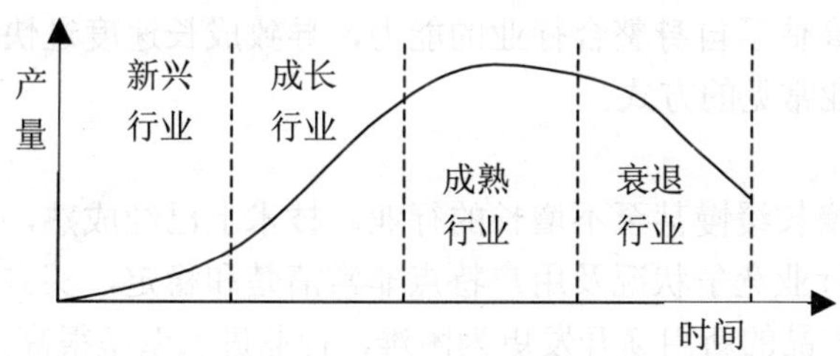

图 8-5　行业阶段和形态

1) 新兴行业

随着市场经济的发展和科技的进步，不断有新兴行业诞生，传统“三百六十行”的界定早已不符合时代的发展。寻找新兴行业，也就是那些可以在未来有很大发展的行业，对于创业者来说是非常重要的。新兴行业的迅速上升，可以在很大程度上弥补财富积累的漫长过程，它可能带来的收益是最初投资的几倍、几十倍甚至更多，这是创业者的梦想，而现在许多从事新兴行业的创业者都轻易实现了这样的创业梦。在新兴行业中，那些率先进入新市场的企业往往能获得先机优势。新兴行业的风险较大，导致创业者抓住的任何商机都可能转瞬即逝。尽管如此，对于创业者来说，新兴行业进入壁垒通常较低，具有较大的诱惑力，大部分成功的创业集中在新兴行业。

20 世纪初的美国，铁路行业占据着重要地位，产生了美国铁路大王哈里曼等一批依靠铁路行业起家的富豪，但经过将近 100 年的发展，该行业已经没有太大的发展潜力；而同一时期，从事石油行业的洛克菲勒用了 20 多年的时间，就成为美国历史上第一位 10 亿富翁，大大超过了子承父业的哈里曼。这不是因为洛克菲勒比哈里曼聪明。二者都是非常成功的创业者，关键在于所从事的行业。洛克菲勒从事的石油业在 20 世纪初正是如早晨的太阳，蓬勃有力。然而到了 20 世纪末，石油行业又被计算机行业比了下去。比尔·盖茨的创业之路，充分展示了新兴行业所可能带来的巨大收益。他创业的时间也只有不到 20 年的光阴。这会让洛克菲勒自愧不如，也会让福特汽车公司创始人亨利·福特为之惊叹不已，因为他祖孙三代辛辛苦苦建立的全球第二大汽车制造厂，居然还没有年纪轻轻的比尔·盖茨一个人有钱。盖茨成功的根本就在于他抓住了个人电脑的发展机遇，迎接了新兴行业的诞生和发展。

2) 成长行业

在行业成长时期，市场增长率很高，需求高速增长，技术渐趋定型，行业特点、行业竞争状况及用户特点已比较明朗，企业进入壁垒提高，产品品种及竞争者数量增多。一个行业在成长阶段往往呈众多小企业分散发展的状态，分散行业是由大量规模相近的企业所组成的行业。对创业者而言，分散行业内蕴含的主要机会是整合行业，而且整合结果在于建立行业领导者地位。行业整合过程中，较小的企业被收购或倒闭，而少数大公司则接管大部分业务。如影碟租赁行业、房屋中介行业、汽车修理行业、快餐行业等。整合行业的风险往往在于创业者高估了自身整合行业的能力，导致成长速度过快。对创业者来说，连锁加盟是进入分散行业常见的方式。

3) 成熟行业

成熟行业是需求增长缓慢甚至不增长的行业，技术上已经成熟，拥有大量重复购买目标客户，行业特点、行业竞争状况及用户特点非常清楚和稳定，买方市场形成，行业盈利能力下降，新产品和产品的新用途开发更为困难，行业进入壁垒很高，并且产品创新较少。有时，大型企业会被自身战略和契约义务所限制，这就为新创企业提供了创新的机会。创业者在成熟行业只能依靠产品或服务的创新。对创业者来说，成熟行业的壁垒比较高，建议不要轻易进入这些行业。

4) 衰退行业

衰退行业是产品需求持续下降的行业，产品品种及竞争者数目减少。一般来讲，创业者对衰退行业避而远之，但并非没有例外，如果新创企业能够打破常规惯例的思维，就能够在衰退行业中建立避开恶劣竞争的定位。在衰退行业，创业企业可以专注于行业内狭窄的细分市场，并通过产品或流程创新而获得成长。

行业生命周期在运用上有一定的局限性，因为生命周期曲线是一条经过抽象化了的典型曲线，各行业按照实际销售量绘制出来的曲线远不是这样光滑规则，因此，有时要确定行业发展处于哪一阶段是困难的，识别不当，容易导致战略上的失误。而影响销售量变化的因素很多，关系复杂，整个经济中的周期性变化与某个行业的演变也不易区分开来。再者，有些行业的演变是由集中到分散，有的则是由分散到集中，无法用一个战略模式与之对应，因此，应将行业生命周期分析法与其他方法结合起来使用，才不至于陷入分析的片面性。

2. 五力模型分析法(认清行业环境竞争)

创业者可以采用美国哈佛大学迈克尔·波特(Michael E.Porter)教授的五力模型分析一个行业内的竞争状态与市场前景，以决定自己是否参与该行业的市场竞争。

迈克尔·波特提出的这个结构化的行业竞争能力分析方法认为，一个行业中的竞争，存在五种基本的竞争力量，即潜在的进入者、替代品的威胁、购买者议价的能力、供应商议价的能力以及现有竞争对手之间的抗衡。供应商和购买者讨价还价可视为来自“纵向”的竞争，其他三种竞争力量可视为“横向”的竞争。因此，该方法有时也被称为“五力模型”或“五因素模型”，如图 8-6 所示。

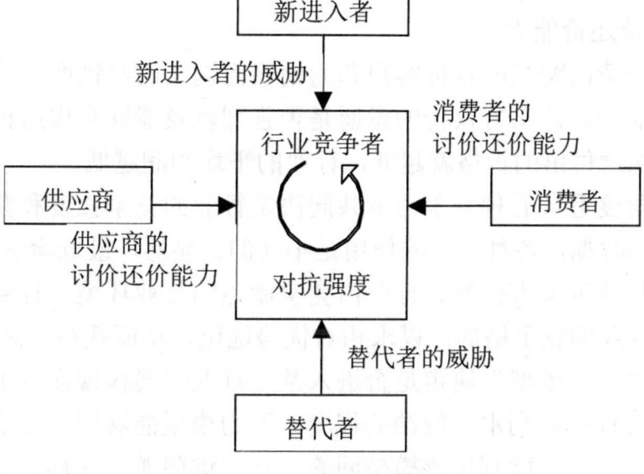

图 8-6　波特的五力模型

1) 现有竞争者的抗衡

同行业中的企业之间是既相互依存又相互竞争的关系。当行业内企业数量较多时，不管力量是否均衡，企业往往会为了自身利益施展各种竞争手段；当行业内企业数量很少、规模都很大时，竞争的影响力往往更大，甚至会导致行业结构发生变化。这种竞争越激烈，行业的平均利润越低。

2) 新进入者的威胁

受行业利润的吸引，尚未进入该行业的这些潜在的竞争对手往往会介入这一行业，它会对本行业带来很大威胁，称为进入威胁。进入威胁的大小取决于进入障碍和原有企业的反击程度。对于一个行业而言，潜在的进入者或新加入者会带来新的生产能力，带来新的物质资源，从而对已有的市场份额的格局提出重新分配的要求。特别是，那些进行多种经营的企业从其他的行业进入后，常常运用已有的资源优势对新进入的行业产生强有力的冲击，结果导致行业内产品价格下跌或企业内在成本增加，进而降低全行业的获利能力。

3) 替代者的威胁

一种产品的替代品就是能给目标客户提供相同或类似效用的其他产品。替代品构成一种间接竞争，不同的行业来自替代品的竞争威胁程度是不一样的，目标客户转向替代品的人数越多，行业内企业的盈利水平就越低。科学技术的发展将导致替代品的不断增多。创业企业在分析机会时，必须识别替代品的威胁及程度。对顺应时代潮流，采用最新技术、最新材料的产品，或者从能获高额利润的部门生产出来的替代品尤应注意。

4) 供应商的讨价还价能力

供应商包括行业所有的外购投入如技术、设备、资金、原材料、劳动力和信息等的提供者。在行业形成初期，行业内的企业要寻找供应商；当行业进入成熟期时，产品标准化程度比较高，供应商也已成熟，因而它们会在营销方面更为积极主动。供方的实力越雄厚，要价能力就越强，就会增加行业内企业的生产经营成本，降低企业的盈利水平。

5) 购买者的讨价还价能力

购买者包括为消费而购买的目标客户和为销售而购买的经销商。购买者对企业形成的威胁主要是其议价能力，即买方议价的意愿是否强烈以及能够实现压价的能力。购买者议价能力越强，他们愿意付出的价格就越低，行业的平均利润越低。

从机会形成的角度看，五种竞争力量共同决定行业的竞争强度和获利能力。对同一行业或不同行业的不同时期，各种力量的作用是不同的。显然，最危险的环境是进入壁垒低、存在替代品、由供货商或买方控制、行业内竞争激烈的行业环境。行业的领先企业可以通过战略调整来改变行业的竞争格局，谋求相对优势地位，从而获得更高的盈利。

创业者能借助“五力模型”决定是否进入某一行业主要体现在以下两个方面。第一，通过识别每种力量对行业盈利水平侵蚀的程度，五力模型能够用于评估行业吸引力或分析行业内的具体定位。第二，能利用该模型回答一些关键问题。这样，创业者就可以评估在特定行业获得成功所需要面对的壁垒的高低。

3. 竞争者比较分析法

“知己知彼，百战不殆。”竞争者分析是对行业内部竞争状况的细致考察，它有助于创业者了解竞争对手的定位，以及在一个或更多领域中带来竞争优势。这对创业者来说至关重要。创业者一旦确定他的竞争者之后，就必须辨别竞争者的特点，分析它们的战略、目标、优势与劣势，然后在此基础上提出应对策略。

竞争者分析的方法主要是竞争比较方格和竞争比较矩阵。竞争分析方格是搜集有关竞争者信息的工具，它有助于企业了解如何与竞争对手较量，提供市场追求的创意；更重要的是，它能帮助企业找到竞争优势的主要来源。要成为有生存能力的公司，新创企业必须至少具备一项明确的超越主要竞争对手的竞争优势。

建立竞争比较矩阵需要遵循以下步骤。

(1) 明确关键内外因素，以及企业的主要竞争对手(1～3 个)。

(2) 赋予各因素以权重。

(3) 对本企业以及给定竞争对手的上述因素各自进行评分。

(4) 计算每一公司的总加权分数。

(5) 不同企业进行比较，以明确谁更拥有相对优势。

表 8-2 中，左列是每项主要竞争因素，对该因素每一个竞争者进行分析，目的在于明确公司如何与对手竞争，并确定存在哪些被忽略的机会。通过竞争分析表格，可以判断出自己所具备的与竞争对手相抗衡的条件或可能性，可以清楚地知道自己在市场竞争中所处的地位。如果创业者发现自己在某个项目上明显超越了竞争对手，那么就能在广告和促销活动中着重宣传这方面的优势，在创业活动中就突出这方面的优势。

表 8-2　竞争比较矩阵

被分析的公司				竞争者一		竞争者二	
关键因素	权重	评分	加权分数	评分	加权分数	评分	加权分数
市场份额	0.20	3	0.6	2	0.4	2	0.4
价格竞争力	0.20	1	0.2	4	0.8	1	0.2
财务状况	0.40	2	0.8	1	0.4	4	1.6
产品质量	0.10	4	0.4	3	0.3	3	0.3
用户忠诚度	0.10	3	0.3	3	0.3	3	0.3
总　计	1.00		2.3		2.2		2.8

总之，对创业者而言，了解竞争对手是展开成功竞争的前提条件。通过慎重考虑这些问题，在制定相关的产品决策时，新创企业就能知悉竞争对手的优势和劣势，并在产业中谋求适当的定位。

4. SWOT 分析法

SWOT 分析法是创业企业进行市场进入机会评估的重要方法之一。通过评估企业的优势、劣势、机会和威胁，用以对创业机会进行深入全面的评估和选择分析。从整体上看，SWOT 可以分为两部分：第一部分为 SW，主要用来分析内部条件；第二部分为 OT，主要用来分析外部条件。利用这种方法可以从中找出对自己有利的、值得去选择的因素，以及对自己不利的、要避开的东西，发现存在的问题，找出解决办法，并明确作出是否创业的抉择。根据这个分析，可以将问题按轻重缓急分类，明确哪些是目前急需解决的问题，哪些是可以稍微拖后一点儿的事情，哪些属于战略目标上的障碍，哪些属于战术上的问题，并将这些研究对象列举出来，依照矩阵形式排列，然后用系统分析的思想，把各种因素相互匹配起来加以分析，从中得出一系列相应的结论，而结论通常带有一定的决策性，有利于创业者做出较正确的决策和规划。

进行 SWOT 分析时，主要有以下几个方面的内容。

1) 分析环境因素

优势(Strengths)，是组织机构的内部因素，具体包括有利的竞争态势、充足的财政来源、良好的企业形象、技术力量、规模经济、产品质量、市场份额、成本优势、广告攻势等。

劣势(Weaknesses)，也是组织机构的内部因素，具体包括设备老化、管理混乱、缺少关键技术、研究开发落后、资金短缺、经营不善、产品积压、竞争力差等。

机会(Opportunities)，是组织机构的外部因素，具体包括新产品、新市场、新需求、外国市场壁垒解除、竞争对手失误等。

威胁(Threats)，也是组织机构的外部因素，具体包括新的竞争对手、替代产品增多、市场紧缩、行业政策变化、经济衰退、客户偏好改变、突发事件等。

2) 构造 SWOT 矩阵

进行 SWOT 分析时，应把所有的内部因素(包括公司的优势和劣势)都集中在一起，然后用外部的力量来对这些因素进行评估。这些外部力量包括机会和威胁，它们是由于竞争力量或企业环境中的趋势所造成的。这些因素的平衡决定了公司应做什么以及什么时候去做。可按以下步骤完成这个 SWOT 分析表。

(1) 把识别出的所有优势分成两组，分的时候应以下面的原则为基础：看看它们是与行业中潜在的机会有关，还是与潜在的威胁有关。

(2) 用同样的方法把所有劣势分成两组。一组与机会有关，另一组与威胁有关。

(3) 建构一个表格，每个占 1/4。

(4) 把公司的优势和劣势与机会或威胁配对，分别放在每个格子中。SWOT 表格表明公司内部的优势和劣势与外部机会和威胁的平衡。

如表 8-3 所示，在 SWOT 分析中，一定要把以下步骤都写出来。

(1) 在某些领域内，你可能面临来自竞争者的威胁；或者在变化的环境中，有一种不利的趋势，在这些领域或趋势中，公司会有些劣势，要把这些劣势消除。

(2) 利用哪些机会，这是公司真正的优势。

(3) 某些领域中可能有潜在的机会，把这些领域中的劣势加以改进。

(4) 对目前有优势的领域进行监控，以便在潜在的威胁出现的时候不感到吃惊。

表 8-3 SWOT 分析矩阵

	内部因素		
外部因素	SO 利用这些	WO 改进这些	机会(Opportunities)
	ST 监视这些	WT 消除这些	威胁(Threats)
	优势(Strengths)	劣势(Weaknesses)	

3) 得出可选择的对策

在完成环境因素分析和 SWOT 矩阵的构造后，便可以制定出相应的行动计划。制定计划的基本思路是：发挥优势因素，克服弱点因素，利用机会因素，化解威胁因素；考虑过去，立足当前，着眼未来。运用系统分析的综合分析方法，将排列与考虑的各种环境因素相互匹配起来加以组合，得出一系列公司未来发展的可选择对策。

下面举一个著名管理顾问公司科尔尼公司通过 SWOT 分析识别邮政物流宅送业务创业机会及设计运作战略的例子，如表 8-4 所示。

表 8-4　邮政物流宅送业务 SWOT 分析矩阵

内部因素 外部因素	优势(Strengths) 作为国家机关，拥有公众的信任；目标客户对邮政服务的高度亲近感与信任感；拥有全国范围的物流网；拥有众多的人力资源；具有创造邮政/金融的可能性	劣势(Weaknesses) 上门取件相关人力及车辆不足；市场及物流专家不足；组织、预算、费用等方面的灵活性不足；包裹破损的可能性很大；追踪查询服务不完善等
机会(Opportunities)	SO 利用这些	WO 改进这些
随着电子商务的普及，对寄件需求增加；能够确保应对市场开放的事业自由度；物流及 IT 等关键技术的飞跃性发展	以邮政网络为基础，积极进入宅送市场和配送市场；开发灵活运用关键技术的多样化的邮政服务	构成邮寄包裹专门组织；对实物与信息的统一化进行实时的追踪及物流控制；将增值服务及一般服务差别化的价格体系的指定及服务内容的再整理
威胁(Threats)	ST 监视这些	WT 消除这些
通信技术发展后，对邮政的需求可能减少；现有宅送企业的设备投资及代理增多；WTO 邮政服务市场开放的压力；国外宅送企业进入国内市场	灵活运用范围宽广的邮政物流网络，树立积极的市场战略；与全球性的物流企业进行战略联盟；提高国外邮件的收益性及服务；为了确保企业目标客户，树立积极的市场战略	根据服务的特性，对包裹详情单与包裹运送网分别运营；对已经确定的邮政物流运营提高效率，由此提高市场竞争力

从表 8-4 中，我们能够理性分析邮政物流宅送业务的创业环境，并一一提出可行的对策。通过这种 SWOT 分析，在创业环境层面上，我们不难识别一个创意是否属于创业机会，并能提出发展这个创业机会的运作战略来。

总之，SWOT 分析法的优点在于考虑问题全面，是一种系统思维。通过此分析，创业者和创业企业能客观评估资源自身以及存在市场机会的相关因素，即便企业正面对着市场上极具吸引力的市场机会。

8.4 创 业 计 划

8.4.1 创业计划的概念和作用

1. 创业计划的概念

创业计划属于商业计划的一种，是指对与创业项目有关的所有事项进行总体安排的文件，包括人员、资金、物质等各种资源的整合、前景展望、战略确定等。创业计划是为创业项目制订的一份完整、具体、深入的行动指南。创业计划的基本目标在于：第一，分析商机，说明创业者的基本思想和期望目标；第二，分析并阐述创业者如何利用这一创业机遇进行发展；第三，分析说明影响创业成败的关键因素；第四，分析并确定创业企业筹集资金的办法。

创业计划是将创业者的理想和希望进一步具体化，它一般要考虑到公司未来3～5年的发展情况，并在公司运营中根据需要相应地进行调整。一份创业计划应该能够有理有据地说明企业的发展目标，实现目标的时间、方式及所需资源。创业计划必须力求切合实际，包含充分的细节来论证新企业的可行性，旨在使读者相信新企业有价值，并得到资金支持。

2 .创业计划的作用

除具有计划的一般作用以外，创业计划还具有以下独特的作用。

(1) 树立清晰的愿景，树立创业的信心。创业计划能使读者坚信其创业项目具有商业价值，相信新创企业必然有光明的前途。创业计划有助于提高和巩固创业者及其员工对企业战略目标的信心，也有助于树立投资者对新创企业的信心，使得创业者的创业计划及其依据得到充分理解和支持。

(2) 保持清醒的头脑，克服盲目创业。制订创业计划是一个冷静思考的过程，是一个理性思维的过程。在做创业计划时，会较客观地帮助创业者分析创业的主要影响因素，能使创业者保持清醒的头脑。著名风险投资家克莱纳(Eugene Kleiner)曾说："如果你想踏踏实实做一份工作的话，写一份创业计划，它能使你进行系统的思考。有些创意可能听起来很棒，但是当你把所有细节和数据写下来的时候，它自己就崩溃了。"可能许多创业者在刚开始投入一项事业中的时候，凭借的仅仅是一腔热情，然而当真正着手做的时候，才会发现需要考虑的地方何止是一两处，这就需要制订一份创业计划书，以使自己不偏离预定的方向。

(3) 发现必需的资源。它可以使创业者发现所必需的资源，了解所需资金、设备、人员等各方面的情况。创业计划书的质量，往往会直接影响创业者能否找到合适的合作伙伴、获得资金及其他政策的支持。例如，创业者可以拿着创业计划书去说服他需要的人合资、入股。到底需要什么样的创业合作伙伴，也是在经过理性思考后产生的。

(4) 做出周密的安排。创业计划能使创业者对产品开发、市场开拓、投资回收等一些重大的战略决策进行全面的思考、周密的安排，并在此基础上制订详细清楚的营运计划，为有效的创业管理提供科学依据。创业计划中列出的事件不可能每一件都会发生，但是创业计划制订过程中所得到的知识和理解将使企业有备于任何变化，并且能够及时调整自己。总之，创业计划是企业创立时指引管理团队和员工行为的重要路线图。

(5) 吸引创业融资。企业成长基本上离不开外来资金。创业计划是创业者融资的基础。制订创业计划最主要的目的是作为向外界融资沟通的工具。几乎所有的专业投资者与融资机构都必须要看到一份可以接受的创业计划以后，才会展开相关的投资评估。一份品质与内容均有所欠缺的创业计划书，常使得创业者连求见投资者一面的机会都没有。

(6) 寻求其他外部资源的支持。创业计划是创业者自我推销的文件，其阅读者包括可能的供应商、顾客、政策机构等。完善的创业计划可以使他人了解创业项目及创业构想，有利于创业者寻求外部资源的支持。创业计划有利于创业者与供应商、经销商等中介机构进行沟通，取得他们的信任和支持，为企业的发展创造良好的外部环境。

8.4.2　创业计划的格式

一般来说，创业计划分为三大部分。首先是形式部分，包括创业计划书的封面、扉页、目录等，是创业计划的外部包装；其次是本体部分，就是创业计划的主要内容；最后是补充部分，比如专利证明、专业的执照或证书，或者是意向书、推荐函等。

1. 封面与扉页

封面应该包括创业项目的名称、项目的联系人(负责人)、联系方式等内容。这些信息应置于封面醒目位置。因为封面和创业计划可能分离，最明智的方法是同时在这两处都留下联系信息。如果计划是给投资商看，最好将住宅电话也列上，因为这些人同你一样，往往工作时间很不规则。他或她可能是最先接触你的人，读过计划后安排会见之前他们很可能希望通过电话同你讨论一些有关的问题。封面底部可以放置警示读者保密的事项，当然也可以放在扉页。如果公司已经有独特的商标，那么应该把它放在靠近封面顶部中间的位置。图 8-7 提供了供参考的封面的设计，创业者可根据具体情况予以适当调整。

如果封面没有放置警示读者保密的事项，则有必要设计扉页，即保密承诺。在保密承诺中，要注明创业计划属于商业机密，所有权属于某公司或某项目，未经同意，其他任何人不得将计划全部或部分地予以复制、影印、泄露或散布给他人。必要时，可以要求接受创业计划书复本的负责人签字承诺保密，如图 8-8 所示。

项目编号：20××第×号

创业计划书

项目名称：＿＿＿＿＿＿＿＿

项目联系人：＿＿＿＿＿＿＿＿

联系方式：＿＿＿＿＿＿＿＿

图 8-7 创业计划书封面

保密承诺

(请收到本创业计划书的贵公司相关负责人签署)

本创业计划书内容涉及商业秘密，仅对有投资意向的投资者公开，本公司要求投资公司项目经理收到本创业计划书时做出以下承诺：

妥善保管本创业计划书，未经本公司同意，不得向第三方公开本创业计划书涉及的商业秘密。

承诺人签字：

年 月 日

图 8-8 创业计划书扉页

2. 目录

为了方便阅读和查找，应该在基本内容之前设置目录。目录是一份导游图，引导战略伙伴或创业投资者游览创业计划，并最终得出应该为这个创业项目提供资金的结论。如果这份导游图模糊不清、丢三落四，那么结局可能会使战略伙伴或创业投资者失望甚至放弃。

创业计划的每个主要部分应列入目录，并标出所在页码。页码编排有两种方式，一种是直接顺序编排，如 1，2，3，…，9，10。这种编码方式适用于篇幅不长、涉及问题不复杂、寻求资金数量中等的比较简单的创业计划。第二种是按章编页码，即页码前加上章号，这是最常见的编码方式。如图 8-9 所示，以“管理能力”为题的第六章的页码是从 21～24。由于不影响整体页码编号，这种编码方式便于编写时插入新材料。

3. 附件

附录包括与创业计划相关，但不宜放在扉页和主干正文的一些内容，如企业的营业执照等证件、企业的组织结构图、产品说明书或照片、创业(管理)团队成员简历、具体财务报表等。通常，附录对于提高创业计划的质量有着重要的作用，对于创业者获取外部资源的支持有着特殊的意义。

一般来说，附录的内容可分为附件、附表和附图三部分。当然，一份创业计划书没有必要全部包括以下所有部分，只从其中选取一些对自己的创业计划具有佐证价值的材料收入附录即可。附件包括营业执照复印件、主要经营团队名单及简历、董事会名单及简历、公司章程、专利证书、注册商标、鉴定报告、企业形象设计、场地租用证明、产品说明书、市场调查资料、专业术语说明、简报及报道、宣传资料等。附表包括主要产品目录、主要客户名单、主要供货商及经销商名单、主要设备清单、市场调查表、预估分析表、市场调查表、现金流量预测表、资产负债预测表、损益预测表等。附图包括产品市场成长预测图、企业的组织结构图、工艺流程图、产品展示图、产品销售预测图、项目选址图等。

第一章 执行概要

一、执行概要……1

第二章 公司介绍

一、创办新企业的思路和情况……2

二、公司预计成立时间、形式与创立者……3

三、公司股东背景资料、股权结构……4

四、公司业务范围……5

五、企业的目标和发展战略……6

第三章 产品/服务介绍

一、产品/服务的基本描述……7

二、产品/服务的竞争优势……8

三、产品/服务的知识产权……9

四、产品的生产计划……10

第四章 市场机会分析

一、宏观环境分析……11

二、行业/竞争者分析……12

三、机会的评估……13

第五章 营销计划

一、目标市场定位……14

二、营销策略4PS……15

三、销售计划与广告的各项成本……16

第六章 财务计划

一、财务分析方法……17

二、销售收入预测……18

三、销售与成本计划……19

四、现金流量计划……20

图 8-9　创业计划书目录

图 8-9 (续)

8.4.3 创业计划的内容

创业计划的内容依目标、对象而有所不同，计划书的重点也会有所不同。不过，创业计划书也有一般的格式，需要涵盖以下 10 点必需的内容。

1. 执行概要

概要是为了吸引战略伙伴与创业投资者的注意，好的概要能使战略伙伴或创业投资者一开始就能对提供计划的创业者留下一个良好印象。概要并非创业计划的引言或前言，恰恰相反，它是对整个创业计划高度精练的浓缩，是整个创业计划的精华，概要将创业计划的核心提炼出来，列在创业计划的最前面。

创业计划的阅读者都是很忙的，他们往往首先只索要一份计划的概要，就决定是否继续关注你的创业计划，在概要有足够说服力时，才会要求阅读详尽创业计划正文。因此，概要必须涵盖计划的要点，简明扼要、条理清晰地阐明创业的基本思路、目标及其优势。创业者要反复推敲，精益求精，使概要结构完美，语句清晰、流畅且富有感染力，便于读者在最短的时间内一目了然地评审计划，并做出判断。计划概要最好是一页，无论如何不要超过两页。

概要应该特别突出的是富有吸引力的鲜明个性、明确的目标以及创业者自身所具备的优势等，让投资人能在最短的时间里全面了解整个创业计划，控制资金的投放方向及节奏，使其能在必要的时候提供最行之有效的帮助。在概要中，创业者一般要突出以下重要内容：①是否已经成立公司、公司目前的状况、产品/服务进入市场的准备程度。如果企业已经投入运营，要提供过去的成功业绩和当前交易情况，以及现有的主要人员。②将要推出的产品/服务及销售对象，尤其是竞争优势的详细分析、市场需要这种产品/服务的原因、市场规模、预计销售量。③利润和现金流动的预测、需要资金数量、提供资金的投资者或贷款人何时以何种方式得到收益。④创业者的长远和近期的目标与目的，以及达到这些目标将要采取的战略和策略。

概要虽然列在创业计划的最前面，但它是在其他部分定稿之后才撰写的，因为只有这样，才能形成对创业计划的准确概述。

2. 企业介绍

企业介绍主要是对创业企业或创业者拟建企业的总体情况介绍。主要是明确阐述创业背景和发展的立足点，包括企业定位、企业战略以及企业制胜因素等内容。这一部分的主要内容包括三个方面。

(1) 企业设立的必要性和适当性。对企业进行介绍的最便捷方式是从描述创业机会入手，着重讲述为什么要设立一个企业，以及设立企业最合适的时间、地点等；接着阐述拟采用的企业形态，以及为什么要采用这种形态等；然后是竞争优势分析和商业模式概述。总之，这个部分应该简要说明企业设立的必要性和适当性。

(2) 企业的目标和发展战略。创业者应该进一步说明自己公司的背景和现状，清晰明了地托出公司的全盘战略目标，提出创业的最终赢利目的，使投资人能充分了解并信任其所投资的创业公司。

(3) 企业的股权结构。本部分应首先介绍新创企业的股权结构，包括描述管理团队成员之间的关系。对新企业而言，最常见的问题就是没有清晰界定权责关系，当两个或多个创业者地位相当时更容易发生这种失误。为了表明创业者已解决了这个问题，计划书中必须加上组织结构图，同时配以简要的文字来说明结构图中的重要关系，如表 8-5 所示。

表 8-5 企业的股权结构

股 东	出资数额	出资时间	出资方式	出资额比例	所任职务
甲					
乙					

3. 产品/服务介绍

产品/服务是创业计划的具体承载物，是投资最终能否得到回报的关键。对产品/服务的介绍，尤其是注重产品的新颖性、先进性和独特性，可以给出产品或产品原型的图示或数码图像。如果产品体积很小或非常廉价，比如某种易存食物，可以将样品和创业计划一同送出；如果产品技术原理非常复杂，就必须用通俗语言对它进行阐述。投资者往往不是科学家，因此要避免使用技术用语或者行业专用语。产品/服务的介绍可以包括以下内容。

(1) 产品/服务的特点和竞争优势。该项说明创业者的产品/服务与竞争对手的产品相比有哪些优缺点和特色，顾客为什么会选择本企业的产品/服务。创业者应对其描述得尽可能翔实而清晰，具体应突出产品/服务的特点、潜在竞争优势、是否适应现有消费水平、对市场前景准确合理的判断等。

(2) 产品/服务的市场前景预测。该项是说明创业者的产品/服务预计能获得多大的市场，为什么企业的产品/服务能获得较大市场，为什么用户会大批量地购买企业的产品/服务。产品/服务要有商业价值，必须以市场为导向，而不能以纯技术为导向，因为有市场机会的创意才最有价值，才能够满足目标市场领域的要求。

(3) 产品/服务的知识产权保护。该项说明创业者为自己的产品/服务采取了何种保护措施，拥有哪些专利、许可证，或与已申请专利的厂家达成了哪些协议，如拥有的专利技术、版权、配方、品牌、销售网络、专营权、特许权经营等。知识产权是塑造创业企业价值和竞争优势的基础，除高度机密信息外，应该列出企业拥有的所有重要专利、商标和版权；对那些高度机密的内容，企业可以宣称出于知识产权考虑，它还处于秘密运作阶段。这些措施对创业者来说，持有越多越好。

(4) 产品/服务的研发情况。该项说明创业者的产品的研究与开发目前处于一种什么样的状态。创业者在技术开发方面，已经投入的资金总额是多少(列表说明每个周期开发人员工资、办公费用、广告费用、贷款利息、原料成本以及与开发有关的其他费用)，计划再投入多少开发资金。如果是未开始实际研究和开发产品，则应说明企业或主要创业技术骨干的研究与开发成果及其技术先进性，包括技术鉴定情况，获国际、国家、省、市及有关部门和机构奖励情况。

(5) 产品的生产计划。该项说明对企业生产活动进行的统筹安排，是企业生产活动有序进行的基本依据，是企业生产经营计划的重要组成部分。生产计划针对的是有关生产方式、生产设备、质量保证等方面的问题。创业者拟订生产计划，有利于充分利用市场机会，满足社会和市场需求；有利于充分利用盈利机会，并实现生产成本最低化；有利于充分利用生产资源，最大限度地减少生产资源的闲置和浪费。

4. 市场机会分析

清晰的市场机会是对创业风险投资商最具吸引力的方面，机会分析是投资者决定是否进入市场的关键因素。为了保证其准确性，创业者应尽量采用多条专业的机会分析渠道，可以委托不同专业的市场分析公司分别做出严密科学的权威性的调查报告，并综合尽可能多的数据，做出最终的论证方案，最大限度地规避风险。市场机会分析可以从宏观、中观和微观三个层次来进行。

(1) 宏观环境分析。创业者可以运用PEST法对创业想法所涉及的政策与法律环境、经济环境、社会文化环境与技术环境做出周密的分析，从宏观上辨别机会是否存在。

(2) 中观行业分析。该项说明创业者试图进入行业的发展趋势及其重要特质，如行业规模、吸引力和盈利潜力。行业分析不仅要考虑行业结构、市场的大小、成长趋势和竞争者，还要考虑新产品或新发展、新市场和新顾客、新要求、新进入者和退出者以及其他对企业产生正面或负面影响的行业或经济趋势和因素。阅读行业分析之后，投资者应该能准确把握新企业参与竞争的行业的前景，识别创业者试图进入的目标市场以及如何保护其定位。

(3) 微观竞争分析。根据波特的竞争模型，潜在的进入者、行业内现有竞争者、替代品的生产者、供应者和购买者是主要的竞争力量。该项说明创业者对市场竞争情况及各自优势的清楚认识，和明确的竞争战略部署。竞争者分析有助于创业者迅速摸清新企业产品/服务、较其竞争对手产品/服务的主要优势和独特品质。

5. 营销计划

营销计划应该承接市场分析部分，并提供有关新企业产品销售的详细信息。营销计划主要是对如何达到销售预期状况进行描述分析，需要详细说明发掘创业机会和竞争优势的总营销战略。创业计划必须详细说明为了扩大产品销售所需的资金数量，同时，应该阐述其他的营销组合方面，包括价格、渠道和促销，包括对销售人员的激励方式和有效促销策略。投资者阅读完这个部分后，应该对企业进入其目标市场的总体策略充满信心，同时也能感觉到企业的产品战略、价格战略、渠道和促销战略互相补充融为一体，并能够起到实效。

市场营销组合就是企业针对目标市场的需要，全面考虑企业的任务、目标、资源以及外部环境条件，对企业的各种可控制因素进行最佳组合和运用，以满足目标市场需要，实现企业的利润和目标。它又称为总体市场营销，使企业的总体策略面对市场需求和竞争，以期实现企业最大经济效益。根据目标市场需求和企业的资源因素，可把市场营销组合的要素归纳为四个不同策略子系统，即产品(Product)、价格(Price)、分销地点(Place)、促销(Promotion)，因而，市场营销组合策略简称“4P′S”。如图 8-10 所示，“4P′S”是市场营销组合策略通俗经典的简称，是企业营销组合策略发展的基础，“大市场营销”等都是在“4P′S”的基础上的扩展。

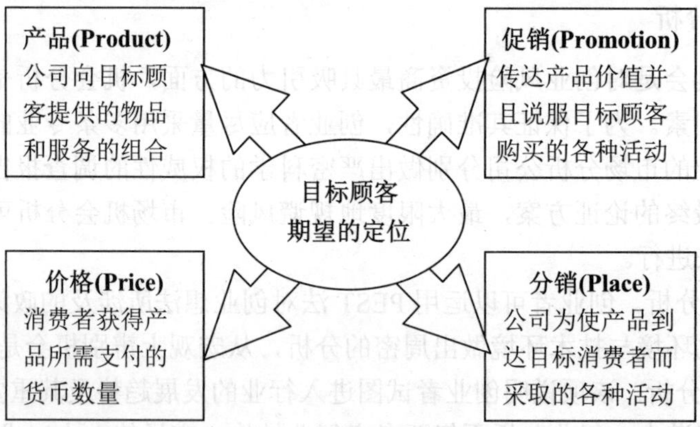

图 8-10 营销组合策略

6. 财务计划

财务是战略伙伴和创业投资者最为敏感的问题，从中判断自己的投资能否获得预期的回报，所以提供清晰明了的财务报表是对创业者最基本的要求。创业者应对资金需求的额度具备足够的认识，必要时还可以请教专业人士。战略伙伴和创业投资者最关心企业经营的财务损益情况，这是决定战略合伙人是否加盟、创业投资者是否投资的关键因素。创业者要根据创业计划、市场计划的各项分析和预测，在全面评估市场信息和公司财务环境的情况下，提供公司今后三年的预计资产负债表、损益表以及现金流量表。创业者要将预测的依据、预测的前提假设以及预测的方法一一列明，来增加预测的可信度。

7. 管理能力

有统计显示，中小企业 98%的失败来自管理的缺失，其中 45%是因为管理缺乏竞争力。风险投资者非常注重管理能力，并被列为最为关注的要素(有资料统计，中国风险投资者最为关注的是市场，管理居第二位，与西方国家不同)。可以说没有好的管理就不可能取得成功，管理能力在创业计划中体现于以下四个方面。

(1) 核心管理者。该项应该包括管理团队中每个核心成员的简要介绍，包括他们的职务、工作经历和经营业绩、受教育程度、管理背景和能力等，特别是有关专业知识、技能和成就。如果管理者的简历中包含有特别信息，应该在附录中详细说明。如果管理团队成员之间曾经有过共事经历，那么就应该强调这些与工作相关的经历。在投资者看来，与彼此陌生的管理团队相比，那些曾有过成功共事经验的管理团队的风险更小。

(2) 管理团队。该项主要介绍创业团队成员所具有的教育及工作背景、具体分工情况、产权股权划分情况、创业信念、风险识别及反应实施计划能力的情况，重点展示管理团队的凝聚力和战斗力，使战略伙伴或创业风险投资者了解企业的管理团队是由一批具有丰富的管理经验和较高的职业道德的人士组成。优秀的管理团队将确保企业紧紧抓住好的创业机会，以有效的方式实现企业的经营目标；团队的结构应该严谨，拥有技术、管理、财务、法律、语言和写作等方面的人才或各有专长的组织成员，并且还充分考虑内部成员能力互补的问题。

(3) 人力资源。该项要考虑现在、半年内、未来三年的人事需求，并且具体考虑需要引进哪些专业技术人才、全职或兼职、薪水如何计算、所需人力资源管理成本等。该项还应说明企业准备设立哪些机构、各机构配备多少人员、人员年收入情况；是否考虑员工持股问题，如果考虑，就需要说明股票期权实施办法和红利分配原则；企业如何加强对员工的持久激励；阐明企业的内部约束机制和外部约束机制等。

(4) 公共关系。这个部分还应该列出与企业打交道的专业服务机构名单，包括法律公司、咨询公司和会计公司，应说明这些专业机构将如何帮助企业达到创业目标。创业者应该尽量列出一些这样的关系机构，以显示自己的成熟和社会认同度。

8. 融资计划、投资回报与退出

融资计划、投资回报与退出部分是创业计划的关键部分，是创业投资者十分关心的问题，主要包括以下内容。

(1) 融资计划。该项说明创业者对资本的具体需求和安排。创业者应在此列出资金结构及数量，并在全面估价后，提出最具吸引力的融资方案。比如，为保证项目实施，需要吸收多少投资；需要的投资中，需投资方投入多少，对外借贷多少，公司自身投入多少；对外借贷、抵押或担保措施是什么。此外，还需要说明融资款项的运用、营运资金周转等具体的资金使用规划，目的在于使战略伙伴和创业投资者信任创业者并能够放心交付资本。

(2) 投资回报。该项需要具体数字来描述投资人可以得到的回报，需要预计未来 3～5 年平均每年净资产回报率，包括投资方以何种方式收回投资、回报的具体方式和时间等。

(3) 投资退出。该项需要与风险投资者协商确定。创业风险投资公司往往要求在很短时间内收回投资，一般是三五年。对新企业而言，主要有三种收回投资的方式，分别是公开上市、找到买家或被其他企业收购。此时，投资者就可以通过股票交易出售他的股票，从而将股票转变为现金，如果离开这些主要交易市场，投资者很难为所持股票找到买家。

9. 投资风险

投资风险部分也是创业投资者十分感兴趣的问题，直接关系到其商业利益，因此要仔细考虑和分析。尽管可能存在的风险因素非常多，但企业必须根据自身实际来描述确实存在的关键风险。这一项目指的是在创业过程中，创业者可能遭受的挫折，例如市场变动、竞争对手太强、客源流失等，这些风险对创业者而言，甚至会导致创业失败，因此，可能风险评估是创业计划书中不可缺少的一项。创业计划应该给读者的重要印象之一就是新企业管理团队很细心，已充分认识到企业面临的关键风险，并一一提出了妥善的预防和解决方案。

10. 经营预测

在创业计划书中最好分别提出近期计划、远景规划等。要提出响亮又务实的阶段目标。阶段目标是指创业后的短期目标、中期目标与长期目标，主要是让创业者明了自己事业发展的可能性与各个阶段的目标。这些目标和预测必须建立在现实、客观、具体的数据上，经过统计分析推导出来。只有这样才能建立起战略伙伴和创业投资者对创业者憧憬的认同。

8.4.4 创业计划的写作要求

不同创业计划的内容不尽相同，这取决于创业项目性质和创业者特质。创业计划是一份活的文件，如果情况需要，应立刻进行调整。为了顺应变动的环境，有些企业每年甚至每半年就会更新创业计划，目的在于保持计划的有效性。但是，为了使对方印象深刻，创业计划必须遵循一定的结构。尽管某些创业者试图在每件事情上都表现出创造力，但偏离创业计划常规结构形式却是错误的。因为投资者都很忙，他们期望看到能很容易就找到关键信息的创业计划。如果这些关键信息在应该出现的地方没有出现甚至缺失，从而使投资者产生大海捞针的感觉，那么他很可能会直接放弃而阅读下一份计划。写作创业计划应注意以下几点。

(1) 针对读者，呈现主题。编制创业计划一定要考虑阅读对象(读者)的思路，根据不同的读者，迎合读者对创业计划的不同期望，来制订具有不同的侧重点的创业计划书。如创业投资者对创业计划中的市场增长及盈利感兴趣；战略伙伴与主要客户关心产品/服务、市场、盈利及管理团队的运作能力；主要雇员、管理团队主要关心今后的发展前景。为了引起读者的阅读兴趣，创业计划一定要有针对性，开门见山，直接切入主题，避免与主题无关的一些内容，围绕创业产品与服务展开阐述。对于机密内容，尽量不把敏感信息写进文件，但又要通过充分的阐述令人信服，如表 8-6 所示。

表 8-6 创业计划书的阅读对象类型及期望

创业计划的读者	读者对创业计划的期望
创业管理者	制订创业计划的过程促使企业的管理团队对每一个创业行为慎重决策，并就重要问题达成一致
创业团队	每个成员将自己行为与企业目标和预期方向保持一致
创业投资者	关心创业者的市场优势、管理质量、自己如何实现投资回报等方面
银行	关心贷款偿付、是否担保、风险预防等方面

续表

创业计划的读者	读者对创业计划的期望
合作伙伴和客户	熟悉对方是商业交往的基础，创业计划书能打消这个顾虑
来应聘的关键员工	看重商业机会的吸引力、报酬计划与企业前景

(2) 突出优势，吸引资源。创业计划应该强调创业项目和创业者的优点及长处。一份好的创业计划必须要呈现竞争优势与投资者的利益回报，同时也要具体可行，并提出许多可供作证的客观的分析预测数据，显示创业者创造利润的强烈企图和优越的管理能力。创业计划要尽量展现管理团队的事业管理能力与丰富的经验背景，并显示对于该产业、市场、产品、技术以及未来运营策略已有完全的准备。创业计划对环境变化的假设与预测也必须一致，以充分实现创业者对于企业内外部环境的周全考虑，以及实现创业计划的信心。

(3) 结构规范，内容完整。创业计划应该有一套完整的格式，各部分的内容应具有连贯性并严格按顺序编排。在主干内容上，产品/服务的描述、行业分析、营销策略、创业团队等应使用管理学专业术语，尽量做到规范化、科学化，财务分析最好采用图表描述，形象直观。最后，还应注意创业计划的排版和校对、拼写和排印错误很可能使创业者的机会丧失。总之，创业计划应完整包括创业的各功能要项，附上佐证资料，规范地呈现给读者。

(4) 周密论证，协调统一。创业计划应周密分析和论证该项目的可行性和拟采用的战略策略，而不能只是含糊交代而已。另外，要明确说明所采用的任何假设、财务预估方法与会计方法，同时也应说明市场需求分析所依据的调查方法与事实证据。创业计划前后基本假设或预估要相互呼应、协调统一、前后逻辑合理。例如财务预估必须要根据市场分析与技术分析所得的结果，周密论证，方能做各种报表的规划。由于创业计划涉及的内容很多，应事先做好计划工作，使写作过程有条不紊地进行。通常是成立一个编写小组，大家分工协作，各负其责，最后由组长统一协调定稿，以免出现前后脱节、遗漏、文风相异等问题。

(5) 合理预测，数字准确。创业计划中的一切数字要尽量客观、实际，切勿凭主观意愿的估计。通常创业者容易高估市场潜量或报酬，而低估经营成本。在创业计划书中，创业者应尽量陈列出客观、可供参考的数据与文献资料。比如市场占有率、财务预测分析、投资报酬率等都尽可能做到数字准确，不应做大而化之的粗略估计，不要过分强调或夸大收益状况与可能的成就，不要依据生产能力来预估销售量。为此，需要首先做好市场调查研究，并引证官方或学术研究机构的客观统计资料，同时对于目标市场消费特性的描述也要有确实的证据。如果已有具体产品原型，应考虑先进行消费者使用测试以及取得专家的检验意见，这样有助于提高创业计划的质量与可信度。

(6) 保护商业秘密。创业计划是创业者辛勤的智力劳动成果，其内容往往具有巨大的商业价值或涉及一些技术或商业机密，因此要求投资者阅读创业计划后对其内容进行保密是合理的，也是必要的。在创业计划中处理保密问题有多种办法，比如要求收件的公司项目经理在一份保密协议上签字，在创业计划中添加一段保密条款等。当然，创业者也可以把关键的数据和方案不直接写在创业计划书里面去，但要提及并合理解释，使读者充分相信这些关键数据和方案的存在。

案例：从职业技术学院走出的创业成功人物

熊士清，男，1982年出生，浙江杭州人，绍兴托普信息职业技术学院2004届计算机技术与应用专业毕业，现为冰点视觉传媒股份有限公司执行董事、总经理。获得“2006浙江教育年度十大影响力人物”、“第一届浙江省大学生十大成功‘创业之星’”、“绍兴市创业新星”、“绍兴市首届青年创业创新奖”等荣誉。年仅27岁，而其创立的冰点视觉传媒股份有限公司却已经快走到六个年头。从大二的创业到如今成为投资100万元控股的综合性传媒公司，熊士清的创业之路让他带着冰点获得了成功，也获得了荣誉。

一、选择创业：人生的清晰规划

熊士清读的是重高，却因为填报志愿失误而与重点大学擦肩而过，调档到了绍兴托普信息职业技术学院。谈起当初创业的想法是如何形成的，他谈到了当时调档后的状态：“那时候我觉得有一点怀才不遇、懊恼，也有心理的不平衡，这也是我那时候创业的原因之一。大学生活又有些浮躁，所以造成了我觉得我应该做一些事情的想法，我觉得我要打破我目前的那种状态。”

对于当时大学生的出路问题，熊士清有很清晰的思路。“我很早的时候就在做人生规划，这一点我和其他同学有些不一样。”他说未来有两条路，一条是从政，一条是经商，他又将这两个大方向进行了仔细的分析对比。“从政你需要家庭背景，现在来说可以考公务员，但1000个也就录取两三个，这并不是很多人的选择。广义的经商分两种，一个是为他人做，还有一个是为自己做。”熊士清最终选择了为自己做，“首先你对自己要有一个了解，到底适合哪个。每个人的人生轨迹是不一样的，别人的成功谁都不可以去复制。你必须根据自己的经历，选择创业或者就业。”

于是，在大二某天上课时，他冒出了自己创业办公司的想法。这是一瞬间的思维跳跃，然而这背后却蕴含着他对自我人生的清晰规划。然后熊士清立即着手具体的谋划，“那时候五个创始人，就是那一天想出这个创业想法时，前后左右的同学”。商量后他们决定共同出资，发起设立一家公司。

熊士清合伙投资的第一笔原始资金来自家庭，由于从小做事的态度和给父母的印象让他们支持了他的想法。“他们很信任我，从小到大不管我做什么，都认为我在踏踏实实做一件事情。但我也跟他们去交流，并不是很简单地说爸妈你们给我多少钱。”那时候绍兴托普信息职业技术学院刚刚启动大学生创业基地，学校内的创业氛围正在形成。从办公场地到创业的指导，学校给予了他们很多的帮助，至今他仍很感激。

二、公司注册：“那时候非常苦，非常不容易”

在讨论后，熊士清很快写出了一份20多页的创业计划。在学院支持下，不到一个星期，公司正式注册，成立绍兴冰点网络技术有限公司。为何选择这方面业务，熊士清说“也是根据自己的能力去做一些事情，因为我们读的是计算机，那时候掌握的也就是网络方面比较强。”

作为直接创业的大学生，资金、关系、技术、环境都是一个问号。熊士清说很多记者都曾问过他，当时是如何拉到第一笔业务的。说起这个，熊士清认为这也是一个机缘巧合。当时有一个客户打电话找别家的公司，不知是因为号码错误还是冥冥中注定刚好他接到，而业务内容跟他们公司的相吻合。于是他就这么约了客户前来刚成立的 200 平方米的公司参观，并做出了留住客户的作品。

成功需要机缘，但更需要充足的准备和长久的努力。为了拉业务，他们用过一个很实在、很直接的方法，用他的话说，也“很傻很苦”。“我带了两名同学，沿着学校大门出去一家一家地跑。那时候胆子很大，直接找到老板给一下名片。在人家的诧异中，我们已经把我们的话都讲完了，问‘你们需不需要形象广告策划？’人家都很惊讶，因为那时候在一些普通小企业中都没有‘形象策划’这个概念，而大的企业不让你进，在门口就会被保安拦下来。”

熊士清谈到了当时的情况，感慨“那时候非常苦，非常不容易”。而这一星期的经历也让他明白这种方法是行不通的，也让他得出了一个可以基本概括他创业遇到瓶颈时的解决方式，那就是——“坚持”、“意志力”。

三、创业容易守业难：意志力与激情的坚持

大学生选择创业的很多，然而最终成功的人很少。作为一名大学生创业者，熊士清有着切身的体会：“很多人在这个过程中马上就退缩下来，本来对自己的选择就没有深刻的认识，抱着一种尝试的心态，做得好就做，做不好就算了。我很多时候对大学生创业，包括我自己创业的最大感受是八个字——‘燃烧意志，飞扬激情’。大学生创业就是一个意志力和激情的东西，这是非常重要的。你只要有这个决心，你就会一步步去克服。”记者看到公司倡导的其中一个理念恰恰就是“崇尚永不言败”。面对大学生很容易浮躁，做事不稳重、不扎实的现象，他指出在社会简单地鼓励创业的同时，大学生自身首先应该清楚自己，否则很容易犹豫，坚持不下来。而一件事坚持了，总会有小小的成就。

六年下来，公司早在 2006 年便吸收风险投资资金 100 万元，注册成立冰点视觉传媒股份有限公司。不包括业务人员，公司现有员工 15 名左右，成为集网络运营、媒介代理、会展活动创意、专业广告设计及公关策划、整合传播于一体的综合性传媒公司。

练　习　题

1. 分析熊士清的职业生涯规划，你得到了哪些启示？

2. 环境的支持(学校、家庭、社会……)对大学生创业有多大的影响？

3. 从熊士清的身上，你看到了大学生创业者应当具备哪些特质与能力？应当怎样培养这些特质与能力？

参考文献

1. 李家华，黄天贵主编. 职业指导. 北京：高等教育出版社，2005
2. 廖苏华主编. 大学生就业指导实用教程. 西安：西北大学出版社，2003
3. 孙江林主编. 大学生择业. 北京：中国国际广播出版社，2001
4. [美] 罗杰 • 安德生著. 刘登阁编译. 每一种性格都能成功. 吉林：吉林文史出版社，2004
5. 卜欣欣等编著. 个人职业生涯规划. 北京：中国时代经济出版社，2004
6. 李华主编. 当代大学生择业指南. 重庆：重庆大学出版社，2001
7. 章达友编著. 职业生涯规划与管理. 厦门：厦门大学出版社，2005
8. 杨安，兰欣主编. 软件与网络法案例教程. 北京：电子工业出版社，2005
9. 蒋乃平主编. 高等职业院校学生职业指导——高职高专公共课教材. 北京：中国劳动和社会保障出版社，2005
10. 周兆军. 毕业生就业仍存在很大问题. 中国改革报，2004
11. 孙文学著. 以就业为导向的高职学生职业能力培养——兼论高职人才培养模式的变革. 职业技术教育(教科版)，2005(4)
12. 王敏，于雷著. 坚持高职办学特色. 注重职业能力培养. 辽宁青年管理干部学院学报，1999(2)
13. 曾凯民主编. 申请 • 面试 • 薪酬. 上海：上海科学技术文献出版社，2002
14. 冯建力，宁焰主编. 就业基础教育. 北京：科学出版社，2005
15. 赵居礼主编. 大学生就业与创业指导教程. 北京：机械工业出版社，2004
16. 常青主编. 成功面试指南. 北京：中国纺织出版社，2005
17. 李道魁主编. 现代礼仪教程. 四川：西南财经大学出版社，2005
18. 邓曦东，吴立生主编. 大学生就业指导. 中国国际广播出版社，2003
19. 王希永，李晓珍主编. 学生事业生涯设计与发展. 广州：中山大学出版社，2001
20. 王芳等主编. 大学生就业指导. 北京：化学工业出版社，2002
21. 江俊文主编. 大学生就业与创业指导. 北京：高等教育出版社，2008
22. 赵居礼. 大学生就业与创业指导教程. 北京：机械工业出版社，2001
23. 解思忠. 大学生素质读本. 北京：机械出版社，2002
24. 张艳主编. 大学生职业指导实训教程. 北京：高等教育出版社，2008
25. 葛建新. 创业学. 北京：清华大学出版社，2004
26. 人民网 www.people.com.cn

27. 中国青年创业网 www.chinajc.com
28. 中国教育网 www.chinaedunet.com
29. 中国职业教育网 www.chinatvet.com
30. 成都律师网 www.028law.com
31. 中国大学生就业网 www.china-university.com
32. 中国高校就业联盟网 www.job9151.com
33. 中国高职高专教育网 www.tech.net
34. 吉林大学考试中心 http://kszx.jlu.edu.cn
35. 厦门心理咨询网 www.xmxlzx.com/
36. 杰弗里·蒂蒙斯等著. 创业学. 第6版. 周伟民等译. 北京：人民邮电出版社，2005
37. 夏清华编著. 创业管理. 武汉：武汉大学出版社，2007
38. [美]杰弗里·蒂蒙斯等著. 创业学. 第6版. 周伟民等译. 北京：人民邮电出版社，2005
39. [美]杰弗里·蒂蒙斯等著. 周伟民等译. 创业学. 第6版. 北京：人民邮电出版社，2005
40. [美]杰弗里·蒂蒙斯等著. 周伟民等译. 创业学. 第6版. 北京：人民邮电出版社，2005
41. 杨安等编著. 创业管理——成功创建新企业. 北京：清华大学出版社，2009
42. [美]伊查克·爱迪思. 企业生命周期. 北京：中国社会科学出版社，1997
43. 罗伯特·巴隆，斯科特·谢恩著. 张玉利等译. 创业管理——基于过程的观点. 北京：机械工业出版社，2005
44. 夏清华编著. 创业管理. 武汉：武汉大学出版社，2007
45. 兰欣. 论地震后政府的危机公关对企业的启示. 现代商贸工业，2008(8期)
46. 夏清华 编著. 创业管理. 武汉：武汉大学出版社，2007
47. 燃烧意志、飞扬激情——访绍兴冰点视觉传媒股份有限公司总经理熊士清. http://www.qsn365.com/qsn365/articles/47965